suhrkamp taschenbuch
wissenschaft 1091

Die klassische Wissenssoziologie, die durch Karl Mannheim ihre ausgereifte Fassung erhalten hatte, war nicht in der Lage gewesen, das Problem der Wahrheit der soziologischen Erklärung von Wahrheiten befriedigend zu beantworten. Sie hatte außerdem als Bezugspunkt für wissenssoziologische Erklärungen soziale Gruppen oder soziale Schichten vorgesehen. Das hat in der historischen Forschung Schwierigkeiten bereitet, besonders dort, wo es darum ging, das »Bürgertum« als aufsteigende bzw. als herrschende Schicht der Gesellschaft genauer zu bestimmen. Luhmanns Studien zur Wissenssoziologie der modernen Gesellschaft suchen deshalb einen anderen Weg. Sie gehen davon aus, daß es in jeder fortgeschrittenen Gesellschaft eine »gepflegte Semantik« gibt, die bewahrenswerte Gesichtspunkte der sozialen Kommunikation ausarbeitet, konserviert und variiert, und daß diese Semantik mit den zentralen Strukturentscheidungen des Gesellschaftssystems zusammenhängt, also nicht nur aus ihren eigenen Traditionen heraus fortentwickelt wird, sondern auf Probleme antwortet, die sich aus der Gesellschaftsstruktur und deren Veränderung ergeben.

Niklas Luhmann (1927-1998) war Professor für Soziologie an der Universität Bielefeld. Von ihm sind im Suhrkamp Verlag u.a. erschienen: *Ausdifferenzierung des Rechts. Beiträge zur Rechtssoziologie und Rechtstheorie*; *Das Erziehungssystem der Gesellschaft; Funktion der Religion; Die Gesellschaft der Gesellschaft* (2 Bde.); *Gesellschaftsstruktur und Semantik. Studien zur Wissenssoziologie der modernen Gesellschaft* (4 Bde.); *Die Kunst der Gesellschaft*; *Liebe als Passion. Zur Codierung von Intimität*; *Die Politik der Gesellschaft*; *Das Recht der Gesellschaft*; *Die Religion der Gesellschaft*; *Soziale Systeme. Grundriß einer allgemeinen Theorie*; *Die Wirtschaft der Gesellschaft*; *Die Wissenschaft der Gesellschaft.*

Niklas Luhmann

Gesellschaftsstruktur und Semantik

Studien zur Wissenssoziologie der modernen Gesellschaft

Band 1

Suhrkamp

Bibliografische Information der Deutschen Nationalbibliothek
Die Deutsche Nationalbibliothek verzeichnet diese Publikation
in der Deutschen Nationalbibliografie;
detaillierte bibliografische Daten sind im Internet über
http://dnb.d-nb.de abrufbar.

suhrkamp taschenbuch wissenschaft 1091
Erste Auflage 1993

Druck: Books on Demand, Norderstedt
Printed in Germany
Umschlag nach Entwürfen von
Willy Fleckhaus und Rolf Staudt
ISBN 978-3-518-28691-3

4 5 6 7 8 9 – 15 14 13 12 11 10

Inhalt

Vorwort

Die folgenden Studien befassen sich mit wissenssoziologischen Themen, und zwar schwerpunktmäßig mit Veränderungen in der Ideen- und Begriffswelt, die den Übergang zur modernen Gesellschaft begleiten und signalisieren. Die Studien setzen eine im Verhältnis zur klassischen Wissenssoziologie veränderte Theoriegrundlage voraus. Die Zurechnung von Ideen auf die sie tragenden Gruppen oder Schichten wird ersetzt durch sehr viel kompliziertere system- und evolutionstheoretische Annahmen. Entsprechend wird die Annahme, daß die Entwicklung zur Moderne zusammenhänge mit dem »Aufstieg der bürgerlichen Klasse«, ersetzt durch die These: es gehe um den Übergang von stratifikatorischer zu funktionaler Gesellschaftsdifferenzierung. Das heißt unter anderem: daß Umschichtungsprozesse der oft beschriebenen Art zwar stattfinden, daß sie aber zugleich ihre Bedeutung als Modus der Anpassung eines stratifizierten Gesellschaftssystems verlieren; daß das Bürgertum zwar die Attribute der Oberschicht zu gewinnen und sich hier einzugliedern sucht, daß aber zugleich die Form der Gesellschaftsdifferenzierung geändert wird, so daß es auf diesen Aufstieg dann schließlich gar nicht mehr ankommt. Eine neuartige Semantik ist gefordert, ein neuartiger Universalismus auch, der auf funktionale Differenzierung und auf ihre Folgeprobleme paßt.

Mit diesem Gedanken verbindet sich ein zweites Moment: Das kulturgeschichtliche Material, das wir hier Semantik nennen, ist als äußerst komplexer Befund gegeben – mit sachlich breiter Differenzierung, mit historischen Überlagerungen, mit laufender Reaktion auf sich selbst, mit hoher Sensibilität für Nuancen, mit führenden Gedanken und mit repetitivem Tradiergut und mit einem unberechenbaren Potential für individuell eingeführte Neuerungen, die teils Resonanz finden, teils unbeachtet bleiben. Soll diese Gesamtheit in wichtigen ihrer Einzelbezüge als Korrelat sozialstruktureller Veränderungen dargestellt werden, setzt dies eine entsprechend sensible soziologische Theorie voraus, die dafür adäquate Komplexität aufbringt. Auch in diese Richtung zielt der Umbau der Theorie von Aussagen über Trägergruppen oder Schichten zu Aussagen über Systemdifferenzierung und Evolution.

Schließlich ist vorauszuschicken, daß wir uns mit der Feststellung von Zusammenhängen begnügen wollen, die nur den Rahmen für mögliche Kausalitäten absteckt. Eine (wie immer eingeschränkte und relativierte) »Ideenkausalität« wird nicht behauptet. Das unterscheidet uns von Max Weber. Der Grund dafür liegt zunächst einfach in Beweisschwierigkeiten; im weiteren aber auch in der Vermutung, daß im historischen Prozeß nicht der Gehalt von Ideen, sondern allenfalls die Kontingenz von Ideen kausal wirken kann; daß man also nicht eine »downward causation« annehmen sollte der Art, daß die Idee aus der Kultur in die Köpfe und von dort in die Hände und Zungen fährt, sondern eher davon ausgehen sollte, daß die Möglichkeit, anders zu sein, Aktivitäten stimuliert, aus denen dann der Erfolg systematisierbare Gehalte auswählt.

Diese drei Leitgesichtspunkte des Auswechselns der soziologischen Erklärungsgrundlage, der kulturgeschichtlichen Adäquität und der Orientierung an Zusammenhängen statt an spezifizierten Kausalhypothesen geben einer historischen Gesamtdarstellung fast unlösbare Probleme auf. Über die Möglichkeit einer solchen Darstellung kann und soll hier nicht definitiv geurteilt werden. Der analytische Ertrag und die Tiefenschärfe der Aufschlüsselung und Einbeziehung des wirklich gedachten Ideengutes ist mir vorrangig wichtig. Deshalb habe ich die Form von Einzelstudien gewählt, die einen einheitlichen Theorierahmen jeweils selektiv je nach Bedarf in Anspruch nehmen. Ein Zusammenhang besteht also einmal in den theoretischen Grundlagen; zum anderen werden aber mit Bedacht auch dieselben Quellen und Belegstellen mehrfach benutzt, dieselben begrifflichen Errungenschaften in verschiedenen Zusammenhängen aufgegriffen, um auch durch diese Art der Vernetzung zu demonstrieren, wie sehr man den Details Gewalt antun müßte, wollte man zum Konzept der Geschichte als eines linearen Prozesses zurückkehren. Diese Absicht bedingt eine Form der Darstellung, bei der Wiederholungen nicht auszuschließen sind, sondern gerade benutzt werden müssen, um Querverbindungen sichtbar zu machen. Zugleich soll damit erreicht werden, daß die Einzelstudien in sich verständlich bleiben. Der Leser, dem Vertrautes oder schon Gesagtes wieder vor Augen kommt, mag sich eine Weile entspannen oder sein Tempo beschleunigen.

Ein weiterer Band wird auch Themen aus einzelnen Funktionssystemen (Erziehung, Recht, Wissenschaft) einbeziehen.

Bielefeld, im Februar 1980 *Niklas Luhmann*

Kapitel 1

Gesellschaftliche Struktur und semantische Tradition

I.

Seit der zweiten Hälfte des 18. Jahrhunderts kann man sich vorstellen, daß semantische Traditionen, und seien es solche heiligster Art, mit der gesellschaftlichen Entwicklung variieren. Andererseits fällt es den Menschen schwer, weil sie sterben, zu akzeptieren, daß alles mit der Zeit kommt und vergeht. Seitdem produziert die Gesellschaft Wissen über sich selbst und darüber hinausgehende Sinnzusammenhänge doppelgleisig, nämlich einerseits als Wissen über die historische Variabilität aller Formen und andererseits als trotzdem gewolltes Grundlagenwissen oder Ausgangswissen, an das man letztgewiß anknüpfen kann, ohne das aktuelle eigene Leben ins Unsichere zu hängen.

Zugleich mit der historischen ist die funktionale Betrachtung angetreten ebenfalls mit dem Versuch, die sinnunmittelbare Wahrheit in Frage zu stellen und in die Form von Relationen zu überführen, die Substitutionsmöglichkeiten regulieren. Historismus und Funktionalismus entstehen gleichzeitig und hängen zusammen[1]. Der Funktionalismus garantiert dem Historismus die Nichtbeliebigkeit der Variation. Der dafür nötige Problembezug überschreitet die Eigenexistenz der Sinnformen, gibt sich gleichgültig dagegen, ob diese wahr sind oder nicht, und gerät dadurch in Begründungsprobleme. Diese Auffassung lasse sich, wendet man ein, dann auch selbst nicht mehr auf wahr oder falsch festlegen. So macht Peter Villaume, um ein frühes Beispiel zu wählen, gegen die funktionalistische Religionsauffassung des Physiokraten Jacques Necker geltend[2]: Man

1 Die in der Soziologie häufig anzutreffende These, der Funktionalismus sei ahistorisch, ist ihrerseits ohne Kenntnis der Geschichte formuliert.

2 Vgl. Jacques Necker, De l'importance des opinions religieuses, London – Lyon 1788; Peter Villaume, Über das Verhältnis der Religion zur Moral und zum Staate, Libau 1791, insb. S. 60 ff.

könne die Funktion der Religion nicht indifferent gegen ihre Wahrheit behaupten, weil das die Religion selbst zerstöre. »Wahn also, wahr oder falsch« – eine solche Darstellung der Religion gebe sich unabhängig von der Aufklärung von Irrtümern, immunisiere gegen Aufklärung und ließe sich nur halten, wenn man diese Immunisierung wollen und zugleich zeigen könne, daß sie möglich, daß die Aufklärung von Irrtümern unschädlich sei.

Die Polemik bedient sich des Arguments gesellschaftlicher Wirkungen: Die funktionale Analyse könne nicht öffentliches Bewußtsein werden wollen, weil dies ihr Objekt zerstöre; es sei auf Latenz seiner Funktion angewiesen. Umgekehrt nimmt jedoch der Aufklärer unbefangen Vernunftwahrheiten für politische Ziele in Anspruch und klärt damit andere auch über die Parteilichkeit seiner Vernunft auf; er zerstört nicht das Objekt, wohl aber die Wahrheit, von der er ausging.

Die Gesellschaft selbst kann solche Widersprüche wohl aushalten. Die Frage ist: Kann es auch die Theorie?

Das Problem der theoretischen Verarbeitung von Historisierung und Funktionalisierung der gesellschaftlich wirksamen Semantik ist seit 200 Jahren ungelöst. Man kennt inzwischen aber eine Reihe von Wegen der Behandlung, die sich jeweils als Holzwege oder als Rückwege zum Problem erwiesen haben.

Die Aufklärung selbst stößt mit diesem Widerspruche von Kritik und Wahrheitsprätention an ihre eigenen Grenzen. Sie kann historisierende und funktionalisierende Argumentationsfiguren benutzen, um Gegenpositionen zu entlarven und um sich selbst durchzusetzen. Sie hat damit den Zusammenbruch der ständisch-klerikalen Schichtung Alteuropas begleitet und bekanntgemacht. Sie kann über ihre historische Position hinausgehen und ihr Anliegen generalisieren, indem sie das Bezugsproblem ihrer Kritik in der sozialen Schichtung schlechthin sieht. Sie kann mit Bezug darauf »Ideologiekritik« treiben. Aber sie darf Gegenaufklärung nicht zulassen, darf sich selbst nicht reflektieren und kann infolgedessen die historisch-funktionale Relativierung nicht auf sich selbst zurückwenden. Sie braucht eine Terminologie für gutes Gewissen.

Sobald Historismus in die Reflexion einbezogen wird, und das ist seit Hegel und Marx eine nicht mehr zu ignorierende Möglichkeit, bleibt der Aufklärung nur noch die Faktizität ihres historischen Wollens, das sich selbst als Übergang begreift. Die dann noch mögliche Bewußtseinslage wird revolutionär. Ihre Permanenz kann nur noch die Permanenz von Revolution sein. Diese Position ist angewiesen auf eine Instrumentalisierung der Semantik zur Mitführung aller derjenigen, die sich nicht auf ein revolutionäres Bewußtsein wirklich einlassen können, sondern Ziele, Werte oder Sachstrukturen brauchen – nicht nur um handeln zu können, sondern um Lebenssinn formen zu können. Diese Theorie braucht eine Terminologie für schlechtes Gewissen.

Wer demgegenüber auf der historischen Position der Aufklärung als Forderung nach vernunftmäßiger Ausrichtung des Lebens beharrt, kann revolutionäres Bewußtsein nicht begreifen. Er gerät in den Widerspruch, Ideologiekritik zu bejahen und zu betreiben, aber die allgemeine Erosion des Kulturguts zu beklagen. Für die dann noch mögliche Erfassung der Lage hat Jürgen Habermas das Stichwort der Legitimationskrise ausgegeben[3]. Damit werden die Reflexionsschranken der Aufklärung in die Theorie einer Gesellschaft, die dies verhindert, überführt und objektiviert. Aber das geschieht unter Verzicht auf die durch Hegel eröffnete, bei Marx noch sichtbare Tiefenlage der Selbstreflexion des historischen Bewußtseins. Das Konzept rastet nicht dort ein, wo es zur Frage kommt, ob eine nicht-revolutionäre Theorie der modernen Gesellschaft überhaupt möglich ist, das heißt: sich reflektieren kann.

Neben diesem Strang gibt es den inzwischen klassischen »wissenssoziologischen« Ansatz. Er arbeitet mit einer Attribution von Wissen. Wissen wird als Ausdruck einer Interessenlage oder einer entwicklungsgeschichtlichen Situation bestimmter Gruppen, Schichten oder Klassen gesehen, und dies auf einer eher kollektivistischen Basis, das heißt ohne Analyse der internen Kommunikationsstrukturen dieser Trägergruppen[4]. Dieses Forschungsinteresse

3 Siehe Legitimationsprobleme im Spätkapitalismus, Frankfurt 1973.

4 Für Beispiele siehe etwa Bernhard Groethuysen, Die Entstehung der bürgerlichen Welt- und Lebensanschauung in Frankreich, 2 Bde., Halle 1927-1930; Arnold Hirsch, Bürgertum und Barock im deutschen Roman: Ein Beitrag zur Entstehungsgeschichte des bürgerlichen Weltbildes, Frankfurt 1934, 2. Aufl. Köln-Graz 1957; Franz Borkenau, Der Übergang vom feudalen zum bürgerlichen Weltbild: Studien zur Geschichte der Philosophie der Manufakturperiode, Paris 1934, Neudruck Darmstadt 1973; Leo Balet/E. Gerhard, Die Verbürgerlichung der deutschen Kunst, Literatur und Musik im 18. Jahrhundert, Straßburg 1936; Peter von Oertzen, Die soziale Funktion des staatsrechtlichen Positivismus: Eine wissenssoziologische Studie über die Entstehung des formalistischen Positivismus in der deutschen Staatsrechtswissenschaft, Diss.

wird neopostneomarxistisch tradiert, ohne die Ergiebigkeit des Zurechnungsverfahrens zu reflektieren. Bereits in den 20er Jahren hatte sich hier jedoch das Problem der Zurechnung des Zurechnens gestellt. Die Aufklärung sah sich ihrerseits einer Gegenaufklärung ausgesetzt. Der Streit konnte eine Weile noch darum gehen, ob aufsteigende Klassen oder konservative Individuen die historisch privilegierte Optik besitzen und im Recht sind, weil sie den anderen durchschauen können. Wenn aber jeder jeden durchschauen kann, bleibt am Ende nur der bejahte Relativismus – oder eine Kritik der theoretischen Ergiebigkeit des bloßen Zurechnens von Wissen.

Karl Mannheim hatte versucht, diese Entwicklung, die die Grenzen und damit die Möglichkeit der Aufklärung bedrohte, durch Totalisierung des Ideologiebegriffs aufzufangen[5]. Danach ist alles Wissen, ungeachtet seiner Wahrheitsqualität, nur in einem sozialen Seinszusammenhang möglich, also gebunden an einen gesellschaftlichen Standort, und nur für diesen wahres bzw. falsches Wissen. Der Standort bestimme die Sichtweise, den Aspekt, die Problemstellung und gehe damit in das Wissen ein. Andererseits hält Mannheim trotzdem am Postulat der Objektivität und sachbezogenen Entscheidbarkeit von Wissensthemen fest. Das je relational anfallende Wissen müsse nur durch Umrechnung und Übersetzung für andere Standpunkte zugänglich gemacht werden bzw. alle Standpunktbezogenheit neutralisieren. Der Standort dafür ist in dieser Theorie jedoch nicht mehr zu verabsolutieren, denn dann widerspräche er den Grundannahmen der Theorie[6]. Immerhin könnte man von hier aus nach Gesellschaftsstrukturen fragen, die

Göttingen 1953, Frankfurt 1974; Ralph Fiedler, Die klassische deutsche Bildungsidee: Ihre soziologischen Wurzeln und pädagogischen Folgen, Weinheim 1972; Winfried Schröder et al., Französische Aufklärung: Bürgerliche Emanzipation, Literatur und Bewußtseinsbildung, Leipzig 1974. Schon der Vergleich innerhalb dieser Literatur zeigt, daß die Zuordnung zum Bürgertum unter sehr verschiedenen Kriterien vollzogen wird.

5 Die repräsentative Darstellung ist Mannheims Artikel Wissenssoziologie im Handwörterbuch der Soziologie, Stuttgart 1931, neu gedruckt in ders., Ideologie und Utopie, 3. Aufl. Frankfurt 1952, S. 227-267.

6 Üblicherweise unterstellt die Kritik Mannheim einen so weitgehenden Widerspruch oder zumindest eine strategisch placierte Unklarheit in dieser Frage. Vgl. etwa Otto H. Dahlke, The Sociology of Knowledge, in: Harry E. Barnes/Howard Becker/Frances B. Becker (Hrsg.), Contemporary Social Theory, New York 1940, S. 64-89 (86 f.).

eine universalisierende Semantik mit Fähigkeit zur Einbeziehung von lokal schon gewonnenem, partikularem Wissen ermöglichen. Allerdings muß man sehen, daß mit diesem Ausweg das Wahrheitskriterium selbst transformiert wird in ein Kriterium relativ höherer Kommensurabilität und Umrechenbarkeit semantischer Strukturen. Auch ein weiteres Durchdenken der aus diesem Ansatz folgenden Probleme des Verhältnisses von objektivem (gegenständlichem) und subjektivem (sozialem) Seinsbezug der Erkenntnis dürfte kaum zu einer zwingenden dialektischen Lösung führen, wenn man den Wahrheitsbegriff selbst konstant hält. Es ist, mit anderen Worten, nicht gelungen, im Anschluß an die Relationierung aller Formen des Wissens eine Metatheorie genau dieses Sachverhalts zu entwickeln, die mit ihrem Gegenstand einen Wahrheitsbegriff, ein semantisches Feld, ein Rationalitätskontinuum teilt[7].

Ohne in solche Probleme erkenntnistheoretischer oder reflexionslogischer Art einzusteigen, haben auch Historiker (einschließlich: Philosophie- und Wissenschaftshistoriker) Arbeiten an einer Art historisch-politischen Semantik aufgenommen. Die je spezifische Geschichtlichkeit auch von Hochbegriffen der literarischen Kultur, ja selbst der wissenschaftlichen Theorie, ist unbestrittener als je zuvor; sie ist durch die Aporien der Wissenssoziologie nicht in Frage gestellt worden. Aber in aller Geschichtlichkeit ist, sie wäre sonst kaum verständlich zu machen, ein Bezug auf das Gesellschaftssystem vorausgesetzt. Damit bleibt die Frage nach Korrelationen zwischen sozialstrukturellen und begriffs- oder ideengeschichtlichen Veränderungen aktuell. Sie hat bisher jedoch weder methodisch noch theoretisch befriedigende Antworten gefunden. Sie wird von Historikern, die hier das Erbe der Wissenssoziologie angetreten haben, in der Art einer gehobenen Tatsachenforschung ohne theoretische Leitlinien behandelt. Semantische Komplexe

7 Genau dies Problem versucht Norbert Elias mit dem Vorschlag eines Kontinuums zu lösen, das die Subjekt/Objekt-Relation als Dimension variablen »involvements« bzw. »detachments« eines Subjekts behandelt. Das Wissen kann danach in bezug auf Eigenschaften und Sozialbindungen der Subjekte »relativ autonom« sein, und andererseits können Subjekte in bezug auf ihr Wissen mehr oder weniger engagiert sein. Daran kann man dann die Frage anschließen, welche gesellschaftsstrukturellen Veränderungen welches Wissen auf dieser Dimension verändern. Vgl. Sociology of Knowledge: New Perspectives, Sociology 5 (1971), S. 149-168, 355-370.

werden dabei als Tatsachen angesehen, die sich im Laufe der Geschichte ändern. Man gelangt zu induktiven Generalisierungen – sei es zu Problembezügen, die einen historischen Prozeß der Substitution von Problemlösungen steuern, sei es zu tieferliegenden semantischen Strukturen, deren historischer Variationszusammenhang den Eindruck der Nichtzufälligkeit hinterläßt, ohne daß die Beschreibung dieses Zusammenhanges eine theoretische Erklärung dafür zu geben beansprucht. Repräsentativ dafür ist die Fragestellung des Lexikons »Geschichtliche Grundbegriffe« nach semantischen Korrelaten für »die Auflösung der alten und die Entstehung der modernen Welt«[8]. Solche Transformationen werden unter den Gesichtspunkten der Demokratisierung, der Verzeitlichung, der Ideologisierbarkeit und der Politisierung erfaßt und aufeinander bezogen. Aber ein gesellschaftsstruktureller Bedingungszusammenhang von so tiefgreifenden und ihrerseits zusammenhängenden Umformungen überlieferten Ideengutes läßt sich nur vermuten. Er bleibt unterbelichtet. Die soziologische Theorie ist noch nicht so weit, und die Historik muß sich daher mit Begriffen wie französische Revolution oder moderne Staaten oder bürgerliche Gesellschaft behelfen, mit denen jene Wendezeit sich selbst den Zugang zu den Tatsachen verschaffte.

Eine Variante hierzu findet man in einer weit verzweigten und intern unkoordinierten Diskussion der Frage, ob »moderne« Begriffe oder Vorverständnisse überhaupt geeignet sind, das Denken fernliegender Zeiten oder Gesellschaften zu erschließen; ob dieses Denken uns überhaupt zugänglich sein kann[9]. Die Frage ist in

8 Geschichtliche Grundbegriffe: Historisches Lexikon zur politisch-sozialen Sprache in Deutschland, hrsg. von Otto Brunner, Werner Conze und Reinhart Koselleck, Stuttgart 1972 ff. Zitat aus der Einleitung (Koselleck) Bd. I, S. XIV.

9 Vgl. für den Bereich der Wirtschaft etwa Karl Polanyi/Conrad M. Arensberg/Harry W. Pearson, Trade and Market in the Early Empires, Glencoe Ill. 1957 und als Überblick über die anschließende Diskussion Jochen Röpke, Neuere Richtungen und theoretische Probleme der Wirtschaftsethnologie, in: Hermann Trimborn (Hrsg.), Lehrbuch der Völkerkunde, 4. Aufl. Stuttgart 1971, S. 446-457; für Recht etwa Max Gluckman, The Ideas in Barotse Jurisprudence, New Haven – London 1965; für Staat und Recht namentlich Otto Brunner, Land und Herrschaft: Grundfragen der territorialen Verfassungsgeschichte Südostdeutschlands im Mittelalter, 3. Aufl. Brünn-München-Wien 1943, insb. S. 124-188 (»Forderung nach einer quellenmäßigen Begriffssprache«). Für politische Ideen auch W. H. Greenleaf, Order, Empiricism and Politics: Two Traditions of English Political Thought 1500-1700, London 1964, S. 2 ff. und für magische Formen der Religiosität jetzt als Diskussionsüberblick Hans G.

dieser neuen Form natürlich unentscheidbar und signalisiert schon als Fragestellung ein Theoriedefizit. Es fehlt einerseits eine hinreichende Abstraktheit des begrifflichen Apparates, die eine Analyse fernliegenderer Kulturen überhaupt erst ermöglicht; andererseits aber auch eine Theorie der Evolution des Gesellschaftssystems, die erforderlich wäre, wenn man genauer angeben wollte, in welchen Hinsichten und weshalb Denkvoraussetzungen sich geändert haben. Im folgenden wollen wir zu zeigen versuchen, daß es vor allem die Komplexität des Gesellschaftssystems und die Kontingenz seiner Operationen ist, deren Veränderung mit Änderungen der Semantik beantwortet wird. Man kann das begreifen und damit auch die Distanz zu fremdem Denken begreifen, nicht aber auf Grund moderner Prämissen konkret »so denken wie . . .«.

Mit Fortschritten einer historisch-politischen Semantik in Richtung auf Verfeinerung, Tiefenschärfe und Einsicht in Interdependenzen im Ideengut und seinen Veränderungen steht aber auch die soziologische Gesellschaftstheorie vor einer neuen Situation. Während die Wissenssoziologie ihr Hauptproblem parallel zur Relation Subjekt-Objekt als ein *Zurechnungs*problem gestellt hatte, das heißt nach Trägern des Wissens gefragt hatte und damit zufrieden gewesen war, wenn sie Trägergruppen identifizieren konnte, stellt die Frage nach einer *Korrelation* oder *Kovariation* von Wissensbeständen und gesellschaftlichen Strukturen theoretisch erheblich höhere Anforderungen. Wenn überhaupt an gesellschaftsstrukturelle Korrelationen gedacht wird, müßte die Theorie »entsprechende Komplexität« bieten, das heißt auch das Gesellschaftssystem abstrakt und differenziert genug analysieren können. Dazu hat man heute aufgrund von Entwicklungen in der Systemtheorie, der Theorie soziokultureller Evolution und der Kommunikationstheorie bessere Ausgangspositionen als zur Zeit von Mannheim. Der Durchgriff auf das Abschlußproblem der Reflexion war vielleicht voreilig gewesen. Abschlußprobleme sind Abschußprobleme für jede Theorie. Sie zu formulieren, setzt eine kritische Masse an Theoriearbeit und an empirischer Bewährung voraus, die sie tragen kann. Die wenigen Bemerkungen und die schnellen Schlüsse, die

Kippenberg/Brigitte Luchesi (Hrsg.), Magie: Die sozialwissenschaftliche Kontroverse über das Verstehen fremden Denkens, Frankfurt 1978. Nach Verbindungslinien zwischen diesen Diskussionssträngen und nach wechselseitiger Kenntnisnahme sucht man vergebens.

man in der Diskussion um den sich universell setzenden Relationalismus der Wissenssoziologie oder des Historismus findet, reichen für eine umsichtige Urteilsbildung nicht aus. Das soll nicht heißen: Reflexion auf die Frage, wie die Theorie selbst angesichts ihrer Wirklichkeitsinterpretation möglich ist, auszuschließen. Sie muß nur besser vorbereitet werden.

Im Augenblick hat die Soziologie nur ein einziges hier zu nennendes Angebot vorzuweisen: Die Differenzierung von Kultursystem und sozialem System im analytischen Bezugsrahmen der allgemeinen Theorie des Aktionssystems von Talcott Parsons[10].

Diese Theorie sieht eine eigenständige Evolution von Kulturgut vor und vermag zu berücksichtigen, daß bei aller Interdependenz zwischen den Systemen doch Innovationen kultureller Art durch Kultur selbst ausgelöst werden können und Diffusion oder Tradierung über sehr verschiedene Sozialstrukturen (Gesellschaften) hinweg möglich ist. Sie setzt andererseits aber sowohl die innere Differenzierung des Kultursystems als auch dessen Beziehung als Gesamtheit zu den anderen Systemen unter den einschneidenden

10 Vgl. zur Überleitung der Problemstellung Talcott Parsons, An Approach to the Sociology of Knowledge, in ders., Sociological Theory and Modern Society, New York 1967, S. 139-165; ferner für eine aktuelle Präsentation: Talcott Parsons/Gerald M. Platt, The American University, Cambridge Mass. 1973, insb. S. 8 f., 16 ff. Zur Rekonstruktion der Wissenssoziologie auf dieser Basis vgl. auch Bernard Barber, Toward a New View of the Sociology of Knowledge, in: Lewis A. Coser (Hrsg.), The Idea of Social Structure: Papers in Honor of Robert K. Merton, New York 1975, S. 103-116. Die Problematik der Begriffsbildung ist schon an Parsons' Definition erkennbar: »Culture consists in codified systems of meaningful symbols and those aspects of action directly oriented to problems of the meaningfulness of such symbols« (S. 8). Das Kultursystem ist danach zwar ein Teilsystem des Handlungssystems, besteht aber selbst nicht (oder nur zum Teil) aus Handlungen, sondern aus Symbolen. Würde man konsequenter formulieren: Kultursystem sei das Handlungssystem, soweit es sich auf Symbole beziehe, läge auf der Hand, daß dies kein analytisch, geschweige denn real ausdifferenzierbares Teilsystem sein kann, da Handlung nur durch Symbolgebrauch Handlung ist.

Auch andere Autoren arbeiten mit der Unterscheidung verschiedener Systeme und setzen symbolisch-semantische Konglomerate als eines von ihnen an, ohne daß die begrifflichen Probleme so klar hervorträten wie bei Parsons. Siehe z. B. die Unterscheidung von adaptivem, assoziativem und ideologischem System bei Darcy Ribeiro, Der zivilisatorische Prozess, Frankfurt 1971, S. 31 f., oder die Unterscheidung von ökonomischem, politischem und ideologischem Niveau bei Robert Fossaert, La société Bd. 1: Une théorie générale, Paris 1977; ferner Daniel Bell, Die Zukunft der westlichen Welt: Kultur und Technologie im Widerstreit, Frankfurt 1976.

Formzwang eines einheitlichen, übergreifenden Schemas. Das erzwingt Zuordnungsentscheidungen, die vermutlich den Inhalten der semantischen Traditionen nicht mit hinreichender Tiefenschärfe gerecht werden können. Außerdem ist die Auffassung, Kultur sei ein Handlungssystem, allenfalls haltbar, wenn man einen rein analytischen, wissenschaftsrelativen Systembegriff zu Grunde legt. Wir verzichten im folgenden auf die These, die Kultur bzw. der semantisch-symbolische Komplex sei ein eigenes, ausdifferenzierbares Handlungssystem, und verzichten deshalb auch auf die theoretisch anspruchsvollen Begriffe Interpenetration und Austausch (interchange) für die Erfassung des Verhältnisses von Gesellschaftsstruktur und semantischer Tradition. Uns genügen für die Formulierung der Problemstellung schwächere, voraussetzungsärmere Begriffe wie Kompatibilität, Grenzen der Kompatibilität, Korrelation. Gemeint ist damit zunächst nur, daß Ideengut im Verhältnis zur Gesellschaft, die es benutzt, nicht beliebig variieren kann. Das theoretische Problem verschiebt sich damit in die Frage, wodurch und in welcher Weise die Gesellschaftsstruktur Beliebigkeit einschränkt. Für die Antwort darauf benötigen wir eine Theorie der Formen und Konsequenzen gesellschaftlicher Differenzierung.

II.

Bevor wir uns auf Überlegungen zur Gesellschaftsstruktur einlassen, sind einige begriffliche und theoretische Vorklärungen am Platze. Sie sind vor allem deshalb erforderlich, weil unser Thema, interdisziplinär gesehen, in Arbeitsgebiete nicht nur der Wissenssoziologie, sondern auch der philosophischen bzw. wissenschaftsgeschichtlichen Problem- und Begriffsgeschichte, der Sozialgeschichte und der Textlinguistik eingreift und alle diese Disziplinen heterogene Ansätze verfolgen.
Unser Ausgangspunkt ist, daß alles menschliche Erleben und Handeln sinnförmig abläuft und sich selbst nur sinnförmig zugänglich ist. Das heißt, daß das, was jeweils Gegenstand der Intention und Realisationskern des aktuellen Vollzugs ist, nur in der Form der Verweisung auf andere Möglichkeiten gegeben ist. Jeder Sinn enthält damit eine Art Anschließbarkeitsgarantie für weiteres Erleben und Handeln und eine Garantie für Rekurrenz, für Rückkehr zu ihm selbst nach Durchlaufen anderer Sinngehalte. Aller Sinn

präsentiert deshalb Wirkliches durchsetzt mit anderen Möglichkeiten und setzt das Verhalten damit unter Selektionsdruck, weil von diesem appräsentierten Möglichkeitsüberschuß nur die eine oder die andere Eventualität aktuell realisiert, thematisch intendiert, handlungsmäßig nachvollzogen werden kann.

Sinn in diesem Verständnis hat Realität nur im aktuellen Vollzug und ist daher stets gegenwärtig. Es gibt keinen Sinn ohne Bezug auf gegenwärtig erlebten oder gehandelten Sinn. Auch wenn ich später von »gepflegter Semantik« und von »Ideenevolution« spreche, meine ich stets diese »in den Köpfen der Menschen« individualisierte Realität. Aber es handelt sich dabei nicht um Einzelstücke, nicht um »Ideen« nach der Art der älteren sensualistischen Psychologie, sondern um eine sich selbst anregende kritische Masse, in der jedes Element nur ist, indem es auf andere übergreift.

Es liegt an dieser Struktur, daß »das Ganze« der mitimplizierten Welt nicht als Fülle, sondern nur über Selektionen, über Reihungen oder über Aggregationen unter Verzicht auf Details zugänglich ist. Um diese Selektionen im Rahmen des sozial Erwartbaren und Anschlußfähigen zu halten, wird Sinn typisiert, nämlich je nach Bedarf zeitlich, sachlich und sozial generalisiert. Ohne jeden Bezug auf Typen wäre Sinn, wo er auftaucht, zunächst unterbestimmt, unverständlich, inkommunikabel – etwa so wie die ständig mitlaufende Icherfahrung. Er wäre immer noch aktuelle Selektion, aber unprofiliert im Hinblick auf »was sonst«. Es gibt durchaus diese Möglichkeit relativ typfreien Sinnerlebens und Handelns, und es gibt eine Art Überraschungsgenese von Sinn. Auch können derart offene Situationen über Negationen angestrebt werden. Das festzuhalten, ist für den Anschluß evolutionstheoretischer Konstruktionen wichtig[11]. Aber immer wenn derart unspezifizierter Sinn passiert, setzen Bemühungen ein, Anomie zu beseitigen[12] und ordentlichen Sinn, regulär verwendbaren Sinn, typifizierten Sinn zu ermitteln. Man bemüht Interpretationen, Zuordnungsversuche oder auch Verdrängungen, um das Problem ins Verkehrsübliche zu

11 Der Begriff der Typisierung hat insofern etwa die Stelle, die bei Karl E. Weick, The Social Psychology of Organizing, Reading Mass. 1969, der Begriff des »enactment« einnimmt, nämlich als »Fassung« der Variationsfunktion, die ein Prozessieren von Mehrdeutigkeiten im System ermöglicht.

12 Um mit Peter McHugh, Defining the Situation: The Organization of Meaning in Social Interaction, Indianapolis 1968, zu formulieren.

normalisieren. Evolutionstheoretisch gesehen, ist das Selektion, und Selektion richtet sich, zunächst jedenfalls, weitgehend nach dem vorhandenen Typenschatz und nach dem, was durch Bezug auf bekannte und vertraute Muster stabilisierbar ist.
Die Gesamtheit der für diese Funktion benutzbaren *Formen* einer Gesellschaft (im Unterschied zur Gesamtheit der Sinn aktualisierenden *Ereignisse* des Erlebens und Handelns) wollen wir die Semantik einer Gesellschaft nennen, ihren semantischen Apparat ihren Vorrat an bereitgehaltenen Sinnverarbeitungsregeln. Unter Semantik[13] verstehen wir demnach einen höherstufig generalisierten, relativ situationsunabhängig verfügbaren Sinn. Damit ist zunächst noch an einen Alltagsgebrauch – im Anschluß an Schütz sagt man sehr irreführend auch »lebensweltlichen« Gebrauch – von Sinn gedacht. Die Semantik einer Gesellschaft ist auf dieser einfachen Ebene ausschnittweise, und die Ausschnitte überschneiden sich, für jedermann verfügbar. Hier zählt jeder Fluch der Ruderer in den Galeeren. Zusätzlich entwickelt sich aber schon sehr früh für ernste, bewahrenswerte Kommunikation[14] eine besondere Variante der Vertextung. Sie übernimmt zugleich auch die Funktion, die Grenzen des sprachlichen Ausdrucks und die Risiken der Formulierung zu kontrollieren. Man könnte in diesem Bereich von »gepflegter« Semantik sprechen[15], die ihrerseits dann den take off einer besonderen Ideenevolution ermöglicht[16].

13 Die Wortwahl »Semantik« ist nicht in jeder Beziehung glücklich. Wir schließen nicht an die Lehre von Zeichen und ihrer Referenz an, sondern an das, was man meint, wenn man von »historisch-politischer Semantik« spricht. Vgl. etwa Reinhart Koselleck (Hrsg.), Historische Semantik und Begriffsgeschichte, Stuttgart 1978.

14 Eric A. Havelock, Preface to Plato, Cambridge Mass. 1963, S. 134 u. ö. spricht von »preserved communication«.

15 Roger G. Krohn, Wissenssoziologie und Wissenschaftssoziologie: Entwicklung eines gemeinsamen Untersuchungsrahmens, in: Nico Stehr/René König (Hrsg.), Wissenschaftssoziologie: Studien und Materialien, Opladen 1975, S. 79-99 (82 ff.) unterscheidet: mundartliche Kultur, Metakultur, Suprakultur.

16 Wir vermeiden hier bewußt eine stark formalisierende Beschreibung dieses Sachverhaltes mit Begriffen wie »Begriff« oder »Abstraktion«. Zum Vergleich mit dem, was Begriffsgeschichtler zu unserem Thema beitragen, wäre jedoch diese Übersetzung nötig. Siehe etwa die Bedeutungsweite von »Begriff«, die Reinhart Koselleck sich offen hält. Siehe: Begriffsgeschichte und Sozialgeschichte, in: Peter C. Ludz (Hrsg.), Soziologie und Sozialgeschichte. Sonderheft 16 der Kölner Zeitschrift für Soziologie und Sozialpsychologie, Opladen 1972, S. 116-131; ders. Einleitung, Geschichtliche Grundbegriffe a. a. O. Bd. I, S. XIII-XXVII (insb. XXII f.).

Begriffsgeschichtliche Forschungen befassen sich ausschließlich mit gepflegter Semantik. Man wird das Recht zu einer solchen Auswahl nicht bestreiten, wohl aber stets mitbedenken müssen, daß sie von der Basis des Sinnprozessierens schon um zwei Stufen abgehoben ist; daß sie sich mit der Verarbeitung der Formen der Verarbeitung von aktuellem Sinn befaßt und deshalb auch in dieser Richtung (und nicht nur in den sinnmäßigen Begriffszusammenhängen) theoretisch kontrolliert werden muß. Damit ist keineswegs gesagt, daß Begriffe einen geringeren Grad an Realität aufweisen als das elementare Prozessieren von Sinn. Wir denken also nicht in der Art eines Basis/Überbau-Schemas. Vielmehr ist auch gepflegte Semantik nur im Erleben und Handeln real, das sie aktualisiert. Sie hat keine separate »ideale Existenz« (eventuell aber eine museale oder bibliothekarische Existenz im Sinne von möglicher Wiederaktualisierung). Die Chance des Vorkommens entsprechend gepflegten oder pflegenden Handelns bedarf deshalb, damit sie wahrscheinlich genug ist, besonderer Vorkehrungen durch Ausdifferenzierung von dafür bestimmten Situationen, Rollen, Teilsystemen. Anlässe zu rituellem Handeln oder zur Mythenerzählung sind frühe Beispiele dafür[17], und Schrift ist die für alles Weitere unerläßliche Bedingung hinreichend wahrscheinlicher Reproduktion.
Somit kann man in begriffsgeschichtlichen Forschungen vielleicht von der Faktizität des alltäglichen Sinnprozessierens und möglicherweise sogar von den dafür benutzten Typisierungen abstrahieren, soweit sie nicht in die gepflegte Semantik einbezogen werden, *nicht aber von den Bedingungen und Formen der Ausdifferenzierung, denen die gepflegte Semantik ihre eigene Aktualisierbarkeit verdankt.* Solche Ausdifferenzierungen bleiben ihrerseits gebunden an Rückbeziehbarkeiten in den Alltag des gesellschaftlichen Lebens; sie müssen Übergänge und Anschlüsse bereithalten, dürfen die Hochformen der Semantik nicht zu stark hiatisieren, oder sie müssen, wenn das geschieht, entsprechende Sprünge und Negationsverhältnisse institutionalisieren[18]. Über Bedingungen und

17 Zu einer hier anschließbaren Theorie der Funktion von Ritualen siehe Roy A. Rappaport, The Sacred in Human Evolution, Annual Review of Ecology and Systematics 2 (1971), S. 23-44; ders., Ritual, Sanctity and Cybernetics, American Anthropologist 73 (1971), S. 59-76.

18 Man kann hier an die in der indischen Gesellschaft bereitgehaltene Möglichkeit einer auf Welt und gesellschaftlichen Status verzichtenden Lebensführung denken.

Formen der Ausdifferenzierung in der Gesellschaft vermitteln sich daher auch Transfer-Bedingungen, Plausibilitätsansprüche, Tempo-Erfordernisse für Lernen und Verständigung usw. in die gepflegte Semantik hinein und ziehen ihrer Absonderung, ihrer Esoterik, ihrer Komplikation Grenzen.
Es ist letztlich dieses Erfordernis der Ausdifferenzierung, das alle Begriffsgeschichte einbindet in einen umfassenderen Kontext gesellschaftlicher Bedingungen. Die Form dieser Einbindung variiert deshalb mit den Formen der Ausdifferenzierung, die eine Gesellschaft sich leisten kann, und dies wiederum hängt von ihrer Grundstruktur ab. Die folgenden Analysen sollen zeigen, daß hierfür vor allem die Form der Systemdifferenzierung des Gesellschaftssystems und, davon abhängig, die Komplexität des Bezugsrahmens gesellschaftlichen Erlebens und Handelns ausschlaggebend sind.

III.

Wir gehen im weiteren aus von einem Zusammenhang zwischen *Komplexität* und *Systemdifferenzierung*. Mit »Zusammenhang« soll gesagt sein, daß die Begriffe Komplexität und Differenzierung nicht gleichsinnig gebraucht werden. Ein System ist komplex, wenn es nicht mehr jedes seiner Elemente mit jedem anderen verknüpfen kann; wenn es also in der Relationierung seiner Elemente selektiv verfahren muß. Ein System ist differenziert, wenn es in sich selbst Teilsysteme bildet, das heißt in sich selbst Systembildung wiederholt, also in sich selbst nochmals Differenzen zwischen System und (jetzt: interner) Umwelt schafft. Über interne Differenzierung multipliziert ein System also sich selbst, indem es sich selbst in sich selbst wiederholt als Differenz von Teilsystem und interner Umwelt in einer externen Umwelt. In diesem Sinne ist Systemdifferenzierung Promotor von Komplexität und Anstoß für den Aufbau emergenter Ordnungen.
Dieser Begriff von Differenzierung sprengt den klassischen Systemansatz, der davon ausging, daß ein Ganzes aus Teilen besteht wie ein Gebäude aus Steinen oder ein Körper aus Organen. Auch die Unterscheidung der Begriffe Komplexität und Differenzierung geht über die Grundannahmen der soziologischen Klassiker hinaus, die die Gesellschaftsentwicklung als zunehmende Differenzierung oder als Entwicklung von einfacheren zu komplexeren Ver-

hältnissen begriffen hatten, ohne hier analytisch deutlich zu unterscheiden. Wir führen die Unterscheidung ein, um damit einen größeren Reichtum an Aussagemöglichkeiten zu gewinnen, und an dieser Stelle: um der Problemstellung der Wissenssoziologie besser gerecht werden zu können.

Der Zusammenhang von Komplexität und Systemdifferenzierung soll, auch dies eine Abweichung von Tendenzen der älteren Soziologie, nicht als ein kontinuierlicher unilinearer Steigerungszusammenhang aufgefaßt werden. Unsere inhaltliche Hypothese ist vielmehr, daß die Komplexität, die ein Gesellschaftssystem erreichen kann, abhängt von der *Form* seiner Differenzierung. Je nach dem, unter welchem Leitgesichtspunkt die *primäre* Differenzierung des Gesellschaftssystems, die Bildung einer ersten Schicht von Teilsystemen eingerichtet ist, gibt es innerhalb des Gesellschaftssystems mehr oder weniger Anlaß zu verschiedenartigem Handeln. Je nachdem erscheinen Handlungszusammenhänge für die Handelnden mehr oder weniger selektiv, mehr oder weniger kontingent. Und damit variieren die Anreize zu bewußter Sinnbildung und zum Aufbau einer Semantik, die Sinnerfahrungen speichert, ordnet und zugänglich hält.

Veränderungen im Komplexitätsniveau des Gesellschaftssystems erfolgen epigenetisch. Steigerung der Komplexität ist *weder eine sinnvolle Zielvorstellung* gesellschaftlichen Handelns *noch ein normales, kontinuierlich eintreffendes Resultat gesellschaftlicher Evolution.* Sie ist eine Nebenfolge von strukturellen Umlagerungen, vor allem von Änderungen der Differenzierungsform. Wenn das Komplexitätsniveau der Gesellschaft sich jedoch ändert, muß die das Erleben und Handeln führende Semantik sich dem anpassen, weil sie sonst den Zugriff auf die Realität verliert. Komplexität ist mithin eine – und wohl die weitreichendste – *intervenierende Variable*, die zwischen evolutionär ausgelösten Strukturänderungen und Transformationen der Semantik vermittelt. Dadurch daß Komplexität zunimmt, können in der Gesellschaft Änderungsimpulse multipliziert, Sekundär-Evolutionen ausgelöst werden, die vorhandene semantische oder strukturelle Bestände der veränderten binnengesellschaftlichen Komplexität anpassen. Dank dieser Vermittlung durch Komplexität ist die Veränderung von Gesellschaftsstruktur und Semantik nicht auf Zielvorstellungen angewiesen. Die Gesellschaft entwickelt sich nicht in Richtung auf antezipierte Zustände, die man zu erreichen sucht, wenngleich in ihr aufgrund der Erfahrung von Entwicklung Zukunftsbilder auftauchen und Einfluß gewinnen mögen. Die Gesellschaft entwickelt sich, mit anderen Worten, in Reaktion auf Entwicklung, in Reaktion auf bereits zunehmende Komplexität. Nur auf diese Weise kann Evolution auf Handlungskapazität abgestimmt sein.

Immer beruhen Gesellschaften auf kommunikativen Handlungen als letzten Elementen. Insofern sind sie, wie soziale Systeme schlechthin, immer schon temporalisierte Systeme. Sie müssen, da Handlungen zeitpunktgebundene Ereignisse sind, Zeit verwenden, um Handlungen auf Handlungen zu beziehen; und sie können den Vorteil von Zeitpunktdifferenzen nutzen, um Handlungszusammenhänge zu konstituieren, die gleichzeitig nicht möglich wären. Gesellschaft wäre nicht möglich, wenn die Teilnehmer sich nicht vorstellen könnten, daß Handlungskonstellationen sich von Situation zu Situation ändern, und wenn sie die Anforderungen nicht bewältigen könnten, die sich für die Konstitution des Sinnes der Handlungen daraus ergeben[19].

Welche Zufälle immer Ereignisse auslösen, die in der Gesellschaft als Handlungen erlebt und behandelt werden; welche organischen und psychischen System/Umwelt-Prozesse auch immer dabei aktiviert werden: im sozialen System der Gesellschaft entsteht durch Behandlung als Handlung, das heißt durch selektive Beziehung von Handlung auf Handlung, emergenter Sinn, der keiner Einzelhandlung ganz zugerechnet werden kann, umgekehrt aber Zurechenbarkeit des Handelns voraussetzt. Dabei ist Emergenz nur als Zeitverhältnis möglich, als besondere Form der Vergegenwärtigung von Zukunft und Vergangenheit[20], als differenzielle Nutzung der Inaktualität dieser Zeithorizonte für gegenwärtige Zwecke. Das wiederum kann nicht spontan in jedem Moment wieder von neuem begonnen werden. Deshalb entwickeln sich, wie im vorigen Abschnitt erörtert, semantische Strukturen, die bestimmte Selektionslinien wahrscheinlicher machen als andere, Sensibilitäten in be-

19 Empirische Tests für diese These sind vor allem der Aphasie-Forschung zu danken. Vgl. dazu und zu weiteren hiermit zusammenhängenden Problemen Ilja Srubar, Glaube und Zeit: Über die Begründung der Metaentwürfe der sozialen Welt in der Struktur der sozialen Zeit, Diss. Frankfurt 1975.

20 Vgl. George Herbert Mead, The Philosophy of the Present, Chicago 1932. Ferner McHugh a. a. O., insb. S. 24 ff.

stimmten Richtungen verfeinern und in anderen abstumpfen. Es ist, mit anderen Worten, die akute Erfahrung von Komplexität, Kontingenz und Selektivität in Handlungsverknüpfungen, die solche übergreifenden Symbolkomplexe generiert; sie werden durch Selektionsdruck gezwungen, sich zu formieren. Auf dieser Ebene einer Sinnaktivierung organisierenden Semantik wird das System evolutionsempfindlich, wenn Komplexität und Selektionsdruck in den Sinnstrukturen sich ändern. Und das ist nach unserer These in großem Stil, schwellenförmig und so gut wie irreversibel der Fall, wenn die Form der primären Systemdifferenzierung sich ändert.

Diese theoretische Auflösung in Handlungsereignisse als Letztelemente des Systemaufbaus ist natürlich selbst kein notwendiges Moment des gesellschaftlichen Bewußtseins (ebensowenig wie das hier benutzte Verständnis von System, Komplexität, Zeit usw.). Die Handlungskonstitution läuft im gesellschaftlichen Zusammenleben über Prozesse des Erlebens (von Handlungen und anderen Ereignissen) ab, die eigenen Erfordernissen genügen müssen. Erleben wie auch Handeln verfährt zwangsläufig reduktiv und bildet zur Orientierung, zur Bündelung von Erwartungen und Erinnerungen sowie als Folie, vor der Überraschungen und Enttäuschungen erscheinen können, gröbere Einheiten – etwa Personen oder Rollen mit bestimmten Attributen. Was der gesellschaftliche Prozeß als Semantik hinterlegt, ist also zunächst auf diese Orientierungserfordernisse abgestimmt; es trägt dem Zwang zur Selektion, der aus der Komplexität des Systems folgt, Rechnung, ohne ihn als Ursache oder als Leistung zu thematisieren. Die Entwicklung der Bewußtseinslage einer Gesellschaft folgt deshalb der Entwicklung von gesellschaftlichen Strukturen nicht wie das Subjekt dem Objekt, nicht im Sinne einer Widerspiegelung von Tatsachen in der Erkenntnis, sondern im Sinne der Anpassung mentaler Reduktionen und Bündelungen, Raffungen und Vereinfachungen an Veränderungen der Selektivität im Relationieren der Elemente. Und auch die Gesellschaftstheorie bedient zunächst, nämlich solange es dafür noch keine ausdifferenzierte Fachwissenschaft gibt, nur diese mentalen Bedürfnisse. Sie prägt ihre Begriffe nach Maßgabe von Erfahrungen und stellt sie dann als Gußformen für mögliche Erfahrungen zur Verfügung.

Der zweite Strang unserer Überlegungen geht davon aus, daß

Gesellschaftssysteme auf verschiedene Weise differenziert werden können. *Gemeinsames* Merkmal aller Formen gesellschaftlicher Systemdifferenzierung ist: daß sie nicht an Umweltsektoren oder Umweltstrukturen anschließen (wie zum Beispiel die Differenzierung der Sinnesorgane des Menschen), sondern sich auf das System selbst beziehen. Aus diesem Grunde führt die evolutionäre Änderung der Formen gesellschaftlicher Differenzierung zugleich zu einer sich steigernden Ausdifferenzierung des Gesellschaftssystems selbst, und für die Semantik heißt dies: zu einer zunehmenden Nichtübereinstimmung von Menschenwelt und selbstwüchsiger Natur. Die *Differenz* der Differenzierungsformen beruht auf dem Gesichtspunkt, unter dem innerhalb des Gesellschaftssystems wiederum Systeme und Umwelten unterschieden werden können – jetzt also *Teil*systeme und gesellschafts*interne* Umwelten.

Das natürlichste, aus demographischem Wachstum sich wie von selbst ergebende Prinzip ist das der Bildung gleicher Einheiten, insbesondere Familien, Geschlechter oder Wohngemeinschaften bzw. Dörfer. Das führt zu *segmentärer Differenzierung*. Jedes Teilsystem sieht die innergesellschaftliche Umwelt nur als Ansammlung von gleichen oder doch ähnlichen Systemen. Das Gesamtsystem kann dadurch eine geringe Komplexität von Handlungsmöglichkeiten nicht überschreiten.

In einigen Fällen haben Gesellschaftssysteme segmentäre Differenzierung zu *stratifikatorischer Differenzierung* fortentwickelt und damit die Voraussetzungen für Hochkulturen geschaffen. Das primäre Einteilungsprinzip liegt dann in ungleichen Schichten der Gesellschaft, die erst intern dann wieder segmentär, nämlich nach Familien, differenziert sind. Damit wird der Vorteil erleichterter schichtspezifischer Kommunikation gewonnen, die eine im Verhältnis zum Teilsystem einer bestimmten Schicht ungleiche Umwelt voraussetzen kann. Mit der Prämisse der für jedes Teilsystem ungleichen Umwelt kann ein sehr viel komplexeres Gesellschaftssystem aufgebaut werden. Ein beträchtliches Ausmaß an Arbeitsteilung auf der Ebene von Rollen und Berufsgruppen wird möglich bei gleichzeitiger Konzentration von Ressourcen, vor allem Landbesitz, in der Oberschicht, die unter erleichterten internen Kommunikationsbedingungen über diese Ressourcen disponiert.

Im Vergleich zu segmentärer Differenzierung erweitert stratifikatorische Differenzierung nicht nur die interne Komplexität des

Gesellschaftssystems, sondern damit zugleich auch die Komplexität der für es zugänglichen Umwelt. Religion und Moral werden generalisiert, höhere Schichten pflegen regional weiterreichende Kontakte, Schrift objektiviert das Verständnis von Sachverhalten, die Zeithorizonte des gesellschaftlichen Lebens gewinnen an Weite, an Tiefenschärfe und lassen mehr Differenzen im Nacheinander zu. Die Komplexitätsschranken dieses Differenzierungstyps liegen in der Notwendigkeit der Hierarchisierung der Ungleichheit. Jedes Teilsystem kann sich zwar dadurch, daß es sich selbst einer Hierarchie zuordnet, auf das Gesamtsystem beziehen; es kennt seinen Platz im Ganzen. Zugleich muß es dabei jedoch seine innergesellschaftliche Umwelt im Verhältnis zu sich selbst als ungleich definieren, und zwar an Hand von übergreifenden Rangkriterien[21]. Im Effekt kann die innergesellschaftliche Umwelt dann nicht unabhängig von ihrer Beziehung zum jeweiligen Teilsystem begriffen werden; es definiert mit sich selbst seine Umwelt und ordnet sich dadurch, und nur so, in die Gesellschaft ein.

Auch stratifizierte Gesellschaften kennen durchaus eine Aussonderung von funktionsspezifischen Situationen, Rollen, Problemen, Interessen. Sie regulieren sie aber nach Maßgabe von Schichtdifferenzen. Zum Beispiel: Liebeserklärungen zwischen Personen ungleichen Standes werden unterschiedlich behandelt je nachdem, ob sie von oben nach unten oder von unten nach oben erfolgen[21a]. Als Gunsterweis von oben nach unten sollen sie offen, ohne Zögern und sozusagen aus dem Stand heraus gegeben werden, sonst kämen Zweifel auf. Von unten nach oben gerichtet sind sie dagegen an sich eine Anmaßung, müssen mit aller Vorsicht lanciert werden und in der Unterordnung verbleiben, bis man sicher sein kann, das Herz gewonnen zu haben. Das Funktionsproblem, Erreichen und Ge-

21 Sehr schön zeigt dies Louis Dumont, Homo hierarchicus: The Caste System and its Implications, London 1970, am Beispiel der religiös fundierten Opposition von rein/unrein, die dem indischen Kastensystem zugrunde liegt und beim Hinzutreten weiterer Kriterien den Aufbau einer komplexen Statushierarchie ermöglicht, in der die Tätigkeiten und Sachverhalte, die mit rein bzw. unrein assoziiert werden, zugleich den Zusammenhang, die Interdependenz und die Differenz der Kasten strukturieren.
Es gibt natürlich andere Formen der Hierarchiegenese; vor allem solche, die nicht auf Opposition, sondern auf einem abstufbaren Prinzip, also auf Ungleichverteilung derselben Qualität (z. B. Wohlstand, Größe der Gefolgschaft) beruhen.

21a Siehe hierzu de Vaumoriere, L'art de plaire dans la conversation, 4. Aufl. Paris 1701, S. 394 f.

nuß von Intimität, ist nicht ausgeschaltet und kommt in gewisser Weise zu seinem Recht. Aber es hat sich am Ordnungsprimat anderer Systemgrenzen zu orientieren.

Diese Beschränkung wird gesprengt im Übergang zum Prinzip der *funktionalen Differenzierung*. Diese Differenzierungsform ist nur ein einziges Mal realisiert worden: in der von Europa ausgehenden modernen Gesellschaft. Diese Gesellschaft hat infolge ihrer Differenzierungsform einzigartige Züge, die historisch ohne Parallele sind. Sie bildet an nur einem Fall einen Typus für sich. Daher ist denn auch zu vermuten, daß ihre Semantik aus sich heraus kaum Vergleiche mit der Selbsterfahrung anderer Gesellschaften zuläßt.

Funktionale Differenzierung hatte es auf der Ebene von Situationen, Rollen und (in begrenztem Umfange) Interaktionssystemen schon lange gegeben. Die Umstellung eines gesamten Gesellschaftssystems auf eine primäre, die Gesamtordnung bestimmende Differenzierung dieses Typs läuft erst im späten Mittelalter an und erreicht erst gegen Ende des 18. Jahrhunderts (und zunächst nur in wenigen Regionen Europas) eine kaum mehr reversible Lage. Es ist kein Zufall, daß sich damit jene Revolutionierung der politisch-sozialen Semantik verbindet, die das Lexikon »Geschichtliche Grundbegriffe« nachzuzeichnen sich bemüht. Dennoch sind wir noch weit davon entfernt, diesen Zusammenhang mit der nötigen Präzision im Detail zu begreifen.

Eine erste Voraussetzung für weitere Forschung ist: genauer zu wissen, um was es sich bei funktionaler Differenzierung handelt und was diese Differenzierungsform impliziert.

Wie bei jeder Systemdifferenzierung geht es auch hier um eine Neubildung von System/Umwelt-Differenzen innerhalb von Systemen. Das Prinzip der Teilsystembildung ist jetzt ein für jedes Teilsystem besonderes Bezugsproblem, an dem es sein besonderes Handeln ausrichtet – also etwa wirtschaftliche Produktion, politische Ermöglichung kollektiv bindender Entscheidungen, rechtliche Streitregulierung, medizinische Versorgung, Erziehung, wissenschaftliche Forschung – um nur einiges zu nennen. Funktionen dieser Art können nicht in eine allgemein gültige Rangordnung gebracht, können also nicht wie Schichten hierarchisiert werden, weil sie für die Gesellschaft allesamt notwendig sind und sich ihr jeweiliger Vorrang oder Wichtigkeitsgrad nur situationsweise regeln läßt. Diese Limitierung hat in ständischen Gesellschaften äußerstenfalls zu Kompromissen zwischen Schichtbildung und Funktionsorientierung geführt. Sie wird bei funktionaler Differenzierung dadurch aufgelöst, daß *Teilsysteme* einen *Funktionsprimat* erhalten, der aber *gesamtgesellschaftlich* nicht institutionalisiert und nicht durchgesetzt werden kann. Nur für das Erziehungssystem ist dann die Funktion der Erziehung wichtiger als alle anderen; nur für das Rechtssystem kommt es in erster Linie auf Recht und Unrecht an; nur die Wirtschaft stellt alle anderen Erwägungen hinter ökonomisch formulierten Zielen, sei es der Produktionssteigerung, sei es der Rationalität des Verhältnisses von Aufwand und Ertrag, sei es der Profitmaximierung, zurück. Ein funktional differenziertes Gesellschaftssystem kann, mit anderen Worten, eine Rangordnung unter den Funktionen zugleich zulassen und nicht zulassen je nachdem, in welche Systemreferenz die Operation fällt. Jedes System kann, ja muß, seine Funktion im Verhältnis zu allen anderen hypostasieren; aber gesamtgesellschaftlich bleibt das Rangverhältnis der Funktionen ungeregelt. »Ungeregelt« heißt übrigens durchaus, daß es möglich, ja wahrscheinlich ist, daß nicht alle Funktionen gleich wichtig genommen werden müssen, und daß es durchaus Tendenzen geben mag, einzelne Funktionskreise, etwa die der Wirtschaft, für besonders wichtig zu halten.

Der Verzicht auf gesamtgesellschaftliche Regulierung des Verhältnisses der Funktionssysteme zueinander (im Unterschied zur gesamtgesellschaftlichen Regulierung des Verhältnisses der Schichten zueinander) ist mit dem Prinzip der Focussierung der Teilsystembildung auf einen Funktionsprimat gegeben, liegt also mit der Differenzierungsform fest und ist in einer solchen Gesellschaftsordnung daher unaufhebbar. Das hat weittragende Folgen. Denn damit hat zugleich jedes Teilsystem ein je eigenes, ganz besonderes Verhältnis zu seiner innergesellschaftlichen Umwelt. Die Gesamtheit der System/Umwelt-Verhältnisse läßt sich nicht mehr auf einfache Oppositions- oder Abstufungsformeln wie oben/unten, vornehm/gemein, rein/unrein aggregieren. Daher fehlt jedem Teilsystem in seiner Umweltbeziehung eine Struktur und eine Symbolik, die auf das Ganze verweist. Dieser Verweis liegt ausschließlich in der Funktion selbst, also in einem Prinzip, das die Umwelt sich gerade nicht zu eigen machen kann. Teilsystem und innergesellschaftliche Umwelt können daher keinen Konsens bilden über die gesellschaftliche Relevanz (wohl natürlich: über Umstände und

Modalitäten) ihrer wechselseitigen Beziehungen. Das Gesellschaftssystem differenziert, mit anderen Worten, nicht nur Systeme, sondern System/Umwelt-Beziehungen: Jede fällt anders aus. Dadurch entsteht in einer funktional differenzierten Gesellschaft sehr viel höhere Komplexität als in stratifizierten Gesellschaften. System und Umwelt und System/Umweltbeziehungen haben aus jeder Lage heraus einen verschiedenen Sinn. Nicht nur die Handlungsintentionen und Interessen divergieren, sondern zusätzlich auch der Horizont der jeweiligen Umwelt, in den hinein Handeln projiziert wird. Für den Pädagogen hat der Bezug zur Politik einen anderen Sinn als für den Juristen, und für den Politiker ist diese Differenz der ihm entgegenkommenden Perspektiven eine Struktur seiner Umwelt, die sich wiederum so nicht in der Umwelt der Pädagogen oder der Juristen findet. Entsprechend haben Umweltbeziehungen innerhalb der Gesellschaft einen andersartigen Zugriff auf Strukturen und Prozesse der Teilsysteme als unter der Bedingung von Stratifikation: Sie lassen mehr offen für Variation je nach Umständen und je nach Erfolgsaussichten.

Im Anschluß an diese Umdisposition in gesellschaftsinternen System/Umwelt-Verhältnissen lassen sich weitere strukturelle Veränderungen nachzeichnen, die Ausgangslagen für Semantik-Bedürfnisse tangieren. Dabei muß man die Konsequenzen auf der Ebene sozialer Systeme, die Konsequenzen für die Beziehung der Gesellschaft zu psychischen Systemen bzw. Personen und schließlich die Konsequenzen für die Beziehungen des Gesellschaftssystems zu seiner sachlich erfaßbaren Umwelt (einschließlich wiederum: psychischen Systemen) unterscheiden.

In den Verhältnissen zwischen sozialen Systemen wirkt sich vor allem aus, daß jedes Funktionssystem jetzt eine Mehrheit von Systemreferenzen unterscheiden muß, vor allem seine Beziehung zur Gesamtgesellschaft, die ihm als *Funktion* gegeben ist, und seine Beziehungen zu anderen Teilsystemen in der Gesellschaft, die über *Leistungen*, differenziert nach Input und Output und also Zeitdifferenzen implizierend, aktualisiert werden müssen. Der Zusammenhang von Funktion und Leistung ist nicht mehr durch eine gesamtgesellschaftliche Grundsymbolik der Hierarchie und der direkten Reziprozität gewährleistet; er erfordert vielmehr in jedem System die Orientierung an einer dritten Systemreferenz: der zu sich selbst. Neben funktionale und leistungsmäßige Sinnbestim-

mungen tritt eine Art teilsystemspezifische *Reflexion*, mit der das einzelne Teilsystem seine Identität bestimmt und das Verhältnis von Funktionen und Leistung reguliert. Und auch das muß im Teilsystem autonom geschehen, das heißt ohne zureichende gesamtgesellschaftliche Sinnvorgaben und Konsenssicherungen[22].
Mit all dem ändert sich schließlich die Stellung von psychischen Systemen, die im sozialen Kontext als Personen erscheinen, in der Gesellschaft. Segmentäre und auch stratifikatorische Differenzierung sind darauf angewiesen, Personen je einem der Teilsysteme zuzuordnen. Entsprechend setzt sich in segmentären Gesellschaften unter der Bedingung von Exogamie in der Generationenfolge das Einlinienprinzip durch. In geschichteten Gesellschaften wird innerhalb der Schicht geheiratet, so daß die Schichten (nicht: die Familien) rekrutierungsmäßig autonom sind. Auch wo Mobilität vorkommt, gehört die Person im Prinzip einer und nur einer Schicht an. Die Identität der Person beruht in diesem Sinne auf ihrem »Stand« – also *direkt* auf dem Prinzip sozialer Differenzierung. »En François«, formuliert Loyseau, »on la nomme particulierement Etat, comme estant la dignité et la qualité la plus stable et la plus inseparable de l'homme«[23]. Sowohl für segmentäre als auch für stratifizierte Gesellschaften sind aus diesem Grunde Mischexistenzen problematisch, weil zu viel Verhaltenserwartungen an der Person hängen, die ohne Schichtindex nur ein privates Individuum wäre.
Genau darauf reduziert die funktionale Differenzierung die persönliche Existenz. Sie kann Personen nicht mehr den Teilsystemen zuordnen in dem Sinne, daß eine Person einem und nur einem Teilsystem angehörte – die eine etwa eine rein juristische Existenz führte, die andere nur erzogen würde. Der letzte derart konzipierte Fall, den man um 1800 noch für möglich hielt, war die Hausfrau

22 Zur Anwendung dieses Theorieansatzes auf den Fall des Wissenschaftssystems vgl. Niklas Luhmann, Theoretische und praktische Probleme der anwendungsbezogenen Sozialwissenschaften: Zur Einführung, in: Wissenschaftszentrum Berlin (Hrsg.), Interaktion von Wissenschaft und Politik: Theoretische und praktische Probleme der anwendungsorientierten Sozialwissenschaften, Frankfurt 1977, S. 16-39; zur Anwendung auf den Fall des Religionssystems: ders., Funktion der Religion, Frankfurt 1977, S. 54 ff.; zur Anwendung auf den Fall des Erziehungssystems: Niklas Luhmann/Karl Eberhard Schorr, Reflexionsprobleme im Erziehungssystem, Stuttgart 1979, S. 34 ff.
23 Traicté des Ordres et simples dignitez, Paris 1614, zitiert nach dem Abdruck in: Œuvres, Paris 1678, S. 3.

und Mutter der bürgerlichen Familie. Auch das ist ein inzwischen abgeschlossenes Kapitel. Statt dessen gilt als Postulat und in zunehmendem Maße auch in der Realität das Prinzip der *Inklusion* aller in alle Funktionssysteme: Jede Person muß danach Zugang zu allen Funktionskreisen erhalten können je nach Bedarf, nach Situationslagen, nach funktionsrelevanten Fähigkeiten oder sonstigen Relevanzgesichtspunkten. Jeder muß rechtsfähig sein, eine Familie gründen können, politische Macht mitausüben oder doch mitkontrollieren können; jeder muß in Schulen erzogen werden, im Bedarfsfalle medizinisch versorgt werden, am Wirtschaftsverkehr teilnehmen können. Das Prinzip der Inklusion ersetzt jene Solidarität, die darauf beruhte, daß man einer und nur einer Gruppe angehörte. Die universelle Inklusion wird mit Wertpostulaten wie Freiheit und Gleichheit idealisiert; sie ist in Wahrheit natürlich keineswegs freigestellt oder gleich verteilt, aber sie ist durch die Differenzierungsform der Gesellschaft nicht mehr vorreguliert.

Am Begriff der natürlichen Gleichheit der Menschen läßt diese Wende sich besonders deutlich vorführen. Auch die stratifizierte Gesellschaft Alteuropas kennt durchaus das Prinzip der natürlichen Gleichheit der Menschen. Gleichheit ist aber für sie kein steigerbares Prinzip. Alle besonderen Leistungen, alle Perfektionen in der Gesellschaft setzen deshalb Besonderung der Gleichheiten voraus, etwa im Sinne der Ständeordnung. Die »absonderlichen Gleichheiten«, sagt noch Thomasius, verursachen »eine viel stärkere Vereinigung, die viel stärkere Wirkung hat, und also den Titel der Liebe (Thomasius' Perfektionstitel) in diesen Ansehen mehr verdienet«[24]. In einer funktional differenzierten Gesellschaft gilt es dagegen, mit Hilfe des Gleichheitspostulats die Inklusion der Gesamtbevölkerung (also: jedes Einzelnen) in alle Funktionsbereiche durchzusetzen. Hier muß daher Gleichheit gegen bestehende, Chancen verzerrende Ungleichheiten als steigerbar präsentiert werden. Hier wird sie nicht an den allgemeinsten, also in gewisser Weise trivialen Gattungsmerkmalen festgemacht, sondern an der Individualität, die nun ihrerseits als steigerbar zu denken ist. Gerade im Hinblick auf ihre Einzigartigkeit gelten dann die Menschen als gleich, weil sie gerade dies gemeinsam haben. Gleichheit wird

24 Christian Thomasius, Von der Kunst vernünfftig und tugendhafft zu lieben ... Oder: Einleitung zur Sitten Lehre, Halle 1692, S. 203.

sozusagen das soziale Regulativ für die Verwendung von Einzigartigkeiten. Man sieht: eine unwahrscheinlichere Sozialstruktur erfordert eine Semantik mit eher gekünstelten, zunächst überraschend-implausiblen Prämissen.

Begriffe wie Inklusion, Freiheit, Gleichheit, Individuum, Privatheit, Autonomie, Funktion, Reflexion, Leistung machen schon sichtbar, entlang welcher Leitlinien Erfordernisse und Folgeprobleme der neu eingerichteten Vorordnung funktionaler Differenzierung über Schichtung und Segmentierung in einer neuen Semantik verarbeitet werden. Hinzukommt eine neuartige Kollisionsbegrifflichkeit; sie ergibt sich daraus, daß die Wende ihr eigenes historisches Bewußtsein formuliert[24a] und dabei Begriffe verzeitlicht (z. B. alt/neu), aber auch Sachbegriffe wie Zeitbegriffe einsetzt (z. B. Natur, Perfektion). Außerdem entsteht ein Bedarf für Semantik dadurch, daß die Symbolik der Hierarchie, die als Ordnungssymbolik außer Zweifel stand, nun mediatisiert werden muß. Teils wird sie ins Politische (anfangs auch ins *nur* Religiöse) spezifiziert[25], also von der Gesamtgesellschaft auf ein Funktionssystem übertragen; teils wird sie als Schichtung, die auch in funktional differenzierten Gesellschaften fortdauert und über Folgen der funktionalen Differenzierung reproduziert wird, diskreditiert. So erhalten Hierarchiebegriffe einen kritisierbaren, im Kontext von Schichtung sogar einen negativen Akzent.

Man könnte diese Linien weiter ausziehen und insbesondere in die Sondersemantik der einzelnen Funktionssysteme hinein verlängern, Transformationen des Begriffs der Politik, der Wirtschaft und des zugehörigen semantischen Apparats nachweisen usw. Unsere These geht jedoch weit darüber hinaus. Sie behauptet nicht nur, daß ein neues Differenzierungsprinzip bestimmte Umformungen alter Begriffe auslöst, sie sozusagen umplausibilisiert, damit sie zur neuen Ordnung passen. Es geht auch nicht nur um einen theoretisch bestimmbaren semantischen Abstützbedarf der neuen Ord-

24a So besonders deutlich Joachim Ritter, Metaphysik und Politik: Studien zu Aristoteles und Hegel, Frankfurt 1969.

25 Vgl. dazu W. H. Greenleaf, Order, Empiricism and Politics: Two Traditions of English Political Thought 1500-1700, London 1964; David Little, Religion, Order, and Law: Study of Pre-Revolutionary England, New York 1969. Siehe für das 16. Jahrhundert auch Ernest William Talbert, The Problem of Order: Elisabethan Political Commonplaces and an Example of Shakespeare's Art, Chapell Hill N. C. 1962.

nung: Sie muß sich selbst für gut halten oder vielleicht auch sich im Wege der Selbstkritik realisieren können. Das alles unterstellt, folgt aus dem angenommenen Zusammenhang von Differenzierungsform und Komplexität die sehr viel weitergehende These einer Gesamttransformation des semantischen Apparats der Kultur.

Schließlich ist festzuhalten, daß der Übergang zu funktionaler Gesellschaftsdifferenzierung das Auflöse- und Rekombinationsvermögen in Bezug auf die Umwelt der Gesellschaft in einer Weise steigert, die historisch alle älteren Weltsichten hinter sich läßt. Die Welt wird für diese Gesellschaft zum Horizont endlos möglicher Progression in die Weite und in die Binnentiefe der Substanzen. Grenzen reflektieren daher nur noch operative Notwendigkeiten, nicht mehr Letztgegebenheiten, Sphären oder Atome oder Individuen der realen Welt. Damit wird ein gesamtgesellschaftlich fungierender Konsens über das, was ist und was gilt, schwierig und eigentlich unmöglich; was als Konsens benutzt wird, fungiert in der Form eines erkannten Provisoriums[26]. Daneben gibt es die eigentlich produktiven funktionsspezifischen Realitätssynthesen auf den Komplexitätsniveaus, die sich einzelne Funktionssysteme je für sich leisten können, die sich aber nicht mehr zur Gesamtsicht einer Welt im Sinne einer congregatio corporum, einer universitas rerum aufaddieren lassen.

Wie schon stratifikatorische Differenzierung führt also auch funktionale Differenzierung zu einem beträchtlich erhöhten Komplexitätsniveau des Gesellschaftssystems und seiner Umwelt, zu einer Vermehrung des Handlungspotentials und zu einer Steigerung des Auflösevermögens in bezug auf alle Gegebenheiten. Jeder Sinn bekommt dadurch eine erhöhte Kontingenz; er ist mehr anderen (und zwar: bestimmbaren anderen) Möglichkeiten ausgesetzt. Jede

26 Es war eine eigentümliche Entscheidung der Husserl'schen Philosophie mit erheblichen Folgewirkungen in der soziologischen Diskussion, diesem Provisorium mit dem Titel »Lebenswelt« die Position einer letztgültigen Ausgangsbasis eines konkreten Apriori zu verleihen. Siehe insb. Die Krisis der europäischen Wissenschaften und die transzendentale Phänomenologie, Husserliana Bd. VI, Den Haag 1954; ferner Gerd Brand, Die Lebenswelt: Eine Philosophie des konkreten Apriori, Berlin 1971. Das Verhältnis dieser Lebenswelt zu den durch die Moderne eröffneten technischen, wissenschaftlichen, ökonomischen Perspektiven hat sich denn auch nicht befriedigend klären lassen. Jedenfalls dürfte es soziologisch kaum haltbar sein, für die Lebenswelt eine Art »Seinsvorrang« vor den semantischen Strukturen funktionsspezifischer Provenienz in Anspruch zu nehmen.

Relationierung, jeder Prozeß bekommt dadurch eine erhöhte Selektivität; er könnte etwas Gegebenes auch auf anderes beziehen, auch anderes auf anderes weiterbeziehen – und wo liegt dann seine Identität, wenn nicht in der bloßen Zufälligkeit des Irgendwo-Anfangens?
Diese Ausweitung zur Hypothese einer Gesamttransformation ergibt sich zwangsläufig aus den systemtheoretischen Grundlagen unserer Analyse; sie folgt daraus, daß man Systemdifferenzierung als Repetition von System/Umwelt-Differenzierungen in Systemen und Komplexität als Zwang zur Selektion begreift und beides aufeinander bezieht. Von diesem Zusammenhang müssen wir wiederum ausgehen, wenn wir nach Zusammenhängen zwischen gesellschaftlicher Struktur und semantischer Tradition fragen. Dies macht die beigefügte Skizze deutlich.

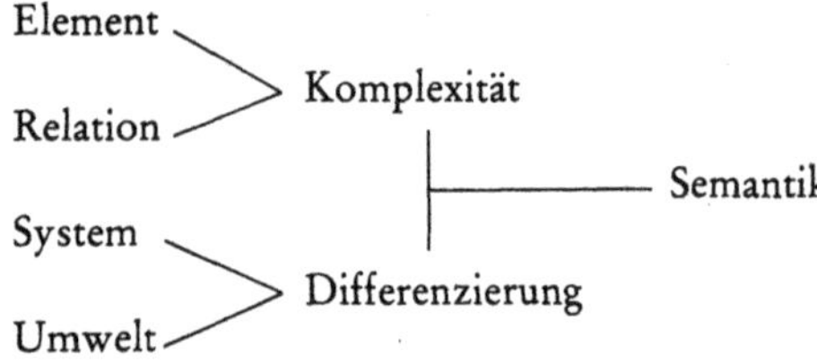

Sie vereinfacht jedoch noch zu stark, da sie die speziellen semantischen Korrelate unterschlägt, die sich daraus ergeben, daß auch Einzelmerkmale (und nicht nur das Komplexitätsniveau) des Gesellschaftsaufbaus auf die Semantik einwirken – wenn zum Beispiel Elemente nicht mehr als Personen, sondern als Handlungen begriffen werden müssen, oder wenn die Differenzierungsform als solche zum Thema wird. Einzelbeziehungen und Gesamtbeziehung zwischen Gesellschaftsstruktur und Semantik laufen also nebeneinander her und beeinflussen sich wechselseitig. So wird man davon ausgehen müssen, daß die Differenzierungsform teils direkt, teils indirekt, nämlich vermittelt durch die Komplexitätslage des Gesellschaftssystems, semantische Korrelate produziert. Das macht die Theoriebildung schon in der Formulierung von genaueren Hypothesen, geschweige denn in der empirischen Verifikation schwierig. Denn wenn man direkte Abbildungen der Differenzierungsform und einiger ihrer Konsequenzen in der Semantik des Gesellschaftssystems noch plausibel tracieren kann: Sinnbildung auf Grund von

Komplexitätsveränderungen sind unprognostizierbar und deshalb auch theoretisch nicht antezipierbar.

IV.

Über die bloße Vermutung, daß Änderungen der Differenzierungsform und Steigerungen der gesellschaftlichen Komplexität die Sinnwelt verändern, in der der Mensch lebt, kann man nur hinausgelangen, wenn man den Sinnbegriff dekomponiert. Unter Sinn soll, wie oben[27] bereits angeführt, verstanden sein ein Überschuß an implizierten Verweisungen auf anderes, der zu selektivem Vorgehen in allem anschließenden Erleben und Handeln zwingt. Sinn hält »andeutungsweise« die ganze Welt zugänglich, erfordert aber eben damit laufende Selektion des nächsten Schrittes in einem mehr oder weniger konkret apperzipierten Kontext anderer Möglichkeiten.
Aller konkreteren Typifikation voraus lassen sich an jedem Sinn drei verschiedene Dimensionen der Verweisung auf anderes unterscheiden: die Verweisung auf andere sachliche Sinngehalte in der Bedeutung des älteren Begriffs von Realität, die Verweisung auf zeitlich Distanziertes, Vergangenes oder Künftiges, und die Verweisung darauf, wie andere Personen erlebend oder handelnd sich auf den gleichen Sinn beziehen. Entsprechend können wir *Sachdimension, Zeitdimension* und *Sozialdimension* unterscheiden als allgemeine Formen für die Abwandlung der Artikulation von Welt; oder auch: als allgemeine Formen der Ordnung von Selektion.
Die Unterscheidung dieser Dimensionen ist, ebenso wie Sinn überhaupt, selbst ein Resultat evolutionärer Prozesse. Erst recht gilt dies für alle begrenzteren Aussagen, mit denen eine Gesellschaft über diese Grundsemantik ihrer Weltapperzeption verfügt. Eine gewisse analytische Trennung der Dimensionen muß erreicht sein, dann kann eine Gesellschaft ausformulieren, welchen Sinn sie mit Sachlichkeit, Zeitlichkeit und Sozialität verbindet. Wenn es richtig ist, daß Komplexität ein System unter Selektionsdruck setzt und wenn es richtig ist, daß Sinn Selektivität organisiert, wird man vermuten müssen, daß evolutionär variierende Komplexität sich in den einzelnen Sinndimensionen semantische Korrelate schafft. Der Selektionsdruck wird sozusagen über jeden gesellschaftlich ge-

27 Vgl. S. 17 f.

brauchsfähigen Sinn auf die Sinndimensionen überwälzt. Die Selektion erhält Formen wie: dies, aber nicht jenes; jetzt noch nicht, aber demnächst; nur mit Zustimmung von ... Und diese Formen organisieren eine gewisse Unabhängigkeit der Dimensionen voneinander, so daß zum Beispiel aus der Wahl eines Zeitpunktes für Handlungen nicht ohne weiteres folgt, wie gehandelt wird und wessen Zustimmung dafür wichtig ist.

Wir halten also zunächst die Hypothese fest, daß steigende gesellschaftliche Komplexität in der Grundsemantik von Sinn zu einer deutlicheren Trennung des Selektionsspielraums der einzelnen Sinndimensionen führen wird. Damit öffnen sich Spielräume für eine bildmäßige, metaphorische oder auch begriffliche Bestimmung dessen, was als Sachgehalt der Welt (Realität), was als Zeit und was als Form für Sozialität das Erleben und Handeln leitet. Mit der Entwicklung der griechischen Stadt bahnt sich zum Beispiel ein distanzierteres sprachliches Verhältnis zur Realität (Philosophie), ein flexibleres, in Richtung auf Vergangenheit und Zukunft sich ausdehnendes Verständnis von Zeit und vor allem ein hochselektives, auf die politische Einheit der Stadt gerichtetes Verständnis von Sozialität an[28]. Die Beziehungen zwischen den Dimensionen lokkern sich, es wird zum Beispiel schwieriger, angesichts einer Fülle von historischen Ereignissen sich vorzustellen, daß die Zeit selbst die sozialen Verhältnisse ohne Zwischenschaltung einer menschlich zu verantwortenden Tätigkeit (etwa: Nomothesie) ordnet. Das Auseinandertreten von Zeit und Wahrheit oder von Physis und Nomos ist dann seinerseits wiederum eine Weltstruktur, in bezug auf die Theorien entwickelt, Theorien kontrovers bleiben, Theorieentwicklungen fortschreiten können. Die Interdependenz aller Sinndimensionen kehrt auf der Basis ihrer analytischen Trennung zurück und wird so zum Problem des theoretischen Wissens, das seinerseits für das alltägliche Erleben nicht mehr repräsentativ sein kann.

Man kann in dieser Weise semantische Korrelate einer strukturellen Gesellschaftsentwicklung auffinden und insoweit die theoretische

28 Vgl. etwa Silvio Accame, La concezione del tempo nell' eta arcaica, Rivista di filologia e di istruzione classica 39 (1961), S. 359-394; Chester W. Starr, The Awakening of the Greek Historical Spirit, New York 1968; Jacqueline de Romilly, Le temps dans la tragédie grecque, Paris 1971; Christian Meier, Entstehung und Besonderheit der griechischen Demokratie, Zeitschrift für Politik 25 (1978), S. 1-31.

Hypothese einer Korrelation belegen. Diese Hypothese hatte indes zunächst nur eine zunehmende Trennung der Dimensionen postuliert im Sinne einer relativen Unabhängigkeit ihrer Relevanz für Selektionen. Aber damit ist noch nicht prognostiziert, in welchen Formen die nun mögliche dimensionsspezifische Grundsemantik ausformuliert wird. Gesagt ist zunächst nur, *daß* zum Beispiel eine Semantik für Sozialität entwickelt werden muß, die mehr bietet als ein bloßes Registrieren der Natur des Menschen. *Wie* dieser Bedarf gedeckt wird und welche Anregungen einer gegebenen gesellschaftlichen Lage Antworten auslösen, die eine semantische Tradition festigen, ist vom abstrakten Schema her nicht vorauszusagen. Aber man kann an Hand der Problemstellung sozusagen die Sensibilität für die Sensibilitäten gewinnen, die den historischen Prozeß gesteuert haben müssen. Und es liegt auf der Hand, in stratifizierten Gesellschaftssystemen die Schichtendifferenzierung und Interaktionsbedingungen der Oberschicht genauer zu untersuchen.

Eine weitere Präzisierung des theoretischen Apparats im Hinblick auf Möglichkeiten empirischer Überprüfung wäre erreichbar, wenn es gelänge, genauer zu bestimmen, was steigende Komplexität und steigender Selektionsdruck für die einzelnen Dimensionen jeweils bedeutet; wie mit anderen Worten kontingente Selektivität in sachlicher, zeitlicher und sozialer Hinsicht artikuliert und an das Alltagsleben der komplexer werdenden Gesellschaften herangetragen werden kann. Dabei geht es, wohlgemerkt, nicht um die Frage, wie Verhaltensselektionen erleichtert oder gar Entscheidungen trotz hoher Kontingenz begründet werden können; sondern es geht um die Vorfrage: wie Selektivität überhaupt erfahren und strukturiert werden kann.

Für die *Sachdimension* scheint der diese Entwicklung tragende Prozeß auf einer *Steigerung des Auflöse- und Rekombinationsvermögens* der Gesellschaft zu beruhen. Man könnte von Atomisierungstendenzen sprechen, wobei das, was jeweils als nicht weiter auflösbares Letztelement fungiert, als variabel gedacht werden muß und abhängt von den verfügbaren Rekombinationsmöglichkeiten. Die phänomenale Welt wird nicht mehr so, wie sie erscheint, abgenommen. Es werden Hinter-Szenen-Begriffe gebildet, und diese werden allmählich diszipliniert im Dienst einer Neuarrangierbarkeit von Welt. Für die Realitätskonstruktion zeichnet dann Wissenschaft als verantwortlich, obwohl sie ihrerseits von vielerlei anderen Faktoren, nicht zuletzt von Religion, Technik und Wirtschaft abhängig ist.

In der *Zeitdimension* kann man eine entsprechende Steigerung der Aufnahmebereitschaft für Selektionen beobachten, wenn man darauf achtet, wie die mögliche *Differenz zwischen Vergangenem und Künftigem vergrößert*, der Spielraum gegenwärtiger Disposition *zeitlich verkürzt* und der Umschlag entsprechend *beschleunigt* wird. Die Zeit beginnt schneller zu laufen bei erheblich vergrößertem, in eine unermeßliche Vergangenheit und eine unermeßliche Zukunft erweitertem Spielraum. Sie bietet mehr und weniger Zeit zugleich, so daß der Selektionsprozeß erweitert und verdichtet werden kann. Damit entsteht die Möglichkeit, Evolution und Handeln in der Zeit unterzubringen in Ablösung eines noch enger konzipierten Zusammenhangs von Heilsgeschichte und Handlungsgeschichten.

Das Gegenstück in der *Sozialdimension* könnte in einer Entwicklung liegen, die *zu wechselseitigen Freiheitskonzessionen* führt. Der andere Mensch wird als alter ego konzipiert, wird damit aus der Sachwelt ausdifferenziert und mit der gleichen Selbstreferenz und Selektionsfreiheit ausgestattet, die jeder an sich selbst erfährt. Das heißt vor allem: daß jeder für sich Sozialität in der Form doppelseitiger Kontingenz erfährt und auch diese Erfahrung noch in den anderen projiziert. Im für Freundschaft und damit für Ethik zentralen Konzept des állos autós war dies vorbereitet; ja damit war eigentlich schon alles gesagt. Aber die Formen der Aggregation und der selektiven Kontrolle doppelter Kontingenz mußten sich noch ändern je nachdem, wieviel Individualität die Sozialordnung ermöglichte und wieviel Privatheit sie für sozial folgenreiche Entscheidungen zuließ. Der Übergang von politischer Ethik zu soziologischer Theorie (und der immer noch aktuelle Widerstand gegen diesen Wandel) könnten unter diesem Gesichtspunkt begriffen werden als die nachträgliche Registrierung einer veränderten Komplexitätslage.

Geht man (unrealistischerweise) von einer kontinuierlich steigenden Komplexität des Gesellschaftssystems aus, müßte unterstellt werden, daß auch die semantischen Auffangvorkehrungen für zunehmende Selektivität in den skizzierten Richtungen kontinuierlich variieren. Man könnte Störungen und Unterbrechungen nach der Art von Barbareneinfällen oder durch Zusammenbruch überzogener Konstruktionen – in se magna ruunt[29] – konzedieren, würde aber in der Theorie ein telos kontinuierlicher Steigerung projektieren. Dem widerspricht jedoch die Annahme, daß Komplexitätssteigerungen abhängen von Formen der primären Differenzierung des Gesellschaftssystems. Formen der Differenzierung setzen, trotz aller Unschärfe in den Konturen und trotz aller Übergänge im historischen Verlauf, unvermeidliche Zäsuren. Zu einer konsolidierten Grundsemantik in bezug auf das, was als Sachlichkeit, Zeitlichkeit und Sozialität anzusehen und zu praktizieren ist, kommt es deshalb typisch *nach* der Entwicklung einer Differenzierungsform und für diese. Es können sich dann relativ lange Perioden ohne substantielle Änderungen anschließen, die nur entfalten, was auf den gegebenen Grundlagen gesagt werden kann. Die alteuropäische Tradition mit ihrer Vorstellung der Welt als perfekter, auf die Mitte hin zentrierter Form; mit ihrer Vorstellung einer zwar nicht ganz sterilen, im wesentlichen aber gegebene Variationsmöglichkeiten durchspielenden Zukunft; mit ihrem Kodex natürlicher, aber korrumpierter, sowohl geordnete als auch ungeordnete Selbstreferenz zulassender Sittlichkeit – dies war semantische Resultante einer Adelsgesellschaft, die sich von Städten auf Reiche, von Politik auf Religion ausweiten konnte, ohne ihre Differenzierungsform damit aufzugeben. Entsprechend war die Realität eine solche der Dinge und ihrer akzidentellen Variation; die Zeit eine solche der Chronologie; die Sozialität eine solche der Qualitäten, die zu dem geforderten Verhalten befähigten. Erst in der Neuzeit zeigen sich in dieser Semantik Risse, anfangs nur in der Weise, wie alte Denkmittel betont werden – so die stärkere Betonung der Erziehung im Schichtungskonzept[30]; oder die kleine Bemerkung bei Le Roy, die Zukunft könne doch nicht ganz steril gedacht werden[31] –, die eine Theorie systematischer Akkumulation kultureller Errungenschaften nach sich ziehen.

29 Lucan, Pharsalia I, 81.

30 Vgl. namentlich das einflußreiche Werk von Charles Loyseau, Cinq livres du droit des offices, suivis du livre des seigneuries et de celui des Ordres, zitiert nach der Ausgabe: Œuvres Paris 1678; ferner etwa Ruth Kelso, The Doctrine of the English Gentleman in the Sixteenth Century, Urbana Ill. 1929, S. 110 ff., mit weiteren Hinweisen.

31 »Ne pensons pas que nature leur (den Alten) ait ottroyé toutes ses graces, à fin de demeurer sterile à l'advenir« in: Louis Le Roy, De la vicissitude ou varieté des choses en l'univers . . ., Paris 1577 fol. 113.

Eine stärker auf semantische Grundentscheidungen abstellende Behandlung könnte den Begriff der *Limitationalität* benutzen. Damit ist gemeint, daß gegen an sich Denkmögliches Grenzen (Horizonte) gesetzt werden müssen, damit Operationen produktiv werden können und nicht in die Leere eines ewigen Und-so-weiter auslaufen. Die Formen, in denen solche Limitierungen überzeugen können, hängen mit den Formen der Differenzierung des Gesellschaftssystems zusammen und gewinnen durch diesen Zusammenhang ihre Plausibilität. So limitiert die Gesellschaft Alteuropas im Mittelalter die Zeitdimension durch *Teleologie* gegen die durchaus mitgeführte Denkmöglichkeit der zeitlichen Unendlichkeit der Welt. Sie limitiert die Sozialdimension durch *sozialen Status* gegen die ebenfalls artikulierte natürliche Gleichheit der Menschen. Sie limitiert die Sachdimension durch die Annahme von *Gattungen*, in denen das Wesen der Dinge seine Vollendung findet, gegen an sich denkmögliche und bei Fehlleistungen vorkommende Korruptionen, Mischungen, Monstren. All dies verliert seit der zweiten Hälfte des 16. Jahrhunderts Formsicherheit und Plausibilität und kann dann allenfalls noch gegen einen Plausibilitätsverlust festgehalten werden. In dem Maße, als die drei Sinndimensionen unter die oben skizzierten Komplexitätsansprüche geraten, werden jedoch traditionale Positionen der Limitationalität unhaltbar. Die Sinngrenzen des Möglichen werden erweitert. Sie müssen neu ermittelt und neu begründet werden, und zwar auf der Basis von Selbstreferenz innerhalb von Funktionssystemen. Das erhöht die Freiheitsgrade der insgesamt möglichen Kommunikation.

Erst im Rückblick, wenn eine anders formierte Gesellschaft sehr viel höhere Komplexität in sachlicher, zeitlicher und sozialer Hinsicht unterzubringen hat, wird der *Bezug* von Limitationen auf das *Problem* der Limitationalität *funktional* erkennbar. Die Symptome für diese Funktion sind also nicht allein aus ihrer Zeit heraus zu interpretieren, sondern gewinnen einen historischen Sinn dadurch, daß der Umbau der Gesellschaft in Richtung auf funktionale Differenzierung die gesamte Grundsemantik revolutionieren wird. Die Formulierung der entsprechenden Konzepte für Realität, Zeit und soziale Beziehungen ist nicht von einer den Umbau begleitenden Theorie zu erwarten. Sie wird erst möglich, wenn die dadurch erzeugte Komplexität und die Weise, ihr zu begegnen, zur Erfahrungstatsache geworden ist, und wenn man die Rahmenbedingungen erproben kann, die ein jetzt mögliches und ein jetzt nötiges Selektionsverständnis noch aushalten.

Vielleicht hatte man um 1800 die französische Revolution vorschnell für das fait accompli der modernen Gesellschaft gehalten und dazu die politisch-ökonomische Theorie geliefert. Wenn das voreilig war und wenn man die Theorie der bürgerlichen Gesellschaft ihrerseits als Überleitungssemantik ansehen muß, steht ein für die heutige Lage adäquates Verständnis der drei Dimensionen von Sinn wahrscheinlich noch aus.

V.

Das Konzept der Grundsemantik hat in der Frage, *was* sich im Zusammenhang mit gesellschaftsstrukturellem Wandel verändert, ein Stück weit weitergeführt. In dem Maße, als diese Frage sich klärt, muß aber zugleich die Unprognostizierbarkeit der Entwicklung in ihrem konkreten Verlauf und ihren Resultaten bewußt werden. In der Frage, *wie* eine solche Entwicklung ermöglicht wird, muß man deshalb auf eine evolutionstheoretische Begrifflichkeit zurückgreifen; denn Evolutionstheorie hat genau die Eigenschaften, die hier notwendig sind: Sie ist eine Theorie, die zu erklären versucht, wie Unvorhersehbares entsteht.

In der Theorie soziokultureller Evolution gibt es gegenwärtig keine hinreichend gesicherten, allgemein akzeptierten Grundlagen, an die man anknüpfen könnte. An dieser Stelle soll vorausgesetzt werden, daß die Evolutionstheorie nicht mehr den Ehrgeiz hat, einen universalhistorischen Prozeß, der nach angebbaren Gesetzen von Phase zu Phase läuft, zu erklären[32], sondern daß sie bestimmte Formen der Strukturänderung behandelt, ähnlich wie (aber enger als) auf der Ebene des Individuums die Lerntheorie. Eine Strukturänderung erfolgt danach über Evolution, wenn sie durch eine Differenzierung von Mechanismen der Variation, der Selektion und der Stabilisierung ermöglicht wird[33]. Die Evolution hat ihre

32 Speziell hierzu Niklas Luhmann, Geschichte als Prozeß und die Theorie sozio-kultureller Evolution, in: Karl-Georg Faber/Christian Meier (Hrsg.), Historische Prozesse, München 1978, S. 413-440.

33 Vgl. Donald T. Campbell, Variation and Selective Retention in Socio-cultural Evolution, General Systems 14 (1969), S. 69-85; Karl E. Weick, The Social Psychology of Organizing, Reading Mass. 1969; Robert A. LeVine, Culture, Behavior, and Personality, Chicago 1973, S. 101 ff.

Fortsetzungsgarantie dann darin (und macht im Gesamteffekt den Eindruck eines Prozesses dadurch), daß keine wie immer strenge Selektion und Stabilisierung Variationen ganz ausschließen kann. Für die organische Evolution ist dies durch die Komplexität ihres biochemischen Substrats bedingt, das stabilisierbare Reproduktionsfehler (Mutationen) ermöglicht. Für die soziokulturelle Evolution sehen wir das Pendant in der Sinnhaftigkeit des Erlebens und Handelns, die impliziert, daß jede Fixierung Verweisungen auf anderes beinhaltet.

Trotz dieses relativ klaren und begrenzten Begriffs von Evolution ist nicht anzunehmen, daß eine Theorie der gesamtgesellschaftlichen Evolution je bis in Einzelheiten der Wort- und Begriffsgeschichte, der Theorie- und Stilveränderungen, der Dogmenentwicklung usw. wird durchgreifen können. Zumindest erscheinen im Augenblick solche Erwartungen als unerfüllbar. Sie widersprechen auch dem soeben skizzierten Konzept der Systemdifferenzierung. Man kann davon ausgehen, daß die Evolution des Gesellschaftssystems langfristig gesehen und als Nebenprodukt ihres normalen Aufbauens und Zerstörens von Systemstrukturen Formen der Differenzierung variiert und damit Gesellschaftssysteme bildet, die in sich selbst Umwelten und Systeme mit höherer Komplexität aufbauen können. Wie diese Teilsysteme auf ihre gesellschaftsinterne Umwelt reagieren, ist damit jedoch nicht festgelegt. Die Frage kann nur sein, *ob auch das wieder über evolutionäre Prozesse des Aufbauens und Zerstörens von Strukturen geregelt wird.*

Das Nachzeichnen einer solchen Evolution in evoluierenden Systemen stellt an Analyse und Sprache hohe Anforderungen. Man muß mehrere Systemreferenzen, also auch mehrere System/Umwelt-Differenzierungen zugleich im Blick behalten. Man muß die Differenzierung der evolutionären Mechanismen für Variation, Selektion und Stabilisierung auf der Ebene des gesamtgesellschaftlichen Systems unterscheiden von der Differenzierung dieser Mechanismen im Bereich innergesellschaftlicher Evolutionen. Man muß außerdem nicht nur Unterscheidungen behandeln, sondern vor allem auch der Frage nachgehen, ob und wie gesamtgesellschaftliche Evolution interne Evolutionen ermöglicht, bedingt, erzwingt; ob sie zum Beispiel einzelne Mechanismen der internen Evolution vorfixiert, zum Beispiel Stabilisierungsbedingungen vorschreibt, oder ob sie nur einen internen Komplexitätsdruck erzeugt, der, wenn sich interne Systeme bilden, als deren Umwelt frei spielende Evolution ermöglicht. Schließlich muß man damit rechnen, daß Antworten auf solche Fragen ihrerseits nicht evolutionsunabhängig gegeben werden können und daß sie insbesondere davon abhängen, zu welcher Form der Differenzierung die gesamtgesellschaftliche Evolution geführt hat.

Solche Theoriekomplikationen muß man aber in Kauf nehmen und behandeln können, wenn man überhaupt das Ziel verfolgen will, evolutionäre Veränderungen der Gesellschaftsstruktur und der semantischen Traditionen zugleich und in bezug aufeinander zu verfolgen. Anders kommt man – sowohl im Hinblick auf andere, auch akzeptierte Teilstücke eines allgemeinen Theorierahmens, als auch im Hinblick auf historische und empirische Details – nicht zurecht. Andererseits ist es kaum möglich, alle analytisch denkbaren Varianten durchzuspielen und sich gegen Alternativen theoretisch und empirisch voll abzusichern. In dieser Situation empfiehlt es sich, den Gesamtrahmen der Theorie zunächst auf eine mögliche Interpretation der Realität hin zu verdichten und dieses Konzept auszuprobieren. Wenn es sich nicht bewährt, ist damit »die Evolutionstheorie« noch nicht falsifiziert; aber ihre Analyseressourcen müssen dann reliquidiert und anders eingesetzt werden.

Die benötigten Reduktionen lassen sich mit folgenden Thesen einführen:

1. In der allgemeinen gesellschaftlichen Evolution wird die Stabilisierungsfunktion durch die Differenzierung des Gesellschaftssystems erfüllt, die es ermöglicht, im Rahmen abgesonderter Systeme und besonderer Umwelten evolutionäre Errungenschaften zu erhalten und zu reproduzieren.

2. Diese Funktion kann, aber das geschieht selten und evolutionär wiederum zufällig, durch Änderung der Form der primären Systemdifferenzierung »angehoben« werden. Damit wird die Komplexität der äußeren wie der inneren Umwelt des Gesellschaftssystems gesteigert und dadurch die Voraussetzung geschaffen für die Ausbildung und Erhaltung unwahrscheinlicherer evolutionärer Errungenschaften.

3. Eine dieser evolutionären Errungenschaften ist: daß innerhalb der Gesellschaft zusätzliche evolutionäre Veränderungen vorkommen können, die nicht nur von der äußeren, sondern auch von der

inneren Umwelt des Gesellschaftssystems abhängen. Solche inneren Evolutionen sind also auch sozial bedingt, aber als Strukturänderung in der Form von Evolution nicht sozial geplant oder gesteuert. Sie unterscheiden sich von der gesamtgesellschaftlichen Evolution durch ihre geringere Tragweite, aber auch dadurch, daß die Funktionen der Variation, der Selektion und der Stabilisierung durch andere Mechanismen besetzt sind und deren Trennung andere Probleme aufwirft.

4. Die internen Evolutionen können entweder Evolution der Semantik (Ideenevolution) oder Evolution der Teilsysteme sein. Im ersteren Falle ändert sich das Ideengut, das die Funktion einer sozialen Semantik erfüllt; im zweiten Falle ändert sich die soziale Struktur und, soweit von ihr abhängig, auch das Ideengut eines Teilsystems des Gesellschaftssystems.

5. Es gibt Beziehungen zwischen den Formen primärer Gesellschaftsdifferenzierungen und den Möglichkeiten interner Evolution. Dafür können (mit allen Vorbehalten, die sich aus einer völlig offenen Wissenslage ergeben), folgende Hypothesen formuliert werden:

a) In segmentären Gesellschaften gibt es gesellschaftsintern zwar Auswirkungen demographischer Evolution, aber keine differentielle soziokulturelle Evolution; das heißt: es gibt keine Anhaltspunkte für die Entwicklung unterschiedlicher Sozialstrukturen oder Kulturen der einzelnen Familien, clans usw., zum Beispiel auch keine »Subkulturen«.

b) In stratifizierten Gesellschaften beginnt eine eigenständige Ideenevolution, gebunden an die Oberschicht oder, genauer gesagt, an die Schrift benutzenden Schichten. Ihr Umfang und Tempo hängt sehr wesentlich vom Schriftsystem und seiner (semantischen und schichtenmäßigen) Reichweite ab.

c) In funktional differenzierten Gesellschaften gibt es auch und in erster Linie interne Evolution einzelner Funktionssysteme[34]. Sie

34 Forschungen unter dieser Fragestellung haben erst für einige Funktionssysteme begonnen und stehen in jedem Falle am Anfang. Für das *Rechtssystem* siehe etwa Huntington Cairns, The Theory of Legal Science, Chapel Hill N. C. 1941, S. 29 ff.; Niklas Luhmann, Evolution des Rechts, Rechtstheorie 1 (1970), S. 3-22. Für das *Wissenschaftssystem*: Peter Caws, The Structure of Discovery, Science 166 (1969), S. 1375-1380; James A. Blachowicz, Systems Theory and Evolutionary Models of the Development of Science, Philosophy of Science 38 (1971), S. 178-199. Stephen Toulmin, Human Understanding Bd. I, Oxford 1972, und dazu L. Jonathan Cohen, Is

beginnt bei starker Ausdifferenzierung bestimmter Funktionssysteme (z. B. Rechtssystem) schon in stratifizierten Gesellschaften. Sie ist vermutlich nicht für alle Funktionssysteme adäquat (aber das mag in unserer Gesellschaft auch historische Ursachen haben). Eine eigenständige Ideenevolution unabhängig von den semantischen Strukturen, die in Funktionssystemen ausgebildet werden, ist dann kaum noch möglich. Eine Semantik ohne hinreichendes teilsystemstrukturelles Fundament und ohne funktionale Spezifikation ist dann auf bloßen Formenverbrauch angewiesen.[35]

Im Rahmen des hiermit umrissenen theoretischen Ansatzes können wir thematisch an dieser Stelle wiederum nur Teilfragen verfolgen. Für alle Einzelstudien, die besonderen semantischen Komplexen gewidmet sind, ist eine Grundfrage vorweg zu klären: ob und unter welchen strukturellen Bedingungen man von einer eigenständigen Ideenevolution innerhalb eines selbst evoluierenden Gesellschaftssystems sprechen kann. Bevor in den folgenden Kapiteln in der Art von Fallstudien besondere Themenkomplexe herausgegriffen werden, sind daher noch einige Bemerkungen zu Bedingungen der Möglichkeit von Ideenevolution nötig.

VI.

Wie jede Evolution setzt auch Ideenevolution einen evoluierenden Zusammenhang voraus, einen empirischen corpus, in dem es Inter-

the Progress of Science Evolutionary?, British Journal of Philosophy of Science 24 (1973), S. 41-61; Donald T. Campbell, Unjustified Variation and Selective Retention in Scientific Discovery, in: Francisco Jose Ayala / Theodosius Dobzhansky (Hrsg.), Studies in the Philosophy of Biology: Reduction and Related Problems, London 1974, S. 139-161 (insgesamt hier eine ganz einseitige Befassung mit dem Variationsmechanismus). Für das *Wirtschaftssystem*: Armen A. Alchian, Uncertainty, Evolution, and Economic Theory, Journal of Political Economy 58 (1950), S. 211-221; Joseph Spengler, Social Evolution and the Theory of Economic Development, in: Herbert R. Baringer / George I. Blanksten / Raymund W. Mack (Hrsg.), Social Change in Developing Areas: A Reinterpretation of Evolutionary Theory, Cambridge Mass. 1965, S. 243-272; Hajo Riese, Schritte zu einer ökonomischen Theorie der Evolution, in: Bernhard Gahlen / Alfred E. Ott (Hrsg.), Probleme der Wachstumstheorie, Tübingen 1972, S. 380-434; Richard R. Nelson / Sidney G. Winter, Toward an Evolutionary Theorie of Economic Capabilities, American Economic Review 62 (1973), S. 440-449.

35 Auch das mag für einige Zeit noch Möglichkeiten der Variation bieten, wenn die Tradition reich war, wie man an der Philosophie, vielleicht auch an der Kunst ablesen kann.

dependenzen und Independenzen gibt. Das sind in diesem Falle besondere Sinnzusammenhänge der gepflegten Semantik – immer begriffen als je aktualisierter und im Verweisungshorizont von aktualisiertem Sinn liegender Sinn[36]. Dieser Zusammenhang wird, wenn Evolution zur Reflexion über sich selbst kommt, thematisiert als *das, was sich ändert*, und damit als *das, was in der Änderung Kontinuität garantiert.* (Aber wie immer bei Reflexion erfolgt auch diese Thematisierung *selektiv*; sie erfaßt nicht alles, was wirklich geschieht, sondern schematisiert mit Hilfe des Duals Änderung/Nichtänderung bzw. Diskontinuität/Kontinuität.)

Evolution ist ferner nur möglich, wenn an diesem evoluierenden corpus Funktionen der Variation, der Selektion und der Stabilisierung geänderter Strukturen getrennt, nämlich durch verschiedene Mechanismen besetzt werden. Außerdem ist eine sehr komplexe Umwelt erforderlich, die Anstöße zu Variationen hinreichend wahrscheinlich macht. Zu vermuten ist ferner, daß bei höheren Formen der Evolution die internen Bedingungen der Evolutionsfähigkeit wichtiger werden im Vergleich zu den externen. Das dürfte schon generell gelten für das Verhältnis von organischer zu soziokultureller Evolution und verstärkt noch für die auf gesellschaftlicher Evolution aufbauenden innergesellschaftlichen Evolutionen[37]. Das ergibt sich nicht zuletzt daraus, daß bei einer Verringerung der Zahl evoluierender Systeme die Evolution, wenn sie überhaupt möglich sein und möglich bleiben soll, stärker system- als umweltabhängig garantiert sein muß. Im Falle von Ideenevolution scheinen sowohl die Filtrierung der relevanten sozialen Umwelt durch das Gesellschaftssystem als auch bestimmte Eigenarten des Ideengutes selbst zu den Bedingungen der Wahrscheinlichkeit eines zunächst sehr unwahrscheinlichen Modus der Strukturänderung zu gehören.

Im Unterschied zur wohl vorherrschenden Auffassung (namentlich in der Theorie wissenschaftlicher Evolution[38]) gehen wir davon aus, daß weniger der Selektions- als vielmehr der Variationsmecha-

36 Vgl. oben S. 17 f. Auch Theorien über Evolution von Sprache machen ähnliche Voraussetzungen. Vgl. etwa L. Brosnahan, Language and Evolution, Lingua 9 (1960), S. 225-236.

37 So auch Howard E. Aldrich/Jeffrey Pfeffer, Environments of Organizations, The Annual Review of Sociology 2 (1976), S. 79-105, insb. S. 87.

38 Vgl. die Literaturhinweise oben Anm. 34.

nismus stärker (nie natürlich: ausschließlich) auf endogene Bedingungen gestützt werden muß. Auf äußere Anstöße zur Variation müßte eine Semantik zu lange warten, wenn sie sie nicht selbst provozieren könnte[39]. Und in der Tat liegt schon in der Form des *gedanklich und schriftlich fixierten Ideengutes* der Anreiz, es zu ändern. Anders als bei gesprochenem oder im Sprechen reproduziertem Sinn, wo schon das Anhören der Darstellung die Aktivität weitgehend absorbiert, tritt einem Schriftgut geradezu mit der Aufforderung entgegen, es aus der Distanz heraus zu beurteilen. Außerdem gibt es, wie wohl stets in anspruchsvolleren Evolutionslagen, einen Zusatzmechanismus, der Variationen beschleunigt, nämlich ein hinreichend häufiges und zugleich strukturangepaßtes Vorkommen von Variationen garantiert[40]. Diesen sehen wir in *kognitiven Inkonsistenzen und Problemen*, vorzugsweise *unlösbaren Problemen*, im tradierten Gedankengut. Die Erfahrung zeigt im übrigen, daß gerade Bemühungen um Stabilisierung, Systematisierung und abstraktere Zusammenfassung von praktischem oder theoretischem Wissen Problemstellungen generieren; Stabilisierung wirkt mithin, im evolutionären Kontext gesehen, nicht als Aufhebung und Negation, sondern als Strukturierung von Variationsanlässen. Die entscheidende Absicherung der Ideenevolution, was Wahrscheinlichkeit und Tempo anlangt, liegt darin, daß Wissen überhaupt nur mit Hilfe von Problemstellungen systematisiert und zusammengehalten werden kann. Daß eine semantische Komponente andere stützt und mitträgt, ist nur erreichbar über Vermittlungsoperationen, die zugleich den Variationsprozeß mitsteuern.[41] Variation kann in einer Abwandlung des Wortkörpers oder in Neukombinationen bestehen; sie kann aber auch auf Mißverständnissen oder auf planmäßigem Mißbrauch, auf Einfüllen neuen Sinnes in alte Begriffe beruhen. Sie gehört sozusagen zum Geschäft, wenn es überhaupt gepflegte Semantik gibt. Sie produziert ständig Abweichungen, ständig neue Varianten der semantischen Tradi-

39 Vgl. hierzu den Begriff der »coupled evolution« bei Toulmin a. a. O. S. 337 ff.

40 Im Bereich organischer Evolution beruht Variation bekanntlich auf dem Doppelmechanismus von Mutation *und* genetischer Rekombination dank der Notwendigkeit bisexueller Reproduktion.

41 Daraus ergeben sich Konsequenzen für die Bedeutung von Problemstellungen bei der Ausdifferenzierung von Wissenskomplexen bzw. Fachwissenschaften. Darauf kommen wir im zweiten Band in der Studie »Wie ist soziale Ordnung möglich?« an einem Beispiel zurück.

tion, meistens jedoch erfolglos – sei es, daß schon der Einzelne den Einfall in Kommunikation mit sich selbst wieder unterdrückt; sei es, daß der kommunikative Erfolg in der sozialen Gemeinschaft der Kundigen und Interessierten ausbleibt. Eine erhebliche Zeitdistanz zwischen Erstauftreten und Einsetzen einer Wirkungsgeschichte semantischer Innovationen kann daher nicht überraschen[42]. Die Selektion kann unter diesen Umständen nicht als Konsequenz der Variation erklärt werden; sie geht auf andersartige, zusätzliche Faktoren zurück, die das bloße Vorkommen einer Variation in eine semantische Karriere überführen.

Die Frage, was nun angesichts der sprudelnden Vielfalt der Variationen Selektion bewirkt, führt uns an einen wichtigen Punkt. Sie muß verschieden beantwortet werden je nachdem, ob ein ausdifferenziertes Funktionssystem als Träger der Ideenevolution fungiert oder nicht; je nachdem also, ob die Ideenevolution ein Moment der strukturellen Evolution eines besonderen Funktionssystems ist oder frei verläuft, nämlich nur gebunden an Situationen und Rollen der Pflege und Tradierung ernsthaften Wissens.

Aus systemtheoretischen Prämissen würde folgen, daß ein geringeres Maß an systeminterner Ausdifferenzierung Evolutionen in der Gesellschaft stärker an die *innergesellschaftliche Umwelt* bindet, während eine funktionale Ausdifferenzierung den Funktionssystemen die Chance gibt, Selektion stärker an *eigene Kriterien*, nämlich an eigene Schematismen und an dafür geschaffene Programme zu binden: zum Beispiel an den binären Schematismus von wahr/falsch und an Theorien, von recht/unrecht und an Gesetze, von schön/häßlich und an Stile[43]. Wenn das zutrifft, würde der Übergang zu einer primär funktional differenzierten Gesellschaftsordnung die Ideenevolution speziell in ihrem Selektionsstil treffen und stärker als zuvor abkoppeln von den Erfordernissen allgemeingesellschaftlicher Verständlichkeit und den ihnen zugeordneten For-

42 Beispiele: »Politische Ökonomie« 1615, »perfectibilis. Perfektibilität« 1612 (siehe Reinhart Koselleck, Fortschritt, in: Geschichtliche Grundbegriffe Bd. 2, Stuttgart 1975, S. 351-423 (375). In beiden Fällen beginnt die Wirkungsgeschichte in der zweiten Hälfte des 18. Jahrhunderts.

43 Innerhalb des Wissenschaftssystems wiederholt dieser Unterschied sich im Zuge der Ausdifferenzierung einzelner Disziplinen als Teilsystemen des Wissenschaftssystems. Auf diesen Sonderfall zielt die für Bd. 2 vorgesehene Studie »Theoriesubstitution in der Pädagogik: Von der Philanthropie zum Neuhumanismus«.

men von Unverständlichkeit wie Weisheit, Philosophie, Gelehrsamkeit.

Die Übergangszeit ist sicher sehr lang. Sie beginnt etwa im Rechtsbetrieb oder in Klöstern lange, bevor die Neuzeit beginnt, und produziert hier funktionsspezifische Terminologien, die als eine Art intellektuelle Vorbereitung, als »preadaptive advances«, spätere Generalisierungen und Umformungen erleichtern. Nicht zufällig setzt die Forderung funktionsspezifischer Bereinigungen gerade in diesen beiden Bereichen sehr früh ein, nämlich bereits im 16. Jahrhundert. Andererseits ist in den Sozialwissenschaften das Recht auf fachspezifische Esoterik noch heute umstritten. Im großen und ganzen gibt es aber eine Tendenz zur Spezifikation und Endogenisierung von Selektionskriterien in Funktionssystemen, die wechselseitig füreinander Umwelt sind und infolgedessen unabgestimmt evoluieren.

Die Art, wie die innergesellschaftliche Umwelt die Selektionsweise der Ideenevolution beeinflußt, soll mit den Begriffen *Plausibilität* und *Evidenz* festgehalten werden[44]. Plausibel sind Festlegungen der Semantik dort, wo sie ohne weitere Begründung einleuchten und man erwarten kann, daß sie auch anderen einleuchten. Evidenz ist verstärkte Plausibilität. Sie ist gegeben, wenn auch der Ausschluß von Alternativen miteinleuchtet.[45] Soweit der soziale Kontext für Plausibilität und Evidenz nicht näher spezifiziert wird (also nicht ausdifferenziert ist), signalisieren diese Erfahrungsgehalte gesamtgesellschaftlichen Bezug. Sie fungieren als tragende Grundlage der gepflegten Semantik, sind aber zugleich auch verschiebungsempfindlich. Sie wirken selektiv, *wenn* Variation angeboten wird; sie unterliegen aber auch selbst einer Variation, wenn die

44 Arthur Child, The Problem of Truth in the Sociology of Knowledge, Ethics 58 (1947), S. 18-34 (31 f.) spricht hier von »social feasibility«, die aber das historisch Mögliche nicht ausschöpfe; das Problem der gemeinsamen objektiven Wahrheit sei »the problem of transcending the socially feasible with the historically possible«. Die theoretische Grundlage der Differenz der beiden Möglichkeitsrahmen wird bei Child nicht hinreichend klar. Wir versuchen, sie durch eine entsprechende Unterscheidung von Systemreferenzen und Evolutionen zu präzisieren.

45 Als Thematisierung dieser Differenz in der historischen Semantik selbst vgl. etwa die Unterscheidung von certitude morale/certitude plus que morale bei Descartes, Principes de la Philosophie, §§ 205, 206 (Œuvres et lettres, éd de la Pléiade, Paris 1952, S. 668 f.), die sehr folgenreich auf die Wissenschaftstheorie des 17. Jahrhunderts eingewirkt hat.

gesellschaftliche Umwelt sich ändert. In dem Maße, als Ideenevolution auf Plausibilitäten und Evidenzen angewiesen ist, ist sie in ihrer Selektionsfunktion nicht souverän, dafür in der gesellschaftlichen Relevanz ihrer Resultate aber auch stärker abgesichert. Auch eine zunehmende Ausdifferenzierung funktionsspezifischer Teilsysteme kann sich dem Plausibilitätsdruck gesellschaftlicher Kommunikation sicher nicht ganz entziehen; aber sie kann ihre Ideenevolution, was Zeitpunkte und sachliche Inhalte angeht, stärker umweltunabhängig steuern und die Umwelt sozusagen auf Evidenzen und Plausibilität absuchen, wenn die interne Sachlage für eine Selektion von Neuerungen spricht.

Ebenso wie die Funktionen der Variation und der Selektion muß auch die Funktion der Stabilisierung besonders besetzt sein, soll es innerhalb eines Gesellschaftssystems zu einer eigenständigen Evolution semantischer Strukturen kommen. Im Bereich semantischer Traditionen wird diese Funktion durch *Systematisierung* und *Dogmatisierung* des Wissens erfüllt. Die anfallenden Formen und Typen werden auf abstraktere Regeln gebracht, die vereinfacht gelernt und tradiert werden und größere Fallmengen ordnen können. Institutio ist der dafür zuständige römische Begriff. Er bezeichnet den Zusammenhang von semantischer Ordnung und Lehre. Die Stabilität ist dann für all das gesichert, was im Prozedieren vom Allgemeinen zum Besonderen erreichbar ist. Abstrakt kontrollierte Systematik ermöglicht schließlich Bemühungen um möglichst vollständige Erfassung (oder alternativ: Ausgrenzung) aller Probleme eines Sachbereichs und damit zugleich die Ausschaltung unkontrollierbarer Störquellen[46]. Ein gutes Beispiel ist die Tradierfähigkeit, die das römische Recht durch Systematisierungsbemühungen seit dem 1. Jahrhundert und dann erneut seit dem 16. Jahrhundert gewonnen hat. Diese Form der Stabilisierung definiert dann ihrerseits wieder die Einstiegsmöglichkeit für Variation und Selektion; sie macht das semantische Material zu einer stabilen und zugleich selbstkritischen Masse, die in dauernder Bewegung ist, zugleich

46 Siehe hierzu die drei Tendenzen der Evolution von Ideensystemen, die Bernard Barber, Toward a New View of the Sociology of Knowledge, in: Lewis A. Coser (Hrsg.), The Idea of Social Structure: Papers in Honor of Robert K. Merton, New York 1975, S. 103-116 (111 f.), vorstellt: abstractness, systematization, comprehensiveness.

aber alle Anschlüsse für Neuerungen in sich selbst sucht, also nicht außer Kraft gesetzt, sondern nur entwickelt werden kann[47].

Wenn diese Annahmen ungefähr treffen, gewinnt Ideenevolution vor allem durch ihren Stabilisierungsmodus eine gewisse Autonomie im Verhältnis zur gesellschaftlichen Evolution. Zufallsvariationen bleiben, auch wenn sie nur an vorhandenen Strukturen auftreten können, von Anstößen abhängig, die semantisch nicht gesteuert werden können und mit dem System nicht vorweg abgestimmt sind. (Nichts anderes heißt hier »Zufall«). Selektion ist abhängig von Plausibilitäten, die sich im allgemeinen gesellschaftlichen Verkehr ergeben und ihn tragen. Die Resultate des evolutionären Aufbaus, das, was wir semantische Tradition nennen, haben dagegen kein direktes Korrelat außerhalb ihrer selbst. Sie garantieren ihre Stabilität sich selbst; ihr Modus der Selbsterfahrung ist der einer Selbstverständlichkeit oder der einer Dogmatik. Mit ihrer Dogmatizität behaupten sie sich als Bedingung aller Änderbarkeit und reflektieren so genau die Stellung der Stabilisierungsfunktion im Kontext der evolutionären Mechanismen, nämlich zugleich Tradierbarkeit und Bedingungen möglicher Variation und Selektion gewährleisten zu können.

Dogmatik ist mithin die Reflexionsform für Ideenevolution; die Form, in der sie ihre sich selbst ermöglichende Vollendung begreift und begründet; und die Form, in der sie sich unabhängig weiß. Geht man hiervon aus, gewinnt die Krise alles Dogmatischen im 18. Jahrhundert symptomatischen Wert. Sie signalisiert Veränderungen in den gesellschaftsstrukturellen Bedingungen der Möglichkeit von Ideenevolution. Von unseren gesellschaftstheoretischen Ausgangspunkten her liegt es nahe zu vermuten, daß die Umstellung auf funktionale Differenzierung der maßgebende Auslöser gewesen ist. Die Stabilisierungsfunktion geht jetzt im Einklang mit der gesamtgesellschaftlichen Evolution auf deren Differenzierungsform über, nämlich auf die funktionale Differenzierung, und bei gesellschaftsinternen Evolutionen auf die Funktionssysteme selbst. Damit zugleich ändern sich die Temporalstrukturen und die Anforderungen an das Entwicklungstempo. Eine über Dogmatik vermittelte Ideenevolution ist für die moderne Gesellschaft nicht schnell genug. Damit ist keineswegs jeder Beitrag einer tradierten

47 Hierzu instruktiv Dieter Nörr, Rechtskritik in der römischen Antike, München 1974.

Semantik zur soziokulturellen Evolution ausgeschlossen; aber man muß jetzt im Kontext je besonderer Funktionssysteme danach suchen, deren Evolutionen im Verhältnis zueinander nicht mehr abgestimmt sind. Funktionssysteme werden jetzt auch in ihrer Selektionsweise stärker gesellschaftsunabhängig, wie Kuhns Analysen wissenschaftlicher Revolutionen zeigen. Sie verlieren damit aber auch jene Art der Verbürgung von Resultaten, die in traditionalen Gesellschaften möglich gewesen war.

Die Überführung von Materialien der Ideenevolution in eine systemspezifische Wissenschaftsevolution ist ein in sich selbst komplexer und komplex bedingter Vorgang. Rein analytisch lassen sich die folgenden Aspekte unterscheiden:

1. Das Bezugsproblem der semantischen Entwicklung wird schärfer zugeschnitten auf die *Erkenntnisfunktion*, also *funktional spezifiziert* mit Hilfe der Unterscheidung und Relationierung von Objekt und Subjekt. Das dem Objekt (= dem Menschen Vorliegende) Zugrundeliegende (subiectum) wird im modernen Sinne »subjektiviert«, nämlich als erkennendes Bewußtsein stabilisiert. Das Erkennen hat es dann »nur noch« mit Beziehungen zwischen Bewußtsein (Subjekt) und Gegenstand (Objekt) zu tun.

2. Im Anschluß an diesen Umbau der Voraussetzungen für funktionale Spezifikation können Leistungen entwickelt werden, die *nur als Systemerrungenschaften möglich sind*, nämlich:

a) Auf Seiten des *Subjekts* eine weitgehende *Neutralisierung psychischer und sozialer Kontexte* der Erfahrungsverarbeitung. Diese Neutralisierung ist nicht einfach Abwehr und Elimination; sie ist nur durch *Substitution anderer Abhängigkeiten* möglich, sie wird durch neue wissenschaftssystemspezifische Sensibilitäten vermittelt. Die Subjekte richten sich nach den Erfordernissen wissenschaftlicher Arbeit mit den entsprechenden semantischen und sozialen Sonderbedingungen. Und sie haben speziell vor dem Hintergrund dieser Bedingungen besondere Chancen für Individualität.

b) Auf Seiten des *Objekts* ermöglicht Systembildung (und nur Systembildung) das *Außerkraftsetzen der phänomenalen Wahrheit durch Substitution eines binären Schematismus.* Man kann vom Gegebenen nicht mehr ausgehen; aber an die Stelle dieser Sicherheit tritt die Sicherheit der Unmöglichkeit des Gegenteils[48].

48 Als wohl erster hat Pascal dies als Rückzug auf nur eine Ordnungsebene menschlicher Existenz unter anderen begriffen. In De l'esprit géometrique heißt es: »C'est une

3. Die Systemausdifferenzierung für solche Operationsbedingungen kann nicht die gesamte semantische Tradition szientifizieren. Die schon interpretierte Welt ist für sie *Umwelt*, zu der man sich im System Wissenschaft kritisch und selektiv zu verhalten hat. Ohne solche Umwelt wäre Wissenschaft nicht möglich. Aber die Wissenschaft sortiert nicht nur im Bereich des schon Vorhandenen Wahres und Falsches. Ihr Selektionsprinzip ist vielmehr die Erkenntnis, sofern sie Systeme und Umwelten verknüpft. Sie thematisiert also unter systeminternen Regeln ihre Funktion als ein Problem, das nur als Relation zwischen externen und internen Bedingungen lösbar ist. Und nur in diesem Sinne (und nicht: als rein interne Konstitution der Welt im Bewußtsein) ist sie Selbstorganisation eines neuen Systems, nämlich Relationierung von Relationen, die letztlich immer Systeme und Umwelten aufeinander beziehen.

Diese drei Momente machen, aufeinander bezogen, verständlich, daß der Übergang von Ideenevolution zu Wissenschaftsevolution sich, historisch gesehen, sowohl reduktiv als auch steigernd ausgewirkt hat. Er schließt ein Weiterlaufen von Ideenevolution nicht aus, entzieht ihr aber die Alleinverfügung über gepflegte Semantik und verändert deren Plausibilitätsgrundlagen, ohne sie in der Fülle der Sinngehalte ersetzen zu können. In fataler Weise sind die Reduktionen der Wissenschaft so gewählt, daß sie eine Steigerung des Wissens ermöglichen.

VII.

Die gepflegte Semantik der Hochkulturen war in ihren ältesten Zeiten als »Weisheit«[49], nach Verbreitung des Schriftgebrauchs und Vermehrung der Menge immer noch als Wissen aufgefaßt worden.

maladie naturelle à l'homme de croire qu'il possède la vérité directement; . . . au lieu qu'en effet il ne connaît naturellement que le mensonge, et qu'il ne doit prendre pour veritables que les choses dont le contraire lui paraît faut« (Œuvre, Bibl. de la Pléiade, Paris 1950, S. 369). Mit mehr Selbstverständlichkeit spricht man heute von »Falsifikation« als operativem Leitprinzip der Wissenschaft, ohne jedoch die Reflexionsansprüche weiterzuverfolgen, die sich für Pascal daraus ergeben hatten, daß die Ordnung des esprit nicht die Ordnung des coeur und nicht die Ordnung der charité sein kann *und man das wissen muß.*

49 Vgl. Les sagesses du Proche-Orient ancien: Colloque de Strasbourg 17-19. Mai 1962, Paris 1963.

Die Errungenschaft lag in der Ablösung vom Vollzug oder Mitvollzug der Kommunikation, in der Ermöglichung einer prüfenden und beglaubigenden Distanz zum Gewußten, in der Objektivierung dessen, worüber man spricht. In diesen Rahmen konnten Autorisierungsunterschiede und besondere Kompetenzen von Rollen und Institutionen, ferner Qualitätsunterschiede des Wissens eingebaut werden, etwa der Unterschied von sicherem Wissen und Meinungswissen oder von scientia und fides. Die Grundstruktur blieb dabei jedoch die einer einfachen Relation von Wissen und Gegenstand. Das war im Verhältnis zum Ritual und zur Mythenerzählung der Fortschritt gewesen, das konnte man nicht aufgeben, sondern nur durchartikulieren. Entsprechend blieb die Welt dieser Weltkenntnis eine Sachgesamtheit, eine congregatio corporum. Deren Grenzen und Binnengeheimnisse und ebenso die Gründe der Unzulänglichkeiten des Wissens und des Irrtums wurden religiös identifiziert.

Die Einheit dieser Sachgesamtheit Welt war gesehen als vermittelt durch *Abhängigkeiten* – durchaus eine Projektion aus dem sozialen Leben. Abhängigkeiten konnten ihrerseits auf eine Ursache, einen Schöpfer bezogen, konnten aber auch anders formuliert werden, etwa als Abhängigkeit aller Stabilität von sich wechselseitig temperierenden Gegensätzen[50]. In der Einheitsform Abhängigkeit konnte schließlich alles als kontingent begriffen werden, ohne daß damit die Notwendigkeit der Einheit in Frage gestellt war. Im Gegenteil: Aus Kontingentem wurde auf Notwendiges, aus Komplexem auf Einheit zurückgeschlossen.

Diese Form verliert mit dem Übergang zu funktionaler Gesellschaftsdifferenzierung ihre Selbstverständlichkeit, ihre Letztgültigkeit. Nach den Motiven des Handelns werden die Motive des Wissens suspekt. Als Variation mag es Verdacht immer schon gegeben haben, aber mit der zunehmenden Differenzierung von Religion und Politik und vor allem mit der konfessionellen Binnendifferenzierung eines schon dogmatisierten Religionssystems fehlt jetzt die Instanz der Wiedervergewisserung des Wissens. In einem stratifizierten Gesellschaftsaufbau könnte sie nur in der obersten

50 Hierfür als Beispiele: Louis Le Roy, De la vicissitude ou varieté des choses en l'univers . . ., Paris 1577; Giordano Bruno, Spaccio de la bestia trionfante (1584), zitiert nach der Ausgabe Mailand 1868; John Norden, Vicissitudo Rerum, London 1600.

Schicht unterzubringen sein. Deren Kommunikationssystem vermag jedoch, angewiesen auf Interaktion, die sich stellenden Probleme der Reintegration nicht mehr zu lösen. Das Fundament dieser Interaktion wird in der religiös-moralisch-politischen Literatur des 17. Jahrhunderts selbst zum Problem.[51] Ausreichende Sicherheit kann schließlich nur noch durch je besondere Funktionssysteme geboten werden, etwa durch eine Funktionärsreligion der etablierten Kirche, durch Absicherung der Prämissen des Rechtsbetriebs im Rechtsbetrieb selbst oder durch eine spezifisch erkenntnistheoretische Reflexion, die ein Wissen in bezug auf die Relation von Erkenntnis und Gegenstand zu gewinnen und damit Wissenschaft zu begründen sucht.

Die Verlagerung der ernst gemeinten, wichtigen Semantik in die Funktionssysteme und deren Systemorientierungen (Funktion, Reflexion, Leistung) löst, ganz abgesehen von den Sinnverschiebungen im überlieferten semantischen Material, Folgewirkungen in mehreren Richtungen aus. Vor allem wird die Vorstellung, gepflegte Semantik sei weltbezogenes Wissen, gesprengt. Normative, wertmäßige, ästhetische Urteile verselbständigen sich gegenüber dem, was als Wissen (mit Zumutung intersubjektiver Zustimmung) noch Anerkennung findet. Gerade an der Spannweite des Versuchs von Kant, noch ein zu Grunde liegendes kritisches Interesse an Vernunft zu postulieren, läßt das Auseinanderstreben sich ablesen. Im Zusammenhang damit beginnt der Wertbegriff seine semantische Karriere und expandiert im 19. Jahrhundert aus dem Bereich der Wirtschaft in Richtung auf Moral, Ästhetik, Literatur, Religion, ja selbst Erkenntnis[52]. Die Rekonstruktion funktionsübergreifender Sinngehalte tendiert zur Wertform, verflüchtigt sich also in einen bloßen Gesichtspunkt des Schätzens. In der Nachfolge von natürlicher Religion und Zivilreligion entstehen Grundwertkonzepte als Start- und Stützbegriffe für öffentliche Kommunikation ohne Festlegung auf Ergebnisse. Und gerade diese Lockerheit

51 Vgl. die Studie »Interaktion in Oberschichten: Zur Transformation ihrer Semantik im 17. und 18. Jahrhundert«, unten S. 72 ff.

52 Auch hier lassen sich ältere Belege für eine sehr breite Verwendung des Wertbegriffs leicht auftreiben. Zum Beispiel Jacques Pernetti, Conseils de l'amitié, 2. Aufl. Frankfurt 1748, S. 97 mit Einschluß von Pflichten und Vergnügungen, Ehre und Leben, Reichtum und Gesundheit.

repräsentiert am besten die Hinsicht, in der Funktionssysteme füreinander Gesellschaft sind.

Eine zweite, formalere Abstraktionsrichtung geht davon aus, daß die Relation von Wissen oder Meinen und Gegenstand zum Problem wird. Diese Problematisierung war in radikaler und deshalb folgenloser Weise immer schon möglich gewesen, war zum Beispiel von der Skeptik vorgeführt worden. Jetzt geht es um mehr als um die prinzipielle Möglichkeit negatorischen Denkens, nämlich um eine Rückführung der Grundlagen gepflegter Semantik auf Aussagen über diese Relation.

Apriorisierung und Ideologisierung laufen hier parallel und bemühen sich um dasselbe mit je verschiedenen Fragestellungen. Die Frage nach einem Apriori zielt auf das, was in der Identität des Erkennenden und der Identität des Gegenstandes identisch ist; also auf das, was garantiert, daß Wissen mehr ist als das Ereignis der momentanen Berührung zweier unabhängiger Kontinuitäten. Als Ideologie versucht man dagegen Wissen oder Meinen zu erfassen, soweit es von einer »zweiten Realität«, nämlich der sozialen Situation des Subjektes, abhängig ist. Theoriebautechnisch gesehen, ist also die Strategie der Apriorisierung dessen, was andere wissen, eine Reduktion der Komplexität auf den Punkt, von dem aus Wissen als Wissen begründbar ist: auf die Bedingung seiner Möglichkeit; und die Strategie der Ideologisierung dessen, was andere wissen, ist eine Erweiterung der Komplexität durch Einführung einer zweiten Realitätsrelation im Rücken dessen, der sich auf die Realität bezieht, mit der Folge, daß Gegenständlichkeit und semantischer Apparat variabel werden je nachdem, was diese zweite Relation verfügt. Im Falle der Apriorisierung wird also auf Identifikation der Erkenntnisrelation, im Falle der Ideologisierung auf Relationierung der Erkenntnisrelation hin gearbeitet.

Die Auflösung und Rekonstruktion von Wissen alter Art durch Apriorisierung und Ideologisierung läuft also über zwei gegensätzliche Strategien, die nicht mehr zu »vermitteln« sind[53]. Eine »dia-

53 Im Hinblick hierauf erweisen sich denn auch die Kategorien von Elias, »involvement« und »detachment« (vgl. oben Anm. 7) als unzureichend. Es dürfte kaum möglich sein, die Struktur der Entwicklung zu charakterisieren als Richtung auf zunehmendes Detachment, auf relative Autonomie des Wissens im Verhältnis zu Gruppenmerkmalen auf Grund »greater selfdistanciation and greater civilisatory self-control« (a. a. O. S. 359). Unbestritten, daß dies auch gesteigert wird; aber in

lektische« Lösung des Problems ist nicht in Sicht (umso weniger, als die Dialektik selbst seit Hegel als Methodik der Apriorisierung, als voraussetzungsloses Herstellen der Voraussetzungen dieses Herstellens zu begreifen ist). Möglich bleibt indes eine wissenssoziologische Analyse genau dieser Situation des Wissens.

Es ist eine bekannte These der Selbstanalyse der Wissenssoziologie, daß sie erst mit dem Abbau mancher Sozialbindungen des Wissens auftreten kann[54]. Darüber hinaus läßt die systemtheoretische Gesellschaftsanalyse erkennen, daß die Wissenssoziologie nicht zufällig erst in einem funktional differenzierten Gesellschaftssystem möglich wird.

Über funktionale Differenzierung werden alle Hauptlinien der Formierung gesellschaftlich relevanter Sinngehalte auf einzelne Funktionssysteme bezogen. Daher erfordert im Rahmen einer gepflegten Semantik jeder Sinn die Angabe einer Systemreferenz unterhalb der Ebene des gesamtgesellschaftlichen Systems. Und gerade Bedeutungssteigerungen, gerade besondere Ansprüche an Form und Bewußtsein unterliegen dieser Bedingung; sie kulminieren nicht mehr in der Perfektion des Ganzen, sondern in der Sonderleistung des Teils[55]. Damit verändert sich auch die Qualität von ernsthaftem, bewahrenswertem Wissen in Richtung auf wissenschaftliches Wissen. Eben deshalb wird dieses Wissen zur Reflexion über sich selbst gebracht, und dies in Formen, die nicht mehr einfach am Objekt festzumachen sind. Statt auf das Objekt wird das Wissen jetzt auf sein eigenes Gegenteil verwiesen und zur Reflexion der Bedingungen gebracht, unter denen es nicht falsch ist[56].

Funktionale Spezifikation und binäre Schematisierung wissenschaftlichen Wissens erzeugen die Frage nach dem sie ermöglichenden Kontext wiederum als eine »nur« wissenschaftliche Frage. Erkenntnistheoretisch gestellt, läuft die Frage auf einen zu klein

bewußtem Kontrast dazu kommt es gleichzeitig auch zu einer Steigerung der Selbstbehauptung engagierten Wissens.

54 Siehe im Rahmen einer mehr oder weniger kultursoziologischen Analyse Hans Proesler, Zur Genesis der wissenssoziologischen Problemstellung, Kölner Zeitschrift für Soziologie und Sozialpsychologie 12 (1960), S. 41-52.

55 Sehr schön zeigt dies am Beispiel von Religion Georg Simmel, Zur Soziologie der Religion, Neue Deutsche Rundschau 9 (1898), S. 111-123.

56 Vgl. oben S. 52.

angelegten Zirkel hinaus, in dem man zu schnell wieder an den Ausgangspunkt gelangt; es geht dann nur um die Erkenntnis der Bedingungen der Erkenntnis der Bedingungen der Erkenntnis ... Stellt man die Frage gesellschaftstheoretisch, bleibt ihre selbstreferentielle Struktur erhalten, aber der Zirkel wird, um im Bild zu bleiben, so groß, daß Teilstücke von ihm wie gerade Strecken behandelt werden können. Mit Hilfe des Theorems funktionaler Differenzierung setzt die Wissenschaftsreflexion sich selbst dem Vergleich mit anderen Funktionssystemen der Gesellschaft aus, in denen es zu Parallelerscheinungen der Funktionshypostasierung, der binären Schematisierung, des Auseinandertretens von Funktion und Leistung etc. kommt. Damit kann die Wissenschaftsforschung sich vergewissern, nicht nur »pro domo« zu räsonnieren. Außerdem begründet dieses Konzept sich selbst als historisch relativ und sichert auch dies über ein immenses Programm für theoriegeleitete empirische Forschungen ab. Die Materialbasis für das, was logisch als Zirkel und damit als Sperrargument angesehen werden müßte, kann so zunächst einmal beträchtlich erweitert werden. Es mag sein, daß die Einheit einer solchen Gesellschaftstheorie, die ihre Selbstbegründung ihren Gegenstandsanalysen entnimmt, auf einem logischen Fehler beruht. Aber dann ist es eben die Einheit des Fehlers, die die Einheit des Systems begründet.

VIII.

Abschließend kommen wir nochmals auf das Grundproblem der Wissenssoziologie, auf ihr eigenes Verhältnis zur Wahrheit zurück. Mit einigem Recht kann man sagen: dies Problem sei ungelöst geblieben. Analysiert man jedoch die Lösungsversuche, so bleibt eine gemeinsame Typik der Problembehandlung zurück. Wir können sie mit der Formel fassen, daß *Partialtheorien die Möglichkeit der Erkenntnis überhaupt retten müssen.* Daß objektive Wahrheit überhaupt erreichbar ist, wird – sofern man es nicht bestreitet[57] – durch Theorien gesichert, die nur einen Bruchteil der wahrheitsfähigen Gegenstände betreffen. Und genau deshalb, weil es nur eine Teilmenge der Gegenstandsmenge ist und man diese auswählen

57 So z. B. Ernst Grünwald, Das Problem der Soziologie des Wissens, Wien-Leipzig 1934.

muß, entstehen unentscheidbare Theoriekontroversen.

Der Bedarf für solche rettenden Zusatztheorien entsteht, wenn man *alles* Wissen *sozial relationieren*, trotzdem aber die Möglichkeit einer *objektiven* Wahrheit nicht aufgeben will und »objektiv« begreift als *intersubjektiv zwingend gewiß*[58]. Auf marxistischer Basis hat Georg Lukács die Version angeboten, daß eine aufsteigende Klasse den privilegierten Zugang zur objektiven Wahrheit hat, weil sie Wissen nicht einsetzen muß, um Positionen zu verteidigen[59]. Daß eine aufsteigende Klasse ebenfalls sozial relationierende, verzerrende Perspektiven mitbringt, muß in einer solchen Theorie übergangen werden. Angesichts dieses Einwandes hat man vielleicht allzu schnell auf einen totalen Ideologiebegriff umgeschaltet, innerhalb dessen nur das Engagement auf der richtigen Seite über Wahrheit entscheidet. Aber man könnte auch kontern, daß der Angreifer stets die bessere Position hat, Kontingenzen zu sehen, zum Beispiel funktional zu analysieren, und daß ihm deshalb die größeren Wahrheitschancen zufallen, oder daß er eher in der Lage ist, Prozesse der Ideenevolution über Variation semantischer Materialien in Gang zu bringen (was immer dann die Ergebnisse und die Konsequenzen für ihn selbst sein mögen).

Einen anderen Ausweg mit ebenfalls prototypischer Funktion hat Karl Mannheim eingeschlagen. Mannheim sieht die Intellektuellen als die Gruppe mit trotz Relationierung objektiven Wahrheitschancen. Sie sind die Gruppe, die sich in Distanzierung engagieren kann[60]. Eine soziologisch überprüfbare Ausarbeitung dieser Intel-

58 Hier schon hatte Max Scheler sich dem Problem und damit der weiteren Diskussion entzogen mit Hilfe eines ontologisch-aprioristischen (angeblich phänomenologisch gesicherten) Wahrheitsbegriffs. Siehe: Die Wissensformen und die Gesellschaft, Leipzig 1926.
Ebenso ungenügend sind all die Lösungen (vgl. nur Simmel oben Anm. 55), die einfach behaupten, soziale Relationierung könne der Wahrheit einer Aussage nichts anhaben, weil diese durch Kriterien selbständig gesichert sei. Eine solche Auskunft muß ihre Kriterien entweder dogmatisch begründen oder sie kommt, wenn sie deren Funktion analysiert, auf das Problem der intersubjektiven Gewißheit und damit auf das Problem der differentiellen Relationierung zurück.

59 Geschichte und Klassenbewußtsein: Studien über marxistische Dialektik, Berlin 1923, Neuausgabe Neuwied-Berlin 1968 mit einem sich vom Text stark distanzierenden Vorwort.

60 Mit den Begriffen von Elias könnte man auch formulieren: deren involvement im detachment besteht und die daher die Einheit des Subjekt/Objekt-Kontinuums repräsentiert.

lektuellentheorie fehlt[61]. Auch hier liegt der Einwand auf der Hand: daß gerade Intellektuelle sich zueinander typisch kontrovers verhalten und so weniger noch als irgendjemand sonst in der Lage sind, Wahrheit zu repräsentieren. Aber auch hier könnte die Zusatztheorie reformuliert werden in Richtung auf eine Evolutionstheorie: Qua Distanz, qua Abstraktionsvermögen und vielleicht auch qua Neigung zur Kontroverse können Intellektuelle eher als andere Gruppierungen der Gesellschaft Kontingenzen formulieren, Variation am semantischen Material anbringen und so evolutionäre Veränderungen auslösen.

Ganz ähnlich könnte man reagieren, wenn jemand käme und behaupten würde, die Soziologie selbst sei die Lösung des Problems; oder sie könne es sein, sobald sie den Status einer konsolidierten Wissenschaft erreicht habe. Auch hier würde dann gelten: Eine Zusatztheorie, eine Soziologie der Soziologie, operiert an der Funktionsstelle, wo früher das Apriori gesessen hatte. Sie kann im üblichen wissenschaftlichen Verfahren ausgearbeitet werden. Hier wäre der sich sofort aufdrängende Einwand: wie denn eine Teildisziplin eines Teilsystems der Gesellschaft beanspruchen könne, selbst die Totalität der Wahrheit zu besitzen oder zu repräsentieren. Und auch hier könnte das Problem über evolutionstheoretische Annahmen abgeschwächt werden. Danach geht es dann nicht mehr um Wahrheitsbesitz, sondern nur um das Vermögen, höhere Kontingenz zu thematisieren; um das Vermögen, in Alternativen zu denken; um Auflöse- und Rekombinationsvermögen; und um langfristig mögliche Konsequenzen (Vorteile?) dieser Steigerung.

Eingeordnet in dieses evolutionstheoretische Konzept schließen die verschiedenen Zusatztheorien, die als Ersatz-Aprioris mit Wahrheitsansprüchen konkurrieren mußten, sich wechselseitig nicht mehr aus. Es mag in einem Gesellschaftssystem durchaus mehrere Ausgangspunkte für Kontingenzsteigerungen geben. Deren Sinnperspektiven können kollidieren, sie können sich wechselseitig reizen, sich in Bewegung bringen, sich aber auch stützen und bestätigen. Das sind für das evolutionstheoretische Konzept zunächst Faktenfragen. Das Theorieproblem mündet ein in die allgemeine Frage, wieweit es in der soziokulturellen Evolution Zusam-

61 Die Hinweise, die Mannheim in Ideologie und Utopie (3. Aufl. Frankfurt 1952) gibt, reichen nicht weit genug.

menhänge gibt zwischen Variation, Selektion und Retention und wieweit die verschiedenen Ansatzpunkte für eine Variation semantischer Materialien (bei: aufsteigenden Klassen, Intellektuellen, Wissenschaft und vielleicht weiteren Strukturen) zugleich mit Selektions- und Retentionsmechanismen assoziiert sind, also auch diese differentiell beeinflussen.

Dieses Auffangen der wissenssoziologischen Problemstellung in einer Evolutionstheorie läßt sich schließlich mit systemtheoretischen Überlegungen verknüpfen[62]. Nochmals kurz zusammengefaßt, sucht die Wissenssoziologie nicht neue Apriorismen oder hypothetisch-deduktive Systeme zur Ableitung und Überprüfung allen Wissens, sondern Metatheorien in einem ganz anderen Sinne; nämlich nachgeschaltete Theorien, die erklären, wie Wissen, das in bezug auf Gegenstände diskriminiert (und in diesem Sinne wahr zu sein beansprucht) in sozialen Kontexten entsteht und gepflegt wird, die in bezug auf dieses Wissen diskriminieren (also nicht alles mögliche Wissen ermöglichen und nicht auch Unwissen bzw. Irrtum als Wissen behandeln können). Diese Zusatztheorien können durchaus empirisch operationalisiert werden. Ihr Verhältnis zu dem Wissen, das sie behandeln, ist nicht das einer logischen Inklusion, sondern das einer selektiven Bearbeitung. Sie sind Theorien über Selektion von Selektionsvorgängen in der Gesellschaft, und sie unterstehen als Theorien wiederum den normalen Kriterien selektiver Bewährung von Theorien schlechthin (und dies auch dann, wenn sie selbst Genese und soziale Bedingtheit solcher Kriterien thematisieren).

Daß und wie dies in einer real vorhandenen Gesellschaft möglich, und zwar mit kommunikativem Erfolg möglich ist, ist kein logisches, sondern ein systemtheoretisches Problem. Es führt uns zurück auf Probleme der Systemdifferenzierung und Selektivitätsverstärkung in Systemen. Jede Wissenssoziologie erfordert eine mehrstufige Systemdifferenzierung und einen internen Standpunkt, von dem aus man beobachten und thematisieren kann, wie das Gesamtsystem, dem man angehört, sich zu seiner Umwelt verhält. Innerhalb eines für Wissenssoziologie ausdifferenzierten Teilsystems eines Teilsystems (Soziologie) eines Teilsystems (Wissen-

62 Vgl. hierzu auch James A. Blachowicz, Systems Theory and Evolutionary Models of the Development of Science, Philosophy of Science 38 (1971), S. 178-199.

schaft) der Gesellschaft kann dann eine Sondersemantik entwickelt und gepflegt werden, die sich zu anderen System/Umwelt-Perspektiven sozusagen querstellt. Es geht dann nicht darum, die Selektivität der Perspektive allmählich zu eliminieren im Sinne reiner Gegenstandsangemessenheit; es geht darum, sie ihrerseits im Hinblick auf ihre Selektivität selektiv zu behandeln und sie dadurch im System (nicht: in sich selbst!) zu reflektieren.

Mit diesen Überlegungen ist das Problem der Korrelation von semantischem Gehalt und sozialer Struktur einer allgemeinen Theorie zugeordnet, die besagt, daß jeder Aufbau von Ordnung an Ordnungen anschließt, die selektiv behandelt werden können, das heißt selbst schon Tatbestände beinhalten, die teils abhängig, teils unabhängig voneinander variieren[63]. Solche Vorgaben muß jede Theorie mit ihren Gegenständen teilen, muß also auch die Erkenntnis als Bedingung der Möglichkeit ihrer eigenen Operationen akzeptieren. Insofern bleibt Erkenntnis Nachahmung der Natur, sie wiederholt und verstärkt reduktiven Ordnungsaufbau, der auf Ordnungen aufbaut, die auf Ordnungen aufbauen. Man kann genau dies auch wieder als Prinzip der Selektion von Reduktionsmustern auffassen und gründet die Theorie dann auf die Erkenntnis dessen, was sie mit ihrem Gegenstand gemein hat: auf selektives Relationieren. Alle weitere Formbestimmung hat historischen Charakter.

Keine Erkenntnis kann über das hinausgehen, was für Systeme möglich ist. Aber sie kann über Ausdifferenzierung und Innendifferenzierung von Systemen voraussetzungsreichere Ordnungen bilden, und sie kann in dem Rahmen, den die Form gesellschaftlicher Differenzierung ihr setzt, besondere Leistungen über funktionsspezifische Ausdifferenzierungen steigern. Der Umbau des Gesellschaftssystems von stratifikatorischer in funktionale Differenzierung hat hierfür Voraussetzungen geschaffen, die die Gesellschaftstheorie noch nicht eingeholt, geschweige denn ausgefüllt hat. Die Problemstellung der Wissenssoziologie und in weiterem Sinne die Forschung über Korrelationen zwischen Hochformen

63 Hierzu grundsätzlich W. Ross Ashby, An Introduction to Cybernetics, London 1956. Siehe auch ders., Principles of the Self-Organizing System, in: Heinz von Foerster/George W. Zopf (Hrsg.), Principles of Self-Organization, New York 1962, S. 255-278, neu gedruckt in: Walter Buckley (Hrsg.), Modern System Research for the Behavioral Scientist: A Sourcebook, Chicago 1968, S. 108-118.

der Semantik und sozialen Strukturen sind vermutlich selbst Ausgangspunkte für evolutionäre Variation. Sie bereiten eine neue Epistemologie vor; und deshalb sollte man zögern, sie dem Diktat einer bereits akzeptierten Wissenschaftstheorie zu unterwerfen.

IX.

Wenn der Gegenstand der Soziologie als sinnhaft-selbstreferentiell begriffen werden muß (das heißt: anders nicht sachadäquat begriffen werden kann), hat man, so lassen sich die vorstehenden Überlegungen resümieren, gar keine andere Möglichkeit als: Wahrheitssemantik und Wissenschaftstheorie als Teil ihres eigenen Gegenstandes zu begreifen. Dann tauchen die Probleme, die man mit dem »Subjekt« gehabt hat, im »Objekt« auf. Es erscheint aber wenig ratsam, die Subjekt/Objekt-Terminologie beizubehalten und nur innerhalb ihrer den Standort bzw. die Perspektive des Problems der Selbstreferenz zu wechseln. Wenn man sagt: Der Gegenstand sei ebenfalls selbstreferentiell, oder: Eigentlich sei nur das Objekt selbstreferentiell und das Subjekt nur, sofern es sich objektiviere, verliert zugleich diese auf die Erkenntnisrelation bezogene Terminologie ihren Gehalt. Man sollte daher auf sie verzichten. Dies um so mehr, als die These der selbstreferentiellen Sinnhaftigkeit auf Problemfelder führt, die eine eigene Begrifflichkeit erfordern. Erst im Gang einer solchen Begriffsentwicklung werden sich terminologiegeschichtliche Bezüge klären lassen, und vorliegende Begriffsbildungserfahrungen werden sich veränderten Gesichtspunkten der Einschätzung und Anschlußfähigkeit zu unterwerfen haben.
Eines dieser Probleme ist für eine Fortsetzung wissenssoziologischer Forschungen von besonderer Bedeutung. Die Wissenssoziologie war seit ihren Anfängen im 18. Jahrhundert mit der Frage befaßt, ob die Beziehungen des Wissens zu sozialen Strukturen bzw. sozialen Trägergruppen und Interessen ihrerseits soziales Wissen werden können oder »latent« bleiben müssen[64]. Im An-

64 Vgl. zu einer frühen Diskussion die Hinweise oben Anm. 1. Schon längst vorher war im übrigen vermerkt worden, daß die Latenz sich auch selbst dem Bewußtsein entziehe. Allerdings hatte man diesen Tatbestand zunächst nicht für notwendig gehalten, sondern darin einen Anlaß zu Kritik und »Aufklärung« gesehen. So heißt es z. B. bei Pierre Nicole, Essais de Morale Bd. 1, 6. Aufl., Paris 1682, S. 33 ff., Ignoranz, geschützt durch Unkenntnis der Ignoranz, sei ein Schutz vor erniedrigender Selbster-

schluß an ältere Traditionen und unter Berufung auf Freud hatte sich auch die Soziologie zunächst damit begnügt, Latenz durch Ausschließung des Bewußtseins zu definieren[65]. Diese Definition versagt jedoch, sobald es darum geht, notwendige Latenz zu begreifen, weil man schließlich dem Bewußtsein kaum einen hinreichenden Grund für die Notwendigkeit seines Nichtvorhandenseins entnehmen kann. Oder: weshalb sollte es von sich aus sich Grenzen ziehen, sich Unzugänglichkeiten markieren? Und so behielt der Latenzbegriff auch in der Soziologie aufklärerische Züge.

Mit der Annahme eines einheitlichen, differenzlosen, nichtnegierbaren Tatbestandes »Sinn« steht man mit der gleichen Frage in einer anderen Ausgangslage. Auch dann fragt sich, ob und wie es in dieser Sinnwelt unzugänglichen Sinn geben könne, obwohl jeder Sinn im Horizont von Welt konzipiert und für rekurrentes Erleben offen gehalten ist, also auf Welt und auf sich selbst verweist. Auch hier ist das Problem nicht durch den Hinweis auf unerkannte Sachverhalte zu lösen; es kann, mit anderen Worten, nicht mit einem einfachen binären Schematismus bekannt/unbekannt, bewußt/unbewußt, zugänglich/nichtzugänglich erfaßt werden[66],

kenntnis. Etwa gleichzeitig charakterisiert Joseph Glanvill, The Vanity of Dogmatizing, London 1661, S. 225, den Dogmatiker als »the greatest *ignorant*, that knows not that he is *so*«. Es ist sicher kein Zufall, daß diese Figur hier als eine Blockierung von spezifischen Funktionsinteressen artikuliert wird, sei es der Religion (Nicole), sei es der Wissenschaft (Glanvill). Da es sich aber um ein *Bewußtseins*problem handelt, kann man gegenargumentieren und Aufklärung mit Funktion begründen. Bei diesem ideenpolitischen Interesse, das selbst Freud und Freudianer noch trägt, bleibt jedoch ungeklärt (denn es war ja nicht als zu bewahrender Zustand gedacht), wie diese Selbstreferenz im Negativen, dies Nichtwissen des Nichtwissens, eigentlich zu begreifen sei. Offenbar nicht als Negation der Negativität, denn das würde das Nichtwissen in Wissen überführen, also ins Bewußtsein bringen. Vielleicht als Nichtnegation der Negativität; aber dann gelangt man vor die Frage, wie diese Figur noch sinnvoll auf Bewußtsein bezogen werden kann – auf ein Bewußtsein, das ja die Positivität dieser negativen Selbstreferenz nun seinerseits wieder negieren könnte.

Jedenfalls stößt man nur bei dieser Figur des Nichtwissens des Nichtwissens auf Vorläuferdiskussionen für das, was später unter notwendig-latenten Strukturen erörtert wird. Läßt man dieses selbstreferentielle Moment weg, bleibt man auf der Ebene des verborgenen Wissens, des (heimlich oder von anderen) gewußten Nichtwissens, des Gegensatzes von pensée publique und pensée cachée (Pascal) – und damit auf der Ebene der Fremd- bzw. Selbstmanipulation.

65 Vgl. zur Einführung: Robert K. Merton, Social Theory and Social Structure, 2. Aufl. Glencoe Ill. 1957, S. 60 ff.

66 Siehe dazu auch Peter Hejl, Zur Diskrepanz zwischen struktureller Komplexität

denn für Sinn schlechthin schließt die Unzugänglichkeit die Zugänglichkeit nicht aus, da auch Negationen Sinn haben[67]. Nicht Exklusion, sondern Überschuß an Verweisungen oder auch Redundanz der Möglichkeiten ist die primäre Gegebenheit, und Exklusion hat nur dadurch Sinn, daß sie daran teilnimmt.

Am Sinn schlechthin läßt sich deshalb nur die Notwendigkeit der Selektion, also auch die Notwendigkeit des Übergehens anderer Möglichkeiten ablesen; nicht jedoch die Notwendigkeit des Latentbleibens dessen, was mitangezeigt ist. Jede Verweisung, jede Anzeige anderer Möglichkeiten, jede Selektion setzt zwar hinreichende Formbestimmtheiten voraus. Dies muß auch als Prämisse für die Verwendung des Begriffs der Latenz gelten. Von Latenz sollte man aber nicht im Hinblick auf das ganz Unbestimmte sprechen, gegen das sich alle Bestimmung erst profiliert[68]; sondern latente Möglichkeiten sind bestimmte oder situativ bestimmbare Möglichkeiten, die aber trotzdem nicht aktualisiert werden können.

Erst durch Systembildungen werden Komplexitätsbereiche ausgegrenzt[69], die besondere Eigentümlichkeiten aufweisen:

Systeme setzen (1) gegen eine Umwelt Grenzen, die als Sinngrenzen zwischen System und Umwelt vermitteln, also sowohl auf Internes als auch auf Externes verweisen und beides füreinander zugänglich halten[70]. Sie grenzen damit (2) einen Bereich von Ereig-

und traditionellen Darstellungsmitteln der funktional-strukturellen Systemtheorie, in: Franz Maciejewski (Hrsg.), Theorie der Gesellschaft oder Sozialtechnologie, Supplement 2, Frankfurt 1974, S. 186-235 (227 f.).

67 Man erinnert sich hier natürlich an die Freudsche These, daß Negationen im Unbewußten affirmativ wirken, das heißt ihre Themen bestätigen.

68 Das hieße im übrigen: Religion und Aufklärung zu identifizieren. Vgl. hierzu auch Niklas Luhmann, Funktion der Religion, Frankfurt 1977, insb. S. 13 ff.

69 Zum Verhältnis von Sinn und System wäre noch anzumerken: Im hier vorliegenden Argumentationszusammenhang ist Sinn die allgemeinere Kategorie, da es nur um sinnhaft konstituierte Systeme geht. Aber sinnhaft konstituierte Systeme sind auch Sinn konstituierende Systeme insofern, als es ohne sie keinen Sinn gäbe. Außerdem kann die Systemtheorie auch Aussagen über Systeme formulieren, die zwar für Sinnsysteme als deren Umwelt, nicht aber für sich selbst Sinn haben. Insofern kann Sinn auch als Restriktion der Umweltsicht von Sinnsystemen gedacht werden: Sie sind auf diese Form angewiesen. Und in dieser Hinsicht ist der Systembegriff (die System/Umwelt-Theorie) allgemeiner als der Sinnbegriff.

70 Entsprechend sind Systemgrenzen selbst Sinnstrukturen und damit Angelegenheit abgestimmter sozialer und kultureller Definition. Vgl. z. B. Fredrick Barth (Hrsg.), Ethnic Groups and Boundaries: The Social Organization of Culture Difference, Bergen – Oslo und London 1969.

nissen (Handlungen) ab, deren Aktualisierung sie sich selbst zurechnen. Mit den Interdependenzen zwischen diesen Handlungen entsteht (3) eine Komplexität, die im System symbolisiert und als Einheit (des Systems) reflektiert werden kann; die insofern für das System in der Form von Sinn auch zugänglich bleibt, die aber operativ nicht mehr nachvollzogen werden kann[71]. Entsprechendes gilt (4) für die Umwelt des Systems, die nur jeweils für und durch ein System eine Einheit ist.

Nur im Vollzug solcher Systembildungen entsteht das Problem, daß symbolische Generalisierungen zugleich erhellen und abdunkeln müssen. Entsprechend der gesteigerten Leistung von Strukturbildung, nämlich Selektion von Selektionen, treten auch die Effekte der Selektivität verschärft und folgenreicher auf. Auf der Ebene einfacher Wahlen kann man übergangene Möglichkeiten zu den »Kosten« rechnen (Opportunitätskosten), auf der Ebene der Strukturwahl würde dagegen die Reaktivierung der übergangenen Möglichkeiten Verzicht auf die Struktur und auf ihre Funktion bedeuten. Hier werden diejenigen Ordnungsgewinne verteidigt und mit Latenzschutz belegt, die das System und seine Umwelt für das System selbst zugänglich machen. In der Form von Sinn kann zwar der Sinn für andere Möglichkeiten nie voll annihiliert werden, und das gibt der Latenz selbst einen prekären, kontingenten Status; aber deswegen kann es noch nicht erlaubt sein, die verbotenen Früchte zu pflücken. Wenn das geschieht, dann bekommt man es eben mit dem Widerspruch zu tun: daß die von Gott geschaffene Welt schließlich doch nicht das Paradies ist.

Unter der Voraussetzung von Systembildung staffelt sich mithin das allgemeine Problem sinnerzwungener Selektion in drei Problemstufen auf: Es gibt nach wie vor den einfachen Tatbestand der Möglichkeiten, die man besser nicht ergreift, sagen wir: absuggerierte Möglichkeiten. So ist es zum Beispiel in stratifizierten Gesellschaften ratsam, Kontaktkreise schichtmäßig getrennt zu halten. Die Gegenmöglichkeiten bleiben sichtbar und denkbar, erscheinen aber als inopportun und ihre Realisierung als Verhaltensfehler mit nachteiligen Folgen. Die Inopportunität ist ihrerseits strukturab-

71 Dies scheint auch die Grundaussage der Durkheim'schen Soziologie gewesen zu sein: daß die soziale Tatsache eine Realität sui generis ist, die sich in sich selbst nochmals symbolisieren muß, um operativ relevant werden und in diesem Sinne Realität sein zu können.

hängig und variiert daher mit einer Änderung der Strukturen[72]. Aber Verstöße sind zu verkraften, sie mögen fatale Auswirkungen haben, aber sie zwingen nicht zur Strukturänderung.

Zweitens haben wir es mit dem Umstand zu tun, daß die Strukturwahl Sinnkombinationen verstärkt anbietet und zugleich andere ausschließt. Erst angesichts einer bestimmten Systemstruktur wird etwas interessant, was nicht sein darf oder nicht erlaubt werden kann. Sobald das Gesellschaftssystem eine Moral verwendet, die die moralische Qualifikation an Einstellungen bzw. Motive bindet, wird zum Beispiel die Tatsache ein Problem (auf der die Funktion der Moral beruht), daß die Moral die Zuweisung bzw. den Verlust von Achtung reguliert und dadurch sanktioniert wird. Es drängt sich gerade für Motivmoralen auf, daß Erwerb oder Verlust von Achtung die eigentlichen Motive für moralisches Verhalten sind, sei es nun Hoffnung auf Achtung oder Furcht vor Mißachtung. Diese Motive müssen faktisch benutzt werden, weil nur so Moral Interaktion steuern kann[73]; diese Motiv- und Funktionsgrundlage steht aber im Widerspruch zum Sinnanspruch der Moral, zu dem, was sie als Grund des Verhaltens postuliert; die Moral muß sozusagen über die Inhalte umgeleitet werden, weil Achtung kein knappes Gut ist und daher nicht bloß um ihrer selbst willen verteilt werden darf. Die Moral erfüllt, mit anderen Worten, ihre Funktion über eine latente Motivstruktur, die nicht im Kurzschluß in die Moral selbst eingeführt werden darf.

Schließlich ist zu bedenken, daß die Latenz nicht einfach fehlendes Bewußtsein ist und auch mit der Figur des Nichtwissens des

72 In stratifizierten Gesellschaften muß zum Beispiel ein Aufsteiger darauf achten, daß er die Schicht, in der er Kontakte gewonnen hat, nicht mit den schlechten Gerüchen seiner Herkunftsschicht infiziert. »Celuy néanmoins qui jouit de ces honneurs (des Kontaktes mit Hochgestellten) doit observer de ne rendre pas sa conversation et son amitié commune à toutes sortes de personnes, de peur qui à la fin elle ne devinst de mauvaise odeur à ceux qui croyent beaucoup ravaler la leur que de la laisser descendre jusqu'à luy« (Nicolas Faret, L'honneste homme, ou l'art de plaire à la Cour, Paris 1630, Neuausgabe Paris 1925, S. 67). Später dagegen wird in der bürgerlichen Welt gerade umgekehrt das »name dropping« zur beliebten Technik der Steigerung der eigenen Bedeutung; aber das ist nur möglich, weil das Prinzip der gesellschaftlichen Differenzierung inzwischen gewechselt hat und andere Systemgrenzen die Verhaltensweisen vorrangig strukturieren.

73 Hierzu näher Niklas Luhmann, Soziologie der Moral, in: Niklas Luhmann/Stephan H. Pfürtner (Hrsg.), Theorietechnik und Moral, Frankfurt 1978, S. 8-116 (43 ff.).

Nichtwissens nicht ausreichend beschrieben ist. Vielmehr bleibt das, was als latent behandelt werden muß, in den Strukturen des Systems sinnhaft verfügbar. Es bilden sich deshalb besondere symbolische Strukturen aus (und innerhalb dieser Ebene besondere Verhaltenstechniken[74]), die genau darauf bezogen sind, nämlich Zugängliches als unzugänglich behandeln. In der Moraltheorie zum Beispiel ist das soeben erörterte Problem keineswegs unentdeckt geblieben. Die Moral hat sich ihm gestellt, allerdings in Formen, die in Aussagen über den Sinn der Moral gekleidet sind und die latenten Funktionen und Strukturen von hier aus abwerten[75]. Nur weil das Latente nicht eigentlich verschwindet, sondern sich geradezu aufdrängen mag, kommt es zu Strukturen, die ihrerseits darauf spezialisiert sind zu regeln, was man in welchen Situationen zu wissen bzw. nicht zu wissen, zu erkennen oder zu übersehen, zu sagen oder zu verschweigen hat.

Diese Überlegungen führen, indem sie Latenzprobleme auf Systeme relativieren, zu dem Schluß, daß die wissenssoziologische Analyse eine eigentümliche Form von Aufklärung anstrebt, die nicht einfach als Überführung unbewußter in bewußte Sachverhalte begriffen werden kann. Im Wissenschaftssystem lokalisiert, macht sich die Soziologie die Möglichkeit zunutze, die Gesellschaft, der sie doch angehört, auch als Umwelt eines Systems wissenschaftlicher Arbeit behandeln zu können. Durch Ausdifferenzierung von Wissenschaft und darin Soziologie und darin Wissenssoziologie ermöglicht die Gesellschaft eine Problematisierung von Latenz, die im direkten Problemzugriff ohne Systemschutz kaum möglich wäre. Gleichwohl formuliert die Soziologie kein Geheimwissen, das auf sie beschränkt bleiben müßte. Für die

74 Hierzu illustrativ: Joseph Bensman/Israel Gerver, Crime and Punishment in the Factory: The Function of Deviance in Maintaining the Social System, American Sociological Review 28 (1963), S. 588-593.

75 Ein besonders interessanter Versuch dieser Art liegt im Moralbegriff der »gloire« vor, der (wohl letztmalig) den Versuch unternommen hatte, den Achtungsgewinn sich selbst als Tugend zu inkorporieren und auf dieser Grundlage dann auf weitere Belohnungen oder Anerkennungen zu verzichten. Siehe mit akutem Problembewußtsein Montaignes Essai De la gloire (Essais, Paris 1950, S. 697 ff.); ferner allgemein zur Einfädelung von Reputationsmotiven in diese Ethik des Ruhms um der Tat willen auch Frank Edmund Sutcliffe, Guez de Balzac et son temps: Littérature et Politique, Paris 1959, S. 126 ff., 156 ff.; Anthony Levi, French Moralists: The Theory of the Passions 1585-1649, Oxford 1964, S. 177 ff.

soziologische Theorie erscheinen latente Strukturen als einsehbar und erscheint diese Einsicht als verbreitungsfähig. Wenn die Gesellschaft selbst ein hochdifferenziertes System ist und in sich eine Vielzahl verschiedener System/Umwelt-Referenzen aufweist, kann diese Verbreitung freilich nicht in der Art eines sich ausdehnenden Kreises gedacht werden, den man erzeugt, wenn man einen Stein ins Wasser wirft. Sondern sie bricht sich sofort an unterschiedlichen System/Umwelt-Referenzen der innergesellschaftlichen Umwelt, die je verschiedene Probleme haben, wenn sie sich die Kontingenz und die Selektivität der eigenen Strukturen verdeutlichen müssen. Wenn sich, um nur ein Beispiel zu nennen, in wissenssoziologischen Analysen der Begriff des pädagogischen »Establishments« verwenden läßt, um Korrelationen zwischen Strukturentwicklung und pädagogischer Semantik zu verdeutlichen, so mag es eine offene Frage bleiben, ob das Erziehungssystem diese Bezeichnung in die eigene Selbstreflexion inkorporiert oder aus der wissenssoziologischen Analyse in anderer Weise lernt[76]. In dieser Weise blockiert die These des differenzierten Systems voreilige, flächendeckende Schlüsse. Sie erklärt die Multiplikation des Bedarfs für Latenz durch Multiplikation der Systemreferenzen; sie erklärt die Aufklärungsmöglichkeit durch Ausdifferenzierung darauf spezialisierter Systeme; und sie erklärt zugleich die fehlende Uniformität der Wirkung von Aufklärung damit, daß das Gesellschaftssystem für alle Systeme in ihm immer auch differenzierte Umwelt ist.

Was folgt daraus für Forschungen der hier angestrebten Art, für Forschungen über Korrelationen zwischen gesellschaftlichen Strukturen und semantischen Traditionen? Müssen diese Forschungen eine Art Latenzschutz für die Gesellschaft übernehmen oder müssen sie zumindest mit Aufklärung vorsichtig verfahren? Oder besitzt die Gesellschaft mit der Vielfalt ihrer Teilsysteme ohnehin genug Abwehrkräfte, so daß die Soziologie reden kann, was sie will?

76 Vgl. die These der Ausdifferenzierung einer »superstructure with a new interest in change itself« bei Dan C. Lortie, Schoolteacher: A Sociological Study, Chicago 1975, S. 216, die dem pädagogischen Establishment die Vorstellung nahelegt, es habe seine Existenzberechtigung in der Änderung als solcher. Ferner grundsätzlicher: Niklas Luhmann/Karl Eberhard Schorr, Reflexionsprobleme im Erziehungssystem, Stuttgart 1979, S. 343 ff.

Vermutlich wäre eine solche Frage zu einfach und zu sehr im Hinblick auf eine praktische Verantwortung gestellt, für die jede technische Instrumentierung fehlt. Selbst wenn man herausfände, wie in bestimmten Gesellschaftsformationen Sozialstrukturen und Ideenwelt zusammenhängen, und selbst wenn man diese Forschungen ins Detail treiben könnte, würde sich daraus noch kein Änderungswissen ergeben. Erwartbar ist zunächst nur der Ausbau dessen, was ohnehin Grundlage solcher Forschung ist: die Einsicht in die Sinnhaftigkeit aller sozialstrukturellen und aller semantischen Dispositionen. Sie ist die Basis für das Abtasten von Änderungsspielräumen, die noch offen sind, wenn man eine Seite der Korrelation konstant hält, also etwa von funktional differenzierter Gesellschaft ausgeht oder das Auflösevermögen der modernen Wissenschaft voraussetzt. Wissenssoziologische Forschungen dieser Art werden zunächst also das Bewußtsein der Kontingenz und der Nichtbeliebigkeit von Kombinationen steigern – in einer Weise, die von der Gesellschaft im ganzen vermutlich nicht honoriert, jedenfalls nicht durch entsprechende Änderungsbereitschaften honoriert, sondern eher mit dem massiven Druck der Alltäglichkeit beantwortet werden wird. Benennt man »Sinn« als den gemeinsamen Nenner von gesellschaftlicher Struktur und seriöser Semantik, so ist damit zunächst nur ein Theorietreibmotiv gegeben, das wiederum über sich selbst sagen kann, daß es in der Gesellschaft, in der es auftritt, nicht zufällig vorkommt. Für die Wissenssoziologie ergibt sich daraus die Frage, ob sie ihre Aussagen über Sinn und Korrelation, über Gesellschaftsstruktur und Semantik, über sich selbst und ihre gesellschaftliche Umwelt, mit denen sie all dies zunächst nur *bezeichnet*, noch ein zweites Mal erfassen kann, nämlich bei Wiedereintritt in das damit *Bezeichnete*, beim Wiedereintritt in die gesellschaftliche Realität; und ob sie auch dafür, ohne über ein bloßes Bezeichnen hinauszugehen, noch Theoriemodelle entwickeln kann[77].

Als Vorstellungsrahmen für ein solches Konzept scheidet eine Theorie selbstreferentieller Theoriepraxis wohl aus; denn sie müßte die Möglichkeit der Verfügung über die eigenen Wirkungen voraussetzen können. Weniger anspruchsvoll wäre ein evolutionstheo-

77 Zur logischen Struktur dieses »re-entry«-Problems vgl. im Anschluß an G. Spencer Brown, The Laws of Form, London 1969, Francisco J. Varela G., A Calculus for Self-Reference, International Journal of General Systems 2 (1975), S. 5-24.

retischer Ansatz. Er würde der wissenssoziologischen Analyse nur abverlangen, sich selbst den Bedingungen möglicher Evolutionen zuzuordnen. Der Versuch, Gesellschaftsstruktur und Semantik auf den gemeinsamen Nenner »Sinn« zu bringen und Korrelationen zu erforschen, könnte sich selbst dann begreifen (1) als zutreffende (wahre) Darstellung der Realität und (2), nämlich für den Fall, daß es zum Wiedereintritt dieser Aussagen in den durch sie bezeichneten Sachverhalt kommt, als Wiedereröffnung von Chancen der Evolution. Die Wiedereröffnung der Evolutionschancen bestünde darin, daß die Korrelationen am Bestehenden anzeigen, wo evolutionäre Variation (wie immer »fehlerhaft« unter den Kriterien der geltenden semantischen Tradition) möglich ist. Dann aber müßte es auch der soziokulturellen Evolution überlassen bleiben zu testen, welche Götzen bei soziologischer Aufklärung stürzen und welche latenten Strukturen sich bewähren, auch wenn man die Möglichkeit bereitstellt, sie zu durchschauen[78].

78 Siehe eine ähnliche Unterscheidung bei James W. Woodard, The Role of Fictions in Cultural Organization, Transactions of the New York Academy of Sciences, Series II, Bd. 6 (1944), S. 311-344 (343).

Kapitel 2

Interaktion in Oberschichten
Zur Transformation ihrer Semantik im 17. und 18. Jahrhundert

I.

Alle hochentwickelten vorneuzeitlichen Gesellschaften beruhen auf Stratifikation. Sie benutzen Schichtung als ihr primäres Einteilungsprinzip. Sie gliedern sich zunächst in höhere und niedere Schichten in dem Sinne, daß jede Schicht ein gesellschaftliches Subsystem wird, das andere (höhere bzw. niedere) Schichten als seine Umwelt behandeln kann. Alle Personen gehören über die Familie, der sie angehören, zu einer und nur zu einer Schicht. Die Personen sind also über die Familien auf die primären Teilsysteme der Gesellschaft verteilt. Sie gehören einer Kaste oder einem Stand an – und nicht den jeweils anderen. Sie können Personen nur sein dadurch, daß sie durch Familie und Stand bestimmt sind; denn nur so – und nicht als »private« Individuen – können sie ordnungsgemäß kommunizieren. Individualität in Anspruch nehmen hieße: aus der Ordnung herausfallen. Privatus heißt inordinatus.

Man findet in entwickelten Gesellschaftssystemen dieses Typs semantische Darstellungen der Gesamtordnung, die die Einheit des Differenzierten erklären oder doch plausibel machen. Es wäre eine Aufgabe für sich, solche Gesamtdarstellungen als Gesellschaftstheorien wissenssoziologisch zu analysieren. So verschleiert die spätmittelalterliche Lehre von den drei Ständen offensichtlich durch Unterscheidung von Geistlichkeit und Adel die Einheit der Oberschicht[1]. Das mag die Problematik von obersten Positionen in Hierarchien entlastet haben. Andererseits wird im Begriff des Dritten Standes allerlei Heterogenes zusammengefaßt. Roland Mousnier sieht darin »plutôt une fiction politique commode pour

1 Zur schichtmäßigen Einheit von höherer Geistlichkeit und Adel vgl. etwa Aloys Schulte, Der Adel und die deutsche Kirche im Mittelalter, 2. Aufl. Stuttgart 1922, Nachdruck Amsterdam 1966.

obtenir le payement des impôts«[2]. Jedenfalls handelt es sich um Abstraktionen, die von der Realität mehr oder weniger abweichen und auf ihr semantisches Differential hin untersucht werden müßten.

Das ist jedoch nicht unser Thema. Wir gehen nicht von der Gesellschaftstheorie aus, die stratifizierte Gesellschaften für sich selbst entwickelt haben, sondern von einer heute soziologisch sinnvollen Theorie gesellschaftlicher Differenzierung, und diese Theorie soll uns verständlich machen, weshalb die für Interaktion (nicht: für Gesellschaft!) entwickelte Semantik sich ändert.

Die Beziehungen der Schichten zueinander sind als Rangverhältnisse geordnet, die zugleich distanzieren. Gleichwohl ist Stratifikation kein bloßes Muster der Verteilung von Rang, Wohlstand, Einfluß und Prestige auf Personen[3], sondern ist für die Gesellschaften des behandelten Typs in erster Linie Ordnung von Kommunikation durch Systemdifferenzierung. Es werden rangmäßig unterschiedene Teilsysteme gebildet (Schichten, Strata), innerhalb derer Kommunikation als Kommunikation unter Gleichen erleichtert wird und Formen annimmt, die sich nicht zur Kommunikation von jedermann mit jedermann eignen[3a]. Die schichtbedingte Gleichheit wird am Verhältnis zur Ungleichheit anderer Schichten, die Binnenkommunikation des Teilsystems am Verhältnis zu dessen gesellschaftlicher Umwelt bewußt. Sie ist einerseits unabhängiger gestellt, andererseits strenger geregelt. Wie in kybernetischen Systemen nach Ashby erfordert höhere Komplexität mehr Independenzen und mehr Interdependenzen zugleich. Alle anspruchsvolle, voraussetzungs- und folgenreiche Kommunikation muß nun schichtspezifisch entwickelt werden, was Außenseiterkarrieren, individuelle Mobilität und Selbstmarginalisierung (Caesar!) nicht ausschließt. Die Regeln schichtgemäßen Verhaltens sind Erfolgsbedingung, auch wenn der Effekt des Verhaltens darauf beruht, daß

2 Les concepts d'»ordres«, d'»etats«, de »fidélité« et de »monarchie absolute« en France, de la fin du XVe siècle à la fin du XVIIIe, Revue historique No. 247 (1972), S. 289-312 (299).

3 Für eine typische Behandlung unter diesen Gesichtspunkten siehe etwa Karl M. Bolte, Schichtung, in: René König (Hrsg.), Soziologie, Frankfurt 1971, S. 266-277; S. N. Eisenstadt, Social Differentiation and Stratification, Glenview Ill. 1971.

3a Für die schichtbezogene Differenzierung kommunikativer Interaktion gibt es zahllose Belege. Siehe nur Ruth Kelso, The Doctrine of the English Gentleman in the Sixteenth Century, Urbana Ill. 1929, S. 87 f.

sie mißachtet werden[4]. Und es gehört mit zu den Merkmalen der Souveränität einer Oberschicht, daß sie die Regeln, mit denen sie sich konstituiert, gelegentlich auch außer Acht lassen kann.

Systemdifferenzierung nach Schichten ist demnach ein Mechanismus der Steigerung von Sondererwartungen und Kommunikationsleistungen innerhalb der Gesellschaft. Mit Hilfe der Ausdifferenzierung von Sonderkommunikationsbedingungen in Teilsystemen können stratifizierte Gesellschaften erheblich komplexer werden als segmentäre Gesellschaften, können Schrift entwickeln und ein bereits erhebliches Maß an funktionaler Rollendifferenzierung hervorbringen. Zugleich wird, und darauf beruht die Stabilität solcher Systeme, dieser Vorteil mitdifferenziert: Er kommt in den höheren Schichten stärker zum Tragen als in den unteren Schichten, und er kulminiert in der obersten Schicht, deren Kontaktnetz die grundlegenden Strukturprobleme ihres Gesellschaftssystems lösen muß – oder daran scheitert.

Dabei handelt es sich zunächst um diejenigen Probleme, die sich aus der Schichtung selbst ergeben, vor allem also um Erhaltung der Ungleichverteilung, der Konzentration und der Disponibilität von Ressourcen; später aber zunehmend auch um Probleme der sich entwickelnden funktionalen Differenzierung, besonders der Differenzierung von Religion und Politik, Priestertum und Militär, religiösem Gebot und Herrschaftskalkül. Oberschichten realisieren durchweg regional weiter streuende, sachlich vielfältigere Kontakte. Sie sind durchaus nicht in verstärktem Maße von Konsens getragen; aber Entscheidungen über Kooperation oder Konflikt, Verbündung oder Vernichtung, Verständigung oder Kontaktabbruch haben in diesem Teilsystem mehr Gewicht und langfristigere Nachwirkungen. Hier kann folgenreich entschieden werden, und hier wird mehr entschieden. Das heißt nicht: den Oberschichten pauschal Tüchtigkeit, Leistung und Erfolg zu bescheinigen. Aber die evolutionären Risiken der Erhaltung des Entwicklungsstandes und der weiteren Entwicklung konzentrieren sich im Kontaktnetz

4 »Ce qui reussit vaut mieux que les Regles«, konstatiert Chevalier de Méré, De la Conversation, zit. nach Œuvres complètes, Paris 1930, Bd. 2, S. 97-132 (109), und bei einem Autor des 18. Jahrhunderts heißt es (in bezug auf Briefstil): »C'est quelquefois en negligeant, à un certain point, quelques-unes de ces règles qu'on reussit le mieux« (François Augustin Paradis de Moncrife, Essais sur la nécessité et sur les moyens de plaire, Amsterdam 1738, S. 201).

der Oberschicht. Hier sind Evolutionsbedingungen noch interaktionsfähig. Und genau das wird anerkannt, wenn die Gesellschaft sich selbst als Hierarchie akzeptiert. Die *Symbolisierung* dieser Ordnung läuft über *Hierarchie-Modelle*[5], die oben und unten unterscheiden und alle Konkretisierung der Positionen und Handlungszwecke entsprechend zuordnen[6]. Die *Funktion* dieses Ordnungstypus wird aber nicht über Ungleichheit, sondern über dazu kontrastierende *Gleichheit* und entsprechende Zugangserleichterung erfüllt; sie liegt in der Absonderung von Gleichen für relativ unwahrscheinliche Kommunikation.

Rückblickend begreifen und kritisieren moderne Autoren stratifizierte Ordnungen unter dem Aspekt von Gleichheit und Ungleichheit der Verteilung von Gütern und Chancen. Das ist jedoch eine stark vereinfachende Version, die solche Ordnungen als historische zurückweist, nicht aber ausreichend entschlüsselt. Eine erste Modifikation hatten wir schon eingeleitet: Gleichheit und Ungleichheit liegen nicht auf einer Dimension, wie Verteilungsmodelle suggerieren, und sind also nicht gegeneinander verrechenbar. Vielmehr ist Gleichheit ein teilsysteminternes, Ungleichheit ein teilsystemexternes Ordnungsprinzip. Der Punkt, in dem »alle Menschen gleich sind«, kann zwar gedacht werden, erfordert aber Bezugspunkte außerhalb der sozialen Ordnung. Das sind für die alteuropäische, im griechischen und im hebräischen Denken wurzelnde Tradition der Vergleich mit dem Tier und der Bezug auf Gott (formal also: Verlängerungen der Hierarchie nach unten bzw. nach oben).

Hierarchisierung der Systemdifferenzierung bedeutet zweitens, daß die Teilsystembildung die Beziehung der Teilsysteme zu ihrer innergesellschaftlichen Umwelt präjudiziert. Die Einordnung in eine Rangordnung fixiert zugleich die Umwelt des Systems unter dem Gesichtspunkt der Ungleichheit und legt damit Verhaltens-

5 Das Argument lautet typisch: Ordnung sei Stabilitätsbedingung, Abstufung nach Graden sei Ordnungsbedingung. »Without order may be nothing stable or permanent; and it may not be called order, except it does contain in it degrees, high and base, according to the merit or estimation of the thing that is ordered« (Thomas Elyot, The Book named The Governor, 1531, Ausgabe London-New York 1966, S. 3 f.).

6 Die Semantik von Hierarchie ist im übrigen keineswegs an die Vorstellung einer Weisungskette von oben nach unten gebunden und auch nicht an die spezifisch mittelalterliche Vorstellung einer Einheit von Ordnung und Herrschaft. Vgl. dazu Louis Dumont, Homo Hierarchicus: The Caste System and Its Implications, London 1970, insb. S. 65 ff.

strukturen zwischen System und Umwelt fest. Das schränkt Dispositionsfreiheiten und, gesamtgesellschaftlich gesehen, die erreichbare Komplexität ein[7]. Diese Beschränkung gibt einer ontisch-ontologisch fixierten Semantik Plausibilität. Man kann in viel weiterem Umfange Naturnotwendigkeiten unterstellen, deren Wegdenken Ordnung schlechthin in Frage stellen würde.

Vor allem übersieht jedoch die moderne Rekonstruktion von Schichtung als Verteilung das Sonderproblem der Spitze einer Hierarchie, für das es in der modernen Gesellschaft keine Parallele gibt. In jeder Hierarchie gibt es aus der Logik der Ordnung heraus eine nicht mehr überbietbare Spitze – eine oberste Position, eine oberste Schicht. Sie ist der Punkt, an dem das Ordnungsprinzip fragwürdig und widerlegbar wird, weil die relationale Struktur sich nicht weiterführen läßt. Dort zu stehen, ist riskant. Hier ist Bewegung nur noch nach unten möglich. Hier konzentrieren sich Aufmerksamkeit, Beobachtung, Neid[8]. Andererseits ist eine Hierarchie ohne Spitze unvorstellbar. *Daß* es eine solche Spitze gibt und daß sie besetzt ist, ist also unwegdenkbares Ordnungsprinzip[9]. In diesem Dilemma sorgen stratifizierte Gesellschaften für einen Risikoausgleich an der Spitze durch Konzentration von Macht und Pomp, so daß die Gefahr durch ihr Gegenteil überdeckt wird. Speziell der Fürstenhof wird so zum Symbol der *Einheit von Glanz und Gefährdung*.[9a] Außerdem wird die Hierarchie, wie schon no-

7 Die Komplexitäten des indischen Kastensystems, die über Subdifferenzierung der Kasten und durch starke regionale Unterschiede entstanden sind, bilden keinen Einwand gegen diese These, wenn man Komplexität auf der Ebene von Verhaltensmöglichkeiten mißt und mit moderner Gesellschaft vergleicht.

8 Nicolas Rémond des Cours faßt dies wie folgt zusammen (um dann dafür einen besonderen Verhaltenscode zu entwickeln): »Leurs affaires sont importantes, leurs emplois considerables, leurs intérêts délicats et difficiles à menager. D'ailleurs elles ont d'ordinaire plusieurs ennemis couverts ou déclarés, qui observent avec des yeux critiques tout ce qu'elles font, et qui ne songent qu' à les perdre, afin de profiter de leur disgrace« (La veritable politique des personnes de qualité, Paris 1692, zitiert nach der Ausgabe Jena 1750, S. 1. f.).

9 So heißt es bei Jacques de Caillères, Traité de la fortune des gens de qualité et des gentilhommes particuliers, Paris 1658 (zit. nach: Maurice Magendie, La politesse mondaine et les théories de l'honnêteté, en France au XVIIe siècle, de 1600 à 1660, Paris 1925, Neudruck Genf 1970, S. 724) vom Höfling: »qu'il est assis sur une pyramide et qu'il n'a qu'un point qui le soutient«. (Von mir konsultierte Ausgabe Paris 1664, S. 49 f.).

9a Vgl. z. B. Pierre de Dampmartin, La fortune de la cour. Antwerpen 1592, 2. Aufl.

tiert, symbolisch über die Spitze hinaus verlängert in eine höhere Welt. Die Darstellungsmittel dafür stellt die Religion bereit.

Die oberste Schicht stratifizierter Gesellschaften ist also darauf angewiesen, ihre Stellung durch Prätention zu behaupten und durchzusetzen, und dafür ist die Interaktion innerhalb dieser Schicht konstitutiv. »La Beauté se voit, et les Richesses se touchent; mais la Noblesse s'imagine et se presuppose«, konstatiert Guez de Balzac in klassischer Präzision[10]. Weil hier der hierarchische Aufbau kulminiert und abgeschlossen wird, ist mehr als anderswo schichtinterne Kommunikation und für sie geltende Symbolisierung unerläßlich. »Elle n'est guère que dans l'opinion des hommes: Il faut la croire et s'en rapporter à la bonne foy d' autruy«[11]. Das erfordert für alle Gesellschaften ohne Massenmedien Interaktion unter Anwesenden. Diese darf dann ihrerseits nicht nur Einbildung oder Unterstellung, Imagination oder Präsupposition sein; sondern sie muß für das Gesellschaftssystem etwas besagen, Folgen haben, Ergebnisse erbringen – etwa als Streitentscheidung oder als weitreichende Disposition über Ressourcen.

Die Angehörigen dieser höchsten Schicht sind durch die für sie geltenden Regeln systeminterner Kommunikation aber nicht nur in besonderer Weise gefordert, sie sind auch nahezu ausweglos an sie gebunden, weil es für sie keine Existenz außerhalb ihrer Schicht gibt und diese Schicht sehr klein ist. Sie werden nicht durch Fremdbestimmung, sie werden durch Ausweglosigkeit diszipliniert. Dieser Mechanismus überlebt den Versuch, die höchsten Schichten des Landes am Hofe zu konzentrieren. Er wird dadurch sogar verschärft, und er bildet sozusagen den Pressionsrahmen, der die schon anlaufende funktionale Differenzierung zunächst überdauert und sie umsetzt in Wandlungen der Interaktionsmoral.

In einer stratifizierten Gesellschaft mit funktionierender schichtinterner Kommunikation (und es sei daran erinnert, daß dies Argument selbst in Richtung auf höhere Schichten tendiert) kann ein real und symbolisch vermittelter Risikoausgleich hohe Konstanz erreichen. Dafür hat man viele Belege. Die Ungleichheit wird

Paris 1644, S. 1 ff.; de Bourdonné, Le courtisan desabusé, Paris 1659, Neuauflage Paris 1695, S. 112 f.

10 Œuvres, Paris 1665 Bd. II, S. 504, zit. nach Frank E. Sutcliffe, Guez de Balzac et son temps: Littérature et Politique, Paris 1959, S. 152.

11 Guez de Balzac a. a. O.

hingenommen und wird gerade an der Spitze am überzeugendsten demonstriert. Sie macht, so zeichnet es die Theorie dieser Gesellschaften noch in den Spätphasen des 17. und 18. Jahrhunderts, soziale Ordnung möglich[12]; und die Spitze wiederholt und symbolisiert nur das, was ohnehin der Fall ist. Sie braucht, wie Elias[13] sehr schön gezeigt hat, ihrerseits die adelige Oberschicht, um selbst nach unten hin Distanz zu gewinnen. Eine andere Frage ist jedoch: ob und wieweit innerhalb eines so beschriebenen Gesellschaftsaufbaus die schichtinterne Kommunikation und speziell die Erleichterung der Kommunikation unter Gleichen in der höchsten Gesellschaftsschicht funktioniert und wieweit sie in der Lage ist, gesellschaftsstrukturell ableitbare Funktionen zu erfüllen, zum Beispiel Ressourcen zu akkumulieren und rasche und weitreichende Disposition über reale und symbolische Mittel aus Anlaß von Problemlagen zu ermöglichen.

Dieser Analyse folgend, müssen wir in stratifizierten Gesellschaften zwei verschiedene Gefährdungspunkte unterscheiden. Der erste betrifft die Semantik von Gleichheit und Ungleichheit, der zweite die Kommunikationsleistung der Oberschichten angesichts gesellschaftsstruktureller Entwicklungen. Wir halten den zweiten für den wichtigeren.

Einmal kann mit Gegensymbolisierungen die für die Systemdifferenzierung notwendige Ungleichheit in Frage gestellt werden. Das ist nicht selten mit Hilfe religiöser Symbolisierungen geschehen[14]. Die Annahme einer gleichen Unterschiedenheit aller Menschen in Beziehung zu Gott oder zum Tier hatten wir schon erwähnt. Auch

12 Im Rahmen dieser Gleichsetzung von Schichtung und Ordnung bereitet das 18. Jahrhundert jedoch einer Kritik der Schichtung bereits den Boden, und zwar dadurch, daß es die Legitimation der Schichtendifferenzen von religiösen Bezugnahmen (gottgewollt, Korrektiv für Erbsünde) über eine rein positiv-rechtliche Begründung schließlich auf Rechtfertigung durch gesellschaftlichen Nutzen umstellt (worüber man dann alsbald unabhängig von Religion verschiedener Meinung sein kann). Vgl. als typische Beispiele de Chevigny, La science des personnes de la cour, de l'epée et de la robe, 4. Aufl. Amsterdam 1713, S. 27; Claude Buffier, Traité de la société civile: Et du moyen de se rendre heureux en contribuant au bonheur des personnes avec qui l'on vit, Paris 1726, Buch IV.

13 Norbert Elias, Die höfische Gesellschaft, Neuwied 1969.

14 Für Hinweise siehe etwa Wilhelm Schwer, Stand und Ständeordnung im Weltbild des Mittelalters: Die geistes- und gesellschaftsgeschichtlichen Grundlagen der berufsständischen Idee, 2. Aufl. Paderborn 1952, S. 50 ff.

die stoische Idee einer »natürlichen« Gleichheit der Menschen wurde über das Mittelalter hinweg tradiert. Die Religion konnte zusätzlich zu bestehenden Ungleichheiten eine ihnen zugrunde liegende (»substantielle«) Gleichheit betonen oder auch Gleichheit und Ungleichheit nach einem anderen Prinzip trennen, etwa unter dem Gesichtspunkt des Heils und der Verworfenheit[15]. Solche Gegensymbolisierungen hatten jedoch auch Ausgleichsfunktionen; sie stellten Resymmetrisierungen in Aussicht. Ausgangspunkte für Kompensation und Kritik waren untrennbar verknüpft. Sie konnten daher mit der Symbolik der Stratifikation Synthesen eingehen. Beides konnte aufeinander bezogen werden und sich auch in der Form der Kontrastierung wechselseitig stützen – etwa im Sinne von civitas terrena und civitas Dei, im Sinne der Unterscheidung von Geburtsadel und Tugendadel oder moderner durch Trennung und religiöser Rückverbindung von förmlicher Statusanerkennung und interner (verborgener) Einschätzung nach Verdienst[16]. Überhaupt setzen Gleichheit und Ungleichheit sich wechselseitig ja voraus und können daher sehr wohl mit Bezug aufeinander inkorporiert werden[17].

15 Zur daraus folgenden Projektion einer »neuen Ordnung« und ihrer Wendung ins Revolutionäre vgl. David Little, Religion, Order and Law: A Study of Pre-Revolutionary England, New York 1969.

16 So Pascal in dem Discours sur la condition des Grands (Œuvre, éd. de la Pléiade, Paris 1950, S. 386-392), wo im übrigen der Vollzug dieser Unterscheidung gerade von den Großen in bezug auf sich selbst verlangt wird. Vgl. damit die Unterscheidung zweier Arten von Größe bei de Méré, Le commerce du Monde a. a. O. Bd. III., S. 139-156 – die auf Grund von Gewohnheit von Jugend auf und die des Geistes und des Herzens. Ähnlich und mit Bemühung um Ausgleich der Gesichtspunkte: Daniel de Priézac, Discours politiques, 2. Aufl. Paris 1666, S. 54 ff.

17 Eine andere Frage, auf die hier nur anmerkungsweise hingewiesen werden kann, betrifft die in jedem System notwendige Balance von *Abhängigkeiten und Unabhängigkeiten* und *deren* Verhältnis zu *Gleichheit/Ungleichheit*. Wenn Subsystembildung entlang der Differenz von Gleichen und Ungleichen erfolgt, kann damit gerade nicht ein Verhältnis von Abhängigkeit und Unabhängigkeit bezeichnet werden, denn Abhängigkeit und Unabhängigkeit müssen *sowohl* im System *als auch* in dessen Beziehung zur Umwelt geordnet werden. Das heißt: Es muß im Verhältnis zu Angehörigen anderer Schichten Abhängigkeiten und Unabhängigkeiten geben. Daß die Differenz von rein/unrein die indische Gesellschaft nicht spaltet, sondern durch überbrückende Abhängigkeitsbeziehungen gerade integriert, ist die zentrale These von Dumont a. a. O.

In der alteuropäischen Tradition und Gesellschaftsordnung scheint der oikos, das ganze Haus, der Haushalt hier die beiden Dichotomien vermittelt zu haben. Die

Der andere Gefährdungspunkt betrifft die Funktion der schichtspezifischen Subsysteme, nämlich die Möglichkeit, unter Gleichen erleichtert und wirksamer zu kommunizieren. Im Kommunikationsprozeß der Schicht liegt der Modus ihrer Ausdifferenzierung und zugleich ihre gesellschaftliche Relevanz. Eine Schicht läßt sich vielleicht noch als Merkmalsagglomerat oder als Titulatur, aber nicht mehr als Teilsystem der Gesellschaft praktizieren, wenn Kommunikation innerhalb der Schicht zu schwierig oder mehr und mehr erfolglos wird; wenn der Zumutungsgehalt schichtspezifischer Kommunikation absinkt; wenn man auf bloße Konversation oder auf bloßen Austausch von Zeichen der eigenen Bedeutung zurückgeht; wenn bei ernsthaften Problemen Konflikt wahrscheinlicher ist als Konsens und die Kommunikation von da her entmutigt wird. Solche Gefährdungen treffen radikaler als bloße Gegensymbolisierungen, weil sie die Schicht in ihrer prozessualen Existenz als Sozialsystem in Frage stellen, ihren inneren Operationsmodus, ihre Möglichkeiten der Selbstsicherung schwächen und sie als eine bloße Anhäufung von Titeln und Privilegien schließlich rechtfertigungsbedürftig und zugleich rechtfertigungsunfähig zurücklassen.

Solche Entwicklungen können (und werden normalerweise) Umschichtungen auslösen – sei es die Selektion einer engeren, einheitlicheren Oberoberschicht, sei es den Aufstieg einer anders (zum Beispiel nur ökonomisch oder nur politbürokratisch) fundierten

Schichten waren in sich wiederum segmentär nach Familien differenziert, und der eigene Haushalt machte speziell in den Oberschichten von Angehörigen der *gleichen* Schicht *auch unabhängig*. Ebenso war der Haushalt derjenige Ort in der Gesellschaft, an dem man von Diensten bzw. Fürsorge der Angehörigen einer *anderen* Schicht *auch abhängig* sein konnte, *ohne daß daraus für den Aufbau der Gesamtgesellschaft Konsequenzen hätten gezogen werden müssen*. Entsprechend wurde die Gesellschaft selbst nur als System der selbständigen Hausväter begriffen, und eine Differenz nach Art von polis/oikos lag dem Ganzen als unerläßliche Struktur zugrunde. Bis weit ins 17., wenn nicht 18. Jahrhundert hinein gab es deshalb eine Art »Familienpolitik«, die für ein Kontinuieren der Familienhaushalte der Großen zu sorgen hatte. Vgl. etwa Georges Snyders, Die große Wende in der Pädagogik: Die Entdeckung des Kindes und die Revolution der Erziehung im 17. und 18. Jahrhundert in Frankreich, Paderborn 1971, insb. S. 165 ff., 194 ff. Siehe zum Gesamtproblem und zur im einzelnen nicht mehr übersehbaren Literatur etwa Olga Lang, Chinese Family and Society, New Haven 1946; Peter Laslett (Hrsg.), Household and Family in Past Time, Cambridge Engl. 1972; Jacques Heers, Le clan familiale au Moyen Age: Etude sur les structures politiques et sociales des milieux urbains, Paris 1974.

Schicht in elitäre Ränge und beherrschende Positionen. Die Umstrukturierung erfolgt dann innerhalb der gegebenen Typik von Stratifikation, weil ein anderes Gesellschaftsmodell nicht zur Verfügung steht. In solchen Umbauten beweist diese Gesellschaftsformation ihre Elastizität; sie können daher nicht als einschneidende Strukturänderung des Gesellschaftssystems aufgefaßt werden[18]. Dieser Ausweg der Mobilität, der die Differenzierungs*form* der Gesellschaft unangetastet läßt und sie nur neu besetzt, wird jedoch verbaut, wenn es strukturelle Gründe dafür gibt, daß Oberschichtenkommunikation überhaupt ihre Funktion verliert. Das ist der Fall, wenn zentral liegende Einzelfunktionen, vor allem Politik, Religion und Wirtschaft, sich zu stärkerer Eigenständigkeit entwickeln und die Akteure zwingen, der *Funktion* – oder, so scheint es manchen im 17. Jahrhundert, *sich selbst*[19] *– gegenüber den Regeln ihrer Gesellschaftsschicht den Vorzug zu geben.*

Die politischen Entwicklungen, die zur englischen Revolution von 1640/41 führten, verliefen noch ganz innerhalb der Oberschicht[20]. Sie benutzten Privathäuser, Heiratsverbindungen zwischen Familien, persönliche Freundschaften und Anhängerschaften in der Formierung von Fronten gegen den Hof. Die Finanzbourgeoisie, die spezifisch geschäftliche Beziehungen zum Hofe unterhielt, war gerade davon ausgeschlossen. In der sich anbahnenden Krise stand ein entsprechendes Kontaktnetz dem Hof dann nicht zur Verfügung, ohne daß andererseits das Ineinandergreifen von politischer Macht und Finanzkapital ausgereicht hätte, um die anstehenden Probleme in Konfliktform zu lösen. Zugleich war aber die Ausdifferenzierung politischer Macht zu weit fortgeschritten, als daß die Oberschicht ihrerseits die Probleme durch eine »Revolution« im Sinne der Rückkehr zur alten Ordnung hätte lösen können. Daher

18 Siehe hierzu die Kritik entsprechender marxistischer Thesen durch J. H. Hexter, The Myth of the Middle Class in Tudor England, Explorations in Entrepreneurial History 2 (1950), S. 128-140; erweitert auch in ders., Reappraisals in History, London 1961, S. 71-116. Vgl. auch Roland Mousnier, Les Hiérarchies sociales de 1450 à nos jours, Paris 1969, insb. S. 60 ff.; Perez Zagorin, The Court and the Country: The Beginning of the English Revolution, London 1969.

19 Zu dieser Variante und dem, was der Verfasser »lifemanship« nennt: A. J. Krailsheimer, Studies in Self-interest: From Descartes to La Bruyère, Oxford 1962.

20 Vgl. dazu und zum folgenden Zagorin a. a. O. (1969). Vgl. ferner Dennis Rubini, Court and Country 1688-1702, London 1967.

fand die Entwicklung schließlich eine spezifisch politische, nämlich eine »konstitutionelle« Lösung.
An diesem dramatischen Übergang läßt sich ablesen, was unter anderen Bedingungen weniger auffällig ablief: Die Oberschichtenkommunikation verlor ihre Kontrollfunktion, sie blieb zunächst noch negativ wirksam, vermochte aber ihrerseits die sich durch politische Opposition zuspitzenden Probleme nicht mehr aufzufangen. Während in England frühzeitig eine spezifisch politische Lösung gesucht wurde durch eine innerhalb des politischen Systems institutionalisierte Opposition, begriff auf dem Kontinent im Übergang vom 17. und 18. Jahrhundert der Adel sich selbst mehr und mehr als Staatseinrichtung. Das mußte bedeuten, daß der natürliche Spannungsausgleich des Stratifikationssystems, der in der vertikalen Mobilität liegt, nun die Form einer Entscheidung im politisch-administrativen System annahm, nämlich einer Entscheidung über Nobilitierung bzw. über Regeln und Verfahren der Nobilitierung[21]. In diese Form gebracht, mußte der Mechanismus in seiner Funktion als Ventilmechanismus stratifizierter Gesellschaften versagen[22], zumal jetzt Umschichtungsprobleme eines vorher unbekannten Ausmaßes und Tempos anstanden. Die funktional differenzierte Gesellschaft fand sich nicht in der Lage, mit den Mitteln *eines ihrer Funktionssysteme*, des Systems für Politik die Strukturprobleme *eines anderen Gesellschaftstypus* zu lösen.

II.

Rückblickend kann man heute wissen, daß die europäische Gesellschaft des 17. und 18. Jahrhunderts sich auf eine neue Ordnung einzulassen begann, in der nicht mehr die Einteilung nach Schichten, sondern die Einteilung nach Funktionssystemen die Primärdifferenzierung der Gesellschaft bestimmt (was ein Kontinuieren von

21 Als (nicht zuletzt auch finanzpolitisch attraktive) Möglichkeit sind Adelsverleihungen natürlich älteren Datums und haben zeitweise sowohl in Frankreich als auch in England erheblich zur Beunruhigung und zur Statuswachsamkeit der Oberschicht beigetragen.

22 Hierzu Marcel Reinhard, Elite et noblesse dans la seconde moitié du XVIIIe siècle, Revue d'histoire moderne et contemporaine 3 (1956), S. 5-37; Gerd Heinrich, Der Adel in Brandenburg-Preußen, in: Hellmuth Rössler (Hrsg.), Deutscher Adel 1555-1740, Darmstadt 1965, S. 259-314 (304 f.).

Schichtung und Segmentierungen nicht ausschließt). Für die Oberschichten des 17. und 18. Jahrhunderts war diese Entwicklung nicht als solche erkennbar. Zwar ändert sich bereits im Laufe des 17. Jahrhunderts die Auffassung über das Verhältnis von Schichtung und politischer Gesellschaft (sociéte civile). Die Schichtung gilt nicht mehr länger als natürliche Ordnung, sie wird nur noch als Erfordernis der Aufgabenteilung und als Gewohnheit gesehen. Gerade damit wird dann die Überlegenheit der monarchischen Staatsform gerechtfertigt, daß sie gegenüber den schichtungsimmanenten Tendenzen die Bedeutung von Verdienst durchsetzen kann[23], bis am Ende des Jahrhunderts die Schichtung selbst auf den Willen des Monarchen zurückgeführt, also für kontingent erklärt wird (so daß sie dann durch Beseitigung der Monarchie auch selbst beseitigt werden kann[24]). Solche Umdeutungen betreffen jedoch nur Begründungen und berühren zunächst die Situationsauffassungen und Lebensmaximen der Oberschichten nicht zentral, ganz zu schweigen von einem adäquaten Verständnis der sich durchsetzenden Strukturänderungen. Die Oberschichtensemantik bleibt interaktionsgebunden, registriert aber in diesem Rahmen Veränderungen, ohne sie adäquat zu begreifen. Man erkennt und beschreibt durchaus die Einmaligkeit des christlichen Europas, im 18. Jahrhundert dann auch in stärker säkularisierten Begriffen[25]; aber nirgends wird der Übergang zur Moderne als eine Strukturänderung des Gesellschaftssystems begriffen, die historisch ohne jede Parallele ist. Erst in den letzten Jahrzehnten des 18. Jahrhunderts ermöglicht ein historisiertes Zeitbewußtsein diesen Gedanken.

Diese faktische Begrenzung der Sichtweite ermöglicht uns das Studium einer *Übergangssemantik*, deren eigene Funktion dadurch bedingt ist, daß sie noch nicht alles weiß. Sie sucht und ermöglicht Traditionsanschlüsse, die eine Weile vorhalten, sich dann aber als entbehrlich erweisen. Das ermöglicht es, Neuerungen schrittweise

23 So Jacques de Cailliere, La fortune des gens de qualité et des gentils-hommes particuliers, Paris 1664, S. 158. Vgl. auch Roland Mousnier, Les concepts d'»ordres«, d'»etats« de »fidélité« et de »monarchie absolue« en France de la fin du XVe siècle à la fin du XVIIIe, Revue historique 247 (1972), S. 289-312.

24 Hinweise oben Anm. 12.

25 Vgl. z. B. Jean Blondel, Des hommes tels qu'ils sont et doivent être: Ouvrage de sentiment, London-Paris 1758, S. 171 ff.: Europa am stärksten durch Selbstliebe bewegt und deshalb allen anderen Völkern an Bewegung überlegen.

zu prozessieren und die Traditionszusammenhänge so zu variieren, daß schließlich eine sehr tiefgreifende Änderung der Bewußtseinslage von Oberschichten entsteht. Dank einer semantischen *Ordnung* sind Veränderungen am Erbgut nicht beliebig möglich und gewinnen durch Reaktion auf sich selbst den Charakter einer *gerichteten* Entwicklung, die ihrerseits als Ideenevolution in die gesellschaftliche Evolution zurückwirkt.

Wenn es zutrifft, daß Oberschichteninteraktion der Integrationsmodus stratifizierter Gesellschaften ist, wird man erwarten müssen, daß gerade diese Interaktion und ihre Semantik als Seismograph der gesellschaftsstrukturellen Veränderungen fungieren. Im 17. Jahrhundert beherrscht wie in allen älteren Gesellschaften die Oberschichteninteraktion noch ganz das »Auswahlsystem«[26] für ihre eigene Semantik. Sie spiegelt sich in ihrer Literatur, schafft sich dort Beschreibungen, Situationsmodelle, Idealisierungen, Rezepte, Prototypen und so ein gesteigertes Bewußtsein ihrer selbst. Die Kritik bleibt Anwendung von Moral. Im 18. Jahrhundert wird das anders. Die Frage nach dem Nutzen kommt auf, und entsprechend wird die Interaktionssemantik auf Selbstwert der Sozialität umgestellt. Das läßt bereits eine Kritik der Gesellschaft auf der Linie homme/citoyen zu, aber ein deutliches Bewußtsein oder gar eine Theorie des Strukturumbaus der Gesellschaft ist auch hier noch nicht möglich.

An der interaktionsbezogenen Semantik wird man also nicht ablesen können, was geschieht; wohl aber, daß Veränderungen eintreten, die der Oberschichteninteraktion ihre bisherige Funktion entziehen. Der Transformationsprozeß braucht gut hundert Jahre. Er beginnt um die Mitte des 17. Jahrhunderts – in einer Zeit, in der die Gefährdungen der Religionskriege noch aktuell sind, andererseits aber eine politische Konsolidierung sich schon abzeichnet, so daß die Oberschicht mit Bezug darauf ihre Interaktionsbedingungen als verändert erfahren kann. Im zweiten Drittel des 18. Jahrhunderts ist die neue Interaktionsmoral der Sozialisation von Tugend und Glück fertiggestellt – nur um alsbald zu erfahren, daß sie nicht die Terminologie entwickelt hat, in der die Probleme des Welthandels und der Verarmung, der politischen Steuerung und der Arbeitsmo-

26 Diese Formulierung bei Günther Müller, Höfische Kultur der Barockzeit, in: Hans Naumann/Günther Müller, Höfische Kultur, Halle 1929, S. 81.

tivation abgewickelt werden können, mit denen man in das 19. Jahrhundert einsteigt.

Die folgenden Analysen sollen eine Reihe von Grundzügen markieren, die verdeutlichen, daß und wie Konzepte für gesellschaftliche Interaktion sich ändern. Jeder Einzelaspekt hat durchaus themenimmanente Bezüge, etwa Möglichkeiten des Rückgriffs auf antike Autoren oder durchlaufendes Ideengut. Der Zusammenhang dieser Variationen bedarf jedoch einer andersartigen, nicht nur begriffsgeschichtlichen Erklärung. Hierzu ist unsere These, daß es sich in allen Fällen um semantische Korrelate des Funktionsverlustes der Oberschichteninteraktion und damit um semantische Korrelate des Umbauprozesses von stratifikatorischer auf funktionale Differenzierung handelt.

Im Grobüberblick lassen sich folgende Gesichtspunkte unterscheiden:

1. Die Oberschicht wird als Herd der Unruhe und der Gefahren für die Gesellschaft im ganzen erkannt[27]. Offenbar bedürfen die am besten erzogenen Mitglieder der Gesellschaft am stärksten der Domestikation[27a]. Hierfür entwirft man, da es ja um hochgestellte Mitglieder der Gesellschaft geht, die sich nicht ohne weiteres einer Fremdbestimmung unterwerfen, Theorien der selbstreferentiellen Bestimmung: der Selbstliebe, des wohlverstandenen eigenen Interesses, der Selbstbeherrschung[28]. Nur Menschen dieser Schicht sind sich selbst transparent; nur sie sind tragikfähig.

2. Die über Jahrhunderte nahezu unveränderten Anstandsregeln, die sich vor allem auf Tischzucht bezogen hatten[29], treten zurück in dem Maße, als Oberschichteninteraktion in ihren *kommunikativen* Aspekten zum Problem wird. Es geht also nicht nur, wie Elias betont, um zunehmende Affektregulierung am Einzelnen, gerade das ist in der Überlieferung schon lange vorgeformt, sondern um

27 Im Unterschied zu einer älteren Art von Kritik, die nur auf das schlechte Beispiel der Großen in religiösen und moralischen Angelegenheiten hinwies. Vgl. etwa Lewis Bayly, The Practice of Piety, zitiert nach der frz. Übers., 2. Aufl. Paris 1676, S. 187 ff.

27a Den Gesichtspunkt einer zunehmend *angemahnten Sozialdisziplin* betont auch Gerhard Oestreich, Geist und Gestalt des frühmodernen Staates, Berlin 1969, S. 187 ff.

28 »Comme personne n'est en droit de leur prescrire les regles qu' ils doivent suivre, il faut qu'ils se contraignent eux-mêmes«, heißt es über »les Grands« bei de Bellegarde, Les regles de la vie civile, Amsterdam 1707, S. 49.

29 Vgl. für einen Überblick Aloys Bömer, Anstand und Etikette nach den Theorien der Humanisten, Neue Jahrbücher für das klassische Altertum 14 (1904), S. 232-242.

die Verhaltensaspekte, die als Kommunikation wirken und dadurch größere sachliche, zeitliche und soziale Fernwirkungen haben.

3. Die dafür zu entwickelnde Moral kollidiert mit Moralvorstellungen, die davon ausgegangen waren, daß in der gesellschaftlichen Interaktion religiöse und politische Bezüge unmittelbare (natürliche) Handlungsgrundlage seien. Entsprechend wird der Oberschicht die Möglichkeit wegsuggeriert, Hierarchie zu moralisieren und die Schichtdifferenz auch als Differenz moralischer Qualitäten zu interpretieren[30]. Die Anstrengung von Versuchen, eine religiöse Bewertung dennoch und angemessen für diese Situation zur Geltung zu bringen (Pascal, Nicole), inflationiert das Medium der Religion und neutralisiert die Religion in ihrem Direktionswert für die gesellschaftliche Interaktion; Religionsthemen befindet man schließlich als ungeeignet für gesellschaftliche Konversation.

4. Nach wie vor bleibt aber Interaktion der ausschließliche Bezugspunkt aller Sozialtheorien. Die Interaktionstheorie steht unter Fortschreibungszwang. Sie muß nun aber gegen die wichtigen gesellschaftlichen Funktionen und gegen die »Großen« im Lande, die die politische und klerikale Verantwortung dafür tragen, differenziert werden. So entsteht parallel zur Konsolidierung einer ökonomisch und politisch herrschenden »gentry« bzw. einer »noblesse de robe«[31] in der Literatur ein Zweistufen-Bild der Oberschicht, und die kommende Interaktionstheorie wird auf die untere Oberschicht eingeschränkt.

5. Mit diesem Differenzierungs- und Entlastungsvorgang verbindet sich eine Sublimierung der Interaktionsanforderungen. Gesellschaftlicher Verkehr wird als kompliziert und als raffiniert geschildert. Das Raffinement verdankt seine Möglichkeit zunächst dem Bezug auf Gesichtspunkte außerhalb der Interaktion – etwa Sündenerlaß oder fürstliche Gnade. Es wird aber mit der Wende

30 So besonders nachdrücklich in den Discours Pascals sur la condition des Grands – a. a. O.

31 Zu diesem wichtigen Umschichtungsprozeß, auf den wir hier nicht näher eingehen können, vgl. Alan Simpson, The Wealth of the Gentry: 1540-1660, Cambridge Engl. 1961; Lawrence Stone, The Crisis of the Aristocracy 1558-1641, 2. Aufl. Oxford 1966; Franklin L. Ford, Robe and Sword: The Regrouping of the French Aristocracy after Louis XIV, Cambridge Mass. 1953; Philippe Sagnac, La formation de la société française moderne, Bd. 2, Paris 1946, S. 39 ff. 148 ff.; Elias a. a. O. (1969), insb. S. 222 ff.; Guy Chaussinand-Nogaret, La noblesse au XVIIIe siècle: De la Féodalité aux Lumières, Paris 1976.

zum 18. Jahrhundert ganz auf die Interaktion selbst konzentriert und als Bedingung ihres Gelingens aufgefaßt.

6. Mit Bezug auf Interaktion wird negierendes Verhalten als chokkierend ausgefiltert und nach Möglichkeit diskreditiert. Empfohlen wird: Man solle, selbst im Interesse von Religion, Wahrheit und Recht, nicht anderen widersprechen. Das störe den Frieden bzw. das wechselseitige Wohlgefallen. Andererseits wird man nicht fehlgehen mit der Vermutung, daß im Rücken dieser Interaktionssemantik das Gesellschaftssystem Negations- und Konfliktpotentiale aufbaut oder verstärkt im Zusammenhang mit der zunehmenden Ausdifferenzierung der Kommunikationsmedien für Wahrheit, Liebe, Eigentum/Geld und Macht/Recht. Dafür fehlen dann aber Interaktionsbegriffe.

7. Sozialität wird damit Selbstzweck oder doch tragender Modus der Maximierung von Glück. »Commerce« wird zu einem allgemeinen Rationalitätsmodell der Interaktion, mit dem man in einer noch stratifizierten Gesellschaft bereits für eine nicht mehr stratifizierte Gesellschaft trainieren kann; die noch anerkannte Schichtung wird schon marginalisiert – und das ist möglich, weil die angestrebte Sozialisation des Glücks auf Natur und weiche Moral gegründet wird und die Gesellschaftsfunktionen wie Religion, Politik, Kapitalbildung ausspart.

Insgesamt gewinnt man den Eindruck, daß einem Problem der *Evolution* zunächst durch *Involution*[32] begegnet wird. Vorhandene Formen und Mittel werden wiederverwendet, abgewandelt, diversifiziert und verfeinert und werden bis an die Grenze des existentiell Möglichen (in unserem Falle also: des psychologisch Möglichen) getrieben. Anpassung wird im Rahmen wahrnehmbarer Pro-

32 Der Begriff Involution, bei Albert Schäffle, Bau und Leben des socialen Körpers, 2. Aufl. Bd. I, Tübingen 1896, S. 297, noch reiner Verfallsbegriff, geht in dem hier benutzten Verständnis zurück auf Alexander Goldenweiser, Loose Ends of Theory on the Individual, Pattern, and Involution in Primitive Society, in: Robert H. Lowie (Hrsg.), Essays in Anthropology, Presented to A. L. Kroeber, Berkeley 1936, S. 99-104. Vgl. ferner Clifford Geertz, Agricultural Involution: The Process of Ecological Change in Indonesia, Berkeley 1963; Elman R. Service, Cultural Evolutionism: Theory in Practice, New York 1971, insb. S. 10 ff., 32 f., 97 f. Deskriptive Umschreibungen von Involution lauten: »progressive complication, variety within uniformity, virtuosity within monotony« (Goldenweiser), oder: »increasing tenacity of basic patterns, internal elaboration and ornateness, technical hairsplitting and unending virtuosity« (Geertz).

bleme vollzogen, die sich an den bekannten Strukturen und in den durch sie dirigierten Sensibilitäten abzeichnen. Ein struktureller Umbau der Gesellschaft liegt außerhalb derjenigen Formate, die man in Interaktionssystemen behandeln kann. Auch auf der Ebene gepflegter Semantik steht keine Theorie zur Verfügung, die zwischen Gesellschaft im ganzen und Interaktion differenzieren könnte. Wo Gesellschaft als begründungsbedürftig erscheint, stellt man Vertragstheorien auf. Involutive Reaktion auf evolutionäre Veränderungen ist hier, wie auch sonst, zunächst das Wahrscheinliche; so wie auch für die Evolution selbst das Wiedereliminieren der Neuerungen oder die Destruktion des Systems der wahrscheinliche Ausgang sind. Daß die Entwicklung der Interaktionssemantik des 17. und 18. Jahrhunderts einerseits involutiv gelaufen ist, zugleich aber auch eine jener »Rationalisierungs-Inseln«[33] geschaffen hat, auf die man zur Erschließung neuer gesellschaftlicher Möglichkeiten zurückgreifen konnte, ist also eher die Ausnahme als die Regel. Aber genau dies ist charakteristisch für Evolution schlechthin: daß sie ihre Ausrichtung auf Entwicklung komplexerer Formen über Ausnahmen vom Normalverlauf gewinnt.

III.

Die Anthropologie, die auf älteren Grundlagen der Affektenlehre und theologischer Reflexionen über Sündenfall und Endlichkeit des Menschen sich im 17. Jahrhundert entwickelt, wird als Naturlehre vom Menschen allgemein formuliert. Sie hat den Menschen (im Unterschied zu höheren und niedrigeren Wesen) und sein irdisches Leben zum Thema. Sie dient in ihrer Allgemeinheit aber auch als Abzweigstelle für Besonderungen. Das gilt einmal für funktionsspezifische Subanthropologien, etwa solche der curiositas oder der Industriosität. Darauf kommen wir in einer späteren Studie zurück[34]. Zugleich dient diese Anthropologie auch als Folie, auf der die besondere Lage der Oberschicht sich als problematisch abhebt.

33 Diese Formulierung und eine entsprechende Einschätzung bei Eckart Pankoke, Fortschritt und Komplexität: Die Anfänge moderner Sozialwissenschaft in Deutschland, in: Reinhart Koselleck, (Hrsg.), Studien zum Beginn der modernen Welt, Industrielle Welt Bd. 20, Stuttgart 1977, S. 352-374.

34 Siehe Frühneuzeitliche Anthropologie: Theorietechnische Lösungen für ein Evolutionsproblem der Gesellschaft, unten S. 162 ff.

Einerseits kontinuiert die alte Lehre von der gottgewollten (später sagt man: nützlichen) ständisch-hierarchischen Differenzierung. Andererseits findet man, in sie eingebaut und mit ihr verquickt, ein (ebenfalls traditionsgeladenes) Argument, in das die neue Anthropologie neuen Realitätssinn eingießt.

Eine Art »Dialektik« der Oberschichtenkritik ist bereits in älterer Literatur zu finden. Man geht zum Beispiel davon aus, daß die für die Oberschicht schon ausdifferenzierten Funktionen *Muße* (Freistellung) erfordert. Andererseits ist Müßiggang aller Laster Anfang. Es komme also darauf an, die Oberschicht zu beschäftigen – und sei es mit Tanzen[35]. Ein (so weit ich sehe: späteres) Argument nimmt schon anthropologische Form an: Die Oberschicht wird begriffen als eine Gruppe von Personen, die *mehr Möglichkeiten des Handelns* haben und in ihren Intentionen auf *weniger Widerstand* stoßen[36]. Und daraus folgt, daß in dieser Schicht die *typischen* Merkmale des Menschen sich in *besonderer* Stärke ausprägen. Die Anthropologie gilt allgemein, aber sie wird in der Oberschicht mit besonderer Intensität realisiert.

Diese Argumentationsfigur lebt von stratifikatorischer Differenzierung. Sie benutzt deren Duktus: Verstärkung der Intensität und Bedeutungsgeladenheit des Lebens in der Richtung von unten nach oben. Das bleibt unerläßliche Voraussetzung. Aber gerade diese Figur führt zur Problematisierung der Oberschicht, sobald die Merkmale, die sich verstärken, negativ werden. Auch dies hatte es im Rahmen religiöser Weltkritik immer schon gegeben[37]. Man denke an die Schwierigkeiten der Reichen, ins Himmelreich zu kommen. Über die Semantik der neuen Anthropologie wird dies Problem jetzt jedoch aus dem Bezug auf Religion herausgenommen und generalisiert. Hätte es damals eine Soziologie gegeben, hätte sie das Problem übernehmen müssen.

35 Vgl. Thomas Elyot, The Book named The Governor, 1531, zit. nach der Ausgabe London-New York 1966, insb. S. 88 ff.

36 Vgl. etwa den Essai de la grandeur in: Pierre Nicole, Essais de Morales Bd. II, 4. Aufl. Paris 1682, S. 154 ff.

37 Im 17. Jahrhundert fällt an dieser Kritik, verglichen mit neueren Möglichkeiten, die monotone Repetition auf. Siehe z. B. De la Serre, L'entretien des bons esprits sur les vanités du monde, Brüssel 1631. Auch hier gilt im übrigen: Problemsteigerung für die Oberschicht: »Le vent des passions est bien plus violent sur les hautz sommetz de la Fortune, que sur la vase d'une petite condition« (a. a. O. S. 112).

Festzuhalten ist außerdem, daß die Charakterisierung der Oberschicht weder per Kontrastierung noch per Normierung erfolgt, sondern sich gleichsam zwanglos und natürlich aus der Charakterisierung des Menschen ergibt. Es wird keine Elitentheorie, kein Herrenmensch formuliert. Man zieht nur, gleichsam nebenbei und fast unbemerkt, Konsequenzen aus anthropologischen Grundannahmen. Entsprechend gibt es nicht die bombastisch-selbstsicher-hilflose Kritik der Oberschicht, mit der das 20. Jahrhundert sich begnügen kann (weil hier kein Problem mehr liegt). Aber man darf annehmen, daß die gesamte Anthropologie an der Oberschicht abgelesen und auf sie gemünzt ist. Die Kritik ist so raffiniert angelegt, daß sie gar nicht formuliert zu werden braucht. Und sie zielt angesichts einer gegebenen Ordnung des sozialen Aufbaus auch nicht auf eine andere Gesellschaft (es sei denn: im religiösen Sinne der »Utopie« Thomas More's oder im Sinne der Puritaner), sondern auf selbstreferentielle Problemkontrolle in der Oberschicht selbst.

An den Themen der neuen Anthropologie läßt sich dieser Sachverhalt leicht vorführen und belegen. Die Lehre von den Affekten, den Passionen, dem Eigeninteresse zielt deutlich auf Oberschichtenverhalten – so selbstverständlich, daß es nicht ausgesprochen wird, sondern an Implikationen und Illustrationen abgelesen werden muß. Selbstreferenz und explosive Rastlosigkeit, Begehrlichkeit und folgenreiche Unruhe sind nur für diesen Sozialbereich sinnvolle Annahmen. Wenn Hobbes etwa meint, der Mensch sei »then most troublesome, when he is most at ease«[38], so ist das ein deutlich schichtspezifisches Urteil, denn nur Oberschichten leben »at ease«[39]. Ab etwa 1700 gewinnt das Argument der Unruhe und gefährlichen Passion der Angehörigen der Oberschicht in einem

38 Leviathan II, 17, zitiert nach der Ausgabe der Everyman's Library, London 1953, S. 89. Zu Hobbes' Orientierung an sozialen Schichten vgl. ferner Keith Thomas, The Social Origins of Hobbes's Political Thought, in: K. C. Brown (Hrsg.), Hobbes Studies, Oxford 1965, S. 185-236. Vgl. für ein ähnliches Urteil und weitere Hinweise Albert O. Hirschman, The Passions and the Interest: Political Arguments for Capitalism before Its Triumph, Princeton N. J. 1977, S. 111 f.

39 Vgl. auch Pascal, Pensées 205, Œuvre (éd. de la Pléiade) Paris 1950, S. 875 f.: Un homme qui a assez de bien pour vivre, s'il savait demeurer chez soi avec plaisir, n'en sortirait pas pour aller sur la mer ou au siège d'une place. On n'achètera une charge à l'armée si cher, que parce qu'on trouverait insupportable de ne bouger de la ville; et

sich verändernden Kontext eher schichtbewußte und eher apologetische Züge. Es hat jetzt zu beweisen, daß soziale Stellung und Vermögen auch nicht glücklicher machen und daß Glückschancen in der Gesellschaft trotz Schichtung gleichmäßig verteilt sind[40]. Aber daß es bei Argumenten dieses Typs um Interaktionsbedingungen in der Oberschicht geht, kann bis in die zweite Hälfte des 18. Jahrhunderts nicht in Frage gestellt werden, und die aufkommenden Probleme werden deshalb in die Verhaltensgrundlagen dieser Interaktion hineinformuliert.

Wenn man nun sieht und sagt, daß die Oberschichten aus Unruhe Unruhe stiften, daß sie ihren Leidenschaften dienen, sich zerstreuen und verbrauchte Vergnügungen durch neue ersetzen; daß ihre Angehörigen sich selbst und einander ruinieren; daß sie wie auf Grund eines »law of spiritual gravitation«[41] dazu tendieren, in die Hölle zu fahren oder doch ins Tierische zu degenerieren – wenn all das die neue Anthropologie lehrt: Was kann man den Oberschichten dann raten, und vor allem: Was kann man ihnen zumuten?

Das 17. Jahrhundert findet seine Antwort auf diese Frage im Konzept der Selbstbeherrschung, der maîtrise de soi und ihren sozialen Korrelaten wie politesse oder civilité. Verschiedene Versionen laufen auf einen immer ähnlichen Grundgedanken zu. Man kann, so vor allem am Beginn des Jahrhunderts, stoisches Gedankengut auffrischen. Man kann im Anschluß an eine für Politik erfundene Doktrin versuchen, den Handelnden auf sein eigenes wohlverstandenes Interesse festzulegen. Man kann ihm die Additionsformel »gloire« für all sein Handeln unterlegen. Immer

on ne recherche les conversations et les divertissements des jeux que parce qu'on ne peut demeurer chez soi avec plaisir«. So noch M. Deslandes, L'art de ne point s'ennuyer, Amsterdam 1715, S. 58 ff.

40 Ein etwas ausführlicheres Zitat kann diese Variation gut belegen: »La pensée que tout le bonheur de la vie consiste dans un perpétuel changement, devroit bien consoler ceux, qui par l'état de leur fortune, se croient hors d'état de pouvoir jouir un jour de quelque tranquilité: puis que la nature de l'homme est telle, que de n'être jamais content du présent, ils ne doivent pas se flater qu'une meilleure fortune les pût exempter de toute inquiétude: ceux même qui semblent être le plus en état de se procurer du repos, étant si ingenieux à se faire sujets d'inquiétude par de nouveaux désirs«. George-Louis Le Sage, Le mecanisme de l'esprit, 1699, Neudruck als Anhang zu: Cours abregé de Philosophie par aphorismes, Genf 1718, S. 289. Vgl auch Jacob Viner, The Role of Providence in the Social Order: An Essay in Intellectual History, Philadelphia 1972, insb. S. 99 ff.

41 so formuliert Krailsheimer a. a. O., S. 192.

kommt eigene Geschicklichkeit ins Spiel, gegebenenfalls auch persönlicher Mut, auf den Cardinal de Retz so viel Wert legt. Individuelle Zurechenbarkeit bleibt garantiert. Aber zugleich ist ein objektivierendes Moment vorgesehen. Es scheint, als ob man Selbstreferenz als Handlungsgrundlage zubilligt, um damit, wenn nicht Moral, so wenigstens Ehre, wenn nicht Gemeinwohl, so wenigstens Sicherheit und Zuverlässigkeit gewinnen zu können. Auch ein Moment der Kompensation mag mitspielen, nämlich Kompensation für die nicht mehr sozial und nicht mehr auf Grund von Reziprozität begriffene Unterordnung unter den Staatsfürsten. Eine der Passionen wird ausgesucht und selbstreferentiell interpretiert, zumeist amour propre. Dann kann man sich vorstellen, daß diese eine Passion wie ein absoluter Monarch alle anderen kontrolliert und sich unterwirft. Sie ist dann zwar, theologisch gesehen, der Kulminationspunkt aller Sünde und ein Maß für die Größe der Gnade, auf die der Mensch angewiesen ist; zugleich aber, sozial gesehen, auch Bedingung der Kalkulierbarkeit des Verhaltens und der sozialen Anschlußfähigkeit weiterer Operationen. Und sie ist so ausstaffiert, daß sie den Aspirationen der Oberschicht keinen Abbruch tut, sondern ihnen angetragen werden kann, ohne ihren Status in Frage zu stellen.

Man gewinnt mithin den Eindruck, daß Selbstreferenz an theologischen Bedenken vorbei konzediert wurde, um für Oberschichteninteraktion Stabilität und Anschlußfähigkeit zu retten. Die Kühnheit dieses semantischen Manövers verdient höchste Bewunderung, und vielleicht liegt hier schon ein Grund dafür, daß eine involutive Reaktion auf entstandene Probleme sich später doch in die Evolution wieder einsteuern ließ. Zunächst wurde aber eine theoretisch prekäre Lage geschaffen: Die Unmittelbarkeit der Inanspruchnahme religiöser und politischer (»ziviler«) Verhaltensgrundlagen wurde aufgegeben, ohne daß ein neues Konzept für Interaktion oder gar eine neue Moral bereitstanden. Es lohnt sich daher, an dieser Stelle etwas zu verweilen und genauer zu erfassen, wie hier hinreichend plausible Theorieleistungen möglich waren.

IV.

Will man einen sehr allgemeinen Gesichtspunkt finden für die Charakterisierung des involutiven Ausbaus der Interaktionssemantik und deren Ablösung durch neuartige Vorstellungen, dann bieten sich die Formeln »von außen nach innen« und »von Qualität zu Leistung« (ascription/achievement) an. Die Interaktionssemantik schließt um 1600 noch deutlich an vorgefundene, »askriptive« Merkmale der Oberschicht an und sucht diese gesteigert zur Geltung zu bringen[42]. Erscheinung, nicht Leistung wird in den Vordergrund gerückt. Umfangreiche Aufstiegsbewegungen führen zunächst zu einer verschärften Empfindlichkeit und Distinktionsfähigkeit in Rang- und Reputationsfragen und zu einer intensiven Beschäftigung mit Heraldik und Genealogien[43] – aber nicht etwa zu einer Verbürgerlichung der Werte. Pomp und sichtbarer Aufwand werden ins Übertriebene gesteigert. Es kommt darauf an, Eindruck zu machen, besonders bei Hofe.

Der Hof bleibt, zumindest in der ersten Hälfte des 17. Jahrhunderts, ein ständisches System en miniature. Es gibt einerseits standesherrlichen Rang (ohne oder mit Amt) und sonstige Bedienstete, andererseits aber auch Gnadenstufen auf Grund der Gunst des Fürsten[44]. Entsprechend differieren die Chancen, Aufmerksamkeit zu erlangen und Gunst zu gewinnen. Im Sinne askriptiver Qualitäten zählen Herkunft und Reichtum als nahezu unerläßliche Auftrittsbedingungen; sie bahnen die Wege, garantieren Beachtung durch andere, erleichtern die Kontaktaufnahme. Die hohe Geburt gehört zu den avantages de nature. Die dadurch gegebenen Qualitäten sind mehr wert als die erworbenen. Das hängt mit der Wertschätzung der Kontinuität als solcher, also auch mit Temporalstrukturen zusammen[45]. Die Adelsqualitäten müssen allerdings entsprechend validiert werden, für sich allein genügen sie nicht: »Si la Noblesse estoit un veritable bien, elle perfectionneroit tousiours

42 Vgl. hierzu die ausführliche, inhaltsreiche Darstellung von Maurice Magendie, La politesse mondaine et les théories de l'honnêteté en France au XVIIe siècle, de 1600 à 1660, Paris 1925, Neudruck Genf 1970.

43 Vgl. für England Stone a. a. O., S. 22 ff.

44 Siehe diese Unterscheidung bei Du Refuge, Kluger Hofmann, Original 1616, zitiert nach der dt. Übersetzung Frankfurt-Hamburg 1655, S. 221 ff., 270 ff. (»Gnadenstuffen«). Zur Fortsetzung dieser Rangordnung in der Form höfischer Etiquette vgl. besonders Henri Brocher, Le rang et l'étiquette sous l'ancien régime, Paris 1934; Elias a. a. O. (1969), insb. S. 120 ff.

45 »fore as much as continuance in all thing that is good hath ever preeminence in praise and comparison«, so begründet dies Thomas Elyot, The Book named The Governor, 1531, Ausgabe London-New York 1966, S. 104.

ceux qui la possedent; mais elle ne sert souvent qu'a rendre leurs sottises plus remarquables«, heißt es dazu in einem der galanten Dialoge Rene Barys[46].

Immerhin: Für alle Aufsteiger ist es schwer, für hohe Geburt Äquivalente zu finden. Genau deshalb konzentriert sich besonders die französische Literatur auf die Situation dieses (allerdings keineswegs »bürgerlichen«) Aufsteigers, der bei Hofe sein Glück machen will und dem sich die Türen nicht von selbst öffnen[47]. Er braucht Rat, Hinweise, Warnungen, Einführung, Freunde, Geschick. Er ist insofern die interessantere Figur für literarische Ausarbeitung, die dem Grand Seigneur kontrastiert wird. Und mit dieser Perspektive setzt sich allmählich Leistung gegen Qualität durch im Kontext einer neuen Moral, die Momente von Unmoral in sich aufnimmt. Denn seine Karriere ist ganz sein eigenes Interesse und sein eigenes Verdienst.

Die »ame bien née« ist von selbst »universelle et susceptible de plusieurs formes«[48] und durch Geschmeidigkeit zur Teilnahme an Interaktion geeignet, und dies nicht aus Leichtigkeit und Schwäche, sondern aus Vernunft. Auch in diesem Sinne gilt Geburt noch als Voraussetzung für Interaktionsfähigkeit[49]. Der Aufsteiger muß sich dagegen um Einführung und Anpassung bemühen. Auch gilt für Kontakte eine Art Umkehrung der Beweislast: Personen von niedriger Geburt müssen ihre »honnêteté« überzeugend vorführen, während das Abweisen von Personen hoher Geburt »quelque honneste excuse«[50] erfordert. Ein Aufsteiger kann sich daher auch in der Interaktion nicht gleichberechtigt verhalten; »il doit sçavoir si sagement user d'un si notable avantage, que jamais il ne manque à aucuns des respects que l'on a de coustume de rendre à ces personnes relevées«[51]. Selbst wenn ein bürgerlicher Autor wie Faret

46 Rene Bary, L'esprit de cour ou les conversations galantes, Brüssel 1664, S. 338.

47 Vgl. besonders de Dampmartin a. a. O.; du Refuge a. a. O., insb. S. 168 ff.; de Cailliere a. a. O.

48 Formulierungen von Nicolas Faret, L'honneste homme, ou l'art de plaire à la Cour, Paris 1630, zitiert nach der kritischen Ausgabe (ed. M. Magendie), Paris 1925, S. 70.

49 Und im Gegensatz dazu: »Il y a du rustique et du stupide, d'estre tellement pris à ses complexions, qu'en ne puisse jamais en relascher un seul point«. (Faret a. a. O. S. 70).

50 Faret a. a. O. S. 65.

51 Faret a. a. O. S. 65. Bemerkenswert hierzu auch die Einsicht, daß Aufsteiger dazu

schreibt, vertritt er mithin nicht die Perspektive einer aufsteigenden Klasse; er schildert nur die Verhaltensanforderungen und Risiken einer exzeptionellen Karriere[52]. Und auch die »bürgerliche« Adelskritik bezieht sich, selbst dort, wo sie »mérite« für »race« substituieren will, eben damit noch auf die Werte der Adelswelt[53]. Erst seit der Mitte des 18. Jahrhunderts beginnen spezifisch bürgerliche Wertungen das zu füllen, was auch für den Adel als »mérite« gelten und zum Beispiel eine Nobilitierung rechtfertigen kann.

Wir müssen kurz zurückblenden, um die Entstehung jener neuen, von Politik schon distanzierten Interaktionsmoral begreifen zu können. Die italienische Hofliteratur, an die man zunächst anschließt, hatte über eine Idealisierung des Hofmannes und eine Gegenüberstellung von perfekten und imperfekten (korrupten) Verhaltensformen nicht wesentlich hinausgeführt.[53a] Entsprechend setzt die Literatur zur Lebensführung in der Oberschicht in den ersten Jahrzehnten des 17. Jahrhunderts noch ganz auf deren Qualität. Sie behandelt rein deskriptiv, *was* Eindruck macht, und kaum, *wie* man bestimmte Effekte erreichen kann. Das soziale Gegenüber bleibt entsprechend blaß und uncharakterisiert. Es wird als standardisierte Wertung der Oberschicht vorausgesetzt. Der analytische Ertrag ist (verglichen mit der Literatur aus der zweiten Hälfte des Jahrhunderts) gering. Parallel zum Bemühen um sicht-

tendieren, ihre niedrige Geburt zu »überkompensieren« durch zu ausführliche Komplimente, »respects importuns«, und dadurch wiederum unangenehm auffallen (a. a. O., S. 65 ff.). Ähnlich werden bei Dampmartin a. a. O. S. 152 ff. *sowohl* besondere Bemühungen um Loyalität und Tüchtigkeit *als auch* actions malicieuses auf die basse condition des Aufsteigers zurückgeführt. Der Aufsteiger wird moralisch stärker profiliert als Kompensation seiner Geburt.

52 Und selbst die dürfte für Bürgerliche schwierig gewesen sein. »La galanterie bourgeoise ne feroit pas grand progrès dans les bonnes graces d'une Dame de la Cour«, meint Jacques de Cailliere, a. a. O. S. 299. Vgl. für das, was erreichbar war, aber auch Henry A. Grubbs, Jr., Damien Mitton (1618-1690): Bourgeois honnête homme, 1932, Neudruck New York 1965.

53 So Frank Edmund Sutcliffe, Guez de Balzac et son temps: Littérature et politique, Paris 1959, S. 215 für den Francion Sorels. Selbst eine einseitige Option für Tugend und gegen Abstammung (z. B. De la Serre a. a. O. 1631, S. 1 ff.), bleibt insofern strukturkonform, als sie *dieses* Thema nur verschärft und das Betonen der Abstammung und das Interesse an äußeren Statussymbolen als »vanité« charakterisiert, d. h. *den Adel bekehren will.*

53a Typisch Pietro Andrea Canonhero, Il Perfetto Cortegiano et dell'Uficio del Prencipe verso 'l Cortegiano, Rom 1609.

baren Pomp wird auch das Sprachverhalten ins Äußerliche und Manirierte, ins Umständliche und Verschrobene gesteigert, und dies ohne Differenzierung nach Anlässen oder Personen. »C'est le triomphe de la fadeur monotone, prétentieuse et alambiquée«[54] kommentiert Magendie, so als ob er den Begriff der Involution umschreiben wollte.

Auch nachdem entgegengesetzte Vorstellungen im Anschluß an die italienischen Vorlagen zunehmend Anerkennung gefunden haben, nachdem Natürlichkeit, Einfachheit und kontrollierte Ästhetik des Wohlverhaltens als Interaktionsmaximen akzeptiert sind, bleibt die Frage einer involutiven oder einer evolutiven Entwicklung vorerst offen. Sie kann, so scheint es, am Individualverhalten allein nicht zur Entscheidung gebracht werden. Es gibt offensichtlich eine Art Artikulationsvorsprung dessen, was man dann als Pedanterie bemerkt – und ablehnt[54a]. Immer wieder geht die Tendenz, und dies besonders in der deutschen Rezeption französischer Vorbilder, in Richtung auf floskelhaftes Komplimentieren, Formsophistik und bombastisch-geistreiches Gehabe, auf Weitschweifigkeit und gelernte Reproduktion aus zweiter Hand, Detailregulierung von Äußerlichkeiten, Künsteleien und steife Konventionalität des guten Tons[55]. Offenbar reichen weder detaillierte Erfolgsrezepte noch der Rückzug auf ein unformulierbares »je ne sais quoi« des guten Geschmacks aus, um die soziale Interaktion sicher auf neue Grundlagen zu stellen.

In diesen Zusammenhang gehören ferner die Auswüchse des Duells, speziell in der ersten Hälfte des 17. Jahrhunderts[56]. Das Duell hatte seine Funktion gehabt in der Notwendigkeit, Ehre zu behaupten und zu verteidigen. Ehre wiederum war symbolisch generalisierte Interaktionsfähigkeit in der Oberschicht. Ihrer Generalisierung entsprach die Ausdifferenzierung der Extremsituation des

54 A. a. O. S. 277. Vgl. dazu auch Emile Magne, La vie quotidienne au temps de Louis XIII, Paris 1942, insb. S. 68 ff.

54a Zu diesem Thema Klaus Breiding, Untersuchungen zum Typus des Pedanten in der französischen Literatur des 17. Jahrhunderts, Diss. Frankfurt 1970.

55 Hierzu mit viel Material Barbara Zaehle, Knigges Umgang mit Menschen und seine Vorläufer: Ein Beitrag zur Geschichte der Gesellschaftsethik, Heidelberg 1933, S. 29-139.

56 Vgl. George Clark, War and Society in the Seventeenth Century, Cambridge 1958, S. 29 ff.; Lawrence Stone, The Crisis of the Aristocracy 1558-1641, Oxford 1965, S. 242 ff.; Kelso a. a. O. S. 97 ff.

Duells; es ging dabei um mehr als um Probleme, die in der Interaktion zu lösen waren, nämlich um Interaktionsfähigkeit überhaupt. Diese Ordnung wird jedoch überschritten, sie verändert sich involutiv, wenn das Mittel zum Zweck gemacht wird, wenn Duelle gesucht, provoziert oder außer Proportion zum Anlaß erzwungen werden. Die Oberschichteninteraktion verliert schon an gesellschaftsstruktureller Bedeutung, und gerade darum bietet sich als erstes der Ausweg an, Interaktionsfähigkeit als Selbstzweck zu zelebrieren. Ein Konzept sozial reflexiver Interaktion, das die Probleme der Interaktion in die Interaktion selbst zurückspielt oder sie auf sublimere Anforderungen an Teilnahme und Ausschließung abdrängt, ist noch nicht in Sicht.

Am längsten hält sich unter all diesen involutiven Formen der Oberschichteninteraktion besonders am französischen Hofe die *Etikette*[57] – und dies wohl deshalb, weil sie mit der Stratifikation am unmittelbarsten und am unablösbarsten verflochten war. Sie diente dem Ausdruck von Rangunterschieden in der Interaktion, und wurde dafür in dem Maße unentbehrlicher, als der Rang, namentlich des hohen Adels, nach und nach andere Grundlagen und andere Sicherheiten verlor. Eben wegen der Bindung an diese Funktion konnte die Etikette auch nicht Ausgangspunkt für die Entwicklung neuer, zeitgemäßerer Formen der Interaktion werden; sie konnte nur involutiv ausgeformt, in sich selbst verfeinert, virtuos und genau zweckmäßig gehandhabt und schließlich im 18. Jahrhundert, nachdem sich ein andersartiges Verständnis zwischenmenschlicher Interaktion durchgesetzt hatte, als drückende Last mitgeschleppt werden.

Das Überziehen alter Mittel hängt offenbar damit zusammen, daß die Sozialdimension nicht tiefenscharf genug reflektiert wird. Die Probleme internalisierter Reziprozität und doppelter Kontingenz werden nicht beachtet. Der Steigerungsdruck, der sich daraus ergibt, daß auch der andere die gleichen Mittel anwendet, wird schlicht mitvollzogen. Daß Positives und Negatives, was über den Menschen ausgemacht wird, immer auch für andere Menschen dieses Menschen, also für das alter ego gilt, bleibt in der Theorie

57 Vgl. die Literaturhinweise oben Anm. 44. Für einen zeitgenössischen Text siehe etwa Jean Domat, Le droit public, zitiert nach Œuvres complètes Bd. 3, Paris 1829, S. 184 ff.

unberücksichtigt, und insofern wird, rückblickend gesehen, der Ausgangspunkt einer Sozialtheorie verfehlt.

Man könnte theoriegeleitet daher erwarten, daß die Entwicklung sich in Involution festfährt und daß die mit Schmuck gepanzerte Oberschicht unter der Last ihres Pomps und seiner Kosten zusammenbricht. Was hat diese Entwicklung, die vielfach individuelles Schicksal wurde, im ganzen dann doch abgewendet? Wir stellen diese Frage speziell für Frankreich[57a].

An der zeitgenössischen Literatur speziell zum Leben am Hofe und in der mondänen Welt ist deutlich ablesbar, daß das Verhalten in der Oberschicht mehr und mehr nur noch als *Kommunikation* betrachtet, analysiert und verfeinert wird[58]. Themen wie: Schmeichelei, Verbergung von Mängeln und Schwächen, Geheimnisse und Geheimnisverrat, Verleumdung, Behutsamkeit und Zurückhaltung beim Reden schlechthin, Bedingungen des Gewinnens und Haltens von Aufmerksamkeit, Vermeidung von Tadel und Vorsicht beim Loben im Hinblick auf Implikationen und Rückschlüsse, Zurückhaltung beim Scherzen, treten in den Vordergrund. Die soziale Komplexität des Kommunikationsprozesses wird offen gelegt. Das liegt zunächst durchaus in der Logik einer interaktiven Integration des Gesellschaftssystems. Zugleich werden damit deren involutive Tendenzen konzentriert, gebündelt, verstärkt und über sich selbst hinausgeführt. Wenn Involution heißt: Wiederholung, Anwendung desselben Mechanismus auf die durch ihn ausgelösten Folgeprobleme, dann bekommt dies im Falle der Kommunikation einen besonderen Sinn. Denn Kommunikation kann auf sich selbst angewandt, kann reflexiv werden; sie führt Möglichkeiten der Metakommunikation, der Kommunikation über Kommunikation, der Kommunikation in sich selbst über Kommunikation mit anderen, immer schon mit, und nur deren Benutzung kann die Möglichkei-

57a Für England gibt schon die Doppelbasierung der Lebensvorstellungen der Oberschicht in ›court‹ und ›country‹ eine andere Ausgangslage. Vgl. Nicholas Breton, The Court and Country, London 1618.

58 Norbert Elias hat hieraus die These eines Zivilisationsprozesses im Sinne einer zunehmenden Affektregulierung und Verfeinerung der Sitten abgeleitet. Vgl. Über den Prozeß der Zivilisation: Soziogenetische und Psychogenetische Untersuchungen, 2. Aufl. Bern-München 1969. Affektregulierung und Verfeinerung der Sitten, Dämpfung der Triebe, Raffinierung des psychologischen Blicks sind aber nicht in sich selbst erstrebenswert, sie sind Voraussetzung der Kontrollierbarkeit des Kommunikationsprozesses.

ten der Kommunikation ausschöpfen[59]. Am Ende des 17. Jahrhunderts heißt es denn auch ganz modern, daß der Mensch gar nicht zum Denken käme, »wenn niemand wäre, mit dem er seine Gedanken communiciren solte ... Gedanken sind eine innerliche Rede. Diese innerliche Rede präsupponiret eine äußerliche«[60].
Diese Wendung zur Kommunikation hin macht plausibel, daß das psychologische und moralische Interesse sich »von außen nach innen« und »von Qualität auf Leistung« verlagert. Wenn diese Leitformeln stimmen, wird man nach Faktoren fragen müssen, die die Aufmerksamkeit umlenken auf das *Herstellen* eines guten Eindrucks, auf *Erfolgsbedingungen*, und dies unter Einkalkulation *kommunikativer* Bedingungen und *sozialer* Situationen. Was erzieht, mit anderen Worten, zum »taking of the role of the other«? Unsere Antwort ist tentativ: Frauen und Karrieren.
Auch in relativ großräumigen, staatlich konsolidierten Gesellschaften ist das Interaktionsnetz der Oberschicht noch klein genug, daß solche Faktoren ausschlaggebende Bedeutung gewinnen können. In der Oberschicht Frankreichs werden am Hofe, aber auch in anderen Häusern der Hauptstadt, Frauen führend in den gesellschaftlichen Verkehr einbezogen. Sie bestimmen den Zugang zu ihrem Verkehrskreis, der wiederum weitere Kontakte vermittelt. Außerdem wird die Ehe relativ locker gehandhabt, so daß Liebe kontinuierlich möglich bleibt und als Möglichkeit anzieht. Die Damen der Gesellschaft erziehen so in der Interaktion in Richtung auf das, was sie goutieren können, und lösen damit Vorschaltreflexionen aus. Sie sind darüber hinaus gesuchte Adressaten brieflicher Korrespondenz, und die Korrespondenz wird nicht selten so abgefaßt, daß sie publiziert werden kann. Daraus ergibt sich eine Vernunft, Maß und Passion verbindende Semantik, die Psychologien und Kalküle der verschiedensten Art einbeziehen kann und für eine Verherrlichung des zu ihr passenden »honnête homme« (de Méré) ebenso offen ist wie für erfahrungsgetränkten Skeptizismus (La Rochefoucauld).

59 Vgl. Paul Watzlawick/Janet H. Beavin/Don D. Jackson, Pragmatics of Human Communication: A Study of Interactional Patterns, Pathologies, and Paradoxes, New York 1967; Klaus Merten: Kommunikation: Eine Begriffs- und Prozeßanalyse, Opladen 1977.
60 Christian Thomasius, Von der Kunst vernünfftig und tugendhafft zu lieben ... oder: Einleitung in die Sitten Lehre, Halle 1692, S. 89.

Parallel hierzu wird der Hof des großstaatlichen Frankreich in ein Karrieresystem transformiert. Die Literatur über Leben und Verhalten am Hofe übernimmt Material aus älteren italienischen und spanischen Publikationen (vor allem: Castiglione, Guazzo, Della Casa)[61], aber die Perspektive der Betrachtung verschiebt sich. Während für die Renaissance-Literatur die *politische* Funktion der Beratung des Fürsten mit ihren *persönlichen Risiken* für den Berater im Vordergrund gestanden hatte[62], werden jetzt die *Chancen einer Hofkarriere* betont, und Politik wird ein Aspekt des Sichdurchsetzens im Verhältnis zu Rivalen.

In der aufs Mittelalter zurückgehenden älteren Betrachtungsweise war es um die Charakterisierung des guten Fürsten und des guten Beraters gegangen. Dabei hatte die sachliche und moralische Mitverantwortung für den politischen Kurs des Fürsten im Vordergrund gestanden. Das Verfolgen eigener Interessen war verpönt[63].

61 Erstausgaben: Baldassare Castiglione, Il Cortegiano, Venedig 1528; Giovanni Della Casa, Il Galateo, Venedig 1558/Mailand 1559; Stephano Guazzo, Civile conversatione, Venedig 1574. Zum Einfluß auf die französische Hof-Literatur im einzelnen Pietro Toldo, Le Courtisan dans la littérature française et ses rapports avec l'oeuvre de Castiglione, Archiv für das Studium der neueren Sprachen und Litteraturen 104 (1900), S. 75-121, 313-330; 105 (1901), S. 60-85; zum Einfluß auf England auch John E. Mason, Gentlefolk in the Making, 1935, Neudruck New York 1971. Siehe ferner Reinhard Klesczewski, Die französischen Übersetzungen des Cortegiano von Baldassare Castiglione, Heidelberg 1966.

62 Als eine Auswahl aus der hierfür charakteristischen Literatur vgl. Fridericus Ceriolanus Furius, De consiliariis, eorumque qualitatibus, virtute ac electione, zit. nach der lat. Übersetzung aus dem Italienischen, Basel 1563; Francesco Guiccardini/Giovanni Francesco Lottini/Francesco Sansovini, Propositioni ovvero considerationi in materia di cose di stato sotto titolo di avvertimenti, avvedimenti civili, e concetti politici, Venedig 1598; Bartolomeo Filippe, Trattato del conseglio, et de consegliari de' prencipi, zit. nach der ital. Übersetzung aus dem Spanischen, Venedig 1599; Gabriele Zinano, Il consigliere, Venedig 1625; Francis Bacon, Of Counsel, in: Essays (ed. F. G. Selby), London 1895, S. 51-56; Pierre Charron, De la sagesse III ch. II, §§ 17, 18 (die von mir konsultierte Ausgabe o. O. u. J.); Phil. de Bethune, Le Conseiler d'éstat ou recueil des plus générales considérations servant au maniment des affaires publiques, Paris 1644; Johann-Andreas Ockell, Commentatio de consiliis eorumque iure, Diss. iur Tübingen 1654 (auch zitiert unter dem Namen des Praeses Wolfgang-Adamus Lauterbach); Hippolytus a Collibus, Princeps, consiliarius, palatinus, sive aulicus et nobilis, zitiert nach der Auflage Helmstedt 1667; Daniel de Priézac, Discours politiques, 2. Aufl. Paris 1666, S. 331 ff. (Hier schon Übergang zu einer auf Beamte zugeschnittenen Behandlung).

63 Vgl. Furius a. a. O. S. 76 ff.: Guiccardini et al. a. a. O. S. 11; Filippe a. a. O. S. 38, 93, 99, 118 u. ö.; Zinano a. a. O. S. 19 f.; a Collibus a. a. O. S. 172; ferner auch

Entsprechend kam es vornehmlich auf Klugheit des Fürsten an im Auswählen und Durchschauen seiner Berater[64]; er müsse seine eigene Meinung sorgfältig verhehlen, um nicht Schmeichelei auszulösen[65], er sollte eine Mehrheit von Beratern hören usw. Umgekehrt wird der Berater angesichts der Launen und Voreingenommenheiten des Fürsten zur Vorsicht gemahnt und zum Taktieren angehalten[66]. In diesen Zusammenhang bleibt zunächst auch die Darstellung des vollendeten Höflings eingebettet. Er wird, besonders bei Castiglione, als Mentor seines Fürsten gesehen. Und entsprechend gehört die Darstellung des eigensüchtigen Ratgebers und Hofmannes in das Gegenkonzept: in die Lehre von der Tyrannis[67].

Im Hintergrund dieser Literatur steht ein ausgesprochen *stadtpolitischer Adelsbegriff*, der aus der antiken Literatur gewonnen wurde.[67a] Die Übertragung auf französische Verhältnisse bricht diese

Martinus Garatus Laudensis, Tractatus de consiliariis principum, in: Tractatus illustrium jurisconsultorum tom. XVI, Venedig 1584, qu. 10 und 20; Laelius Zechius, Politicorum sive de principe, et principatus administratione libri tres, Verona 1600, S. 170; Scipio Amiratus, Dissertationes politicae, Frankfurt 1618, S. 954 und, soweit ich feststellen konnte, allgemeine Meinung. Die Verfolgung eigener Interessen gilt als Eigenschaft eines ungetreuen, unaufrichtigen Beraters, die anderen verderblichen Affekten gleichkommt. Erst im 17. Jahrhundert gewinnt die Vorstellung an Boden, daß auch private Interessen politische Bedeutung, wenn nicht Legitimität haben sollten. So stellt Hobbes (Leviathan II ch. 25, Ausgabe der Everyman's Library, London 1953, S. 135) bereits nur noch auf die *kommunikative Form*, auf die Prätention der Orientierung am Vorteil des Beratenen, ab: »And from this it is evident that he that giveth Counsell, pretendeth onely (whatsoever he intendeth) the good of him, to whom he giveth it«.

64 Vgl. Furius a. a. O. S. 108 ff.; Fulvius Pacianus, Discursus politicus de vero justoque principe, Übers. aus dem Italienischen, Hamburg 1614, S. 213 ff.; Charron a. a. O.

65 Filippe a. a. O. S. 16, 18; Zechius a. a. O. S. 169. 173 f.; Bacon a. a. O. S. 53, 55; de Bethune a. a. O. S. 114.

66 Überredungstechniken ausführlich bei Zinano a. a. O. S. 20 ff.; Empfehlung vorsichtiger Behandlung des Fürsten – wie der Arzt einen Kranken – bei Filippe a. a. O. S. 106 ff. Zum alten Problem der Unabhängigkeit des Sachverstandes vor den Launen des Fürsten auch Justus Lipsius, Politicorum sive civilis doctrinae libri sex, Nürnberg 1594, S. 101 f.; Zechius a. a. O. S. 169; a Collibus a. a. O. S. 147 ff.; du Refuge a. a. O., S. 191 ff. Auch die damit verbundenen Moralprobleme werden bereits im 15. und 16. Jahrhundert ausführlich dargestellt. Hinweise bei Toldo a. a. O. 104, S. 75 ff.

67 Vgl. z. B. Estienne de la Boétie, Discours de la servitude volontaire (1574), in: Œvres complètes, Neudruck Genf 1967, S. 1-57, insb. 48 ff.

67a Vgl. Lorenzo Ducci, Trattato della nobilità, Ferrara 1603: Adel sei weder Tugend,

politische Komponente nach und nach heraus und ersetzt sie durch *Salonerfolge* und *Karriereaspirationen*[68]. An einem großen Hof wie in Frankreich, meint Faret, ist man eher auf Hilfe von Freunden angewiesen[69]. Eben damit differenziert dieser Karriereaspekt den Hof gegen andere Häuser und Treffpunkte der guten Gesellschaft. La cour und le grand monde werden unterschieden und können in Widerspruch geraten[70]. Die Häuser der guten Gesellschaft bieten sich auch denen an, die politisch gescheitert sind, und gliedern sie wieder ein[71]. Erst dadurch entwickelt sich jenes verfeinerte »desir de plaire«, das nicht mehr allein politisch auf den Fürsten gerichtet ist, sondern sozialen Lebenserfolg in der feinen Gesellschaft und auch, aber nicht nur, am Hofe zu gewinnen sucht. Entsprechend öffnet das Ideal des honnête homme, der feinen Sprache, der kultivierten Form sich für Teilnehmer aus dem verarmten Adel und aufsteigenden Bürgertum mit literarischen und gesellschaftlichen Begabungen[72]. An die Stelle der Perfektion von (rasch erkennba-

noch Reichtum noch Abstammung, sondern ›merito con la Patria hereditato da progenitori‹ (S. 28 ff.).

68 Speziell hierzu Magendie a. a. O., S. 315 f., 345, 365 f., 727 f.

69 A. a. O., S. 59. Entsprechend geht die Behandlung des Themas Konversation unter Gleichen bei Faret merklich über die italienischen Vorlagen hinaus.

70 Vgl. de Méré, De la conversation, in Œuvres complètes a. a. O. S. 111 f. Und der Hof bzw. die Maisons Royales werden gesellschaftlich fast schon marginalisiert, wenn es von ihnen heißt: »il faut regarder separément ces choses là pour les trouver bonnes; parce qu'on n'y voit ny suitte, ny ordre, ny proportion« (a. a. O. S. 122). So betrachtet die gesellschaftliche Welt den Hof »comme un pais ennemi«, versucht ihn zu erziehen – und reflektiert ihr Scheitern. »C'est là«, nämlich am Hof, meint Remond des Cours. »où les gens ont le plus d'honesteté et le moins de sincérité« (beide Zitate a. a. O.; 1750, S. 66). Für den Ort von Politik idealisiert, erreicht die Interaktion genau dort ihren Kulminationspunkt, der sich zugleich als innere Unmöglichkeit erweist. Sie wird gerade hier in ihren Bedingungen und Erfolgen oder Mißerfolgen unverständlich. »La Cour est un pais incomprehensible«, heißt es, den »pais ennemi« noch überbietend, bei Abbé de Bellegarde, Modeles de conversations pour les personnes polies, 6. Aufl. Den Haag 1719, S. 54. Madame Thiroux d'Arconville charakterisiert den Hof dann nur noch als ›un lieu où l'on est ignorant par principes et oisif par dignité‹ (De l'amitié, Paris–Amsterdam 1761, S. 107).

71 »Social succes (in den Salons) became a harsh necessity, now that political adventure was out of the question«, meint dazu Krailsheimer a. a. O., S. 82 f.

72 Wie weit hier »Verhaltensvorschläge« des Bürgertums an den Adel hereinspielen, bedürfte einer genaueren Untersuchung. Vgl. dazu Wilhelm Voßkamp, Landadel und Bürgertum im Deutschen Schäferroman des 17. Jahrhunderts, in: Albrecht Schöne (Hrsg.), Stadt – Schule – Universität – Buchwesen und die deutsche Literatur im 17. Jahrhundert, München 1976, S. 99-110. Jedenfalls unterscheiden sich die literaturfähi-

ren) Schichtattributen tritt damit das umsichtige Maßhalten in sozialen Beziehungen. Es wird nicht mehr nur die Exzellenz der höchsten Schicht symbolisiert und in die Vollendung getrieben wie bei Castiglione; aber es wird verlangt, daß man die Teilnahmebedingungen sich aneignet und beherrscht. Das Ideal des honnête homme schließt Selbstkenntnis als Kenntnis der eigenen Herkunft und der damit gegebenen Beschränkungen ein[73]; es schließt vollwertige Interaktion in der höchsten Gesellschaftsschicht damit aber nicht aus, sondern regelt ihre Durchführung. Selbst Freundschaft mit dem Fürsten ist mit dieser Selbstbeschränkung möglich[74].

Mit dieser Wendung ist das einfache Schema von guter und schlechter Politik, das die Tradition bestimmt hatte, gebrochen. Es wird ersetzt durch eine Analyse des Lebens am Hofe aus der Perspektive der guten Gesellschaft. Sie nimmt in England bei ähnlichen Ausgangspunkten den Weg einer zunehmend radikalen politischen Kritik des Hofes, für die dann auch eine politische Lösung gefunden werden muß[75]. In Frankreich sind die Grundlagen der höfischen Geldbeschaffungspolitik andere, und auch die politische Statur der Günstlinge (man vergleiche Buckingham mit Richelieu) differiert. Die Kritik ist hier stärker durch Bewunderung gedämpft, und die gute Gesellschaft steuert eher Interaktionsmodelle als politische Opposition bei – Interaktionsmodelle, mit denen sie Beteiligungsinteressen und Auffangpositionen für Gescheiterte zu integrieren sucht. »Conversation« und »affaire«, also

gen Leitwerte der Mäßigkeit und Bescheidenheit, der honnêté, der Redlichkeit, der klugen Vernunft und des abgewogenen Auftretens nicht deutlich nach Herkunftsgruppen (so auch Voßkamp a. a. O., S. 108), aber auch nicht deutlich nach Lebensformen im Sinne eines einschneidenden Unterschiedes von Stadt und Land, court und country, cour und maisons der vornehmen Gesellschaft. Diese Unterschiede gibt es, und sie werden als solche auch registriert; aber die Neuformierung einer Interaktionssemantik übergreift diese Differenzen und erfordert daher auch eine übergreifende Erklärung.

73 Siehe als Beispiel die Behandlung von Verstößen bei (Ortigue) de Vaumoriere, L'art de plaire dans la conversation, 1688, 4. Aufl. Paris 1701, S. 173 ff.

74 Zu solchen, durch Distanzbewußtsein, reverentia, verecundia usw. kontrollierten Freundschaften bereits Giovanni Della Casa, De officiis inter potentiores et tenuiores amicos, zit. nach der Ausgabe im Anhang zum Galateus, Frankfurt 1588. Vgl. auch Daniel de Priézac, Discours politiques, 2. Aufl. Paris 1666, S. 35 ff.; ferner die stärker karriereorientierte Behandlung bei de Cailliere a. a. O., S. 222 ff.

75 Vgl. Perez Zagorin, The Court and the Country: The Beginning of the English Revolution, London 1969. Zu Themen einer (zunächst durchaus gemeineuropäischen) Kritik des Hoflebens vgl. insb. S. 40 ff.

Geselligkeit und Funktionsbezug, werden systematisch unterschieden[76], werden aber nicht, so wie »country« und »court« in England, in die Form einer Opposition gebracht. Daraus ergibt sich speziell in Frankreich ein Bedarf für die semantische Auffüllung und Ausarbeitung des Sozialtyps »conversation«. Die Beschränkung der Lehren über gutes Benehmen auf Tischsitten und dergleichen wird überwunden.

Es braucht nicht viel Theorie, um die jetzt geltenden Regeln zu kodifizieren. Exzerpte aus Romanen, Briefe, praktische Weisheiten, Anekdotisches und Exemplarisches genügen[77]. Es wird weder für noch gegen involutive Trends entschieden. Man findet eine Feinregulierung des Empfindens und Verhaltens bei gleichzeitigem Wissen, daß es auf die Regeln nicht ankommt; kopierfähige Formulierungen bei Betonung der Unvermitteltheit und Spontaneität. Der strukturell wohl interessanteste Überleitungskompromiß, der den Typus des »honnête homme« prägt, findet sich um die Mitte des Jahrhunderts in den (erst später publizierten) Lehren des Chevalier de Méré. Zum Zentralwert des Verhaltens wird das Vermeiden von Extremen, das Maß, die »justesse de l'esprit«. Dabei ist die Leitidee, daß das Maßhalten als solches soziale Beziehungen erschließt und reguliert. »Etre de bonne compagnie« ist Wahren der Proportion – auch im Abstand zu den wahrhaft Großen der Gesellschaft. Im Maßhalten wird zugleich das wechselseitige Gefallen und Zueinanderfinden vermittelt[78]. Aber ein solches Rezept läßt noch jede individualisierende Tiefenschärfe, jedes Eingehen auf die Besonderheit des Anderen vermissen. Wenn differenziert und nuanciert wird, dann in der Formung eigener

76 Siehe bereits Pierre Charron, De la sagesse (o. O. u. J.) II, ch. IX und X.

77 Vgl. Chevalier de Méré, Œuvres complètes, Paris 1930; Madeleine de Scudéry, Conversations sur divers sujets, Paris 1680; dies., Nouvelles conversations sur divers sujets, Paris 1684 (aus Romanen der Zeit 1640-1660); de Grenaille, La mode, ou caractère de la religion, de la vie, de la conversation, de la solitude, des habits et du style de temps, Paris 1642.

78 »Ce qu'on doit le plus chercher pour reüssir«, so lautet die endgültige Formulierung, »en tant de choses que je viens de dire, c'est la justesse de l'esprit et du sentiment; C'est un grand goust de la bien-séance, avec un discernement vif et subtil, à découvrir ce qui se passe dans le coeur et dans l'esprit des personnes qu'on entretient, ce qui leur plaist, ou qui les choque, ou qui leur est dans l'indifference«. Und dann: »La justesse du sentiment sçait trouver entre le peu et le trop un certain milieu.« (Zitate aus: De la Conversation, Œuvres complètes a. a. O. Bd. II, S. 97-132 (126, 127).

Wahrnehmungen und Haltungen, aber nicht im Eingehen auf unterschiedliche Bedürfnisse des anderen. Bei aller geforderten Subtilität und bei allem modischen »je ne sais quoi« des Empfindens und Könnens bleibt das Modell des honnête homme an der Oberfläche der sozialen Form. Es dient – ähnlich wie in anderer Weise auch »gloire« – geradezu als Ersatz für einen Ich-Begriff und kann deshalb Soziales nicht tiefenscharf erschließen. Es reflektiert Situationen, aber nicht Probleme des Sicheinlassens auf die Individualität der anderen. Deshalb bringt es allein noch nicht die Wende[79]. Sowenig wie der Übergang von außen nach innen gleich ganz vollzogen werden kann, sowenig läßt sich Qualität gleich ganz in Leistung überführen. Die typische Losung ist: Man solle sich zwar intensiv um sozialen Erfolg bemühen; aber daß man sich bemühe, dürfe nicht sichtbar werden, weil die Anstrengung mißfalle und zu falschen Erwartungen führe[80]. Man kommuniziert dann doppelgleisig: auf der Basis von Leistung und von Qualität zugleich, und die Anstrengung der Leistung ist es, sich zu cachieren und als natürliche Qualität erscheinen zu müssen. Im übrigen gilt diese Regel nicht für die wirklich Großen, die Qualität sind[81] und sich um nichts weiter bemühen müssen; sie gilt nur für Angehörige der darunterliegenden Schicht, die vom Erscheinen leben müssen[82]. Auch diese Komplikation der Bemühung um Verbergen der Bemühung um Erscheinen in einer Form, die kompensiert, daß man die große Qualität nicht ist, trägt noch deutlich involutive Züge. Sie läßt die alten Anforderungen an Oberschichteninteraktion nicht

79 Vgl. auch oben S. 96 zur Fortdauer involutiver Trends, speziell in der deutschen Literatur.

80 In de Mérés Discours »Des Agrémens« heißt es z. B.: »Il faut avoir un grand soin de ce qui reüssit le mieux, on le rencontre souvent quand on le cherche; cependant il ne faut pas témoigner de s'en mettre en peine, et quoy que le soin soit deviné, pourvue qu'il ne soit visible il ne peut nuire; car c'est l'empressement qui déplait ... C'est une tromperie obligeante qui ne tend qu'à rendre la vie heureuse«. (A. a. O. Bd. II, S. 7-53, 34). Gerade hierfür gibt es auch ältere italienische Quellen.

81 oder zumindest auf der Basis einer Qualitäts*vermutung* operieren können, »parce qu'on suppose qu'ils ont des qualités dignes de leur naissance illustre«, wie es in einer späteren, den Mechanismus schon durchschauenden Publikation heißt, Remond des Cours, a. a. O. (1750), S. 20.

82 In Bezug auf Vornehmheit heißt es von ihnen bei Méré (a. a. O. S. 21) »qui n'en ont que l'apparence«, so daß es für sie besser ist, nicht falsche Größe aufzutragen, sondern sich auf das Maß des honnête homme zurückzuziehen.

fallen, sie unterschiebt ihr aber eine Wirklichkeit, die sich noch nicht selbst tragen kann.

Was ist gegen 1670 erreicht? Welche Form hat die Interaktionssemantik gewonnen? Einerseits bleibt, das ergibt sich schon aus der Aufsteiger- und Karriereperspektive, die Betonung der sozialen Distanzen innerhalb der Oberschicht erhalten und bleibt bestimmend für die Kommunikation unter Gleichen wie unter Ungleichen. Eine Prätention auf Gleichheit darf nicht angedeutet, darf nicht einmal impliziert werden. Hierzu sind Lehren von Bessel[83] bemerkenswert: Streit impliziere die Gleichheit der Streitenden; deshalb (!) dürfe man mit Höhergestellten, aber auch mit Untergeordneten keinen Streit anfangen. Andererseits melden sich Interessen an Gleichheit trotz Differenz. So empfiehlt de Cailliere dem Aufsteiger Teilnahme am Glücksspiel aus zwei Gründen: einmal, weil er als Armer weniger zu verlieren und relativ mehr zu gewinnen hat als die Reichen und außerdem, weil »il (cet exercise) a cela de special, qu'il fait aller du pair les conditions inégales pendant qu'il dure«[84]. Der Zufall macht gleich, und man ist nicht in Gefahr, den Höherrangigen durch überlegene Geschicklichkeit zu brusquieren. Vor allem aber finden sich latente Tendenzen zur Gleichheit in einer ebenfalls noch unformulierten Auffassung von Sozialität. Das Typische dieser ersten und gleich klassischen Versuche ist die Projektion eines Ideals, einer Leitidee, eines Grundrezepts. Dem Prinzip liegt keine formulierte Sozialtheorie zu Grunde, aber es ist gleichwohl auf gesteigerte Interaktionsanforderungen hin entworfen, gesteigert vor allem in den Anforderungen an Selbstbeherrschung. Die Interaktionssemantik ist als Interaktions*fähigkeit* kodifiziert und auf deren Prinzip reduziert. Für Antoine de Courtin zum Beispiel lautet dieses Prinzip modéstie[85]. Bescheidenheit und Zurückhaltung werden als Maxime empfohlen. Der unausgesprochene Sinn, die latente Funktion dieser Regel aber ist: dem anderen den Spielraum zu gewähren, den er braucht, um sein

83 Christian Georg Bessel, Schmiede deß Politischen Glüks, Frankfurt-Hamburg 1673, S. 94 ff. Vgl. auch Pierre Charron, De la sagesse (o. O. u. J.) II ch. IX. § 6.

84 A. a. O. S. 307 ff. (313).

85 Nouveau traité de la civilité qui se pratique en France parmi les honnestes gens, Paris 1671. Ähnlich bereits du Refuge a. a. O. Vgl. auch Jacques Morel, Médiocrité et perfection dans la France du XVIIe siècle, Revue d'histoire littéraire de la France 69 (1969), S. 441-450.

Verhalten selbst bestimmen zu können. Noch ist Bescheidenheit vor allem die Tugend, die sich in der Interaktion mit Höhergestellten zu bewähren hat. Aber sie ist nicht nur Ausdruck von Rangunterschied, sondern gilt auch für Kontakt unter Gleichgestellten. Sie faßt alle Detailgebote für Verhalten beim Besuchen und bei Tisch, beim Reisen, beim Spazierengehen und in der Konversation zusammen unter einer Idee, die soziale Reflexivität noch nicht formuliert[86], aber voraussetzt, nämlich der Idee, dem anderen in der Interaktion Raum für Selbstbestimmung anzubieten.
Im Anschluß an die eine Generaltugend (mit kaum unterscheidbaren Varianten) wird eine Pathologie der Typen des Fehlverhaltens entwickelt – so wie es eine Gesundheit, aber viele Krankheiten gibt. Zu vermeiden ist jede Abweichung vom Maß: das zu viel und das zu wenig Reden, die aufdringliche Selbstdarstellung, das aggressive Widersprechen, die Übertreibung des Spottens, Scherzens, Lobens usw. Diese Lehre lebt davon, daß sie sich gegen die Idealfigur der Perfektion profilieren kann; aber sie läßt auch schon ahnen, daß sie im Blick auf ein neues Prinzip gearbeitet ist, im Blick auf das »taking the role of the other«.
Neben einer solchen Neukodifizierung der Moral in der Form von sozial-adaptiven Generaltugenden steht die Erfahrung, daß die politische Zentralinstitution des Hofes für diese Interaktionsmoral Kulminationspunkt und inneres Scheitern bedeutet. Politik und Interaktion lassen sich als soziales Geschehen noch nicht trennen, aber ihre Einheit ist schon unmöglich geworden. Die Trennlinie verläuft durch das *Individuum hindurch*, das, weil es *dies* zu bewältigen hat, noch nicht voll individualisiert werden kann. Das Problem wird mit den Regeln der bienséance aufgefangen. Für den Fall der Ungnade bei Hofe heißt es zum Beispiel bei Saint-Evremond[86a]: ›Je croyais que les disgrâces exigeaient de nous la bienséance d'un air douloureux, et que cette mortification apparente était un respect dû à la volonté des supérieurs, qui songent rarement

86 Bei zahlreichen Einzelregeln ist soziale Reflexivität natürlich durchaus präsent. So wenn de Courtin (a. a. O. S. 77 f.) meint, man solle Höflichkeiten eines grand Seigneur nicht aus Bescheidenheit zurückweisen, weil man sonst (unbescheidenerweise) als jemand auftreten würde, der nicht ganz davon überzeugt sei, daß der andere wisse, was er tue. Nicht zufällig erzwingt gerade diese Grenzlage, in der die Regel sich in ihr Gegenteil verkehrt, ungewöhnliche Tiefenschärfe in der sozialen Reflexivität.
86a Œuvres, Paris 1927, Bd. 1, S. 25.

à nous punir sans dessein de nous affliger; mais sachez que sous de tristes dehors et une contenance mortifiée je me suis donné toute la satisfaction que j'ai su trouver en moi-même, et tout le plaisir que j'ai pu prendre dans le commerce de mes amis.‹ Die Differenzierung von Sein und Schein wird zur Strategie für diesen Fall, und nur als Element dieser Strategie kommen die Bordmittel des Individuums zum Tragen. Erst recht gilt dies für die Lebensführung am Hofe selbst. »Le plus d'honesteté et le moins de sincérité«[87], kontrollierte Kommunikation, mißtrauende Freundschaften, doppeltes Spiel – das ist zu tragen und in die Interaktion zu geben. Also kann es in der Interaktion noch nicht um Entfaltung der Persönlichkeit gehen.

Statt dessen werden zur Abstützung in dieser Problemlage hochreflektierte semantische Figuren entwickelt, die zwischen innen und außen und zugleich zwischen Qualität und Leistung vermitteln. Sie entdecken und propagieren *Qualität als Leistung*. Bessel zum Beispiel referiert die französische Redewendung: »Il n'y a plus grande finesse au monde, que d'estre homme de bien«, mit der Übersetzung: »es sey die allergrößte Spitzfindigkeit dieser Welt, ein ehrlicher und aufrichtiger Mann zu seyn; Was hätte doch wol artiger und wahrhafftiger können geredet werden, als eben dies«[88]. Die durchschauende Verstellung flüchtet sich, wo sie durchschaut zu werden fürchten muß, in die Qualität zurück; es erscheint nun als einfacher und als erfolgreicher, das Erwartete nicht vorzutäuschen, sondern zu sein. Und diese Dialektik der Erfahrung mit Sozialität in Interaktion als Durchschauen des Verstellens ermöglicht es schließlich, den Hofmann und den sozial erfolgreichen Weltmann semantisch zu integrieren[89].

87 Vgl. oben Anm. 70.

88 A. a. O. S. 245. Siehe auch S. 247: »Il n'y ait point meilleure finesse, que de n'en point user«. Vgl. ferner S. 157 ff. zum Verschleiß der Spitzfindigkeiten und »Hof-Griffe« und zu den daraus folgenden Vorteilen der Rückkehr zu den bekannten Wegen der »gemeinen Bürgerlichen Politik«. Vgl. auch Remond des Cours a. a. O. (1750), S. 64 f.

89 Auch hier sei nochmals an die theoretische Grundfrage erinnert: Ist dies nun Symptom einer neuen Moral des kommenden (!) Bürgertums? Oder ist es gerade gegenwärtige Erfahrung von Sozialität unter den Bedingungen eines komplexen gesellschaftsstrukturellen Wandels?

V.

Der allgemeine Trend von außen nach innen und von Qualität zu Leistung bereitet den Boden für das Aufkommen tiefergreifender und stärker theoretisch konzipierter Analysen. Sie führen auf Positionen, die auch moralisch und theologisch behandelt werden können, aber dies mit erheblichem Abstand von der Lebensführung bei Hofe einerseits und von den bereits abklingenden Devotionslehren andererseits.

Die dieser Situation entsprechenden Theorieprobleme kommen in theologisch inspirierten Traktaten deutlicher heraus als in mondänen Ratschlägen für das gesellschaftliche Leben. Wir wählen als Ausgangspunkt der weiteren Analysen die Essais de Morale von Pierre Nicole (1671-1674)[90], teils weil hier die Funktionen von Religion und Politik noch deutlich als Interaktionsprobleme erscheinen; teils weil hier eine Vielzahl von Themen auftauchen, die auch unter den veränderten Kontextbedingungen des folgenden Jahrhunderts immer wieder abgehandelt werden; schließlich und vor allem aber, weil hier die Religion so behandelt wird, daß ihre Funktion für die Konstitution der Gesellschaft auf der Ebene der Interaktion zugleich überdehnt – und überflüssig wird.

Im gesellschaftstheoretischen Bezugsrahmen unserer Analysen interessiert vorrangig die Stellungnahme zur Differenzierung von Religion und Politik. Angesichts der seit dem Mittelalter festliegenden Trennlinien wird diese Differenzierung einerseits vorausgesetzt und andererseits blockiert. Religion und Politik werden, selbst Bossuet würde sie nicht identifizieren, deutlich auseinandergehalten, aber ihre nichtidentischen Bereiche überschneiden sich funktional, solange beide zentral am Problem der Friedenssicherung interessiert sind[91]. Die Fürsorge für Religion ist so auch eine

90 Zitiert wird nach der Ausgabe Paris 1682, Bd. I, 6. Aufl., Bd. II, 4. Aufl., Bd. III und Bd. IV 3. Aufl. Speziell interessieren in unserem Zusammenhang die Traktate: Des moyens de conserver la paix avec les hommes (Bd. I, S. 211-351); Des jugemens temeraires (Bd. I, S. 352-405); De la civilité chrétienne (Bd. II, S. 154-244); De la Grandeur (Bd. II, S. 154-244); De la connoissance de soy-mesme (Bd. III, S. 1-145) und De la charité et de l'amour propre (Bd. III, S. 146-211). Eine Auswahl ist im Nachdruck verfügbar, nämlich die Ausgabe Œuvres Philosophiques et Morales de Nicole (ed. C. Jourdain), Paris 1845, Hildesheim 1970.

91 Vgl. Bd. I, S. 215 ff. zum Thema: Union de la raison et de religion à nous inspirer le

genuin politische Sorge, weil sie das Fundament der politischen Gesellschaft sichert; was sie nur kann, wenn die Religion eine einzige ist und nicht ihrerseits Konflikte erzeugt. Religion und Politik stützen sich wechselseitig auch über das Problem der Erbsünde oder der Korruption des Menschen; denn dieses religiös formulierte Problem läßt der Religion eine politische Ordnung der Grandeur und der Subordination als erforderlich und als von Gott gewollt erscheinen[92]. Dieser Zusammenhang von Religion und Politik schneidet weitere Fragen auf der Ebene der Gesellschaftstheorie ab. Erst auf der Ebene der Interaktion, und gedacht ist immer an Interaktion in sozial relevanten höheren Schichten, brechen Diskrepanzen wieder auf – sowohl für die Theorie als auch in der Theorie. *Und genau Frieden ist der Punkt, an dem die Interaktion unter paradoxe Anforderungen gerät.*

Zugleich wird nämlich der Standpunkt der Religion, der doch friedenswahrend und Ordnung bestätigend wirken soll, ins Extrem, in die Unwahrscheinlichkeit der Erfüllung getrieben[93], sprengt damit die Abgrenzung sakraler und profaner Verhaltensbereiche und hypostasiert, ähnlich wie die modernen Devotionslehren, einen Blickpunkt, der dann aber nicht mehr durchlaufend praktiziert werden kann. Er wird in diesem Sinne lebensweltlich ausdifferenziert.

Im einzelnen sieht das so aus: Der Mensch ist durch den Sündenfall korrumpiert. Jeder Selbstbezug, jede Selbsterkenntnis oder Selbstliebe, kann ihm das nur bestätigen. Jede Aufklärung führt zur Erniedrigung, zur Zerstörung der »illusion naturelle« der Selbstliebe[94]. Sich kennen heißt: sich als schlecht kennen. Sich nicht kennen heißt: sich für gut halten. Jedes Ansetzen zur Selbsterkenntnis gerät daher in Widerspruch zur Selbstliebe und wird durch sie blockiert, abgelenkt oder doch abgeschwächt. Man bedient sich der Umwelt, und vor allem des anderen Menschen, um Selbsterkenntnis zu vermeiden und sie nur im Richtungssinne der Selbstliebe hinzulenken auf Eitelkeit und Stolz. Dieser Gefährdung sind die

soin de la paix. Für ein Beispiel aus England siehe Thomas Godwyn, The Demeanour of the Good Subject in Order to Acquiring and Establishing Peace, London 1681.

92 Vgl. Bd. II, S. 161 ff. zum Thema: Comment la concupiscence, la raison et la religion s'unissent pour former la Grandeur.

93 Siehe den einleitenden Traktat De la foiblesse de l'homme, Bd. I, S. 1-76.

94 Bd. I, S. 12.

Großen mehr ausgesetzt als die Kleinen, da ihr Betätigungsdrang und ihre Selbsteinschätzung in der sozialen Realität keinen Widerstand finden[95].

Was für das korrumpierte Moy gilt, gilt natürlich auch für die anderen Menschen und muß daher für jedes Moy zur Interaktionsmaxime werden[96]. Jedes Moy sollte den einzig rettenden Weg der Selbsterkenntnis und Selbsterniedrigung gehen und soziale Kontakte nutzen, um in diesem Sinne Nachteiliges über sich selbst zu erfahren[97]. Es sucht aber Kontakt, um sich in seinem Selbstwertgefühl, seinem Stolz, seiner Eitelkeit zu bestätigen. Vom Standpunkt des Einzelnen aus ist dies eine Frage der Kraft zur Selbstüberwindung oder auch eine Frage der Lebensstrategie, eine Frage der Wahl für oder gegen Gott. Für die soziale Interaktion wird aber genau dies zum Problem, da man nicht wissen kann, wie der andere wählt, und da man außerdem in sich selbst zwei verschiedene Bedürfnisse (Selbsterkenntnis und Selbstliebe) ihm gegenüber auszutragen hat. Wie man sich selbst, so ist auch der andere einem in Doppelgestalt gegeben: als jemand, der durch Selbstliebe, Selbsterkenntnis zu vermeiden sucht[98]. Je stärker die Religion, um den Einzelnen gegen die Verführungen der Selbstliebe zu wappnen, ihn auf die alles durchdringende Gewalt dieser Korruption hinweist[99], um so mehr zwingt sie ihn, Selbstliebe und nicht Selbsterkenntnis beim anderen vorauszusetzen. Wie soll man sich da verhalten? Wenn der Rat der Religion noch klar, wenngleich schwer zu befolgen ist in bezug auf die eigene Lebensstrategie, so macht die Radikalisierung dieses Problems es schwer, diesen Rat auch auf die Behandlung anderer auszudehnen. Soll man auch andere durch erniedrigende Aufklärung unter Verletzung ihrer Selbstliebe in die Selbsterkenntnis treiben? Zunächst empfiehlt Nicole ganz mutig:

95 Vgl. Bd. II S. 217 ff. zum Thema: Que l'estat des Grands est un obstacle à connoistre leurs devoirs.

96 »L'homme n'est donc que déguisement, que mensonge et hypocrisie, et en soi-même et à l'égard des autres. Il ne veut pas qu'on lui dise la vérité, il évite de la dire aux autres« (Pascal, Pensées 130, a. a. O. S. 862).

97 Vgl. Bd. III, S. 109 ff.

98 »parce qu'au lieu qu'on ne se forme qu'un portrait des autres hommes, on s'en forme en quelque sorte deux de ceux cy; l'un interieur qui est le veritable; l'autre exterieur où l'on ne fait entrer que ce qu'on juge leur pouvoir plaire«. (Bd. III, S. 20).

99 ›il se glisse partout‹, lautet eine Standard-Formel, die auch von anderen Autoren, die über Selbstliebe schreiben, benutzt wird.

»Il faut piquer cette enflure pour en faire sortir le vent qui la cause«[100]. *Aber das würde den Frieden gefährden, für den die Religion ebenfalls zu sorgen hat!*
In den Traktaten Des moyens de conserver la paix avec les hommes und Des jugemens temeraires steht dies Friedensproblem im Vordergrund. Daher lautet die Maxime: Vorsicht! Nicht Schockieren! Unüberlegte, das heißt in ihren möglichen Auswirkungen unüberlegte Urteile sollten zurückgehalten werden. Wahrheiten, die Selbstliebe tangieren, sollten verschwiegen werden, wenn man nicht sicher sein kann (und wie kann man sicher sein?), daß der andere sie verträgt. Nur indifferente Wahrheiten eignen sich für vorbehaltlose Kommunikation. Man müsse im sozialen Kontakt stets die ganze Vielschichtigkeit und Verzweigtheit der Selbstliebe des anderen im Auge behalten; so zum Beispiel, daß sie sich auch hinter wahren Meinungen und »pretextes honestes« verberge. Und wenn es schon gefährlich sei, andere auf die Unrichtigkeit ihrer Meinungen hinzuweisen, dann führe es erst recht zum Konflikt, ihren Passionen entgegenzutreten. Moralische Eiferer und Besserwisser richten nur Schaden an. Die beste Regel sei: Schweigen.
Diese Regel aber macht es wiederum dem eigenen Moy schwer, zu den benötigten Informationen über die eigene Schlechtigkeit zu kommen. Jeder muß also lernen, aus dem Schweigen anderer zu lernen und Kommunikationen kontraintuitiv, ja kontraintentional auszulegen[101]: »Il faut que nous ajoûtions de nous mêmes ce qui manque à leurs paroles«[102]. Die eigentliche Kommunikation wird so in ein Auswertungsgespräch mit sich selbst verlagert, auf das man in der sozialen Kommunikation abzielen kann. Vor allem aber ist es unter diesen Bedingungen so gut wie unmöglich, andere auf ihrem Weg zur Selbsterkenntnis zu fördern. Bedenkt man zugleich, daß der Weg der Selbsterkenntnis in den Himmel, der Weg der Selbstliebe in die Hölle führt[103], wird die ganze Tragweite dieses Dilemmas deutlich. Ist der andere hier noch Freund, noch anderes Selbst im Sinne der Tradition? Oder wird von Sozialität hier schon

100 Bd. I, S. 6.
101 Vgl. Bd. III, S. 132 ff. zum Thema: Regles pour entendre le langage des avertissemens, de la flatterie et du silence.
102 Bd. III, S. 132.
103 »que l'on n'entre dans le Ciel qu'en se connoissant, et dans l' Enfer qu' en ne se connoissant pas«, wie Nicole Bd. III, S. 58, ohne Umschweife formuliert.

mehr verlangt und zugleich für unwahrscheinlich erklärt? Kirche im ursprünglichen Sinne einer Gemeinschaft (communio, universitas) religiöser Kommunikation wird dadurch praktisch ausgeschlossen – oder bestenfalls auf eine Frage der Sozialhygiene und des Taktes reduziert.

Und noch in einer zweiten Hinsicht kollidiert die Religion, so aufgefaßt, mit ihrem eigenen Gesellschaftsbezug. Die skizzierten Kommunikationsprobleme *verstärken sich im Kontakt mit hochgestellten Persönlichkeiten*, die viel mehr als andere Anlaß haben, an ihren eigenen Selbstwert zu glauben und die viel mehr als andere hofiert werden. Gerade die Geschäftsführer der Gesellschaft sind so am stärksten gefährdet und am stärksten gegen die Wahrheit isoliert. Einerseits hat Gott sie in ihren Rang gesetzt und ihnen Größe und Pomp verliehen, um der korrupten Welt eine Ordnung zu geben; aber andererseits sagt die gleiche Religion, daß gerade in der Oberschicht Selbsterkenntnis am wenigsten möglich, also offenbar politisch irrelevant ist; und daß gesellschaftliche Bedeutung somit am ehesten zum Weg in die Hölle disponiert[104].

Im übrigen könnte auch Selbsterkenntnis der Hochgestellten nicht ohne Ranggefährdung (= Ordnungsgefährdung) in Kommunikation eingehen. Pascal erlaubt und verlangt von ihnen deshalb die double pensée: »que si vous agissez exterieurement avec les hommes selon votre rang, vous devez reconnaître, par une pensée plus cachée mais plus véritable, que vous n'avez rien naturellement au-dessus d'eux«[105].

Hier wird sichtbar, daß Korruption als *allgemein* menschlicher Status nach dem Sündenfall in einer sehr viel loseren und fast schon funktionalen Beziehung steht zum Hierarchieprinzip der Schichtung als etwa das Dual rein/unrein im indischen Kastensystem. Das mag mit sehr allgemeinen Formfragen des Gesellschaftsaufbaus zusammenhängen, nämlich mit der Hierarchienähe von Dualen, passend zu oben/unten. Rein und unrein sind unumkehrbar mit Hierarchie koordiniert, sind letztlich Hierarchiebegriffe und lassen eben deshalb die Macht- und Autoritätsverhältnisse zwischen

104 Vor der Hölle bewahrt dann offenbar die Ungnade bei Hofe, im Hinblick auf die es einem Cardinal de Retz schließlich lohnend erscheinen konnte, das Gute um des Guten willen zu tun. (Äußerungen dieser Art mehren sich übrigens im 18. Jahrhundert.)

105 Discours sur la condition des Grands a. a. O. S. 389.

Schichten als sekundär erscheinen. Dagegen erfordert corruptio Hierarchie gerade als Einheit von Ordnung und Weisungsgewalt. Diese Vorstellung ist eher als nur individuelle Positionsbeziehung, eher als nur funktional erforderlich zu interpretieren, wenn die gesellschaftlichen Verhältnisse sich wandeln. Und ihr tragendes Prinzip läßt, anders als im Falle von rein/unrein, eine religiöse Umkehrung der hierarchischen Bewertungsrichtung zu.

In mehrfacher Hinsicht untergräbt die religiöse Extremwertung der Korruption also Ordnungsbezüge der Religion, die sie selbst bejaht. Ein solches Fiasko muß eine Theorie, die ihren eigenen Prämissen treu bleiben will, natürlich vermeiden. Sie sucht ihren Ausweg in jener Sublimierung von Interaktionsforderungen, die wir als »Involution« gekennzeichnet hatten. Ihr Titel dafür ist jener Zeit schon geläufig: civilité chrétienne. Als Grundlage dient die traditionelle caritas, die ohne Selbstbezug nur um Gottes willen liebt und sich die sozialtaktischen Schwierigkeiten im Umgang mit anderen als eine Art Buße und Arbeit zu Ehren Gottes zumutet. Liebe aus Selbstliebe wird nun »le fondement de la civilité humaine, qui n'est qu'une espece de commerce d'amour propre, dans lequel on tâche d'attirer l'amour des autres, en leur témoignant soymesme de l'affection«[106]. Aber diese Ebene des weltlichen Kommerzes ist für christliche Zivilität nur Basis für ein höherstufiges Wirken, nur unerläßliches Instrument: »Il faut attirer l'affection des hommes, non pour y prendre une mauvaise complaisance, mais afin que cette affection nous mette en estat de les servir«[107]. Man erwirbt bei hinreichendem Geschick eine reputation de delicatesse[108], die in gewissem Umfange das Unmögliche doch ermöglicht: sich wechselseitig bei der Selbsterkenntnis zu helfen.

Eine zweite Schicht von Überlegungen, ein genauerer Vergleich von charite und amour propre[109], bringt schließlich diese ausschlaggebende Differenz selbst fast zum Verschwinden, weil die beiden Formen der Liebe in ihren *Äußerungsformen in der Interaktion konvergieren.* Das religiöse Motiv zieht sich ins Unidentifizierbare zurück. Das Zurschaustellen religiöser Motive wird alsbald darauf suspekt (La Bruyère).

106 Bd. II, S. 127.
107 Bd. II, S. 148.
108 Bd. III, S. 123, 127 – formuliert für den, der sich die Wahrheit sagen läßt.
109 Bd. III, S. 146-211.

Als Resultat erscheint dann die »honesteté« – ein Begriff, der im 17. Jahrhundert dazu tendiert, moralische Qualitäten in Richtung auf (nur noch) soziale zu kanalisieren. Es liegt im Sinne der »honnesteté«, den amour propre so weit an die charité heranzustilisieren, daß niemand einen Unterschied feststellen kann und sogar die eigene Intention unklar wird[110]. Daher genügt eine hinreichend zivilisierte Selbstliebe, um die Gesellschaft zu ordnen. »L'amour propre éclairé pourroit corriger tous les défauts exterieurs du monde, et former une societé tres reglée«[111]. Die »méchantes finesses«[112] der Selbstliebe sind so schlimm also nicht. Im Gegenteil: sie verbessern die Lage. Es muß nämlich nur verhindert werden, daß Selbstliebe in sozialer Interaktion Ausdruck findet und über Kommunikation aversive Effekte auslöst und steigert. Was noch *radikal negativ* gewertet wird, nimmt schon an einem Prozeß *sozialer Aufwertung* teil. Die Analyse folgt der Selbstliebe in all ihren Schlichen und bereitet gerade dadurch einer Umwertung den Boden – démêlant si bien les trames de l'amour-propre qu'il finit par les rendre ›admirable‹ – et suffisantes«[113]. Schon hier hat caritas einen »nur noch religiösen« Sinn – erneut ein Indikator für Ausdifferenzierung der Religion.

Die gleiche Figur ist auch bei Jean Domat faßbar. Von ihm wird sie in eine Rechtstheorie transformiert[114]. Die Religion bleibt erstbenannte Grundlage, insbesondere Geltungsgrund der beiden premières lois: souverain bien und amour mutuel. Mit dem Sündenfall ist jedoch amour propre gegeben, »comme une peste universelle et

110 Theologisch knüpfen hier an alle Vorteile der Unerkennbarkeit des eigenen Gnadenstandes. Man kann nicht hochmütig sicher sein (und sein Heil so verlieren), und andere haben immer noch Hoffnung, sich retten zu können, und auch die Bemühung um sie hat immer noch Sinn. Vgl. Bd. III, S. 203 ff.

111 Bd. III, S. 197.

112 Bd. III, S. 165.

113 wie Marcel Raymond formuliert, siehe: Au principe de la morale de l'intérêt, in: ders., Vérité et poésie, Neuchatel 1964, S. 61-86 (66). Und ähnlich bemerkt J. A. W. Gunn, Politics and the Public Interest in the Seventeenth Century, London 1969, S. 286, für den Parallelvorgang in England: »This was the transition from cynicism to social theory«. Vgl. ferner Anthony Levi, Amour-propre: The Rise of an Ethical Concept, The Month 207 (1959), S. 283-294.

114 Ich zitiere nach der Ausgabe der Œuvres complètes de J. Domat, hrsg. von Joseph Remy, 4 Bde., Paris 1828-1830. Wichtig insb. Kapitel IX im Traité des Lois (»De l'état de la société après la chute de l'homme, et comment Dieu la fait subsister«) a. a. O. Bd. 1, S. 24 ff.

la source de tous les maux qui inondent la société«[115]. Aber am Ende stellt sich heraus: Mit Gottes Hilfe gelingt alles zum Guten. Der Sündenfall befreit und vermehrt die Bedürfnisse, daraus ergeben sich wechselseitige Abhängigkeiten und Bindungen, in denen die Selbstliebe zum Guten wirkt und der Mensch in seiner Selbstliebe alles auf sich nimmt, sogar Aufrichtigkeit und Treue. Die Selbstliebe verfeinert sich und wird nahezu unerkennbar, »et chacun voit dans les autres, et s'il s'étudiait, verrait en soi-même les manières si fines que l'amour-propre sait mettre en usage pour se cacher, et s'envelopper sous les apparences des vertus mêmes qui lui sont les plus opposés. On voit donc, dans l'amour-propre, que ce principe de tous les maux est dans l'état présent de la société une cause d'où elle tire une infinité de bons effets«[116]. Der Sündenfall erweist sich mithin als ein Prinzip der Steigerung mit der Folge, daß im Ergebnis alles besser wird und der Mensch angehoben wird »dans un état plus heureux que celui qui avait précédé sa chute«[117]. Sündenfall also, so kann man kurz und bündig formulieren, als Prinzip der Glückssteigerung, wenn auch nur mit Hilfe einer Unterbrechung motivationaler Kurzschlüsse, also eines Prinzips der Latenz[118].

Am verblüffendsten regelt sich von hier aus das Problem der Gefährdung der hochgestellten Persönlichkeiten. Es genügt völlig, sie zu aufgeklärter Selbstliebe zu erziehen. Sie gelangen damit, indem sie als Böse die Guten zu imitieren versuchen, schon ziemlich nahe an den Himmel heran, und es bedarf schließlich nur noch einer kleinen inneren Umschaltung der Intention, um sie endgültig zu retten[119]. Man sieht den Fortschritt, wenn man diese Problemlösung mit derjenigen Machiavellis vergleicht. Da der Fürst und seine

115 A. a. O. S. 25.

116 A. a. O. S. 26.

117 A. a. O. S. 25.

118 Daß die Bereinigung dieses Latenzerfordernisses schwierige logische und theoretische Probleme aufwirft, hatten wir oben bereits notiert: Gesellschaftliche Struktur und semantische Tradition Abschnitt IX.

119 Nicole formuliert: »S'ils (die Erzieher) ne réussiroient pas par ce moyen à les rendre utiles à eux-mesmes, ils réussiroient au moins à les rendre utiles aux autres, et ils le mettroient dans un chemin qui seroit toûjours moins éloigné de la voye du Ciel, que ce-luy qu'ils prennent, puis qu'ils n'auroient presque qu'à changer de fin et d'intention pour se rendre aussi agreable à Dieu par une vertu vrayement chrestienne, qu'ils le seroient aux hommes par l'éclat de cette honnesteté humaine, à laquelle on les formeroit« (Bd. III, S. 198). Diese Nähe zum Himmel widerspricht freilich der

Berater in notwendigen Fällen zur Erhaltung des Staates gegen Moral verstoßen müssen, sind sie für die Hölle bestimmt. An der Differenz von moralischem und unmoralischem Verhalten ist nicht zu rütteln, und entsprechend gilt für die andere Welt ein Programm der Apartheit. Aber die Hölle Machiavellis trägt den irdischen Zwangslagen Rechnung: Sie ist ein recht exklusiver Klub tüchtiger Männer zur Diskussion politischer Problemlagen. Die Korrektur an dieser Stelle ermöglicht es, die Differenz der moralischen Wertung zu erhalten und damit auch die Einheit von Religion und Politik in der moralischen Wertung (nicht: in der Praxis) noch zu bewahren. Erst das 17. Jahrhundert entwickelt einen anthropologischen Radikalismus, der die moralische Differenz ins Schwimmen bringt und letztlich auf den Menschen hin relativiert.

Offensichtlich läßt sich also gerade eine radikal negative Anthropologie in ihrer Negativität nicht in die soziale Ordnung hinein verlängern. Sie muß soziale Ordnung voraussetzen (Nicole) oder neu begründen (Hobbes)[120]. Sie gibt, und das bleibt als Denkerfahrung des 17. Jahrhunderts, der sozialen Ordnung eine Positivität, für die dann auch wieder eine positive Auffassung von menschlichen Beziehungen nachgeschoben werden kann. Allerdings kann das nun nicht mehr in der alten Form natürlicher Sittlichkeit und religiös-politischer Teleologie des Handelns geschehen. Vielmehr werden die Ersatzlösungen stärker, als es zuvor denkbar gewesen war, Menschen als reflektiert und Sozialität als sozial konstituiert in Anschlag bringen müssen. Die von der Religion noch gestellte Frage wird von der Religion nicht mehr beantwortet.

Es lohnt schließlich, das gleiche Problem nochmals spiegelverkehrt mit den Augen des Höflings zu betrachten. Wir stützen uns auf einen Traktat von Jacques de Cailliere (1658)[121]. Der Ausgangs-

Radikalität, mit der die Alternative Himmel oder Hölle ursprünglich (vgl. oben Anm. 103) gestellt war.

120 Im Anschluß hieran hat man sich über das Verhältnis von Gesetz und Interaktion für die Fundierung der Gesellschaft Gedanken gemacht. Von Selbstliebe und Eigeninteresse ausgehend, heißt es dazu bei Deslandes a. a. O. (1715), S. 121 f.: »La société est un commerce mutuel où chacun cherche à gagner moins necessaire, mais plus ingenieuse que les Loix, la Bienséance sauve l'honneur de ceux qui dupent et l'amour propre de ceux qui sont dupés. Que ne lui doit-on pas? En qualité de Souveraine, elle ne craint point de se ruiner. Ses revenues sont fondés sur nos besoins«.

121 La Fortune des gens de qualité et des gentils-hommes particuliers, zitiert nach der Ausgabe Paris 1664.

punkt ist hier die Zentralisation aller Glückschancen, aber auch ihrer Gefährdung durch die Einheit des Fürsten. Dessen Gunst bestimmt sowohl Schicksal als auch Fortune. Diese Gunst wird durch contribution à ses divertissemens[122] erreicht. Sie kann sich jedoch nur wenigen erweisen, und sie wird nie sicherer Besitz (Der Fürst ist Mensch), sondern ist immer durch andere gefährdet – und zwar durch Kommunikation. Daher ist der Hof ein System offener und verdeckter Konkurrenz[123]. Unter solchen Umständen kann man einem Freunde alles anvertrauen: Sorgen, Güter, selbst das eigene Leben – aber nicht Geheimnisse![124]. Man hat offene und verdeckte Feinde, und der Kampf vollzieht sich nicht (oder nicht nur) in der Form greifbarer Rechtswidrigkeiten, sondern in der Form der Kommunikation, kommunikativer Gesten, kommunikativer Interaktion[125]. Diese Verlagerung des Problems in eine nicht-kriminalisierbare Kommunikation macht caritas unmöglich, und sie verlagert piété in gesteigerte Rechtschaffenheit, Umsicht und konsistente Verfolgung des eigenen Interesses. Und vor allem: Nächstenliebe fällt hier mit Selbstdestruktion zusammen. »Nous devons aimer nostre prochain, mais cet amour ne nous est pas ordonné pour nous détruire«[126]. Wie bei Nicole bringt also das Tieferlegen der Interaktionsebene auf ein Kommunikationsproblem die reine Nächstenliebe zum Verschwinden: Beim Theologen verschwindet sie in der Ununterscheidbarkeit von, beim Weltmann in der Inkompatibilität mit Erfordernissen des sozialen Lebens.

Hier sind also Religion und Welt in eine Patt-Situation geführt – ohne Anspruchsverzicht und eher infolge wechselseitiger Totalisierung. Man kann dann aber die Denkmittel der Religion nicht mehr steigern, nicht mehr überbieten, wenn genau dies ihr Resultat

122 A. a. O. S. 33 f.

123 »Comme elle (la Cour) est composée de plusieurs qui aspirent à mesme fortune, leur étude principale est de profiter du malheur les uns des autres« (S. 59).

124 A. a. O. S. 61 f. Vgl. auch Christian Georg Bessel, Schmiede deß politischen Glüks. Frankfurt-Hamburg 1673, S. 59 ff., 103 ff.

125 »il baïsera ma main qu'il veut couper, et ne m'embrassera que pour m'étouffer plus seurement« (S. 80).

126 A. a. O. S. 82. Siehe dazu auch die Gründe, die Seckendorf 1664 für sein Ausscheiden aus dem Hofdienst angibt: daß »bey solchen Diensten mann immerfort anlasz zum Zorn, Dissimulation und anderen der Christlichen liebe und einfalt sehr widerstrebenden lastern bekommt« (zitiert nach Arnold Hirsch, Bürgertum und Barock im deutschen Roman, 2. Aufl. Köln-Graz 1957, S. 57).

ist. Parallel dazu tritt auch in der untheoretischen Literatur gegen Ende des 17. Jahrhunderts die religiöse Weltsetzung zurück (ohne daß deswegen Religion hätte negiert werden müssen). Das soziale Verhalten wird nicht mehr primär an der Religion und ihren moralischen Geboten gemessen, sondern auf Interaktion bezogen. Die Gesellschaft selbst, begriffen als Kontaktsystem, wird zum kritischen Resonanzboden des Verhaltens. Die gesellige Interaktion setzt eine Art Autonomieanspruch durch, wobei Schichtung und Moral durchaus erfolgswirksame Faktoren bleiben, Funktionsbezüge aber ausgespart sind. Sozialität wird für sich selbst bewußt und mit Selbstkorrektiv ausdifferenziert. Sie wird in der Form von Geselligkeit zum Selbstzweck, abgelöst selbst vom Nutzen für das eigene Fortkommen[127]. Die Bewertungsfaktoren müssen ihr daraufhin neu zugeordnet werden.

VI.

Ebenso wie die Religion zieht sich auch die Politik aus der Bindung an Oberschichteninteraktion zurück; und ebenso läßt auch hier die Ausgliederung der gesellschaftlichen Funktion die gesellschaftliche Interaktion in einem sublimierbaren, raffinierbaren Zustand zurück. Man gewinnt somit den Eindruck, daß erst die Distanzierung von gesamtgesellschaftlichen Funktionen der Oberschichteninteraktion die Möglichkeit gibt, ihre speziell interaktiven Möglichkeiten voll zu entfalten.

Mit dem Zusammenbruch der Fronde (1653) war in Frankreich die Entscheidung gegen eine politisch selbsttragende Oberschicht gefallen. Seitdem ist die soziale Hierarchie mit der Amtshierarchie oder dem politischen Einfluß nicht mehr identisch (obwohl natürlich Beziehungen fortbestehen)[128]. Die ständische Hierarchie bleibt erhalten, aber das Problem der Verankerung von Politik wird

127 Siehe besonders Abbé de Bellegarde, Réflexions sur ce qui peut plaire ou déplaire dans le commerce du monde, Paris 1690, 3. Aufl. Amsterdam 1705; Suite des réflexions sur ce qui peut plaire ou deplaire dans le commerce du monde, 2. Aufl. Amsterdam 1699.

128 Vgl. zu dieser oft behandelten Entwicklung in Frankreich Henri Brocher, Le rang et l'étiquette sous l'ancien régime, Paris 1934, S. 55 ff. Vgl. auch Hans Rosenberg, Bureaucracy, Aristocrary and Autocracy: The Prussian Experience, 1680-1815, Cambridge Mass. 1958.

durch Transzendieren von Schichtung überhaupt gelöst. Die Semantik von Hierarchie bleibt erhalten, aber sie wird nach oben verlängert durch Ausdifferenzierung einer noch höheren Instanz, die nur noch das Prinzip der Spitze verkörpert, ohne selbst eine Schicht zu sein – nämlich durch Institutionalisierung der Rolle eines Zentralfürsten, dem die oberste Schicht bei Hofe dient.

Die religiöse Kosmologie hatte solche Verlängerungen über soziale Schichtung hinaus immer schon gekannt, die Kaiseridee und der Souveränitätsbegriff des Mittelalters hatten derartige Möglichkeiten vorformuliert; aber das Verhältnis des Zentralfürsten zur Schichtstruktur wird jetzt neu bestimmt. Die oberste Schicht gibt das Risiko, Spitze einer Hierarchie zu sein, politisch wie zeremoniell auf und ordnet ihre eigene Interaktion mit Bezug auf den Zentralfürsten als einen ihr nicht zugehörigen externen Faktor. Eine solche Externalisierung des Risikos eröffnet ihr zugleich ganz neue Möglichkeiten, Taktiken und Raffinessen des Umgangs mit dem, der alle Risiken absorbiert und umverteilt; und andererseits wird die Oberschichtenkommunikation selbst auf Leerlauf geschaltet, da der Zentralfürst seine politischen Entscheidungen anderswo trifft.

Die vielleicht entscheidende Komponente dieser Neuordnung ist jedoch, daß in der geistesgeschichtlichen Situation des 17. Jahrhunderts die Unterordnung unter ein Prinzip oberhalb von Schichtung (und damit: oberhalb von Sozialität) *nicht mehr zwangsläufig religiös definiert werden muß*. Die Segmentierung des Religionssystems durch Konfessionsbildungen, die religiösen Bürgerkriege, aber auch die Inflationierung der Ansprüche an Alltagsreligiosität (Devotion im neuen Sinne) und die dogmatischen Systematisierungen hatten Religion zu stark problematisiert, als daß sie den Gesamtbereich der suprasozialen Ordnung noch selbstverständlich für sich hätte in Anspruch nehmen können. Der Monarch und sein Hof etablieren sich an einer Stelle, die sonst nahezu unvermeidlich religiöse Qualifikation auf sich gezogen hätte; und man kann an mancherlei Zeichen, etwa an den politischen Bemühungen der Devotionsbewegung oder auch an den Diskriminationsschwierigkeiten der am Hofe wirkenden Geistlichkeit, ablesen, daß die Trennlinie noch keineswegs selbstverständlich und zuverlässig gezogen war.

Die Interaktionsebene profitiert davon zunächst, wenn man so sagen darf, durch Entmoralisierung. Teils drängt die Religion selbst sie ins taktische Raffinement, das hatten wir im vorigen Abschnitt nachgezeichnet; teils regt die politische Relevanz religiöser Differenzen den Opportunismus an. Für Angehörige der Oberschicht gibt es Gelegenheiten genug zur Beobachtung von Motiven und Karrieren, die nicht auf den Gesamtnenner einer akzeptierten Moral zu bringen sind. Selbstreferentielle Motivbegriffe bieten sich an. Und erst die Ungnade führt mit ihren *sozialen* Auswirkungen an den Punkt, an dem eine Art spielerische Umkehrung der normalen Maximen des Verhaltens sich vorführen läßt, nämlich die Regel, das Gute nur um des Guten willen zu tun. »L'unique remède contre ces sortes de déplaisirs, qui sont plus sensibles dans les disgrâces que les disgrâces elle-mêmes, est de ne jamais faire le bien que pour le bien même« – so die überraschende Folgerung des Cardinal de Retz am Ende seiner Memoiren, die alles andere hätten erwarten lassen als eine solche Sünde wider den heiligen Geist der Unmoral[129].

Eine Interaktionstheorie, die sich nach solchen Erfahrungen und im Anschluß an eine solche Vorgänger-Literatur neu und positiv konsolidieren will, distanziert sich von Politik[130], aber auch vom Rechtssystem, von der Wirtschaft, von der Wissenschaft. »Toutes les fois que plusieurs personnes parlent dans les Assemblées, elles ne forment pas ce que nous appellons *Conversation.* Il faudrait que les Sciences obscures et les grandes Affaires eussent moins de part dans leurs discours, que la bienséance et le divertissement«[131]. Bei Themen aus diesen Bereichen muß die Konversation Zurückhal-

129 Cardinal de Retz, Mémoires (éd. de la Pléiade), Paris 1956, S. 884.

130 nicht notwendigerweise im terminologischen Sinne. Speziell im deutschen Sprachgebrauch bleibt bis ins 18. Jahrhundert hinein ein sehr breiter Gebrauch von »politisch« erhalten. Man denke etwa an die »politischen Romane«, die nach den Rezepten von Christian Weise geschrieben werden; siehe ferner den eher Privatleben betreffenden »Kurtzen Entwurff der politischen Klugheit« von Christian Thomasius, Frankfurt 1705; weitere Hinweise bei Barbara Zaehle, Knigges Umgang mit Menschen und seine Vorläufer: Ein Beitrag zur Geschichte der Gesellschaftsethik, Heidelberg 1933, S. 68 ff.

131 de Vaumoriere, L'Art de plaire dans la conversation, 4. Aufl. Paris 1701, S. 5. Zur Ausgrenzung von funktionsbezogenen Themen im einzelnen S. 282 ff. (Religion), S. 298 ff. (Politik), S. 316 ff. (Wissenschaften), S. 363 ff. (Krieg). Dabei wird nicht auf schlichte Kommunikationsverbote zurückgegriffen, sondern die Selektionsregel ist: nach außen Schonung, nach innen Passung (= bienséance) – symptomatisch für eine

tung üben, und es ist ihre Autonomie, ist die Struktur ihrer eigenen Erfolgsbedürfnisse, die Themen als passend oder unpassend seligiert. Die Beteiligten müssen dies ertasten und berücksichtigen. Als Prototyp der Interaktion muß die Konversation sich von der Würde und der Bürde der »Großen« der Gesellschaft ganz zurückziehen. Sie wird entlastete Leichtigkeit der Konversation im Salon als ihre Welt bevorzugen und Politik wie Religion marginalisieren. So entsteht eine Zwei-Schichten-Semantik[132], die zumeist als Ausdruck der Geisteswelt des aufsteigenden Bürgertums interpretiert wird[133]. Wichtiger ist, daß in der Interaktionstheorie einerseits die Funktionsrollen, andererseits die Führungsebene der Gesellschaft jetzt als Anomalie oder in Ausnahmepositionen erscheinen. So kann die Regel der Reziprozität und des alten Sich-an-die-Stelle-des-anderen-Versetzens gerade in der Wirtschaft nicht gelten, denn niemand wird für ein Gut das zahlen wollen, was er als Eigentümer des Gutes gern erhalten würde; und es wäre wirtschaftswidrig, dies moralisch zu postulieren, denn damit käme die Wirtschaft zum Stillstand[134]. Man sieht: ein interpersonal *vertieftes* Reziprozitätsverständnis ist mit *Funktionserfordernissen nicht mehr kompatibel* und erzwingt den Rückzug der Interaktionstheorie auf die Geselligkeit. Auch Funktionsträger stehen auf eigentümliche Weise außerhalb des Modells, das für rationale soziale Interaktion entwik-

schon bewußt praktizierte Ausdifferenzierung des Interaktionssystems Geselligkeit. Stärker sachbezogen (und weniger interaktionsbezogen) dagegen die »Konversationsmodelle« des Abbé de Bellegarde, Modeles de conversations pour les personnes polies, 6. Aufl. Den Haag 1719.

132 Vorgeformt bereits in der Hirten-Semantik der berühmten, viel gelesenen »Astrée«, in der die Hirten die Adelswelt unterhalb der eigentlichen Führungsschicht des Landes repräsentieren.

133 Ebenso problematisch die entgegengesetzte Einseitigkeit: die ganz auf den Fürstenhof zugeschnittene Interpretation von Elias a. a. O. (1969), die den Hôtels und Salons als Erziehern und distanzierten Beurteilern der höfischen Geselligkeit nicht gerecht wird. Vgl. etwa N. Ivanoff, La Marquise de Sablé et son Salon, Paris 1927; Emile Magne, Voiture et l'Hôtel de Rambouillet, Paris 2. Bde., Neuauflage 1929/30; oder für England Irene Coltman, Private Men and Public Houses, London 1962. Vgl. ferner oben Anm. 70. Auch die von John E. Mason, Gentlefolk in the Making, Philadelphia 1935, aufgearbeitete Literatur läßt sich ganz offensichtlich nicht unter die Anforderungen des Hoflebens subsumieren.

134 Siehe John Hall, Of Government and Obedience as they Stand Directed and Determined by Scripture and Reason, 1654, S. 141, zit. nach J. A. W. Gunn, Politics and the Public Interest in the Seventeenth Century, London-Toronto 1969, S. 102 f.

kelt wird[135]. Sie müssen Interaktion über funktionsnotwendige Asymmetrien laufen lassen, wofür die meisten Regeln natürlicher und moralischer Interaktion nicht recht passen. Verstärkt gilt diese Ausnahmestellung für »les grandes afaires et les negotiations importantes«, denen man Interaktionsqualitäten wie Aufrichtigkeit, Durchsichtigkeit, Herzlichkeit, Offenheit nicht zumuten kann, die aber ihrerseits dann auch *nicht zum Glück der Gesellschaft beitragen können*[136].

Auch für Moncrife stehen die höchsten Personen der Gesellschaft außerhalb der Regeln, nämlich außerhalb der Notwendigkeit, Gefallen zu erwecken[137]. Sie haben es nicht nötig, am gesellschaftlichen Spiel teilzunehmen und über Reziprozität auf der Ebene wechselseitigen Gefallens Erfolge zu suchen. Sie werden für die Bürde ihres Amts auf andere Weise entschädigt. »On les accableroit des éloges qui ne sont dû qu'à la perfection«[138]. Sie brauchen deshalb kaum soziale Qualitäten für ihr Amt – es sei denn die alte Tugend der Oberschichtenerziehung: Eloquenz[139].

Noch kurz vor der französischen Revolution wird die Interaktionsgesellschaft als »commerce des secours et des bienfaits mutuels« auf moralische Perfektion hin konzipiert und gegen die Politik des Regimes abgegrenzt[140]. Die Entwicklung der Menschheit wird als Angelegenheit moralisch zivilisierter Interaktion, nicht als Angelegenheit von Politik gesehen[141]. Kein Wunder, daß diese Moral, durch die Revolution politisch in Szene gesetzt, darauf theoretisch nicht vorbereitet war.

135 Ein (relativ seltener) Fall expliziter Behandlung dieses Problems findet sich bei Claude Buffier, Traité de la sociéte civile, Paris 1726 Buch IV S. 26 ff. Buffier sieht, daß die Maxime der Gegenseitigkeit »Ne point faire à autrui ce que nous ne voudrions pas qu'on fit à nous-mêmes« auf Funktionsträger wie Erzieher und Richter nicht anwendbar ist, und weicht deshalb auf das allgemeinere Prinzip »de chercher en tout notre avantage, reuni à celui des hommes avec qui nous avons à vivre« aus.

136 Buffier a. a. O. Bd. I-III, S. 235 ff.

137 Siehe François-Augustin Paradis de Moncrife, Essais sur la nécessité et sur les moyens de plaire, Paris 1738, S. 185 ff.

138 A. a. O. S. 186.

139 »A l'égard des hommes destinés à ces premiers emplois, dont les fonctions sont sérieuses et austères, il est peu de talens, si vous en exceptez l' éloquence, qui paroissent leur convenir«. (a. a. O. S. 187).

140 Abbé de Mably, Principes de Morale, Paris 1784 (Zitat S. 30).

141 Hierzu auch Reinhart Koselleck, Kritik und Krise: Ein Beitrag zur Pathogenese der bürgerlichen Welt, Freiburg-München 1959.

Im Prinzip ähnlich verläuft die Abgrenzung zum Funktionsbereich Wissen; sie erscheint aber in ganz anderer Form, weil hier die schichtungsmäßigen und die historischen Vorgaben anders liegen. Bis in die erste Hälfte des 17. Jahrhunderts hinein hatte der Adel seine Hauptaufgabe im militärischen Bereich gesehen und entsprechend lange Studien als Belastung, wenn nicht Schwächung empfunden. Im Laufe des 17. Jahrhunderts setzt sich jedoch, besonders in Frankreich, ein interaktions- und konversationsbezogenes Bildungsideal durch, das den Adel einzubeziehen vermag.[142] Interaktionsfähigkeit wird zur Norm, von der aus geregelt wird, was und wie man wissen und formulieren muß[143]. Damit wird die bloße Gelehrsamkeit, die Erudition, das Wissen nur um des Wissens willen abgelehnt; ebenso die vielen kleinlichen Kontroversen, die Pedanterie des Details, das in Schulen gelehrte und gelernte, gesellschaftlich bezuglose Wissen. All das ist Ballast, wenn nicht Störung für die gesellschaftliche Konversation, weil es nicht zum gemeinsamen Interesse aller Beteiligten werden kann und ins Maßlose tendiert[144]. Erziehung in Richtung auf Schulwissen würde in der Gesellschaft nur dazu taugen, Unerzogenheit vorzuführen. Dabei ist Interaktionsfähigkeit zugleich die Konzession, durch die die Oberschicht angesprochen und in gebildete Konversation einbezogen werden kann. Sie erzieht sich dann in der Interaktion selbst. Sie muß hierfür nur vorgeschult werden.

142 Hierzu mit historisch-weiträumigen Perspektiven Norbert Elias, Über den Prozeß der Zivilisation: Soziogenetische und psychogenetische Untersuchungen (1939), 2. Aufl. Bern-München 1969, und Otto Brunner, Adeliges Landleben und Europäischer Geist, Salzburg 1949, insb. S. 61 ff.

143 Repräsentativ hierfür Lebensvollzug und Werke des Chevalier de Méré (siehe Œuvres Complètes, 3 Bde., Paris 1930), repräsentativ auch insofern als de Méré erst gesellschaftlich lebt, korrespondiert, diskutiert und erst spät und aus einer erfahrenen Konsenssicherheit heraus für den Druck formuliert. Politik und Wirtschaft – quand on s'assemble pour déliberer ou pour traiter des affaires, a. a. O. Bd. 2, S. 103 – sind vorab schon ausgegrenzt und gehören nicht zur conversation. Zurschaustellen von Wissen und Belehrung anderer wird über Interaktionsnormen beschnitten, z. B. a. a. O. Bd. 2, S. 106. Zur Ausschließung *aller* Funktionsthemen aus der gesellschaftlichen Konversation vgl. auch Madeleine de Scuderi, De la conversation, in dies., Conversations sur divers sujets Bd. 1, Lyon 1680, S. 1-35 (2).

144 Eine einsichtsvolle Begründung hierfür, die zugleich die Ausdifferenzierungsnotwendigkeiten für Wissenschaft erkennen läßt, findet man bei de Cailliere a. a. O. S. 212 ff.: Wissen engagiere den, der damit anfängt, zu sehr, weil es kettenförmig gegeben sei und das eine das andere nach sich ziehe. Das leuchtet auch heute sehr viel mehr ein als die anthropologische Begründung über curiositas.

Als Abkömmling dieser interaktionellen Disziplinierung des Wissens entsteht ein neuartiges schriftstellerisches Professionsbewußtsein, mit dem das Für-den-Druck-Schreiben (analog zu: Für-den-Markt-Produzieren) zur Interaktion hinzutritt, die Reichweite der Konversation elargierend[145]. Oft wird die Form des Dialogs auch im Druck beibehalten. Die Bewegung sucht ihrerseits neue Synthesen mit Wissenschaft, etwa in Diderots Enzyklopädie. Gerade mit diesem Unternehmen stößt sie jedoch an ihre Grenzen, die sich an der Kritik Voltaires ablesen lassen: Die Norm des Zuträglichen, Eleganten, glatt Formulierten, unmittelbar Verständlichen läßt sich nicht durchhalten; sie kollidiert mit dem Ziel der Präsentation und Publikation von Sachwissen selbst und mit der Notwendigkeit, Ausgangspunkte für möglichen wissensspezifischen Fortschritt festzulegen. Auch hier versagt schließlich Interaktion als Träger eines gesamtgesellschaftlichen Funktionsanspruchs.

Schließlich entspricht es alten Regeln der geselligen Konversation, daß der eigene Haushalt nicht interessiert, daß man wenig oder nur mit Zurückhaltung über die eigenen Gatten, über die Probleme der Kindererziehung oder über Schwierigkeiten mit dem Personal spricht[146]. Diese Grenze ist nicht neu, sie kontinuiert die alte Differenz von häuslichem und öffentlichem (politischem Leben) in den Oberschichten. Sie trägt jetzt aber zusätzlich dazu bei, gesellige Interaktion auch von dieser Seite her auf sich selbst zu isolieren. Offensichtlich meidet man Themen, zu denen die Beteiligten nicht die gleiche Stellung einnehmen können, weil sie außerhalb der Konversation unterschiedlich involviert sind. Positiv entspricht das der Regel: sich wechselseitig zu gefallen. Diese Gefühlslage liegt ihrerseits außerhalb von Familienbeziehungen, und sie kann durch Verwandtschaft nicht erreicht werden.[146a]

145 Hierzu Fritz Schalk, Studien zur französischen Aufklärung, 2. Aufl. Frankfurt 1977, insb. den Essay Die Entstehung des schriftstellerischen Selbstbewußtseins in Frankreich. Zum Übergang vom (interaktionsbezogenen) »honnête homme« zum (öffentlichkeitswirksamen) »philosophe« des 18. Jahrhunderts auch Rolf Reichardt, Zu einer Sozialgeschichte der französischen Aufklärung: Ein Essay, Francia 5 (1977), S. 231-249.

146 Dazu etwa de Vaumoriere a. a. O., S. 8 f.

146a Ein bloß auf Verwandtschaft gegründetes Sentiment sei ›une chimere inventée par l'intérêt et la vanité‹, meint dazu Madame Thiroux d'Arconville, De l'amitié, Paris 1761, S. 67 – ein typisches Oberschichtenurteil, das auf das Bürgertum des 18. Jahrhunderts nicht passen würde.

Mit Mitteln einer systemtheoretischen Soziologie könnte die Doppeltendenz einer Abgrenzung gegen gesamtgesellschaftliche Funktionen bei Steigerung von interaktioneller »Gesellschaftlichkeit« interpretiert werden als Reaktion auf zunehmende Differenzierung der Systembildungsebenen Gesellschaft und Interaktion[147]. Die Differenz selbst wird aufgegriffen und formuliert im wirtschaftswissenschaftlichen Schrifttum, das sich im 18. Jahrhundert einerseits von der aufs Haus beschränkten Ökonomie abzulösen, andererseits auch gegen Politik zu differenzieren beginnt. Den Halt für diese zweifache Distanzierung sucht man zunächst in naturnotwendigen Gesetzen der Wirtschaft, die die Wirtschaft als »Nationalökonomie« von der tauschförmigen Interessenverfolgung abheben, auf der sie gleichwohl beruht. Die Einheit dieser Differenz beruht auf der Ausdifferenzierung eines funktionsspezifischen Systems. Sie läßt sich nicht auf Schichtung stützen, läßt ihre Ordnungsfunktion nicht aus einer gegebenen Schichtung ableiten. Schichtung war stärker, oder jedenfalls in einem ganz anderen Sinne, auf Interaktion in den Subsystemen angewiesen als nationale bzw. internationale Wirtschaft.

Von der Wirtschaft her gesehen verliert der ständisch-politische Aufbau seine Selbstverständlichkeit, behält aber seine Notwendigkeit als Differenzierung des Reichtums. »L'ordre civile et politique n'est donc point excellent par sa nature«, meint Necker[148]. Die Moral kann dann nicht mehr auf eine Beziehung des Einzelinteresses auf ein Gesamtinteresse gegründet werden[149]. Irreguläre Einzelbewegungen führen nicht notwendig zu einem desordre frappant[150]. Offenbar tritt in diesem Denkansatz Interaktion als eine Ebene, auf der etwas zu entscheiden ist, überhaupt zurück. Als es bald darauf zu einem desordre frappant kam, war der Autor als Politiker auf Interaktion nicht vorbereitet, sowenig wie die Interaktion auf Politik vorbereitet war[151].

147 Vgl. Niklas Luhmann, Interaktion, Organisation, Gesellschaft, in ders., Soziologische Aufklärung Bd. 2, Opladen 1975, S. 9-20.

148 Jacques Necker, De l'importance des opinions religieuses, London-Lyon 1788, zitiert nach: Œuvres complètes Bd. 12, Paris 1821, Neudruck Aalen 1971, S. 22.

149 A. a. O. S. 27, 44 ff.

150 A. a. O. S. 26.

151 Zum Scheitern des Politikers Necker in den Vorfeldproblemen der Interaktion vgl. die Beobachtungen eines Zeitgenossen: E. Brandes, Politische Betrachtungen über die französische Revolution, Jena 1790, S. 33 ff. Man vergleiche hierzu die Intensität

Symptomatisch für das Verhältnis zur Wirtschaft ist ein (scheinbar abseits liegendes) Argument, das Pluquet von La Rochefoucauld übernimmt, um die Instabilität einer auf Selbstreferenz gegründeten Interaktion zu beweisen: »L'orgeuil de celui qui donne, et l'orgeuil de celui qui reçoit, ne pouvant convenir du prix du bienfait, jamais ils ne trouveront que des ingrats dans ceux qu'ils auront obligés, et des injustes dans ceux qui leur auront rendu service«[152]. Das Argument verweist auf die Notwendigkeit von nicht in der Interaktion selbst liegenden Stabilisierungsfaktoren. Doppelte Selbstreferenz ist nicht selbst schon ein soziales System[153]; sie ist vielmehr, zu diesem Resultat kommt auch die moderne Theorie des Duopols, das heißt der doppelseitigen Voraussetzung einseitiger, je eigener Vorteile, zunächst instabil[154]. Pluquet und selbst Adam Smith suchen die Antwort in der These einer natürlichen fundierten Sozialität, denn nur eine solche kann beanspruchen, für jede Interaktion zu gelten[155]. Erfolgreicher war die von Smith nur als Zweitlösung angebotene Vorstellung eines funktionsspezifischen Mechanismus der Wirtschaft, der die Respezifikation der Leistungen und Preise trotz selbstreferentieller Motivbildung besorgt[156]. Sie macht allzu gewagte moralische Qualifizierungen der Natur des Menschen entbehrlich, sie ist von Schich-

und Dichte, Kalkulationskraft und Abenteuerlichkeit der Interaktionen, über die in den Memoiren des Cardinal de Retz berichtet wird – auch und besonders mit der kulissenhaften Einbeziehung des peuple de Paris in die Taten und Gefährdungen der Oberschicht.

152 De la sociabilité, Yverdon 1770, Bd. I, S. 132. Zur Interessenbasis von Dankbarkeit auch L. D. B. (Louis Des Bans), L'art de connoistre les hommes, Paris 1702, S. 51 ff.

153 Man sieht von hier aus im übrigen auch die Einseitigkeit der Durkheim'schen Frage nach den nichtvertraglichen Grundlagen des Vertrages (Über die Teilung der sozialen Arbeit, Dt. Übers., Frankfurt 1977, S. 240 ff.). Das Argument Durkheims betrifft nur die *Begründung* der Bindungswirkung, nicht die Institutionalisierung eines *Spezifikationsmechanismus.*

154 Vgl. etwa Jon Elster, Logic and Society: Contradictions and Possible Worlds, Chichester 1978, S. 113.

155 Theorie der ethischen Gefühle, dt. Übers. Leipzig 1926 (Erstausgabe 1759).

156 Die »Widersprüche« zwischen der Moraltheorie und der Wirtschaftstheorie von Adam Smith, über die so viel gerätselt worden ist, erweisen sich mithin als Moment der hier analysierten Übergangssituation. Eine Theorie der natürlich-sozialen Moralität konnte das Problem interaktionsnah und dadurch mit hoher Generalisierbarkeit lösen; die angehängte Wirtschaftsanalyse zeigte zusätzlich, daß es in einem besonderen Funktionsbereich auch ohne diese Voraussetzung ging.

tung (wenn auch nicht von Reichtum) unabhängig, gilt aber nicht für die ganze Breite menschlicher Interaktion. Die gesellschaftlich relevanten Problemlösungen können nicht mehr auf Grund von Interaktionsanalysen entwickelt werden; sie setzen funktionsspezifische Mechanismen höherer Ordnung voraus.

Eine weitere Betrachtung kann diese Ausdifferenzierung und Funktionsdistanz der Interaktion noch von einer anderen Seite beleuchten. Die antike und die mittelalterliche Tradition hatten die Ausdifferenzierung von Funktionen in eigentümlicher Weise symbolisiert, nämlich als Freistellung von unmittelbarer Lebensvorsorge, als Muße. Höhere Lebensvollzüge waren offensichtlich nur in Muße möglich, und das galt für Politik wie für Theorie, für schöne Kunst wie für intensivierte Religiosität. Dies Programm der Muße stellte zugleich für Interaktion frei und konnte insofern die Sozialität des Menschen in sich aufnehmen, ohne sie gegen zentrale Funktionen des Gesellschaftssystems auszuspielen.

Im Übergang zur Neuzeit wird es indes zunehmend schwieriger, die Vorkehrung für zentrale gesellschaftliche Funktionen noch als Muße zu begreifen. Das mag auch mit den sich vergrößernden organisatorischen Apparaten zusammenhängen. Jedenfalls wird müßige Interaktion spätestens seit dem 17. Jahrhundert als ein Phänomen für sich begriffen und der Spezifikation auf Funktionen entgegengesetzt. Interaktion wird zu einer Art müßiger Geselligkeit, in der es gerade nicht um die Funktion geht, sondern um plaisir und divertissement; und permanente Spezifikation der Funktionsvollzüge ist der Grund für diese Trennung. Der Kontrast wird durch Mademoiselle de Scuderi sehr klar formuliert: ». . . on voit que les Hommes peuvent estre capables de se contenter d'une seule occupation. Un Homme de guerre se contente de sa profession; un Magistrate de la sienne; un Homme des Lettres de mesme . . . Ainsi de toutes les autres occupations de la vie, grandes et petites, selon les differentes conditions. Mais nul Homme a jamais eu un plaisir unique«[157]. Während man sich auf Funktionsbedienung langfristig spezialisieren kann und muß, ist genau dies im Bereich des plaisir unmöglich, der vom Wechsel der Anregungen und Themen lebt. Damit wird aber auch Muße in ihrer Weise zum

157 Madeleine de Scuderi, Des plaisirs, in: Conversations . . . a. a.O. (1680), Bd. 1, S. 36-64 (45 f.).

Problem und zu Verhaltensanforderung: Man muß der Langeweile entgehen, muß sich Zerstreuung und Abwechslung beschaffen bzw. anderen dafür zur Verfügung stehen. Hier ist Kontinuität in der Abwechslung erforderlich, also Spezialisierung ausgeschlossen[158]. Und von dieser Problemlage her werden die neuen Anforderungen an Sozialität festgelegt.

Zusammenfassend läßt sich festhalten, daß sowohl Religion, als auch Politik, als auch Wirtschaft auf nichtreziproke und in diesem Sinne auf nichtsoziale Beziehungen gegründet werden – Religion auf Ablehnung kirchlicher Vermittlung, Politik auf eine unpersönliche Überordnung des obersten Regiments, Wirtschaft auf eine nichtsoziale Einkommensquelle: Profit. Dagegen zieht sich Sozialität auf die kultivierte Interaktion zurück und richtet sich hier mit selbstreferentiellen Tiefenperspektiven ein. Da aber die Gesellschaft eine soziale Entität ist, wird von der Interaktion aus das reformuliert, was die Gesellschaft sein soll. Die Interaktion wird auf die Gesellschaft zurückprojiziert, und die für die Interaktion in Aussicht genommene, in ihr mögliche Sozialrationalität wird zum Maßstab genommen, an dem gemessen die gesellschaftlichen Verhältnisse als defizient erscheinen müssen.

VII.

Die Ausklammerung von Religion, Politik, fachlicher Wissenschaft, Wirtschaft und Familienleben hinterläßt ein Vacuum an Gesellschaftsbezug der Interaktion, in das Moral einfließt. Diese Moral ist nicht mehr mit der Aufgabe belastet, die Exzellenz der höheren Schichten mitzusymbolisieren; sie ist aufs Allgemeinmenschliche erweitert, und sie ist zugleich aus den Funktionstüchtigkeiten herausgenommen.

Entsprechend kann man beobachten, daß das 18. Jahrhundert neue Balancen von Religion und Moral sucht, Tendenzen zu einer aufs

158 Die Funktion des Höflings, der sich auf die *Unterhaltung* des Fürsten *spezialisiert* (contribuer à ses divertissements, heißt es bei de Cailliere a. a. O. (1664), S. 33 f.), ist die interessante und problematische Ausnahme. Entsprechend wird das Leben am Hofe innerhalb der guten Gesellschaft als eine Art von Spezialisierung empfunden mit besonderen Chancen und Gefahren, während der breiter angelegte honnête homme auch außerhalb des Hofes (aber nicht außerhalb der guten Gesellschaft) existieren kann. Siehe dazu Magendie a. a. O., insb. S. 571 ff.

Moralische reduzierten Religion pflegt (etwa in der Freimaurerei) oder schließlich die Moral der Religion überordnet. Die Religion wird wegen ihrer Funktion für die Erhaltung der Moral geschätzt und für notwendig gehalten; im übrigen distanziert man sich gern von der Zwangsjacke und den Querelen der Orthodoxie, die den Sonderbedürfnissen der Priesterkaste entsprechen mögen, aber nicht, wie die Moral, gesellschaftlich universellen Bedürfnissen.

Diese bekannte und viel beschriebene Entwicklung braucht hier nicht im einzelnen belegt zu werden[159]. Aber was sind die strukturellen Gründe? Warum nimmt die Oberschichtenkommunikation diesen Weg? Und warum hält sie ihn später nicht mehr durch?

Auch hierfür gibt zunächst die erneuerte Semantik der Interaktion Schlüsselhinweise. Moralische Qualitäten (und man müßte jetzt sagen: echte, »natürliche« moralische Qualitäten) kommen dort wieder zum Zuge, wo *Sozialdimension und Zeitdimension zueinander in Bezug gesetzt werden.* Das Argument richtet sich gegen Täuschungen und Verstellungen im sozialen Verkehr. Die »mechants finesses«, aber auch das Herausstellen nur der vorteilhaften eigenen Züge verlieren in länger dauernden sozialen Beziehungen (Freundschaften, Ehen) rasch ihre Tragfähigkeit, das Halten der Masken wird auf die Dauer zu mühsam. Deshalb wird geraten, seine Bemühungen von vornherein auf den Erwerb haltbarer Qualitäten zu richten und nicht auf Verstellen; auf längere Sicht könne man sich nur mit Moral im wechselseitigen Sichgefallen einrichten[160]. Der Gedankengang greift mithin auf eine *Eigengesetzlichkeit sozialer Interaktion* zurück und rekonstruiert von da her die Notwendigkeit der Moral.

Dies geschieht zunächst durchaus im Rahmen und unter Voraussetzung einer geschichteten Gesellschaft. »On ne peut plaire aux personnes raisonnables qu'en se tenant dans les bornes de l'etat qu'on a embrassé«[161]. Aber die mit der Schichtung gegebene

159 Vgl. nur Lester G. Crocker, Nature und Culture: Ethical Thought in the French Enlightenment, Baltimore 1963.

160 Dies Argument – kennzeichnenderweise unter der Sanktion nicht der Religion, nicht der Furcht Gottes, sondern der Lächerlichkeit – bei Abbé de Bellegarde, Reflexions sur le ridicule, et sur les moyens de l'eviter, 2. Aufl., Amsterdam 1701, S. 1 ff.

161 Abbé de Bellegarde, Suite des Reflexions sur ce qui peut plaire ou deplaire dans le commerce du monde, 2. Aufl. Amsterdam 1699, S. 174.

Ordnungsgarantie tritt bereits zurück, wenn Zeitdimension und Sozialdimension sich in der skizzierten Weise wechselseitig problematisieren. Die Schichtung ist noch faktische Rahmenbedingung für adaptives Verhalten im genauen Sinne von bienséance. Die Moral wird jedoch in dem Maße frei verfügbar, als sie nicht mehr eingespannt ist in die semantischen Spannungslinien, die die Distanz zwischen den Schichten ausmessen.
Um das verdeutlichen zu können, müssen wir nochmals auf strukturelle Eigentümlichkeiten hierarchisch-stratifizierter Gesellschaftssysteme zurückgreifen. Hierarchien haben ein ambivalentes Verhältnis zur Moral. Sie setzen eine hinreichend generalisierte Moral voraus, die das Zusammenleben aller Mitglieder der Gesellschaft trotz ständischer Differenzen zu regulieren beansprucht; sie können eben deshalb aber die Rangdifferenzen der Hierarchie nicht genau auf entsprechende moralische Differenzen zurückcopieren. Das würde heißen, daß moralische Qualitäten schichtmäßig und verhaltensunabhängig askribiert werden; daß man ein moralisch besserer Mensch ist, wenn man in der Schichtung höher steht und umgekehrt ein um so schlechterer Mensch, je weiter unten man geboren ist. Dabei spielt eine Rolle, daß Wissen, Freiheit, Stärke und Durchsetzungsvermögen Kernbestandteile der Tugendbegriffe sind, nicht eliminiert werden können und »natürlicherweise« nur in den Oberschichten gegeben sind[162]. Die Tugendbegriffe sind, mit anderen Worten gesagt, so gefaßt, daß es keine Schwierigkeiten bereitet, die sichtbaren, natürlichen Vorteile der adeligen Herkunft ihnen zu subsumieren. Damit bleibt aber auch die Versuchung groß, die Schichtdifferenz als Übereinstimmung von Natur und Moral zu interpretieren, und das terminologische Übergleiten von nobilis zu bonus und die semantische Ambiguität von vilain oder gemein lassen sich gerade in der abendländischen Tradition vielfältig belegen[163]. Das 17. Jahrhundert kontrastiert z. B. honnêtes gens und peuple[164]. Dennoch kann einer solchen Tendenz zur moralischen Interpretation der Statusdifferenzen nicht voll nachgegeben

162 Für Hinweise siehe z. B. Sutcliffe a. a. O., S. 66 ff.; 140 ff.

163 Auch hier wäre ein Vergleich mit dem indischen Kastensystem interessant, das durch Verwendung religiöser Qualifikationen von rein und unrein eine interaktionsmoralische Deutung möglicherweise sehr viel stärker blockiert hat.

164 Deslandes a. a. O. (1715) unterscheidet noch honnêtes gens/vile populace auf der Basis fein/grob (S. 16).

werden. Die Moral muß die Interaktionsfähigkeit zwischen den Schichten, also zwischen den Teilsystemen des Gesellschaftssystems, mitgewährleisten und deshalb muß auch innerhalb der schichtspezifischen Kommunikation die Möglichkeit bereitgehalten werden, zwischen guten und schlechten Knechten bzw. zwischen guten und schlechten Herren zu unterscheiden. Das mag dann sehr wohl nach Maßgabe schichtspezifischer Urteilskriterien geschehen, die von der beurteilten Schicht nicht oder nicht voll geteilt werden. Gerade wenn man darauf verzichtet, Differenzierungsstruktur und Moral gleichzuschalten, das heißt analog zu dekomponieren, können sich in der Gesellschaft mehr oder weniger divergente Submoralen entwickeln, mit denen eine Schicht ihre eigenen Angelegenheiten und ihr eigenes Urteil über andere Schichten prozessiert. Moralische Rezepte wirken dann, wie Medizin auf verschiedene Körper, verschieden je nach condition[164a].
Anders als in segmentären Gesellschaften können also, so läßt sich diese Überlegung zusammenfassen, die Grenzlinien innerhalb stratifizierter Gesellschaftssysteme nicht durch die Moral gezogen, nicht moralisch begründet werden. Die Begründung der Gesellschaft und ihrer Differenzierungsform wird deshalb nicht der Moral überlassen, sondern bedarf einer religiösen Fundierung. Die Religion springt hier ein, weil einerseits Ordnung ohne Schichtung gar nicht vorstellbar, Schichtung also für diese Gesellschaft *notwendig* ist, und andererseits gerade dies dem Einzelnen die *Kontingenzerfahrung* aufdrängt: warum gerade ich an diesem (günstigen bzw. ungünstigen) Platz? Religion ist zuständig für die Behandlung notwendiger Kontingenzen[165]. Die Religion selbst wird der Moral zwar angepaßt – vor allem insofern, als religiöse Mächte nicht mehr launisch, willkürlich, arbiträr handeln, sondern sich selbst an moralische Gesichtspunkte des Guten binden; aber dies symbolisiert nur die Fundierung der Moral in der Religion. Die Religion leistet mehr, als nur Moral aus sich heraus zu entlassen; sie garantiert auch die Erhaltung der Ordnung nach Gottes Willen und damit die Placierung der Möglichkeiten zu handeln im System der Schichtung. Die Differenz selbst, die die Ränge trennt, hat einen religiösen Sinn, weil sie den Aktionsradius und den Pflichtenkreis kon-

164a Dieser Vergleich bei Dampmartin a. a. O. (1592/1644) S. 158 f.
165 Hierzu näher Niklas Luhmann, Funktion der Religion, Frankfurt 1977.

kretisiert, innerhalb dessen der Einzelne ein gottesfürchtiges Leben führen kann.

Wenn das 18. Jahrhundert in einer so wichtigen (und wichtig genommenen) Frage anders disponiert oder andere Dispositionen doch zuläßt, signalisiert das tiefgreifende strukturelle Umstellungen. *Die Umkehrung des Prioritätsverhältnisses von Religion und Moral signalisiert*, wissenssoziologisch gesehen, *die Umstellung von stratifikatorischer und funktionaler Differenzierung*. Vor aller Bereitschaft zur Aufgabe von Schichtung als Form gesellschaftlicher Differenzierung werden die semantischen Korrelate der überlieferten Ordnung schon gelockert. Die Religion wird auf ihre Funktion zurückabstrahiert und wird damit in ihrer semantischen und kultischen Ausstattung historisch, so wie die Schichtung selbst. Die Moral wird als Interaktionsmoral unter dem Gesichtspunkt interpersonaler Transparenz und wechselseitiger Gratifikation ausgearbeitet, und die Gesellschaft wird als solche Interaktion gesehen. Sie könnte sich, so spekuliert man seit Bayle, über soziale Vernunft von Religion unabhängig machen. Nur von den Unterschichten kann man dies nicht erwarten. Aus der Sicht der Oberschichtenkommunikation erhält die Religion damit die Funktion, in den Unterschichten fehlende Erziehung und fehlende Zivilisierung der Interaktion zu ersetzen. Aber sie heiligt nicht mehr die Ordnung selbst[166].

Eine zweite Umdisposition hängt hiermit eng zusammen. Noch für das 17. Jahrhundert war es selbstverständlich gewesen, das Problem der Moral in der Person zu lokalisieren – religiös zum Beispiel als Kontrolle der Effekte von Erbsünde, anthropologisch als Kontrolle der Passionen[167]. Das entsprach dem überlieferten Bezug der Moral auf Tugend bzw. Tüchtigkeit. Im 18. Jahrhundert verschiebt sich, und das läßt eine Aufwertung des Begriffs der Passion zu, das

166 Einer der Endpunkte dieser semantischen Entwicklung ist Jacques Necker, De l'importance des opinions religieuses, London-Lyon 1788, zit. nach: Œuvres complètes Bd. 12, Paris 1821, Neudruck Aalen 1971. Eine andere Linie zieht aus der Interaktion sozusagen das Subjekt heraus und stützt auf das Faktum (!) der moralischen Qualität der Selbsterfahrung die Fundierung der Religion. Und diese Auffassung kann dann endlich schichtneutral vertreten werden.

167 Ein sehr deutliches Beispiel: Jean François Senault, De l'usage des passions, Paris 1641. Erst innerhalb dieser Problemstellung wird dann amour-propre und charité differenziert, wird der relative Beitrag von Vernunft und Gnade gewichtet, wird die Zeitdimension in Form einer Typologie der Passionen berücksichtigt usw.

Moralproblem in die Sozialdimension. Moral wird zur sozialen Umleitung des eigenen Glücksstrebens, zum Einbau des alter Ego in das eigene Streben nach Glückseligkeit und Selbstgenuß. Als Grundregel gilt jetzt, zu beachten »devant qui vous parlez«[168] und sich darauf einzustellen, um zu gefallen. Die Selbstzentriertheit des Ziels, zu gefallen, wird dadurch kompensiert, daß man als Mittel zum Ziel sein Selbst zurücktreten lassen muß. Und erst dadurch wird die soziale Interaktion mehr als eine Gelegenheit zur Betätigung von spezifisch sozialen (im Unterschied zu anderen!) Tugenden, nämlich zum Ort der Moralität schlechthin.

Die verstärkte Berücksichtigung des Sozialen profitiert auch davon, daß Selbstreferenz ins Positive umgewertet wird. Ein Rückblick auf die Auffassung Nicoles[169] kann diese Wende erhellen: für Nicole war das Sicheinlassen auf die Selbstliebe des anderen eine problematische Notwendigkeit geblieben. Im Patriot, einer Hamburger Wochenschrift, heißt es dagegen: »Willst du gefallen, so bemühe dich nicht, deine Klugheit sehen zu lassen, gib dem andern vielmehr Gelegenheit, sich zu zeigen. Die Menschen haben keine Lust, andere zu bewundern, sie wollen selber gefallen«[170]. Gefallen (plaire) wird sozial reflexiv gesetzt und wird dadurch zum Prinzip der Interaktion: Man gefällt am besten dadurch, daß man anderen die Möglichkeit gibt zu gefallen. So wird, unter Einbeziehung einer positiv bejahten, zugleich individuellen und sozialen Selbstreferenz, eine Steigerung des wechselseitigen sich und einander Gefallens ermöglicht, und das Resultat kann als Nützlichkeit, Glückseligkeit und Moral zugleich ausgegeben werden.

Parallel hierzu tritt in der Oberschichteninteraktion die Betonung von Rangdifferenzen innerhalb der Oberschicht zurück[171]. Die

168 De Vaumoriere a. a. O. (1701), S. 7.

169 Vgl. oben S. 109 ff.

170 Erstausgabe 1733, zitiert nach Barbara Zaehle, Knigges Umgang mit Menschen und seine Vorläufer: Ein Beitrag zur Geschichte der Gesellschaftsethik, Heidelberg 1933, S. 147. Der Gedanke ist in Frankreich schon Jahrzehnte früher geläufig. Vgl. z. B. de Vaumoriere a. a. O., S. 13.

171 Für das 17. Jahrhundert vergleiche etwa die ausgeprägte Differenzierung von horizontaler und vertikaler Kommunikation im Rang nach oben bzw. nach unten bei de Courtin a. a. O., S. 20 ff. oder bei Bessel a. a. O. S. 92 ff.
Schon gegen Ende des 17. Jahrhunderts mehren sich jedoch die Anzeichen für größere Familiarität im geselligen Umgang über Rangdifferenzen hinweg (Vgl. Brocher a. a. O., S. 94 ff.). Erst recht tritt im 18. Jahrhundert der höfisch anerkannte Rang als

noblesse de robe und die noblesse d'épée bauen nach dem Tode Ludwig XIV. ihre reziproken Vorurteile ab und intensivieren ihre interaktionellen Kontakte, indem zugleich die Besonderheiten der beruflichen Prägung der Lebensführung zurücktreten[172]. Die Salons des 18. Jahrhunderts stellen ihre Interaktion auf Gleichheit aller Teilnehmer ein und filtern nur noch bei der Zulassung. Sie geben damit der individuellen Persönlichkeit größeres Gewicht für den Zugang zu gesellschaftlich führenden Kreisen[173]. Sie vervielfältigen zugleich die Weisen des Beisammenseins[174]. Sie erstellen damit (noch innerhalb der Oberschicht) ein Rationalmodell für eine neue Gesellschaft. Sie können auf der Basis von Gleichheit über Achtung und Mißachtung entscheiden und zensieren, kritisieren, abweisen, was sich ihren Moralvorstellungen nicht fügt. Die dem zugrunde liegende Gleichheitsmoral wird als Natur deklariert[175].

Die Tragweite dieser Umdisposition wird deutlich, wenn man den »polemogenen« Zug von Moralen bedenkt[176]. Die Zuspitzung auf moralische, Achtung und Selbstachtung involvierende Billigung bzw. Mißbilligung ist in ihren Folgen und Weiterungen nicht ungefährlich; sie wird auf Störungen mit Ausdruck von Mißachtung, Streit oder Abbruch der Kommunikation reagieren. Gegen

alles bestimmende Struktur zurück, wenngleich das Erleben von Distanzen und Distanzüberwindung innerhalb der höheren Schichten (vgl. unten Anm. 232) durchaus erhalten bleibt im Sinne eines reizvollen, prickelnden, belebenden Moments.

172 Hierzu Franklin L. Ford, Robe and Sword: The Regrouping of the French Aristocracy after Louis XIV, Cambridge Mass. 1953, insb. S. 202 ff.; François Bluche, La vie quotidienne de la noblesse française au XVIIIe siècle, Paris 1973: Chaussinand-Nogaret a. a. O. (1976).

173 Die Hausherrinnen selbst werden charakterisiert als »femmes respectables par leur rang ou par leur merite« (de Bellegarde, Modeles ... a. a. O. 1719, S. 225); bzw. rückblickend: »Vertueuses ou non, riches ou bien nées, parfois riches et bien nées, les maîtresses de maison ne sont plus toutes jeunes. L'âge vient asseoir solidement leur autorité ... Mais, plus encore que sur l'âge, le prestige moral se fonde sur le mérite personnelle«. Marguerite Glotz/Madeleine Maire, Salons du XVIIIeme siècle, Paris 1949, S. 15. Vgl auch Janet Aldis, Madame Geoffrin: Her Salon and Her Times, 1750-1777, London 1905.

174 Hierzu Oscar Brie, Der gesellschaftliche Verkehr, Berlin o. J., insb. S. 37 ff.

175 Daß dies auf der Ebene theoretischer Reflexion zu recht naiven Konzeptionen des natürlich-guten und sozialen Menschen führt, kann man nachlesen bei Abbé Pluquet, De la Sociabilité, 2 Bde., Yverdon 1770.

176 Hierzu Niklas Luhmann, Soziologie der Moral, in: Niklas Luhmann/Stephan H. Pfürtner (Hrsg.), Theorietechnik und Moral, Frankfurt 1978, S. 8-116 (54 f.).

diese Effekte war die Gesellschaft durch eine vorgeschaltete Rangordnung gesichert gewesen. Erst die Neuzeit bekommt es mit die Gesellschaft selbst »in Frage stellenden« Moralismen und moralisierenden Ideologien zu tun. Im Vergleich zum indischen Kastensystem macht Dumont[177] diesen Unterschied deutlich: »They will assign a rank where we in the West would approve or exclude«. In dem Maße, als die Rangordnung diese ihre Vorschaltfunktion verliert, müssen auf der Interaktionsebene selbst Kompensative entwickelt werden, so vor allem eine Metamoral des Taktes im Umgang mit moralischen Fragen, ferner allgemeine Regeln der Konfliktmeidung und der Schonung selbstreferentieller Motivbildung auf der jeweils anderen Seite. Die bloße Entkoppelung von Moral und Religion (aus der Erfahrung heraus, daß religiöse Themen Streitursache waren) reicht nicht aus. Die Diskussion der Friedenswahrung auf der Interaktionsebene, im Vorzeichen von Religion und Politik begonnen, wird in einem sich ändernden Kontext fortgesetzt. Darauf kommen wir im folgenden Abschnitt zurück. Dieser Ausweg kann sich von der obersten Schicht, die die Verantwortung für politische und religiöse Sachverhalte trägt, distanzieren; aber er bleibt seinerseits gebunden an die Verhaltensmöglichkeiten einer Oberschicht. Er ist als Rationalstruktur von Interaktion formulierbar, setzt aber Bedingungen, die nicht für Interaktion schlechthin repräsentativ sein können. Er läßt sich damit tragen von der Illusion, die Probleme des Gesellschaftssystems seien auf der Ebene von Interaktion lösbar, und die Schichtabhängigkeit verbirgt sich in den Rationalitätsbedingungen.

VIII.

Es gibt viele Anzeichen dafür, daß die Grundbeschreibung des Menschen im 17. Jahrhundert sich ins Negative wendet und im 18. Jahrhundert auf eine formal ebenfalls negative Fassung wie »von Natur aus unbestimmt« festgelegt wird, die aber positiv gewertet werden kann. Das bedeutet, daß der Mensch über Negation seiner Negativität aufgebaut und gebildet werden muß[178]. Um so mehr mag auf den ersten Blick überraschen, daß das Praktizieren des

177 a. a. O. S. 191.
178 Dazu eingehender in der Studie Frühneuzeitliche Anthropologie.

hierfür erforderlichen Negierens im Interaktionsbereich verboten oder doch deutlich abgelehnt wird. Dies ist ein durchgehender Befund, der alle Kontextänderungen innerhalb des hier betrachteten Zeitraums überdauert. Die Angst vor Verfeindungen und in der Oberschicht ausgelösten Kriegen mag am Anfang gestanden haben; die Gefährdung des doux commerce und des wechselseitigen Gefallens steht am Ende. Beides verträgt kein hartes Nein, jedenfalls nicht die *Kommunikation* eines Nein, die in der Interaktion zum Gesichtsverlust oder zum Konflikt führt. Entsprechend müssen auch »forced choice« Situationen vermieden werden. Man darf anderen nicht ein »Entweder/Oder« aufdrängen.[178a] Die Interaktion ist nicht darauf abgestellt, durch binäre Schematisierung zu Ergebnissen zu führen. (Das bleibt den Funktionsbereichen vorbehalten). Sie spezialisiert sich im Gegenteil auf Erleichterungen des Themenwechsels und Fortsetzung des Kontaktes. Darum grenzt man Themen aus, die zu gegensätzlichen Standpunkten und zum Widersprechen provozieren könnten – aller Erfahrung nach zum Beispiel solche der Religion[179]. Interaktion soll als Insel der Friedfertigkeit und Glückseligkeit besiedelt werden. Aber weshalb dann jene Thematisierung des Negativen, der Ruhelosigkeit, der Unersättlichkeit, der Abwechslungssucht, des Triebs zur bloßen Selbstbehauptung und all dessen, was daraus resultiert, daß man dies *beim anderen unterstellt?*

Teils sieht die Semantik der Interaktion sich selbst als Antwort auf diese Anthropologie – so wenn sie Freundschaft als Ort der Ruhe beschreibt[180]. Teils generiert sie eine Gegenanthropologie der na-

178a So schon sehr früh. Vgl. Claudia Henn-Schmölders Ars conversationis: Zur Geschichte des sprachlichen Umgangs, Arcadia 10 (1975), S. 16-33 (19):

179 Vgl. de Bellegarde, Conduite pour se taire et pour parler, principalement en matière de religion, Paris 1696. Buffier a. a. O. S. 98 hält Dispute über Religionsthemen für »peu convenable dans la conversation«. Nach den Freimaurerregeln, die in dieser Hinsicht nichts Besonderes darstellen, gilt dies für *Religion* und für *Politik* (Hinweise bei Koselleck a. a. O. S. 178 Anm. 55).

180 So Christian Thomasius, Von der Kunst vernünfftig und tugendhafft zu lieben ... oder: Einleitung in die Sitten Lehre, Halle 1692; ferner etwa Marquis de Caraccioli, La jouissance de soi-même, Neuauflage Utrecht 1759, S. 407 ff. – übrigens hier noch ganz im Gegensatz zur passionierten Liebe, die Unruhe überträgt, weil man durch sie wie ein Thermometer an die jeweiligen Temperaturen des anderen angeschlossen ist. Vgl. ferner Robert Mauzi, L'idée du bonheur dans la littérature et la pensée française au XVIIIe siècle, Paris 1960, S. 359 ff. mit weiteren Hinweisen.

türlichen und positiven Gefühle, der Zuwendung zum anderen als primärer anthropologischer Tatsache. Die Kompromißformel der »Unbestimmtheit«, die sich um die Mitte des Jahrhunderts durchsetzt, gestützt auf die materialistische Theorie, die sich hierin ihr Alibi beschafft, und ebenso auf den Kulturvergleich – diese Formel fixiert wiederum eine negationsbedürftige Negativität. Offenbar hat die Semantik der Interaktion »ihre« Anthropologie nicht durchsetzen können.

Wie sind diese Kontroversen zu verstehen? Wie sind sie aufzulösen?

Es bietet sich an, sie als einen Versuch zu lesen, den in komplexen und besonders in funktional differenzierten Gesellschaften rasch anwachsenden Bedarf für Ablehnungsmöglichkeiten, für Konfliktfähigkeit, für riskantes und folgenreiches Neinsagen (etwa bei der Ansammlung von Kapital, beim Behaupten und Bestreiten wissenschaftlicher Hypothesen oder beim rechtsförmigen Artikulieren politischer Herrschaft) auf der Ebene anthropologischer Charakterisierung zuzulassen und so zu legitimieren; ihn zugleich aber aus der Interaktion des Alltags auszuschließen, soweit das Nein nicht durch die Codes der großen Medien gedeckt ist. Gesellschaftliche Relevanzen werden auf diese Weise über Negation von Negativität begründet und über Programme (z. B. Rechtsgesetze, Geldinvestitionen, Theorien) konditioniert; sie werden zugleich durch Darstellung reflektierter Rücksicht und wohlwollender Sensibilität auf der Ebene der Interaktion kompensiert. Eine für hochdifferenzierte Systeme unerläßliche Steigerung des Neinsagenkönnens wird so durch eine gegenstrukturelle Interaktionssemantik ausgeglichen. Ein Nein darf sich nicht mehr aus der Interaktion selbst ergeben, darf nicht mehr personal begründet sein – es sei denn im Funktionsbereich Intimität; es muß auf eine Funktion und auf deren Code gestützt werden. Ein in der Interaktion generiertes Nein wird entmutigt, weil allein aus der Interaktion heraus nicht sichergestellt werden kann, daß das Nein einer Funktion dient und im binären Schematismus eines Mediums gegebenenfalls umgeschaltet werden kann.

Speziell für die Interaktionsebene entwickelt man deshalb Sonderformen des Takts, der Höflichkeit, des Erratenlassens, des schweigenden Hinnehmens und Übersehens von Entgleisungen bis hin zu einer Dauertherapierung des Partners. Da gerade der Höfliche besonders schutzlos ist, wenn andere die Regeln verletzen, ist das Ausnutzen seiner Rücksicht und seiner Geduld eines der schlimmsten Verbrechen gegen die douceur de la société[181]. Daraus ergibt sich später jene Zwangsform der Informalität, die unter einer verdeckten, aber scharfen Sanktion steht: daß sie nicht beim Wort genommen und nicht ausgenutzt werden darf.

Die Abmilderung des gesellschaftlich zugelassenen Nein auf der Interaktionsebene setzt das Festhalten einer *symmetrischen* Interaktionsstruktur voraus, in der Ego und Alter sich in austauschbaren Rollen gegenüberstehen. Das Übergreifen der Erwartungen, die Chancen und Gefahren einer Reziprokation disziplinieren dann die Kommunikation. So wird Symmetrie zu einer Rationalitätsbedingung besonderer Art. Sie ermöglicht auch einen allmählichen Abbau von Schichtdifferenzen oder liefert zumindest dafür das theoretische Konzept. So kann man schließlich von negativen zu positiven Einschätzungen der Selbstreferenz übergehen, weil die Symmetrie der Interaktion unter *beiden* Voraussetzungen *gleichermaßen* disziplinierend wirkt.

Dem steht jedoch die Tatsache gegenüber, daß die großen Funktionssysteme der Gesellschaft sich gerade an Hand von Systemen *asymmetrischer* Interaktion ausdifferenzieren: an Hand der Differenz von Obrigkeit und Untertan; von Produzent und Konsument bzw. Verkäufer und Käufer; von Lehrer und Schüler; von Richter und Parteien; von Forscher und Empfänger von Wissen. Mit dem Übergang zu funktionaler Differenzierung beginnt deshalb die asymmetrische Interaktion der symmetrischen den Rang abzulaufen, und zwar mit Hilfe von Asymmetrien, die von Schichtdifferenzen ebenfalls unabhängig sind. Für die symmetrische Interaktion müssen Plätze bereitgehalten werden, die außerhalb der funktionsbestimmten Teilsysteme liegen. Gerade deshalb kann hier zunächt der Anspruch erhoben werden, Gesellschaft als solche zu präsentieren – bis man schließlich einsehen muß, wie gering die praktische Bedeutung dieser symmetrischen Interaktion ist und wie wenig auf diesen Rationalitätsinseln der interpersonalen Geselligkeit zukunftswirksam entschieden werden kann.

181 Vgl. z. B. Buffier a. a. O., S. 121.

IX.

Die soeben behandelten Ausgrenzungen der Makrofunktionen des Gesellschaftssystems und des nachhaltigen Neins, das sie fordern können, grenzen zugleich einen semantischen Raum für symmetrische Interaktion ab. Dies sehen wir als Vorbedingung für die Entwicklung der Interaktionstheorie selbst, die ab etwa 1680 einsetzt und sehr rasch zu einem deutlich erkennbaren Gerüst von Thesen, Begriffen und Präferenzen führt. Die Interaktion, die bereitgestellt wird, um Sozialität als solche wechselseitig zu pflegen und zu verfeinern, hat sich von Funktionen des Makrosystems Gesellschaft zu entlasten, obgleich sie sich in diesem System parasitär entwickelt und dies weiß. Sie wird als Konversation stilisiert[182], und das heißt: Sie bezieht sich über *Themen*, nicht über *Wirkungen*, auf ihre gesellschaftliche Umwelt. Sie kann daher Themen vermeiden, die ihr zu brisant sind, und auf Wirkungskontrolle verzichten (was nicht heißt: daß sie im Prozeß der Diffusion von Ideen keine Wirkungen hätte).

Der semantische Angelpunkt der Wende (der aber nicht aus sich selbst heraus, sondern nur in seiner Funktion als Katalysator einer neuen Theorie begreifbar ist) liegt in einer Anreicherung oder Anhebung des an Selbstreferenz anschließenden Denkens. Die einfache Kontrastierung von Gottesliebe und Selbstliebe hatte einen sachangemessenen analytischen Zugang zur Sozialität, das sieht man bei Nicole, verbaut. Auch das ohne Bezug auf solche Radikalisierungen durchtradierte Dreierschema der Beziehungen zu Gott, zu anderen Menschen und zu sich selbst[183] genügt als eine bloße

182 Die Sach- und Begriffsgeschichte von »Konversation« müßte besonders verfolgt werden. Mein Eindruck ist: daß auf dem Wege vom 17. zum 18. Jahrhundert Konversation den Charakter eines bloßen Zeitvertreibs (divertissement) unter anderen verliert und zum Prototyp für Interaktion überhaupt avanciert. Siehe z. B. die Themen, die bei de Vaumoriere a. a. O. (1701) unter diesem Titel abgehandelt werden. Ferner die Unterscheidung von entretien und conversation in der Encyklopédie, s. v. Conversation. (Die Arbeit von Christoph Strosetzki, Konversation: Ein Kapitel gesellschaftlicher und literarischer Pragmatik im Frankreich des 17. Jahrhunderts, Frankfurt 1978, ist mir erst nach Drucklegung meines Manuskripts bekannt geworden).

183 Daß diese Einteilungsschematik weiterläuft, sieht man etwa bei Samuel Pufendorf, De officio hominis et civis juxta legem naturalem, Buch 1, Kap. III-VI, zitiert nach der Auflage Cambridge 1735, vgl. insb. S. 78; Buffier a. a. O. S. 25 ff., oder noch

Typologie den neu sich stellenden Anforderungen nicht mehr, weil man ein Konzept mit mehr Feingefühl und mehr Einsichtsvermögen sucht. Selbstreferenz, und besonders Selbstliebe, avancieren zu Grundbegriffen der Sozialtheorie schlechthin und werden zu diesem Zwecke zur Natur erklärt. »Ainsi«, heißt es bei La Placette, »ce qu'il y a de plus essentiell à l'amour propre est tres innocent. Ce n'est pas tout. Ce sentiment est naturel, et a sa source, non dans la corruption de la nature, mais dans la nature elle même«[184].
Das ist nur nach Entlastung von Gesellschaftsfunktionen möglich, denn soziale Reflexivität stört den Funktionsbezug und die Wirkungssicherheit der Interaktion und läßt sie in sich selbst spielen. Auf dieser Grundlage wird Selbstreferenz mit Glück, schließlich mit angenehmen Empfindungen assoziiert. Glück und plaisir partizipieren so gleichsam an der anthropologischen Universalität der Selbstreferenz und werden mit ihr aus dem Schichtungssystem herausabstrahiert. Auf Selbstreferenz beruhend, gilt das Glück nun als unabhängig von der Schichtenlage bzw. als in allen Schichten der Gesellschaft erreichbar, als »accessible à tous et le même pour tous«[185]. Glück wird zur ersten Inklusionsformel der modernen Gesellschaft, zum ersten Postulat der Einbeziehung der Gesamtbevölkerung in durch Sozialität gesteigerte Lebenschancen. Aber implementiert wird diese Formel nur auf der Ebene der Interaktion in teils respektvoller, teils abwehrender Distanz zu den Makrostrukturen der Gesellschaft.
Sobald Glück als Funktion von Sozialität an den Platz tritt, den bei Nicole noch die religiös und politisch institutionalisierte Sorge für Frieden einnimmt, müssen die Themen Nicoles neu durchdacht

Abbé Joannet, De la connoissance de l'homme, dans son être et dans ses rapports, Paris 1775, Bd. II, S. 151 ff.

184 Jean La Placette, Nouveaux Essais de Morale, 4 Bde. Amsterdam 1697 (Bd. I in 2. Aufl., Bd. II 1694), Bd. II, S. 6. Für ähnliche Äußerungen siehe auch Jacques Abbadie, L'art de se connoître soi-mesme, ou la recherche des sources de la morale, Amsterdam 1692. Vgl. hierzu auch die Studie Frühneuzeitliche Anthropologie.

185 So formuliert im Rahmen einer umfassenden Behandlung dieses Themas Robert Mauzi, L'idée du bonheur dans la littérature et la pensée française au XVIIIe siècle, Paris 1960, S. 232. Ein typischer Beleg für Problembewußtsein und Abwehrstellung in bezug auf ungleiche Glückchancen findet sich in Alexander Pope, Essay on Man, Epistle IV, 50-52: »Some are, and must be, greater than the rest more rich, more wise; but who infers from hence that such are happier shocks all common sense«. zitiert nach: The Poems of Alexander Pope Bd. III, London-New Haven 1950.

und umgewertet werden. Honnêteté kann jetzt nicht mehr als Verbergung der Selbstliebe vor anderen Menschen oder gar vor sich selbst begriffen werden, sondern nur noch als ihre Kontrolle[186]. Die charité stößt angesichts des Problems der unteilbaren Güter auf Bedenken: Wenn zwei Schiffbrüchige nur eine Planke haben: sollen beide verzichten und untergehen?[187] Die Furcht vor anderen Menschen zählt noch als relevant, wird aber vor Übertreibungen gewarnt[188]. Die correction fraternelle wird wieder ermutigt, wenn auch unter Vorsichtsregeln gestellt[189]. Nur die jugemens temeraires bleiben, wie könnte man anders bei dieser Formulierung, bedenklich[190]. Der ganze Empfehlungskomplex: Schonung der Selbstliebe und Selbstachtung des anderen, ihn nicht schockieren, ihm nicht widersprechen usw., bleibt bis weit ins 18. Jahrhundert hinein erhalten und wird mit positiven Empfehlungen zum verläßlichen Aufbau von beidseitig angenehmen Beziehungen (etwa: nur objektive Wahrheit als Schmeichelei benutzen!) durchsetzt. Das Problem der Interaktionsglättung rückt in den Vordergrund: Man solle sich verbindlich und gefällig zeigen, nicht spotten, nicht zu viel, nicht über sich selbst und nicht ohne Rücksicht auf Zuhörerinteressen reden, usw.[191]. Es wird, zusammenfassend gesagt, das tradiert, was für soziale Glücksmaximierung wesentlich erscheint, nachdem das Motiv der interaktionellen Friedens- und Konfliktregulierung entfallen ist.

Wenn die Selbstliebe im Prinzip unschuldig ist, ist sie es auch als Selbstliebe des anderen. Die Hürde, die man hier nehmen muß, wird von Le Sage (1699) noch einmal formuliert und in Richtung auf realistische Einschätzung der Interaktion gewendet: »Ainsi, si

186 La Placette a. a. O. Bd. II, S. 8 f.

187 La Placette a. a. O. Bd. II, S. 23 f. Interessant ist, daß das strukturell analoge Problem bei Nicole auftaucht im Zusammenhang mit der Anerkennung der Großen im Lande als ordnungsnotwendig, wenngleich für jeden Einzelnen nicht hinreichend nützlich; siehe im Traktat De la Grandeur a. a. O. Bd. II, S. 190 f.

188 La Placette a. a. O. Bd. IV, S. 1 ff.

189 La Placette a. a. O. Bd. IV, S. 114 ff. Vgl. auch de Bellegarde, Reflexions sur ce que peut plaire ou deplaire dans le commerce du monde, 3. Aufl. Amsterdam 1705, S. 22 ff., der noch weitergeht und (nach Erörterung von Bedenken) im Hinweis auf Fehler den Testfall wahrer Freundschaft sieht: den »souverain point de l'amitié«. Ebenso Jean Frédéric Bernard. Reflexions morales, 1716, Neuauflage Liège 1733, S. 164.

190 La Placette a. a. O. Bd. IV, S. 55 ff.

191 Vgl. zu all dem die bereits zitierten Werke von Buffier und Moncrife.

nous sommes bien persuadez que l'amour propre est la source de toutes les actions des hommes, nous serons moins portez à nous flatter sur la conduite des autres hommes envers nous«[192]. Man darf, mit anderen Worten, Äußerungen und Motive nicht so nehmen, wie sie als Selbstdarstellung angeboten werden. Der Motivverdacht ist dieser Auffassung von Interaktion immanent mitgegeben, und er schlägt bis in Freundschaftstheorien durch[193]. Der Zweifel, der eine Zulassung von Selbstliebe als Motiv blockiert hatte, wird nach Ausgliederung aus der Religion jetzt formuliert: Was muß man als Verhalten anderer gewärtigen, wenn man ihnen Handeln auf Grund von Selbstliebe konzediert? Und: kann auf dieser Grundlage erwartet werden, daß Oberschichteninteraktion die Gesellschaft integriert? Nachdem dies schon nicht mehr der Fall ist, kommen die Prämissen der älteren Interaktionssemantik an den Tag, in bezug auf die eine neuere Theorieentwicklung dann umdisponieren kann.

Jetzt wird, wie bereits gesagt, Selbstreferenz für unschuldig erklärt. Sie wird als Voraussetzung für Sozialität in Anspruch genommen. Insofern heißt sie Natur. Und sie wird darüber hinaus auch als Bedingung der Steigerbarkeit des Glücksertrags gesehen. Insofern heißt sie Moral. »Il n'y a rien qui puisse aimer qui ne s'aime«[194], lautet die neue Einsicht, die bald darauf niemand mehr bestreiten wird. Damit treten die heroischen Tugenden, die in sozialen Situationen nur erprobt, bewährt, praktiziert, nur paradiert und eventuell parodiert werden mußten, zurück. Sozialität wird zum Selbstzweck, und der Wunsch und die Kunst zu gefallen, bringen Selbstliebe und Fremdliebe in das Gleichgewicht einer wechselseitigen Bedingung.

Daß nur lieben kann, wer sich selbst liebt, hatte man zunächst wie ein neu entdecktes Naturgesetz formuliert. Die semantische Funktion und die Theoriegeschichte, in die dieses Gesetz eintritt, bereiten ihm jedoch ein besonderes Schicksal. Es übernimmt die Aufgabe, die trennscharfe Kontrastierung von Eigeninteresse und Fremdinteresse, Selbstliebe und Fremdliebe aufzulösen. Diese

192 George-Louis Le Sage, Le mecanism de l'esprit, neu gedruckt als Anhang zu: Cours abregé de Philosophie par aphorismes, Genf 1718, S. 270.

193 So bei Caraccioli a. a. O. S. 407 ff. Freund ist, nach dieser Auffassung, wem man trotzdem glaubt.

194 La Placette a. a. O. Bd. II, S. 4.

Kontrastierung war ganz selbstverständlich von einer Welt mit Knappheit und konstanter Gütermenge ausgegangen – eine typische Prämisse vorneuzeitlicher Kulturen[195]. Eine ähnliche Summenkonstanzprämisse liegt zunächst auch den neuen Vorstellungen über Glück zu Grunde, insbesondere dort, wo Schichtungsstrukturen explizit in die Analyse einbezogen werden. Deshalb kann die neue Sozialtheorie den zwingenden Gegensatz von eigenen und fremden Interessen nur aufheben, wenn sie Sozialität als Mittel der *Steigerung* von Befriedigungsmöglichkeiten begreift. Und so geschieht es – bis hin zur Vorstellung einer Steigerbarkeit der Realität (!) des Ich mittels sozialer Beziehungen, die sich ganz seltsam ausnimmt in einer Theorie, die zugleich noch den topos der Einfachheit der Seele festhält, weil daran Indestruktibilität und Unsterblichkeit hängen[196]. Die Vision unendlich vermehrbarer Lebensgenüsse tut sich auf, die nur unter der Bedingung steht, daß Sozialität eingeschaltet bleibt und daß der Einzelne lernt, sich selbst zu genießen als jemand, der diese Bedingung erfüllen kann und dafür soziale Resonanz erhält. Zugleich wird durchweg auch noch mitgedacht, daß der jeweils andere im Grunde unzugänglich und das jeweils eigene Selbst im Grunde inkommunikabel bleiben; und gerade darin findet die neue Empfindsamkeit und Virtuosität des sozialen Sicharrangierens ihre Unendlichkeitsperspektive. Der andere Mensch bleibt ein in sich unendlicher Gegenstand unendlicher Bemühung – um das eigene Selbst[197].

Zur Semantik der Interaktion gehören immer auch Gegenbegriffe. Wo es auf Steigerung der Interaktion in Richtung auf interpersonale Interpenetration, auf wechselseitige Zugänglichkeit, Transparenz und Durchdringen ankommt, müssen Gegenbegriffe all das fassen, was sich diesem Gebot entzieht. Da man zugleich individualistisch denkt und ein volles Aufgehen in der Interaktion um der Interaktion willen ablehnen würde, können diese Gegenbegriffe, über die

195 Vgl. dazu George M. Foster, Peasant Society and the Image of Limited Good, American Anthropologist 67 (1965), S. 293-315. Siehe auch ders., Tzintzuntzan: Mexican Peasants in a Changing World, Boston 1967.

196 Dies zu Joannet a. a. O. (1775), Vgl. z. B. S. XCVIII f., CIV, Bd. I, S. 96 ff.

197 Vgl. die sehr textnah geführten Analysen von Friedrich Mehnert, Schlüsselwörter des psychologischen Wortschatzes der zweiten Hälfte des 18. Jahrhunderts, untersucht an den Briefen zweier Salondamen (Mme du Deffand und Mlle de Lespinasse), Diss. Berlin 1956.

der Mensch sich der Interaktion entzieht, nicht einfach Unwertbegriffe sein. Sie werden ihrerseits gepflegt, sorgfältig behandelt, teils fast mitgeliebt. Der Geschicklichkeitsbegriff der *finesse*, die ja auch dem Verbergen dient, wird jetzt ambivalent beurteilt[198]. Was sich an Zirkulation anschließen läßt, hat Nutzen; was sich ihr entzieht, ist je nach Motivlage *frivol*[199] oder auch *fanatisch*[200] bzw. auf der Ebene der Formulierung von Sätzen, *paradox*[201]. Auf Seiten des Individuums bezeichnet vor allem *ennui* das, was sich einstellt, wenn die dem Menschen gegebene Möglichkeit der Steigerung – und nur dadurch: Erhaltung – von Lebenssinn in sozialen Beziehungen nicht genutzt wird[202]. Man kann mithin Teilnahme und Nichtteilnahme formulieren im Hinblick auf eine Zirkulation der Ideen, Gefühle und sonstigen Glücksgüter. Die gemeinsame Prämisse ist, daß sich in der Interaktion von Mensch zu Mensch der Lebenssinn erfüllt.

Wenn diese Theorie nun ihren Perfektionsbegriff sucht, kann sie den Blick nicht mehr einfach nach oben richten entlang einer Skala der sozialen und kosmischen Perfektionen. Auch in dieser Hinsicht schert dies Konzept also aus der Semantik stratifizierter Gesell-

198 Buffier a. a. O. S. 218 ff. Siehe auch Bernard a. a. O. (1716/1733) S. 165 ff.: ›l'artifice est toujours suspect‹. (S. 186).

199 Pierre- Joseph Boudier de Villemert, Apologie de la frivolité, Lettre à un Anglois, Paris 1750, unternimmt im Gegensatz hierzu, eine Rechtfertigung der Frivolität aus den Erfordernissen leichtgängiger, angenehmer Kommunikation heraus.

200 Dieser Begriff, zunächst auf der Ebene religiöser Meinungen entwickelt, erweist sich dann aber in dem entscheidenden Punkt einer auf die eigene Intuition konzentrierten, also nicht anschlußfähigen Meinungsbildung als generalisierbar. Siehe zur Begriffsgeschichte Robert Spaemann, Reflexion und Spontaneität: Studien über Fenélon, Stuttgart 1963, S. 163 ff.; ders., Fanatisch, Fanatismus, Historisches Wörterbuch der Philosophie Bd. 2, Basel-Stuttgart 1972, Sp. 904-908. Werner Conze/Helga Reinhart, Fanatismus, in: Geschichtliche Grundbegriffe: Historisches Lexikon zur politisch-sozialen Sprache in Deutschland Bd. 2, Stuttgart 1975, S. 303-327. Eine eigenartige Sonderinterpretation bei Le Sage a. a. O. (1969/1718), S. 317, die Fanatismus als eine Art passionierte Trägheit in die Nähe von Besitzpassionen rückt.

201 Mit »paradox« ist hier kein logischer Widerspruch gemeint, sondern eine Formulierung von Sätzen, die das Ziel des Satzes, für weitere Sätze etwas zu besagen, zum Scheitern bringt. Diese Technik ist dem 18. Jahrhundert so geläufig, daß sie ihrerseits wiederum paradoxiert werden kann. Siehe André Morellet, Théorie du Paradoxe, 1775, zitiert nach der deutschen Ausgabe Theorie des Paradoxen, Leipzig 1778. Siehe auch, stärker die positiven anregenden Funktionen betonend, Hans Sckommodau, Thematik des Paradoxen in den Aufklärung, Wiesbaden 1972.

202 Vgl. Mehnert a. a. O. S. 151 ff.

schaften aus. Die Vollendung angenehmer, glücksteigernder Sozialität wird in einem Verhältnis verdichteter interpersonaler Beziehungen gesehen: in der *Freundschaft*.

Die Hof- und Welt-Literatur des 17. Jahrhunderts war noch von einem öffentlichen Charakter der Freundschaften ausgegangen. Sie hatte herausgestellt, wie der Freund einem in der Beziehung zu *anderen* (z. B. bei Hofe) nützen oder auch schaden könne[203]. Daher der Rat zu gebotener Vorsicht, weil bei einem Sinneswandel des Freundes Geheimnisse, persönliche Schwächen, private Meinungen publik werden oder auch an die falsche Adresse lanciert werden könnten. Dieser Bezug auf öffentliche, auf Selbstdarstellung und Verstellung angewiesene Geselligkeit tritt im 18. Jahrhundert zurück[204], und dem entspricht eine Verschiebung von instrumenteller zu idealisierter Sozialität.

Wir wenden uns zunächst einer bemerkenswerten Übergangsfassung zu, die sich außerhalb der Salonliteratur, nämlich bei dem Juristen Jean Domat findet[205]. Nach der allgemeinen Sozialtheorie dieses Autors ist amour mutuel grundlegendes Prinzip der sozialen Ordnung. Nachdem aber der Sündenfall dafür die Unschuld genommen und die Bedürfnisse vervielfältigt hat, sind nicht mehr alle sozialen Bindungen von dieser Liebe getragen; »ceux qui s'entre aiment par l'esprit de l'union au souverain bien«, sind selten geworden. Statt dessen können aus Anlaß einer notwendig gewordenen Sozialität Freundschaften entstehen. Diese lassen sich jedoch nicht erzwingen, weil unter den in der gegenwärtigen Gesellschaft herrschenden Bedingungen Reziprozität nicht für jeden mit jedem in Betracht kommt, sondern gegenseitige Option voraussetzt. Freundschaft ist dadurch etwas Besonderes, für die Gesellschaft an sich nicht Konstitutives[206]. Reziprozität muß als frei gewählte

203 Hinweise oben Anm. 69, 124.

204 De Bellegarde leitet seine Reflexions sur ce qui peut plaire (a. a. O., 1705, S. 3 f.) ein mit der Unterscheidung von Konversation in der großen Welt und Konversation unter Freunden, die allein intensiviert werden kann. Ähnlich Christian Thomasius, Kurtzer Entwurff der politischen Klugheit, Frankfurt–Leipzig 1910.

205 Traité des lois Kap. VI, zit. nach Œuvres complètes (ed. Joseph Remy) Bd. 1, Paris 1828, S. 19 ff.

206 Man vergleiche damit die ältere Lehre (etwa bei Thomas Elyot, The Book named The Governor, 1531, zit. nach der Ausgabe London-New York 1966, S. 132 ff.). Sie hielt wahre Freundschaft für *selten* (im Sinne von: unter Menschen selten vorkommend), weil *Tugend* selten sei und außerdem Gleichheit der Tugendausprägung

begriffen werden und wird so zu einer Zusatzeinrichtung außerhalb des Rechts. Sie gehört nicht zur tragenden Konstruktion des Systems, sondern zu den Möglichkeiten, die entwickelt werden können, wenn die Subsistenz der Gesellschaft mit primären »liens et engagemens« gesichert ist. Die Gesellschaft muß auf Sozialbindungen (Domat nennt sie im Hinblick auf das Ordnungsgebot Gottes amour) gebaut sein, die unabhängig sind von Erwiderung; »car le devoir de cet amour est indépendant de l'amour réciproque de celui qu'on est obligé d'aimer«.

Man sieht: Freundschaft ist auf dem Weg von der Funktionsentlastung zur Idealisierung, auf dem Weg zur Ausdifferenzierung ins Private, das noch Idealmodelle der Sozialität hervorbringen kann, aber zugleich ins eigene Bewußtsein aufnimmt, daß das Gesellschaftssystem auf anderen Sozialformen beruht. Der hierfür notwendige Freundschaftsbegriff fügt sich nicht mehr der aristotelischen Typologie von Nutz-, Lust- und Tugendfreundschaften, die eine komplette Sozialtheorie angeboten hatte. Er wird enger gefaßt. Das läßt sich mit einer Reihe von bemerkenswerten Konsequenzen an einer Studie ablesen, die zu Anfang des 18. Jahrhunderts erschienen ist: am Traité de l'amitié von Louis-Silvestre de Sacy[207]. Die alte Drei-Typen-Lehre erscheint in der Form von plaisir/richesses/gloire jetzt nur noch im Bereich individueller Motive, als Bezugspunkt des amour propre[208]. Als Sozialtheorie wird sie nicht fortgesetzt[209]. Die Sachaussagen zu Freundschaft greifen zwar weitestgehend auf Cicero zurück, bringen dessen Gedanken aber in

erforderlich sei. Jetzt wird die Seltenheit einer gesellschaftskonformen Idealität ins *gesamtgesellschaftlich Belanglose und Private* uminterpretiert, und im Zusammenhang damit wird die soziale Tugend Freundschaft eine soziale Beziehung.

207 Paris 1704. Ähnlich der bekanntere Traité de l'amitié der Marquise de Lambert, zitiert nach: Œuvres, Paris 1808, S. 105-129.

208 Vgl. z. B. S. 67. Bei Christian Thomasius, Von der Artzney Wider die unvernünfftige Liebe ... Oder: Ausübung der Sitten Lehre, Halle 1696, S. 157 ff., wird sie sogar ins *Negative* gewendet, als Typologie der Formen unvernünftiger Liebe interpretiert, der die *eine* vernünftige Liebe *gegenübergestellt* wird. Das markiert vielleicht am deutlichsten die Mediatisierung der alten Ordnungsreihung durch eine vorgeschaltete Wertung. Auch dies läßt sich übrigens kaum als Ideologie des aufsteigenden Bürgertums interpretieren. Es wird nicht etwa Reichtum an die Stelle von Ehre placiert, sondern die älteren Distinktionen werden durch einen generelleren Formbegriff für Sozialität überboten.

209 Noch einmal explizit ablehnend: Abbé Pluquet, De la Sociabilité, Yverdon 1770, Bd. I, S. 147, auf der Basis eines wiederum sehr breiten Freundschaftsbegriffs.

eine veränderte Gesamtkonstellation ein. Freundschaft ist ein sehr voraussetzungsreicher, enger, nur zwischen jeweils wenigen Personen realisierbarer Sachverhalt, der bei jedem der Beteiligten die ganze Person einbezieht und dadurch gegen commerce ordinaire und durchschaute/durchschauende politesse abgegrenzt wird. Freundschaft ist, *weil sie so persönlich ist*, die Perfektionsform des *Sozialen*, »la plus pure de toutes les unions«[210]. Aber sie kann als Perfektionsform interpersonaler Interpenetration nicht das soziale Ganze repräsentieren. Der klassische Pflichtenkanon gegenüber Gott, Vaterland und Familie kann durch Freundschaft weder ersetzt noch in sie aufgenommen werden. Seine Erfordernisse haben und behalten Vorrang gegenüber Freundschaftsbeziehungen[211]. Also ist die perfekteste Form der Sozialität die, die anderen Formen stets nachgeordnet wird; die sich selbst sozusagen zurücknimmt, indem die Freunde einander aus Freundschaft den Vorrang ihrer sonstigen Pflichten konzedieren, und dies müssen, wo immer es darauf ankommt, dem anderen ganz, das heißt in all seinen Beziehungen, Rechnung zu tragen. Die Perfektion erscheint mithin in der Subsidiarität und ist deshalb mit besonderen Reflexionsleistungen auszustatten. Man könnte auch sagen: die Perfektion des Sozialen wird privatisiert. Aber ebenso wichtig ist: daß der Gesellschaftsbezug jetzt außerhalb dieser Perfektion zu liegen kommt. Und genau deshalb muß, nach dieser Theorie, Freundschaft eine Einheit von Tugend und Vernunft sein, weil sie nur so ihre eigene Subsidiarität in die Interaktion einbeziehen und über sich selbst in Rücksicht auf die Gesellschaft und deren Erfordernisse disponieren kann. Vernunft und Moral beziehen die Gesellschaft nur noch indirekt ein, indem sie regulieren, was Freunde einander gewähren und einander zumuten können[212].

210 De Sacy a. a. O. S. 43.

211 A. a. O. S. 99 ff. Vgl. zu diesem alten Problem auch die raffiniertere (aber: auf einfachere Verhältnisse bezogene) Antwort Montaignes (Essais I, XXVIII, Paris 1950, S. 226), die den Konflikt selbst negiert: Wer sage, in solch einem Konflikt gehe die Freundschaft vor, bringe nur zum Ausdruck, daß es keinen Zweifel gebe an seines Freundes und seinen guten Absichten. Zur weiteren Behandlung des Themas vgl. auch N. Ivanoff, La Marquise de Sablé et son salon, Paris 1927, S. 143 ff., insb. den dort abgedruckten Essay von Arnauld d'Andilly.

212 So klar die Logik des Problems und die Engpässe seiner Lösung, so wenig stimmen die Vorstellungen der zeitgenössischen Autoren überein. Aber *wenn* man das ciceronische Tugendprinzip als Basis der Freundschaft ablehnt (z. B.: um mit den

Auch in einer zweiten Hinsicht, nicht Pflichten, sondern Vorteile betreffend, wird Freundschaft subsidiär als eine Art Glücksversicherung eingesetzt: »L'amitié parfaite est le supplément des richesses et de la puissance, elle est l'équivalent de tout ce que la naissance ne donne pas, ou que la fortune refuse«[213]. Über Freundschaft ermöglicht die Natur einen schichtunabhängigen Glücksausgleich »pour tous les hommes et pour toutes les conditions«[214] – gebunden freilich daran, daß jeder in sich für andere die Tugend realisiert. Man kann hier ein Mehrfaches ablesen. Vor allem sind Vernunft und Moral, wie so oft, Auffanglinien für ein Theorieproblem. Sie werden den Betroffenen dort zugemutet, wo die Theorie anderenfalls in Schwierigkeiten käme. Solche Auffanglinien, und auch das ist typisch, ermüden rasch, weil Vernunft und Moral sich natürlich in der Weise und in dem Umfange nicht einstellen, wie die Theorie es voraussetzt. So verschiebt sich in den ersten Jahrzehnten des Jahrhunderts der Freundschaftsbegriff rasch in Richtung auf Sentiment und Sensibilität und faßt Tugend mehr als Motiv denn als Regel und Grenze. Das führt tendentiell zur Verwischung des Unterschiedes von Freundschaft und Liebe[215]. Sie gleichen sich an dadurch, daß sie aus der »Gesellschaft« herausgenommen werden: Einsamkeit zu zweit, die für jeden die Chance einer Steigerung seiner Gefühle und Empfindungen bedeutet.

Zu Verschmelzungen kann es in dem Maße kommen, als die Sonderprobleme von Liebe und Freundschaft ihre Problematik

Jesuiten auch Freundschaft unter Sündern und Verbrechern für möglich zu halten), *muß* man den Begriff auch in seinem sozialen Anspruchsniveau abwerten und unter Vorbehalte stellen, um die je anderen Beziehungen und Pflichten anschließen zu können. So z. B. Buffier a. a. O., S. 149 ff.: »Une sage reserve n'ôte rien à l'amitié« (S. 174; vgl. auch S. 163 f.). Dann ist Freundschaft nicht mehr Perfektionsform des Sozialen, sondern eher im Sinne der Tradition »l'habitude d'entretenir avec quelqu'un un commerce honnête et agreable« (S. 164).

213 Pluquet a. a. O. Bd. I, S. 151.

214 A. a. O. S. 151.

215 Dies wiederum konnten die an Interaktion schlechthin gerichteten Erwartungen nur schwer verkraften. Der gesamte Apparat der Theorie des wechselseitigen Sichgefallens paßt an sich nicht auf Liebe im Sinne einer Passion. Deren Randlage wird deutlich, wenn man die auf La Rochefoucauld zurückgehende Sentenz bedenkt, die auch im 18. Jahrhundert tradiert wird: daß Liebende den ganzen Tag von sich selbst reden können und sich deshalb nicht langweilen (daß dagegen in der guten Gesellschaft Langeweile nicht auszuschließen und das über sich selbst reden gerade zu vermeiden ist). Vgl. Deslandes a. a. O. S. 118 f.; Moncrife a. a. O. S. 99 f.

verlieren. Für Liebe war es das Problem der instabilen Passion gewesen, für Freundschaft das Problem der zu fingierenden und zu unterstellenden Aufrichtigkeit[216]. Beides waren Probleme für eine auf Interaktion zu fundierende Gesellschaft gewesen. Sie werden jetzt in die Selbstevidenz des Gefühls[217] aufgelöst, das sich auf die Tugend richtet und sich damit seine Kontinuität als Gefühl zu garantieren sucht. Ungeachtet dessen ist festzuhalten, daß Freundschaft gerade durch ihre *Ausdifferenzierung ins Persönliche und Private zur Reflexionsform des Sozialen* wird, und diese Struktur bleibt erhalten.

X.

Wir fassen jetzt die Ergebnisse der bisherigen Untersuchungen nochmals zusammen, um eine weitere theoretische Interpretation anschließen zu können.

Der Übergang von stratifikatorischer zu funktionaler Differenzierung des Gesellschaftssystems entlastet die Oberschichteninteraktion und ermöglicht eine stärkere Ausdifferenzierung von Interaktionssystemen – zunächst noch (oder: wiederum) auf der Basis von Oberschicht. Dieser gesellschaftsstrukturell induzierte Wandel verändert auch die Möglichkeiten, die sich auf der Interaktionsebene selbst ergeben. Diese Veränderungen werden in einer der Interaktion zugeordneten Semantik formuliert; sie sind, wenn man unterstellen darf, daß diese Semantik Realitätsbezug hat, empirisch an ihr ablesbar. An die Stelle von *Qualität* tritt im 17. Jahrhundert mehr und mehr *Leistung*, schließlich um 1700 an die Stelle von Leistung *Reziprozität* im Sinne gespiegelter doppelter Kontingenz, wechselseitig komplementärer Verhaltenserwartung, sozialer Selbstrelationierung. Alle drei Formen – Qualität, Leistung, Reziprozität – werden in der Bezugnahme auf Oberschichteninteraktion übersteigert, normiert, moralisiert. Sie beschreiben nicht die reine Faktizität, sie zielen auf etwas Schwieriges, Anforderungsreiches, Nichtselbstverständliches.

216 Hierzu: Madeleine de Scuderi, De la connoissance d'autruy et de soy-mesme, in: dies., Conversations a. a. O. (1680), S. 65-135.

217 bzw. vorher und vorbereitend bei Thomasius: in die Willensform der vernünftigen Liebe. Siehe Christian Thomasius, Von der Kunst vernünfftig und tugendhafft zu lieben . . . oder: Einleitung zur Sitten Lehre, Halle 1692 (insb. S. 260 f.).

Diese historische Sequenz von Qualität zu Leistung und zu Reziprozität ist zugleich eine Sequenz von komplexer werdenden Kausalmodellen, die der Erwartung und Zurechnung des Verhaltens zugrunde liegen. Harold Kelley unterscheidet in genau entsprechender Weise reality, mastery und reciprocity[218]. Die erste Modellierung von Kausalität betrifft den Fall, daß eine dominierende Ursache auch den ihr zugehörigen Effekt erwarten läßt – so hohe Geburt und zur Schau getragener Reichtum die entsprechende Beachtung in der Interaktion. Das Modell mastery setzt eine Mehrheit von Ursachen voraus, die füreinander einspringen können, so zum Beispiel Möglichkeiten für den Aufsteiger, hohe Geburt durch einen sie ersetzenden Verhaltenskodex zu kompensieren. Reziprozität setzt schließlich Ursachenwahlen auf zwei Seiten mit Bezug aufeinander variabel und führt so zu einer von außen nicht mehr berechenbaren, sich selbst autonomisierenden Kausallage.

Über Kausalmodelle kann reguliert werden, wie in Interaktionssystemen Informationen ausgewertet werden, und das hat sicherlich Einfluß auf die Themen der Kommunikation. Es liegt nahe zu vermuten, daß komplexere Kausalmodelle labiler werden und die Akzentuierung der Ursachen sowie die Wahl des Anschlußhandelns mehr zur Disposition stellen. In Reaktion darauf wird mit dem Aufbau dieser Komplexität in der Sequenz Qualität-Leistung-Reziprozität zugleich die Möglichkeit geschaffen, Zurechnung selbst in der Interaktion zu thematisieren oder zumindest implizit darüber zu kommunizieren, wo Verdienst oder Schuld liegen oder wer oder was durch welches Handeln mit Kausalität belastet wird.

Deshalb ändern sich im Übergang vom 17. und 18. Jahrhundert auch die Plausibilitätsbedingungen[219] für personenbezogene Moralbegriffe. Während für das 17. Jahrhundert Begriffe wie gloire, générosité, maîtrise de soi noch Selbstwertbehauptung und Selbstwertsteigerung honorierten und das Seelenleben eher als emotional und als zu kontrollierende Passion vorausgesetzt hatten[220], verlagert das 18. Jahrhundert die moralische Qualifikation mehr in die

218 Causal Schemata and the Attribution Process, New York 1972, S. 18.

219 Im Sinne des oben S. 49 f. vorgestellten ideenevolutionären Konzepts.

220 Vgl. hierzu auch Willi Flemming, Die Auffassung des Menschen im 17. Jahrhundert, Deutsche Vierteljahresschrift für Literaturwissenschaft und Geistesgeschichte 6 (1928), S. 304-446.

Frage, wie das Individuum sein Erleben verarbeitet. Erst dann kommt es zu Konzepten, die Individualität als innere Bereicherung oder als Entwicklung der Persönlichkeit fassen, und erst gegen Ende des 18. Jahrhunderts gründet sich hierauf die spezifisch deutsche Vorstellung der Welteinmaligkeit des individuellen Subjekts[221].

Je nach zugrunde liegenden Kausalmodellen unterscheiden sich also die auf Zurechnung basierenden Moralen[222]. Wird die Zurechnungslage komplexer, muß auch die Moral sich ändern. Sie gleitet von einer Faktenbewertung zu einer Bewertung von Arrangiererfolgen und schließlich zu einer autonomen Selbstbewertung innerhalb von Interaktionszusammenhängen über. Entsprechend variieren typisch Anlässe und Formen moralischen Scheiterns und Achtungsverlusts. Kausalmodell und Bewertung zusammen regulieren jeweils, wie man auf Grund unzulänglicher Informationen in der Interaktion zu Schlüssen bzw. Anschlußhandlungen kommt[223]. In Richtung der angegebenen Entwicklung nimmt also die strukturelle Absorptionsleistung ab und der Bedarf und auch die Sensibilität für Informationen zu. Das heißt nicht, daß die Informationslage (Sicherheit) in bezug auf Verhaltenswahlen günstiger wird; wohl aber, daß sie stärker abhängig wird von dem konkreten Interaktionssystem und seiner gerade ablaufenden Geschichte. Urteils- und Entscheidungsfähigkeit wird stärker von Teilnahme abhängig, und es wird schwieriger, sie gesellschaftsweit »vernünftig« zu generalisieren.

221 Zur damit zusammenhängenden Entwicklung des Bildungsbegriffs Günther Dohmen, Bildung und Schule: Die Entstehung des deutschen Bildungsbegriffs und die Entwicklung seines Verhältnisses zur Schule, 2 Bde., Weinheim 1964-1965. Vgl. ferner Edmund Leites, Autonomy and the Rationalization of Moral Discourse, Sociological Analysis 35 (1974), S. 95-101.

222 Siehe hierzu auch Harold H. Kelley, Moral Evaluation, American Psychologist 26 (1971), S. 293-300 mit der Unterscheidung reality evaluation, achievement evaluation, reciprocity evaluation. Allerdings sieht Kelley die reality evaluation im einfachen Beitragen moralischen Konsenses. Dieser wird aber gerade nicht kausal attribuiert. Es ist daher zumindest historisch richtiger, darauf abzustellen, daß bei diesem Modell bestimmte Realitäten (etwa: Daseinsformen höherer Schichten) moralisch qualifiziert sind und darin ihre Wirkung bzw. Wirkungsverstärkung haben.

223 Hierzu ausführlicher Niklas Luhmann, Soziologie der Moral, in: Niklas Luhmann/Stephan H. Pfürtner (Hrsg.), Theorietechnik und Moral, Frankfurt 1978, S. 8-116 (43 ff.).

XI.

Gerade diese Schwierigkeit wird zunächst jedoch ganz übersehen, und die sich verstärkende Differenz von Gesellschaftssystem und Interaktionssystemen findet noch keinen Ausdruck. Die im 18. Jahrhundert festgelegte Interaktionssemantik befaßt sich mit einem Person-zu-Person-Verhältnis. Sie interpretiert sich selbst aber gleichwohl als Gesellschaftsmodell. Die Thematisierung des Sozialen auf der Ebene interpersonaler Transparenz und Interpenetration, das Abstellen auf den Kommerz der Interessen, Ideen und Gefühle ermöglichen es, Soziales am Gesellschaftssystem vorbei zu begreifen und zu behandeln und es dann aufs Ganze hin hochzurechnen. Vom »doux commerce« der Interaktion wird sehr flüssig auf Perfektibilität der menschlichen Verhältnisse geschlossen unter Einschluß von Politik und internationaler Wirtschaft.

Die Oberschichten befinden sich jetzt schon auf einer »Rationalitätsinsel«, auf der sie zu lernen haben, sich nicht mehr herrisch, sondern sozial adaptiv zu verhalten. Sie praktizieren bereits die neuen Einstellungen und formulieren eine darauf passende Moral. Aber der Kontext der Selbsteinschätzung ist noch die Gesellschaft als Ganzes, die sie als Oberschicht in besonderer Weise repräsentieren. Daher gilt ihnen Geselligkeit in der guten Gesellschaft als Modell für das, was sozial erforderlich ist, und sie erwarten als Fortschritt, daß die verdichtete und verfeinerte soziale Rationalität, die sie praktizieren, per Osmose oder per Erziehung zum Gemeingut der Menschheit wird.

Noch während der französischen Revolution ist diese Konzeptualisierung des Sozialen vorherrschend, und man kann Förderer wie Gegner der Revolution als Beleg zitieren. Mirabeau formuliert im Troisième Discours sur l'etablissement d'un Lycée Nationale[224], der Mensch sei das wichtigste Objekt des Menschen: »C'est avec l'homme qu'il commerce sans cesse depuis le moment de sa naissance jusqu' à celui qui l'enlève de la scène du monde. Susceptible de vivre dans autrui et par autrui, cette qualité distinctive qui l'incorpore, pour ainsi dire, avec toute son espèce et qui fait la principale force de la chaîne sociale, lui défend de mener une vie

224 Siehe: Travail sur l'éducation publique, éd P. J. C. Cabanis, Paris 1791, S. 108 ff. (114).

isolée. S'il est perfectible, c'est par des communications de pensée; s'il est heureux, c'est par des communications de sentimens«. Und bei Ernst Brandes[225] liest man im Rahmen einer späten Apologie der Begierde zu gefallen: ». . . eine in gehörige Schranken gehaltene Begierde zu gefallen ist dennoch das Band, das die Menschen in der größeren Gesellschaft aneinander kettet«. Vom zwischenmenschlichen Verkehr nach dem Leitmodell der Interaktion unter Anwesenden schließt man auf die Gesellschaft im ganzen, und der Schluß gleitet um so leichter davon, als man Gesellschaft nach wie vor als Persongesamtheit oder als Gattungsbegriff oder als eine Art Kette von sich wechselseitig haltenden Personen denkt. In einem Gesetzesantrag während der französischen Revolution, nationale Feste betreffend, heißt es zum Beispiel: »In den republikanischen Festen darf nichts auf Herrschaft anspielen, sondern alles muß sich im Gegenteil auf die Brüderlichkeit beziehen. Der Kreis scheint daher die beste Form, denn hier findet sich jeder Bürger angesichts des Volkes, an welchem Punkte er sich auch aufstellt, überall hat er notwendig seine Mitbürger im Blick; dieser Anblick allein genügt, um sein Herz zu erwärmen und seine Seele bereit zu machen für die hinreißenden Empfindungen der Brüderlichkeit«[226].

Die Bereitschaft zur Kritik, die gerade im letzten Jahrzehnt des 18. Jahrhunderts von den unterschiedlichsten Ausgangspunkten her alle Makrostrukturen der Gesellschaft – von der Religion über die ständische Ordnung und die Verfaßtheit von Politik bis hin zur Schriftstellerei und ihrem Einfluß auf die öffentliche Meinung – erfaßt, macht vor der Interaktion zunächst offenbar halt. Hier kann die Unruhe gelöst werden, die man als einen anthropologischen Tatbestand erfaßt, weil die Gesellschaft sich ändert. Hier können Passionen aufgewertet und kontrolliert werden. Hier überschreiten Interessen, indem sie sich wechselseitig befriedigen, das Gesetz der Summenkonstanz. Hier ist für Menschliches der Boden, der es ermöglicht, die Ausstattung der Makrofunktionen zu kritisieren, als kontingent zu erfahren, als kontingent zu praktizieren. Hier werden Steigerungsmöglichkeiten oder, wenn nicht mehr

225 Über einige bisherige Folgen der französischen Revolution in Rücksicht auf Deutschland, Hannover 1792, S. 80 f.

226 zitiert nach Elisabeth Siegel, Das Wesen der Revolutionspädagogik, Diss. Göttingen, Langensalza 1930, S. 57. Vgl. auch Jean Starobinski, Jean-Jacques Rousseau: La transparence et l'obstacle, 2. Aufl. Paris 1971, S. 116 ff.

dies, dann wenigstens Rückzugspositionen gesehen. Es bietet sich dann an, der dekadenten Zivilisation ein Zukunftsreich der Vernunft oder der Menschenliebe als elargiertes Interaktionsethos gegenüberzustellen und auf Zukunft zu setzen. Erst das Zerschellen solcher Utopien in den neunziger Jahren[227] wird als eine gesellschafts- und zeitgeschichtliche Erfahrung registriert, die das Basisvertrauen in Interaktion außer Kraft setzt.

Bis dahin wird Interaktion, so scheint es, als symbiotische Basis des gesamten gesellschaftlichen Lebens in Anspruch genommen. Sozialität, die hier begriffen wird, hält vor, wenn die Gesellschaft sich ändert. Man hat noch nicht die Erfahrung, wie stark und in welchem Umfange die großen Kommunikationsmedien der Gesellschaft, namentlich Recht und Geld, über Organisationsbildung extendiert und intensiviert werden können und wie stark in weiten Bereichen gesellschaftlichen Alltagslebens Interaktion dann nicht mehr hält, was sie von sich her verspricht. Eine Zeitlang noch kann auf der Ebene der Interaktion eine Art sozialer Rationalität durchgehalten werden, die letztlich geschichteten Gesellschaftsformationen entstammt und nicht »für alle ist«. Wird diese Herkunft negiert und wird die Idee der Interaktion hochstilisiert in Richtung auf interpersonale Interpenetration anspruchsvoller und interessierter Individuen, verliert der Begriff seinen gesellschaftlichen Halt. Eine Interaktion dieser Typik und dieser Ambition überschreitet das, was man im Gesellschaftssystem institutionalisieren könnte.

Der Beweis dafür läßt sich leicht führen, denn an Versuchen der Institutionalisierung einer solchen Idee hat es nicht gefehlt. Ihr Schwerpunkt liegt in den geheimen Verbindungen, geheimen Orden, geheimen Gesellschaften, mit denen das 18. Jahrhundert so reich gesegnet war. Sie dienten, um erneut Brandes zu zitieren, »zur Ausbreitung einer schätzenswerten Geselligkeit, zur Annäherung der Stände, zur Ausübung von Wohltätigkeit, oft auch zur Befriedigung des schändlichsten Eigennutzes der Vorgesetzten und die Eitelkeit mancher Mitglieder zu schmeicheln, die in den Logen wenigstens als Brüder der Großen und Mächtigen der Erde galten«[228]. Und man könnte anhand von Familiengeschichten hinzu-

227 Hans Ulrich Gumbrecht datiert für die französische Literatur exakt: 1794. Siehe: Skizze einer Literaturgeschichte der französischen Revolution. Beitrag für: Jürgen von Stackelberg (Hrsg.), Die europäische Aufklärung Bd. III, Ms. 1979.

228 A. a. O. S. 65.

fügen: zur Kontaktvermittlung bei Reisen, zur Anbahnung von Nobilitierungsprozessen, zur Festigung von Präferenzen für Geschäftspartner und überhaupt nützlicher Konnexionen.

Aber warum geheim, warum mysteriös, warum so seltsam und nicht selten abartig? Es wird nicht ausreichen zu sagen, daß hier Militärs eine Beschäftigung für Friedenszeiten suchten oder Prinzen eine Art subkulturelle Defrustration. Mit »geheim« wird Grenze und Nichtgeneralisierbarkeit der Verhaltensgrundlagen symbolisiert.

Anscheinend war die Idee der Interaktion von Mensch zu Mensch aus der Ebene ihrer semantischen Formulierung nicht ohne weiteres in die Wirklichkeit zu überführen. Konnte sie als Idee so allgemein sein wie Natur- und Moralbegriffe: als Institution erforderte sie Grenzen, die zugleich Konflikte minimierten und den Wechsel der Verhaltensgrundlagen beim Überschreiten der Grenzen ermöglichten[229]. Dies Problem war indes, *weil* die Idee *allgemein* war, nicht durch bloße Kompartmentierung des Verhaltens zu lösen wie in modernen Organisationen. Daß man sich »unter Brüdern« einer Geheimgesellschaft kannte, war in Situationen außerhalb schlecht zu ignorieren. Auf diese Lage scheint man mit Geheimhaltung reagiert zu haben – ein Ausweg, der es ermöglicht haben muß, nach den Maximen der Innenwelt und der Außenwelt solcher Verbindungen zugleich zu leben[230]. Und im internen Verkehr konnte das seltsame Ritual bei ganz schlichten moralischen Grundideen dazu dienen, erst einmal Formen des Zusammenseins herzustellen, die niemanden kompromittierten und an die dann Weiteres anschließbar war.

Einerseits gelang es auf diese Weise, der Modellidee einer Interaktion von Mensch zu Mensch ein gewisses Betätigungsfeld zu sichern und sie mit wirklichen Menschen zu besetzen. So konnte

229 Theoretische Grundlagen hierfür bieten im Anschluß an Parsons die Überlegungen von Leon H. Mayhew zur Institutionalisierung von hochgeneralisierten Werten. Siehe Action Theory and Action Research, Social Problems 15 (1968), S. 420-432. Vgl. auch ders., Law and Equal Opportunity: A Study of the Massachusetts Commission Against Discrimination, Cambridge Mass. 1968. (Es ist kein Zufall, daß es auch bei Mayhew um Grenzen der Institutionalisierbarkeit von Gleichheit geht).

230 Vgl. aber Reinhart Koselleck, Kritik und Krise: Ein Beitrag zur Pathogenese der bürgerlichen Welt, Freiburg-München 1959, S. 55 ff. mit einer primär politischen Interpretation der Normierung des Geheimhaltens; siehe aber auch die Hinweise zum Schichtungsproblem S. 61 f.

dokumentiert werden, daß in dieser Ordnung Schichtung *nicht mehr* galt. Außerdem wurde diese Interaktion *noch nicht* in die neu sich aufbauende Funktionsordnung eingesteuert; sie war weder als politische, noch als wirtschaftliche, noch als pädagogische, noch als intim-persönliche vorwegtypisiert unter Ausgrenzung der jeweils anderen Aspekte. Als Modellinteraktion der Humanität mußte sie jedoch geheimgehalten werden oder sich zumindest als geheim stilisieren, um die *doch gegebenen* Interferenzen mit Schichtung und Funktionsbereichen leugnen zu können. Die Geheimhaltung erfolgte unter diesen Umständen geradezu in *kommunikativer Absicht.* »Elle menait ouvertement une vie clandestine«, so charakterisiert Faÿ die Strategie der Freimaurerei in Frankreich[231]. Sie kann so wohl kaum als Strategie der Vorbereitung eines politischen Umsturzes gewertet werden (auch wenn Geheimhaltung Schutz für die Ausbreitung nichtkonformen Gedankenguts, etwa Adelskritik, bot und im Effekt den Widerstand der Oberschicht gegen das Anlaufen der französischen Revolution lähmte).

Der Kult der gutwilligen Interaktion findet in Geheimhaltung und mysterienhaftem Gebaren eine Form paradoxer Kommunikation mit der ihn umgebenden Gesellschaft. Er hat damit Erfolg, gerade weil die Gesellschaft Öffentlichkeit postuliert und an Mysterien nicht mehr glaubt. Eine funktional äquivalente und ebenfalls paradoxe Lösung dieses Problems findet in einem Abschiedsbrief Ausdruck, den der Österreicher von Sonnenfels an den Berliner Montagsklub gerichtet hat[232]. Hier wird gerade die Rangdifferenzen überbrückende, »vertrauliche« Interaktion zum Anlaß genommen, aus Dankbarkeit dafür den Abstand gleichwohl nicht aus den Augen zu verlieren. Nur wo der Abstand noch bewußt ist, kann denn auch die Huld jeweils wieder neu genossen werden.

Es gibt keine Interaktion außerhalb von Gesellschaft, weil in keiner

231 Bernard Faÿ, La Franc-Maçonnerie et la révolution intellectuelle du XVIIIe siècle, 2. Aufl. Paris 1961, S. 142.

232 Brief vom 9. August 1787, abgedruckt in Berlinische Monatsschrift 10 (1787), S. 350-356. Die Passage, auf die unser Text sich bezieht, lautet: »Selbst ein Theil des Königlichen Hauses würdigte mich einer Aufnahme, die ich unrichtig Herablassung, womit stets ein Begrif von Demüthigung verknüpft ist, nennen würde. Die Durchlauchtige Prinz Ferdinandische Familie erhob mich hinauf zu sich, und ihre huldreiche Vertraulichkeit machte meinen Abstand beinahe verschwinden; hätte die ehrerbietigste Dankbarkeit mir nicht die Pflicht auferlegt, denselben nicht aus den Augen zu verlieren«.

Interaktion ignoriert werden kann, daß die Beteiligten auch in anderen Interaktionsbeziehungen stehen mit Partnern, die in weiteren Interaktionsbeziehungen stehen usw. Deshalb läßt sich makrostrukturfreie Interaktion nicht, oder eben nur über paradoxe Kommunikation, institutionalisieren. Auch die im 18. Jahrhundert so beliebte Ketten-Metapher hilft darüber nicht hinweg; denn Kettenbildung erfordert gerade – und vorsignalisiert in gewisser Weise – funktionale Spezifikation, weil anders in der momentan aktuellen Interaktion nicht sichergestellt werden kann, worum es sich in der nächsten und übernächsten und überübernächsten Interaktion handeln soll. Sicher führt der Umbau von stratifikatorischer zu funktionaler Gesellschaftsordnung zu einer größeren Distanz zwischen Gesellschaftssystem und Interaktionssystemen und zu einer Verringerung dessen, was man an gesamtgesellschaftlicher Relevanz speziell von Oberschichteninteraktion voraussetzen kann. Aber Distanz dieser Systembildungsebenen heißt nicht Beziehungslosigkeit. Der Zugriff des Gesellschaftssystems auf Interaktionssysteme nimmt nur andere Formen an, etwa solche der funktionalen Zuordnung, der organisatorischen Spezifikation oder der Standardisierung durch Verhaltensbilder der Massenmedien.

XII.

Am Ende der hier zu schildernden Entwicklung wird auch noch vom Nutzen abstrahiert. Diesen Schritt in die reine Form zweckfreier Interaktion vollzieht Schleiermacher mit seinem »Versuch einer Theorie des geselligen Betragens«[233].

Schleiermachers Versuch reagiert auf eine semantisch, politisch und ökonomisch veränderte Situation. In den letzten beiden Jahrzehnten des 18. Jahrhundert hatte sich ein neuer, umfassender Begriff des Bürgers durchgesetzt, der seine Begrenzung – gesehen als Begrenzung des Individuums – aus dem gesellschaftlichen System der Bedürfnisse und Arbeitsvollzüge entnimmt. Ein entsprechender Begriff der bürgerlichen Gesellschaft bahnt sich an. Bürgersein, in welcher Rollenlage immer, ist eine unvollkommene Weise des Menschseins. Vor allem die pädagogische Literatur, aber auch

233 zitiert nach Friedrich D. E. Schleiermacher, Werke: Auswahl in vier Bänden, Bd. II, 2. Aufl. Leipzig 1927, S. 1-31.

Reflexionen des Staatszwecks setzen sich mit diesem Kontrast auseinander auf der Suche nach einer Möglichkeit der Bildung zum Menschen in Schule und Gesellschaft[234]. Diese neue Problemlage sprengt die zuvor unterstellte Einheit (oder doch »Nähe«) von sozialem Nutzen und Selbst-Genuß; sie sprengt den bürgerlichen Nutzen aus derjenigen Interaktion heraus, die Gelegenheit zur Selbstverwirklichung des Menschen bieten soll.

Geselligkeit wird, mit einer jetzt viel gebrauchten Formel, zum Selbstzweck erklärt, zum Kunstwerk ohne Nutzen; und die ältere Auffassung wird abgelehnt, nach der die Virtuosen des wechselseitigen Gefallens »die Kunst nicht um ihrer selbst willen lieben und ehren, sondern immer das Glück, welches damit in der Welt zu machen ist, im Sinn haben, und ihr Geschäft nur, wie Handwerker pflegen, um des Gewinns willen treiben«[235]. Statt dessen wird »freie Geselligkeit« als vollkommene Kunstform empfohlen, die ihren Zweck in sich selbst hat und sich in der Wechselwirkung als solcher erfüllt. »Die Wirkung eines Jeden soll gehen auf die Tätigkeit der übrigen, und die Tätigkeit eines Jeden soll sein seine Einwirkung auf die anderen«[236]. Da die Beteiligten freie, selbstreferentiell operierende Wesen sind, kann Wirkung nur heißen: ihre Selbsttätigkeit anregen. »Es kann also auf nichts anderes abgesehen sein, als auf ein freies Spiel der Gedanken und Empfindungen, wodurch alle Mitglieder einander gegenseitig aufregen und belehren. Die Wechselwirkung ist sonach in sich selbst zurückgehend und vollendet; in dem Begriff derselben ist sowohl die Form als der Zweck der geselligen Tätigkeit enthalten, und sie macht das ganze Wesen der Gesellschaft aus«[237].

Dem Konzept liegt, bei aller Fortführung alter Themen im einzelnen, eine neuartige Synthese von »Wechselwirkung« und »Gesel-

234 Vgl. annähernd gleichzeitig Johann Heinrich Gottlieb Heusinger, Beytrag zur Berichtigung einiger Begriffe über Erziehung und Erziehungskunst, Halle 1794, S. 51 ff.; Heinrich Stephani, Grundriß der Staatserziehungswissenschaft, Weißenfels – Leipzig 1797, S. 49 ff.; Karl Salomo Zachariae, Über die Erziehung des Menschengeschlechts durch den Staat, Leipzig 1802, S. 82 ff.; Karl Heinrich Ludwig Pölitz, Die Erziehungswissenschaft, aus dem Zwecke der Menschheit und des Staates practisch dargestellt, Leipzig 1806, Theil 1, S. 307 ff.

235 Schleiermacher a. a. O. S. 7.

236 A. a. O. S. 10.

237 A. a. O. S. 10 (Entsprechend heißt das, was wir Gesellschaft nennen, bei Schleiermacher Gemeinschaft).

ligkeit« zugrunde[238]. Das Neue liegt im Verhältnis von Interaktion und Zeit. Wechselwirkungen erfordern ein Anhalten von Zeit, ein Prolongieren von Gegenwart über den Moment hinaus, bis die Wechselwirkung zustandegekommen ist. Kausalität wird zwar postuliert, wird zugleich aber ausgeschaltet, soweit sie asymmetrisch und irreversibel den Zeitlauf ordnet und dem Vorher und Nachher einen unumkehrbaren Sinn gibt. Die Zeit läuft weiter, ohne daß Kausalität in Anspruch genommen wird, um sie irreversibel zu machen. Die Synthese von »Wechselwirkung« und »Geselligkeit« setzt voraus, daß die Zeit nur chronologisch irreversibel ist; sie beruht damit auf einer vorher begrifflich nicht faßbaren Differenz von Kausalität und Zeit, also auf einer Abstraktion des Temporalbewußtseins, für die es ihrerseits gesellschaftsstrukturelle Gründe gibt[239].

Die Problemstellung ist neu. In der älteren Lehre war das Konzept der Muße als Funktionsrequisit der Oberschichten allmählich in ein Konzept der kurzfristigen, sich um Abwechslung bemühenden Konversation umgeformt worden. Das Problem lag nicht im Anhalten der Zeit, sondern gerade im Bewegen der Zeit, im Auswechseln der Gegenstände zur Vertreibung der Langeweile. Über die Tieferlegung des Verständnisses der Sozialdimension kommt es nun zu einer Neuformierung des Bezugs von Interaktion und Zeit: Die Gegenwart, in der Individuen ihre Identität formieren, muß verlängert und gegen das Irreversibelwerden von Positionsgewinnen abgeschirmt werden, wenn gelten soll, daß die Individuen ihre Identität mit Bezug aufeinander, in Liebe oder doch in Rücksicht aufeinander formen sollen. Aber was sind die gesamtgesellschaftlichen Grundlagen dieser semantischen Innovation, dieser neuen Synthese von »Wechselwirkung« und »Geselligkeit«? Oder anders gefragt: Was sind die realen Bedingungen der Möglichkeit für ein Anhalten der Zeit in der Interaktion? Wo hat man dafür noch Zeit in einer Gesellschaft, die Zeit mehr und mehr zur Ordnung aller ihrer Funktionsverrichtungen in Anspruch nimmt und den Zeitlauf entsprechend beschleunigt?

Die bereits mehrfach notierte Randlage des Konzepts reiner sozia-

238 Zur weiteren begrifflichen Entwicklung (Kant, Schleiermacher, Hegel, Dilthey, Simmel) Petra Christian, Einheit und Zwiespalt: Zum hegelianisierenden Denken in der Philosophie und Soziologie Georg Simmels, Berlin 1978, S. 110 ff.

239 Vgl. die Studie über Temporalisierung von Komplexität.

ler Interaktion muß sich mit dieser semantischen Entwicklung nochmals verschärfen. Die herauspräparierten Bedingungen wechselseitig-reflexiver Sozialität machen es schwierig, ein entsprechendes Realgeschehen gesellschaftlich zu verorten. In der Freundschaft? In der Salongeselligkeit? Und was wäre dann die gesellschaftsstrukturelle Begründung dafür, daß gerade hier Sozialität in ihrer eigentlichen Form und als Modell für gesellschaftliche Rationalität schlechthin erscheint? Außerdem kann die Selbstrealisierung des Sozialen auch unter diesen Extrembedingungen nicht zu Ende gedacht werden. Der Pferdefuß erscheint alsbald: Jeder muß die Schranken einhalten, die es auch für andere ermöglichen, Selbsttätigkeit einzubringen. »Die Sphäre des Einen ist nicht völlig die des Anderen ... und jeder – dies geht durch alle Mitglieder einer Gesellschaft hindurch – hat in der seinigen etwas, was nicht in der anderen liegt«[240]. Die Geselligkeit setzt also ausgewählte Themen voraus, an denen jeder selbsttätig sich beteiligen kann. Jeder muß also einen Teil seiner eigenen Möglichkeiten weglassen; er kann gerade seine Individualität, seine höchst persönliche Eigentümlichkeit nicht einbringen, und soll doch Selbsttätigkeit beitragen? Und, wird man hinzufügen müssen, je individueller und persönlicher die Einzelnen, desto geringer ihre Chance, in gemeinsamer Geselligkeit frei zu sein.

Schleiermacher sieht in einer Art vorsoziologischem Optimismus hier das Bezugsproblem, auf das hin eine Formen- und Anforderungslehre der interaktiven Geselligkeit entwickelt werden kann. Manier, Elastizität, Gewandheit, Feinheit in der Konversation, Rücksicht auf die Schwächeren etc. – die traditionellen Mittel werden wieder heranzitiert. Aber das Problem ist bereits so formuliert, daß es auf jede Art sozialer Beziehung, auf soziale Ordnung überhaupt zutrifft. Aus der Randlage der geselligen Interaktion heraus ist es für die Gesellschaft nicht zu lösen. Die Semantik der Interaktion reicht noch aus, um der Soziologie eine Problemformel zu hinterlassen. Sie übergibt ihr keinen Formtypus sozialer Rationalität.

Der Artikel endet mit dem Hinweis: »Die Fortsetzung folgt«. Die Fortsetzung folgte nicht.

240 A. a. O. S. 12.

Kapitel 3

Frühneuzeitliche Anthropologie Theorietechnische Lösungen für ein Evolutionsproblem der Gesellschaft

I.

Der Zeitraum, den wir betrachten wollen, ist das Jahrhundert nach der Beendigung der konfessionellen Bürgerkriege, also die Zeit etwa von 1650-1750[1]. Wir interpretieren diese Zeit sozialstrukturell als Epoche, in der das Gesellschaftssystem Europas erstmalig in sich selbst auf seine seit langem anlaufende neue Form der Differenzierung, nämlich auf funktionale Differenzierung der primären Teilsysteme zu reagieren beginnt[2].

»In sich selbst zu reagieren beginnt« soll heißen, daß der funktionale Primat in den einzelnen Funktionssystemen für Wirtschaft, Politik, Religion, dann auch Wissenschaft und Erziehung zur dominierenden Maxime ausgebaut wird und daß zugleich die jeweils anderen Teilsysteme dies als Faktum ihrer Umwelt und als Bedingung ihrer eigenen Spezifikation zu akzeptieren beginnen. So arrangiert sich etwa nach den Konfessionsspaltungen, die eine segmentäre Differenzierung des Religionssystems herbeigeführt hatten, ein stärker orthodoxiertes, stärker organisationsbewußtes Religionssystem auf neuartige Weise mit einem als souverän anerkannten politischen Staat[3]. Oder: Im Familienleben beginnt die

1 Zu diesem Einschnitt vgl. auch Theodore K. Rabb, The Struggle for Stability in Early Modern Europe, New York 1975.

2 Zur Vorgeschichte sind vor allem Forschungen wichtig, die die zunehmende Nichtidentität von Politik, Religion und Wirtschaft seit dem Hochmittelalter, das heißt das Scheitern aller Versuche zur Wiederherstellung des Typus eines religiös-politisch-ökonomisch integrierten Großreiches herausarbeiten. Vgl. zum Beispiel David Little, Religion, Order, and Law: A Study of Prerevolutionary England, New York 1969; Immanuel Wallerstein, The Modern World-System: Capitalist Agriculture and the Origins of the European World-Economy in the Sixteenth Century, New York 1974.

3 Hierzu z. B. Michel de Certeau, Du système religieux à l'éthique des Lumières (17e-18e siècles): La formalité des Pratiques, Ricerche di Storia Sociale e Religiosa 1, 2 (1972), S. 31-94.

Zucht sich zu lockern, die in der institutionellen Naturordnung der Gesamtgesellschaft und besonders in den Häusern der höheren Schichten vorgesehen gewesen war. Die natürliche interne Differenzierung der Familie nach den drei Teilgesellschaften (Mann-Frau, Eltern-Kinder, Herr-Knecht) tritt zurück, und an ihre Stelle werden gefühlsgebundene Intimbeziehungen gesetzt, die stärker individualisierte Familienschicksale zulassen und höhere Elastizität vorsehen für die Anpassung an eine rapide sich ändernde, komplexer werdende Umwelt[4].

»In sich selbst zu reagieren beginnt« – das soll ferner andeuten, daß für die Weiterführung einer angebahnten Entwicklung und für die Verarbeitung bereits anfallender Erfahrungen sowohl strukturelle als auch semantische Leistungen in Anspruch genommen werden. Auf struktureller Ebene, die wir hier aber nicht weiter verfolgen wollen, beginnen erste Kontingenzzusammenhänge von Programmatik und Organisation zu greifen, vor allem beim Aufbau des merkantilistischen Staates[5]. In der sozial relevanten Semantik entsteht kein Bild der sich neu bildenden Gesellschaft, denn das hätte zu viel Einschätzung einer sich noch gar nicht abzeichnenden Zukunft erfordert. Statt dessen, das ist unsere These, formiert sich auf der Ebene kulturell prominenter Ideen zunächst eine neue Anthropologie, die auf die Semantikbedürfnisse der Übergangszeit anspricht.

Bereits Parsons hat im Kontext einer Evolutionstheorie, die mit den Begriffen adaptive upgrading, differentiation, inclusion und value generalization arbeitet[6], hervorgehoben, daß einer zuneh-

4 Vgl. Levin L. Schücking, Die Familie im Puritanismus: Studien über Familie und Literatur in England im 16., 17. und 18. Jahrhundert, Leipzig-Berlin 1929.

5 Der Bereitstellung dieser Möglichkeit liegen natürlich wiederum Vorentscheidungen in der Semantik zugrunde, so etwa die seit Beginn des 17. Jahrhunderts gängige Unterscheidung von ordre social (der Familien) und ordre politique (Amtshierarchie). Vgl. hierzu Roland Mousnier, Les hiérarchies sociales de 1450 à nos jours, Paris 1969, S. 70 ff., insb. 77; ferner ders., Les concepts d' »ordres«, d' »etats«, de »fidélité« et de »monarchie absolue« en France, de la fin du XVe siècle à la fin du XVIIIe, Revue historique No. 247 (1972), S. 389-412. Vgl. ferner Gerhard Oestreich, Geist und Gestalt des frühmodernen Staates, Berlin 1969, zu *organisatorischen* Auswirkungen des *Neustoizismus*.

6 Die Begriffe entsprechen den vier analytischen Subsystemen A, G, I und L des allgemeinen Aktionssystems und formulieren Steigerungsbedingungen ihrer Differenzierung. Vgl. dazu Talcott Parsons, The System of Modern Societies, Englewood Cliffs N. J. 1971, S. 26 ff.

menden Differenzierung säkularer Funktionseinheiten für Politik, Wirtschaft, Wissenschaft und Erziehung gegen das Religionssystem eine Generalisierung weltlicher Wertmuster, ein »restructuring of the value system itself in the direction of higher levels of generalization« entsprechen müsse, sollen ernsthafte Konflikte und Entwicklungsstörungen vermieden werden[7]. Diese Einsicht ist nicht gebunden an die Parsonssche Theoriearchitektur. Wir wollen sie in eine andersartige Theorie funktionaler Gesellschaftsdifferenzierung übernehmen und auf die frühneuzeitliche Anthropologie beziehen.

Um eine für historische Analysen ausreichende Spezifikation zu erhalten, müssen nun zunächst die Theoriegrundlagen weiter ausgearbeitet werden. Dies erfordert drei Schritte. Wir müssen als erstes genauer wissen, welche Umstrukturierungen erforderlich werden, wenn ein Gesellschaftssystem von primär stratifikatorischer in primär funktionale Differenzierung umgebaut wird (II.). Wir müssen ferner beachten, daß dieser Umbau ein historischer Prozeß ist, der in jeder seiner Phasen Kontinuität und Diskontinuität zugleich in Anspruch nimmt; der die Hinsichten aber wechseln kann, in denen kontinuiert bzw. diskontinuiert wird (III.). Schließlich muß geklärt werden, was eigentlich gerade religiöse bzw. dann anthropologische Semantik befähigt, diesen Umbau im Ersetzen der einen durch die andere Symbolwelt zu begleiten (IV.). Erst diese vorgezogenen theoretischen Analysen geben dem analytischen Instrument hinreichende Komplexität, mit dem wir dann die Transformationen der Semantik selbst untersuchen wollen.

II.

Die Transformation von primär schichtenmäßiger in primär funktionale Teilsystembildung betrifft nicht nur die jeweiligen Funktionen und die ihnen zugeordneten Sozialsysteme. Sie verändert die Struktur der Gesamtgesellschaft, weil jedes Teilsystem nicht nur die jeweils eigene Funktion bedient, sondern zugleich auch in der innergesellschaftlichen Umwelt eines jeden anderen Teilsystems Ordnung garantiert, aber auch Ressourcen beansprucht, Probleme

7 Siehe: Some Considerations on the Comparative Sociology, in: Joseph Fischer (Hrsg.), The Social Sciences and the Comparative Study of Educational Systems, Scranton Pa. 1970, S. 201-220 (208).

löst, aber auch Probleme abwälzt. Ausdifferenzierte und dadurch in einem neuen (nicht mehr mittelalterlichen) Sinne »souveräne«, an der ratio status orientierte Politik ist allenfalls in einem sehr zweifelhaften Sinne bessere Politik; sie gibt aber auf jeden Fall in der innergesellschaftlichen Umwelt einen veränderten Bezugspunkt für die wirtschaftliche Entwicklung, für Rechtssicherheit, für religiöse Konsolidierungen und schließlich für den Aufbau eines ausdifferenzierten Erziehungssystems. Die erste Komplikation ergibt sich also daraus, daß wir bei Analysen differenzierter Systeme und erst recht bei Analysen der Änderung der Differenzierungsform differenzierter Systeme stets mehrere Systemreferenzen im Auge behalten müssen: die des Gesamtsystems der Gesellschaft und die seiner einzelnen Teilsysteme. Dabei ist die Gesamtgesellschaft selbst System und zugleich Umwelt ihrer Teilsysteme, so wie jedes Teilsystem, sei es als soziale Schicht, sei es als Funktionssystem, als eine besondere Form der Differenzierung von System und Umwelt von einem spezifischen Standpunkt aus die Gesamtgesellschaft rekonstruiert[8].

Der Umbau in Richtung auf funktionale Differenzierung verstärkt eine Tendenz, die schon in geschichteten Gesellschaften im Vergleich zu älteren segmentären Gesellschaftsformationen zu beobachten war. Die Integration der Gesellschaft kann jetzt nicht mehr durch die Gleichartigkeit der Strukturen der Teilsysteme gewährleistet werden. Als Ersatz dafür hatte die Kommunikation in (relativ kleinen) Oberschichten gedient, und zwar eine Kommunikation, die die auf der Rollenebene schon angelegte funktionale Differenzierung übergreifen konnte und zugleich größere zivilisatorische und regionale Reichweite hatte als normale gesellschaftliche Kommunikation[9]. Funktional differenzierte Gesellschaften müssen ihre Integrationsweise abermals umstellen. Sie wird jetzt dadurch vermittelt, daß jedes Teilsystem sich in der Blickweise

8 Hierzu näher Niklas Luhmann, Differentiation of Society, Canadian Journal of Sociology 2 (1977), S. 29-53.

9 Deshalb konnte, um nur eine wichtige Konsequenz anzumerken, die Ausdifferenzierung eines Erziehungssystems im wesentlichen auf Oberschichtenerziehung begrenzt werden und inhaltlich auf Verhalten, Sprache, Rhetorik zugeschnitten werden. Sie blieb Vorbereitung auf »boundary roles« innerhalb der höheren Schicht. Vgl. dazu Yehudi A. Cohen, Schools and Civilizational States, in: Joseph Fischer (Hrsg.), The Social Sciences and the Comparative Study of Educational Systems, Scranton Pa. 1970, S. 55-147.

seiner besonderen Funktion an der innergesellschaftlichen Umwelt orientiert – was Anpassung, aber auch gezielte Einflußnahme, Aufnahme von Input und Abgabe von Output bedeuten kann.
Diese Umstellung ermöglicht und erzwingt in den sich zunehmend ausdifferenzierenden Funktionssystemen höhere Autonomie und neuartige Formen der Selbststeuerung. Dafür bilden sich neuartige reflexive Mechanismen und selbstreferentielle Begründungsweisen. Die politische Entscheidung wird aus der Erforderlichkeit von Politik begründet. In der Wirtschaft wird Profit zum Ziel des Wirtschaftens. Die Wissenschaft sucht ihre Begründung über methodische Regeln der Erzeugung klarer und deutlicher Vorstellungen oder empirischer Unbezweifelbarkeiten. Das Recht findet seinen Geltungsgrund schließlich darin, daß es auf rechtmäßige Weise gesetzt ist. Im Erziehungssystem wird die Erziehung der (berufsmäßig arbeitenden) Erzieher zum Engpaß und zum Bezugspunkt der Entwicklung einer besonderen Pädagogik. In jedem Falle neutralisiert dieser selbstreferentielle Leistungs- und Begründungsduktus sonstige Merkmale, die den Personen-in-Rollen von Hause aus anhaften, und macht die Person in der Funktion auswechselbar. Auf diese Weise wird Organisationsfähigkeit gewonnen.
Der Umbau zur Selbstreferenz verläuft, und auch das ist eine Konsequenz der Funktionsdifferenzierung, in den einzelnen Funktionssystemen in sehr verschiedenartiger Weise auf intellektuellen, literarischen und institutionellen Ebenen. Er dauert, grob angedeutet (und wenn man das Religionssystem ausnimmt, das schon im Mittelalter den Glauben an den Glauben problematisiert) vom 17. bis zum 19. Jahrhundert. Er braucht so viel Zeit, um ein Nacheinanderschalten von Entwicklungsstufen und ein Aufeinanderaufbauen von Voraussetzungen zu ermöglichen.
Außer Umweltbezug und Selbstreferenz muß in diesem knappen Überblick vor allem betont werden, daß der Umbau in Richtung funktionale Differenzierung die Rollenstrukturen grundlegend verändert. Es wird häufig betont, daß eine höhere Rollendifferenzierung mehr individuelle Mobilität erfordere; aber das ist nur ein Aspekt neben anderen, die vielleicht wichtiger sind und sich speziell aus der Funktionsdifferenzierung ergeben. Die Funktionsdifferenzierung erfordert nicht nur Ausdifferenzierung von Leistungsrollen, sondern auch *Ausdifferenzierung besonderer Komplementärrollen* – also zum Beispiel Bildung eines spezifisch politisch

relevanten Publikums (Demokratisierung), einer fachspezifisch urteilsfähigen »scientific community« als Resonanzbereich der Forschung, eines besonderen Rollentyps für (zu erziehende) Kinder, Schüler usw. oder im Falle der Wirtschaft die durch den Markt konstituierten, durch ihn zugänglichen Rollen für (bloßen) Konsum. Damit zerfallen alte Vorstellungen von Gleichheit und Reziprozität und Ausgewogenheit wechselseitiger Rechte und Pflichten[10]. Die Basisbeziehungen der gesellschaftlichen Ordnungszusammenhänge werden jetzt *asymmetrisch*[11], und die Normierung symmetrisch-wechselseitiger Sozialität wird abgedrängt in den Sonderbereich folgenloser Geselligkeit[12].

Diese Asymmetrisierung der strukturtragenden Interaktionen ist Voraussetzung dafür, daß nicht nur das Leistungsverhalten ausdifferenziert wird (im Sinne von: Arbeitsteilung), sondern darüber hinaus auch funktionsspezifisch orientierte kommunikative Beziehungen zwischen verschiedenartigen, aber komplementären Rollen. Erst dadurch kommt es zur Bildung funktionsspezifischer Sozialsysteme auf einer Ebene oberhalb der bloßen Leistungsorganisation in politischen Bürokratien oder Produktionsbetrieben. Dabei erfordert die funktionale Differenzierung, daß auch im Bereich der Komplementärrollen die Rollentrennung durchgeführt wird; daß man also nicht als Konsument oder als Student politisch

10 Siehe noch Christian Thomasius, Von der Kunst, vernünfftig und tugendhafft zu lieben . . ., oder: Einleitung in die Sitten Lehre, Halle 1692, insb. 153 ff., 253 ff., wo Gleichheit im allgemeinen und in besonderen Hinsichten systematisch aller Sozialität zugrunde gelegt wird und als die Bedingung schlechthin für die vernünftige Gestaltung des sozialen Lebens (vernünfftige Liebe) gilt.

11 Diese *funktionsbedingte* Asymmetrie muß deutlich unterschieden werden von den *rangbedingten* Asymmetrien stratifizierter Gesellschaften. Die Rangasymmetrie hatte die konkrete Reziprozität von Rechten und Pflichten auf beiden Seiten und damit die Norm der gerechten Ausgewogenheit nicht in Frage gestellt; sie hatte, dies unterstellend, die Leistungen nur verzerrt bewertet, das heißt die Beiträge des jeweils Höhergestellten überschätzt. Man sieht dies deutlich an der Literatur über Freundschaft unter Ungleichen, derzufolge eine leichte, huldvolle Neigung von oben so viel wert ist, daß sie mit unendlicher Mühe von unten verdient bzw. bedankt werden muß. (»Un prince, en se rabaissant jusqu'à son Sujet, donne la plus grande marque de sa bonté et d'amitié qu'on puisse jamais donner«, meint Madeleine de Scuderi, Des passions que les hommes ont inventées, in dies., Conversation sur divers sujets Bd. I, Lyon 1680, S. 223-256 (252). Vgl. auch die Hinweise in der Studie Interaktion in Oberschichten oben S. 103, Anm. 74.

12 Dazu die Studie Interaktion in Oberschichten.

wählt, nicht als katholischer Laie einer bestimmten scientific community angehört, usw.

Erst diese Differenzierung auch der Komplementärrollen ermöglicht es, einem weiteren strukturellen Erfordernis Rechnung zu tragen, das man im Anschluß an Parsons *Inklusion* nennen könnte. Es liegt in der Logik funktionaler Differenzierung, jedem Teilnehmer am gesellschaftlichen Leben Zugang zu allen Funktionen zu erschließen, soweit nicht die Funktion selbst dies ausschließt oder sinnlos macht. Dies wird im 18. Jahrhundert zum Postulat und wird im 19. Jahrhundert einem Realisierungsprozeß überantwortet. Dafür bietet das Gleichheitspostulat die Dachformel, die allgemeine Rechts- und Geschäftsfähigkeit unter Aufhebung ständischer Schranken, die Demokratisierung des politischen Lebens, die Realisierung der allgemeinen Schulpflicht für die Gesamtbevölkerung und volle Monetarisierung der Wirtschaft (unter Einschluß von Arbeit und Grundbesitz) übergreift[13].

Vor allem diese Inklusionspostulate und die sie leitenden Wertvorstellungen haben das Erscheinungsbild der bürgerlichen Bewegung geprägt und ihren nahezu bruchlosen Übergang in wohlfahrtsstaatlichen Sozialismus ermöglicht. Aus der Logik der funktionalen Differenzierung ergibt sich kein Gegenargument, also kann der Gelder und Rechte verteilende Wohlfahrtsstaat immer wieder neu an die versprochenen, aber noch nicht voll realisierten Freiheiten und Gleichheiten des Subjekts erinnert werden. Historisch gesehen enthält aber diese zu Grundwerten erstarrte, amelioristische Perspektive eine beträchtliche Verkürzung. Sie mag für den gegenwärtigen Gebrauch gut sein, war aber schon im 19. Jahrhundert nur noch »Ideologie«. In dem Maße, als der Abstand zur bürgerlichen Gesellschaft wächst und in dem Maße, als ihr sozialistischer Wohlfahrtsstaat nach Technik und Legitimation an seine Grenzen stößt, wird man daher auch die Ideengeschichte jener sie konstituierenden Epoche distanzierter und begrifflich komplexer analysieren können.

13 Zu Stufen dieses Prozesses vgl. T. H. Marshall, Class, Citizenship, and Social Development, Garden City N. Y. 1964.

III.

Wir haben einige Strukturmerkmale funktional differenzierter Gesellschaften genannt. Die Aufzählung wird plausibel gemacht haben, daß Interdependenzen bestehen. Außerdem muß jedoch beachtet werden, daß dieser Gesellschaftstypus struktur- und ideenpolitisch in einem Prozeß historischer Transformation durchgesetzt werden mußte. Dadurch kommen weitere Interdependenzen ins Spiel, nämlich die Interdependenzen des Alten und des Neuen[14]. Auf einer Ebene wendet die funktional differenzierte Gesellschaft sich gegen Schichtung als Differenzierungsprinzip und gegen die Oberschicht als alleinigen Träger des Prozesses gesellschaftlicher Integration. Zugleich aber schließt sie historisch an die in der ständischen Gesellschaft bereits vorbereiteten funktionalen Differenzierungen an. Sie muß das umstrukturieren, was vorher schon Religion, Politik, Ökonomie, Erziehung war. Und sie kann dabei nicht – oder nur in einer Weise, die in Sackgassen führt – im Ausschlußverfahren operieren. Denn ihr Prinzip der Inklusion erfordert gerade, daß Beteiligungsmöglichkeiten für alle bereit gehalten werden müssen.

Die Theorie Parsons' vereinfacht sich diesen Zusammenhang dadurch, daß sie von Differenzierung in einem doppelten Sinne spricht, nämlich strukturell und prozessual. Danach ersetzt der Differenzierungsprozeß einen vorliegenden Systemzustand durch zwei (oder mehr) funktional äquivalente andere Zustände, deren Zusammenhang durch die Herkunft, also durch den Substitutionsvorgang selbst, vorprogrammiert ist. Die differenzierten Zustände sind *nicht im Verhältnis untereinander*, wohl aber historisch *im Verhältnis zum früheren Zustand funktional äquivalent*. Genau das ermöglicht die Substitution in Richtung auf funktionale Differenzierung; sie ist funktionale Substitution von funktional nicht mehr füreinander substituierbaren Zuständen. Die differenzierten Zu-

14 Michel Crozier / Erhard Friedberg, L'acteur et le système: Les contraintes de l'action collective, Paris 1977, S. 349, formulieren zum Beispiel: »le nouveau construit collectif ne peut s'élaborer qu'à partir du construit collectif ancien qui représente la seule expérience humaine disponible, mais, en même temps, il constitue une rupture de ce construit et ne peut donc s'élaborer que contre lui«. Die Autoren sehen keine Möglichkeit, Veränderungen unter solchen Bedingungen zu begreifen, ohne letztlich auf Willkürverhalten einzelner Akteure zurückzugreifen.

stände hängen dann untereinander dadurch zusammen, daß sie nur zusammen einen früheren ersetzen können, von dem sie ihrerseits genetisch abhängen[15].

Entsprechend bekommt der (bereits vorgestellte) Begriff der *Inklusion* einen zugleich strukturellen und historischen Sinn[16]. Ausdifferenzierte Handlungskomplexe müssen in die Gesellschaft wiedereinbezogen und dabei kompatibel gemacht werden mit denjenigen Handlungskomplexen, gegen die sie ausdifferenziert worden sind. Das betrifft im Laufe der soziokulturellen Evolution vor allem Rekompatibilisierung mit Familie und mit Religion. Man muß vermuten, daß *strukturelle* Beschränkungen des Möglichen im *Prozeß des Umbaus* in besonderer Weise, nämlich zugleich gelokkert und auf Überleitungsfunktionen konzentriert, in Anspruch genommen werden. Das wird an der Semantik der Übergangszeit ablesbar sein, denn gerade sie wird vermutlich verstärkt herangezogen werden, um die Umorientierung zu orientieren. Wir wollen im folgenden das Verhältnis von Religion und Anthropologie daraufhin untersuchen.

Es ist ein deutlicher Rückschritt in der Klarheit der theoretischen Exposition, wenn man die Vorstellung der Ersetzung eines undifferenzierten durch einen differenzierteren Zustand aufgibt und statt dessen eine (nicht näher spezifizierte) Fusion traditionaler und

15 »Differentiation is a directional process. It has a starting point, namely an ›un‹ or ›less‹ differentiated state of a system and, at a later time, a differentiated or more differentiated state ... Since these differences are conceived to have emerged by a process of chance in a system which I interprete to mean in some sense within the ›framework of the system‹, the presumption is that differentiated parts are comparable in the sense of being *systematically* related to each other, both because they still belong within the same system and, through their interrelations, to their antecedents« (Talcott Parsons, Comparative Studies and Evolutionary Change, in: Ivan Vallier (Hrsg.), Comparative Methods in Sociology: Essays on Trends and Applications, Berkeley Cal. 1971, S. 97-139, 100 f.). Das Modell für dieses Konzept scheint Durkheims Vorstellung der Ersetzung der Familie agrarischer Gesellschaften durch Familie und Korporation in städtischen Gesellschaften zu sein. Vgl. die Einleitung zur 2. Aufl. von De la division du travail social, Neudruck Paris 1973, S. XIX f.

16 Talcott Parsons, Commentary on Clark, in: Andrew Effrat (Hrsg.), Perspectives in Political Sociology, Indianapolis – New York o. J., S. 299-308 (307) formuliert z. B.: »the concept (inclusion, N. L.) means that the new component which has been relatively recently differentiated from an older ›matrix‹ *both* retains its recently achieved ›identity‹ *and* is accepted as a legitimate part of broader ›solidarity‹ which *also* includes the older components in their changed states«.

moderner Komponenten fordert[17]. Auf diese Weise wird der Komplexität des realen Sachverhaltes nur durch Unterbestimmtheit der Theorie Rechnung getragen. Man wird indes die Beziehungen synchroner Art in ihrer Interrelation genauer klären und in bezug auf diese Erfordernisse der Transformation die Funktion von Überleitungseinrichtungen begreifen müssen, die nur provisorisch stabilgehalten werden, nur zeitweise fungieren müssen.

Dabei ist noch gar nicht berücksichtigt, daß auch die Differenzierungsform wechseln kann, so daß auf einer höheren Strukturebene sich ein Substitutionsvorgang vollzieht, bei dem ein neuer Zustand sich wegen eines höheren Differenzierungsvermögens durchsetzt, dies Differenzierungspotential aber erst nach und nach realisieren kann. Wenn das der Fall ist, und so sehen wir den Übergang von der ständischen zur bürgerlichen Gesellschaft, muß man mit Umstrukturierungsvorgängen auf mehreren Ebenen rechnen, die eine Punkt-für-Punkt Zuordnung mehrerer neuer zu einem der alten Zustände ausschließen. So wird weder der Klerikerstand noch der Laienstand durch eine Mehrheit von Nachfolgeeinrichtungen ersetzt, sondern, die Differenz von Klerikern und Laien wird auf der Ebene des Funktionssystems für Religion auf eine nur noch organisatorische Differenz reduziert, wenn das Religionssystem stärker ausdifferenziert wird und sich den entsprechenden Gleichheits- und Inklusionserfordernissen gegenübersieht. Ein solcher Transformationsvorgang weist dann mehr Kontinuität (es gibt nach wie vor die Differenz von Klerikern und Laien) und mehr Diskontinuität (sie erhält als Differenz einen ganz anderen Sinn) auf, als im Parsons-Modell vorgesehen ist.

Bei beträchtlicher Radikalität und zunehmendem Tempo gesellschaftsstruktureller Transformationen wird es schließlich unerläßlich, Kontinuität und Diskontinuität aufeinander zu beziehen und Zeit gerade so als Einheit zu erfahren[18]. Praktisch gesehen dient

17 In dieser Weise werden vor allem diejenigen Schwierigkeiten resorbiert, die sich bei der Anwendung des Differenzierungstheorems auf Entwicklungsländer ergeben haben. Vgl. z. B. James S. Coleman, The Development Syndrome: Differentiation – Equality – Capacity, in: Leonard Binder et al., Crises and Sequences in Political Development, Princeton N. J. 1971, S. 73-100 (86 f.); S. N. Eisenstadt, Tradition, Change, and Modernity, New York 1973.

18 Eine theoretische Formulierung des Problems bei Gaston Bachelard, La dialectique de la durée, 2. Aufl., Paris 1950.

dann die Herstellung von Kontinuität dem Diskontinuieren und umgekehrt das Diskontinuieren der Sicherung der Kontinuität. In der zweiten Hälfte des 18. Jahrhunderts, in der das neu sich formierende Gesellschaftssystem Zentraleuropas seine Selbständerung zu erfahren und zu akzeptieren beginnt, wird die Zeit selbst universalisiert und historisiert, um in jedem Zeitpunkt ganz, aber historisch gegeben zu sein[19]. Das ist die bis heute gültige Antwort auf dieses Problem, die viele zunächst ausprobierte semantische Provisorien abgelöst hat. Uns interessiert an dieser Stelle die davorliegende Epoche. An ihren Theoriekonzepten kann man, das ist unsere These, sehr viel direkter ablesen, welche semantischen Operationen die Aufgabe übernehmen, neue Differenzierungsformen vorzuzeichnen und zugleich die Äquivalente der älteren Ordnung in sie einzuarbeiten. Dies war die Funktion der neu entwickelten Anthropologie.

Die Komplexität der Sachlage, die wir als gegeben unterstellen müssen, zwingt zu Vereinfachungen im Zuschnitt und in der Darstellung unseres Themas. Wir wollen den Ideenkomplex, den wir als »frühneuzeitliche Anthropologie« bezeichnen, sowohl strukturell als auch historisch auf Differenzierung und Inklusion beziehen, können dies aber in beiden Hinsichten nur sehr selektiv leisten. Die am Schluß des ersten Abschnittes formulierte These lautet jetzt, daß die Darstellung von Grundthemen menschlichen Zusammenlebens als Anthropologie *strukturell* den Erfordernissen einer funktional differenzierten Gesellschaft zu entsprechen sucht, dies *historisch* aber nur in der Weise tun kann, daß für Anschlüsse und Überleitungen gesorgt und Inklusion ermöglicht wird. Die Anthropologie, die wir diesem Globalprozeß gesellschaftlicher Umstrukturierung zuordnen, variiert in der uns vor allem interessierenden Periode 1650–1750 selbst ihren Menschbegriff von statisch über unruhig zu aktiv und ersetzt zugleich damit (auf wie immer ungeklärte und problematische Weise) das religiös interpretierbare Modell Substanz/Akzidenz durch das Prinzip der Selbstre-

19 Hierzu Niklas Luhmann, Weltzeit und Systemgeschichte: Über Beziehungen zwischen Zeithorizonten und sozialen Strukturen gesellschaftlicher Systeme, in ders., Soziologische Aufklärung Bd. 2, Opladen 1975, S. 103-133; ders., The Future Cannot Begin: Temporal Structures in Modern Society, Social Research 43 (1976), S. 130-152. Vgl. ferner unten S. 235 ff.

ferenz[20]. Diese relativ kurzfristige semantische Umstrukturierung erfüllt, so unsere These, in dem historisch sehr viel weitläufigeren und längerfristigen Prozeß des Umbaus der Differenzierungsform eine *Überleitungsfunktion*, und dies genau durch ihre Eigenvariation. Sie verändert die Plausibilisierungsbedingungen, die sie in Anspruch nimmt und neu generiert, bis die neue Ordnung in der zweiten Hälfte des 18. Jahrhunderts begriffsfähig zu werden beginnt. So kann die Anthropologie sich eine zunächst versteckte, dann zunehmend offene Polemik gegen religiöse Orthodoxien und deren Universalitätsansprüche leisten; aber sie muß gleichwohl an Figuren religiöser Provenienz anschließen und dem Umstande Rechnung tragen, daß ihr Konzept auch das religiöse Erleben und Handeln mit abzudecken hat.

IV.

Ähnlich wie in systemstruktureller und in prozessualer Hinsicht stehen wir auch in bezug auf die anthropologische Semantik selbst vor besonderen Theorieproblemen, die vorab erörtert werden müssen. Die Semantik ist ein Moment des Transformationsprozesses selbst, indem sie es ermöglicht, in der verkürzten und zugespitzten Form generalisierter Begriffe sowohl Kontinuitäten als auch Diskontinuitäten zu überschätzen. Einerseits wird viel Obsoletes oder Aufzugebendes beibehalten, weil noch kein Ersatz formuliert werden kann; andererseits werden Kontraste und Oppositionen formuliert, die die Änderung härter und abrupter erscheinen lassen, als sie tatsächlich vollzogen werden muß. Sie trägt zur *Beschleunigung* bei, indem sie den Änderungsbedarf *verringert* und *überpointiert*.

In dem uns interessierenden Zeitraum ist eine neue Gesellschaftstheorie noch nicht möglich, obgleich eine neue Gesellschaftsordnung im Entstehen ist. Eine verbindliche Theorie wird erst nach

20 »The concept of the self has passed from that of a static substance, through that of a fluid, non-organized entity, to that of an active formative structure. In this process the individual had been submitted to a series of dependencies, first of all on God, then on external stimuli, in order to emerge finally into a state of inner development activated by individual experiences« – so sieht Jean A. Perkins, The Concept of the Self in the French Enlightenment, Genf 1969, S. 40, diesen Transformationsprozeß.

der Etablierung der neuen Ordnung formuliert[21]; dem kann nicht vorgegriffen werden, weil Struktur und Semantik korrelieren und weil diese Korrelation benutzt werden muß, um das Mögliche zu limitieren[22]. Die Mitarbeit der Begleitsemantik ist daher nicht so zu denken, daß die neue Ordnung formuliert und die dahin führenden Transformationsschritte entworfen werden[23]. Vielmehr bleibt man auf Umarbeitung einer zweiten Schicht von Begriffen angewiesen, die Soziales nicht direkt bezeichnet, sondern nur symbolisiert. Auf dieser zweiten Ebene beobachten wir die Umarbeitung religiöser in anthropologische Begriffe und sehen darin den entscheidenden Stütz- und Überleitungsvorgang.

Die beiden semantischen Zugänge, die hier unterschieden sind, sollen mit den Begriffen »Gesellschaft« und »Sozialdimension« bezeichnet werden. Die Gesellschaft wird dabei als Einheit einer Mehrheit von Menschen oder schließlich als Sozialsystem besonderer Typik gedacht. Von Sozialdimension sprechen wir im Hinblick darauf, daß alles, was Sinn hat, auf miterlebende (bzw. möglicherweise miterlebende) andere Menschen verweist. Durch Sinn wird man auf Miterleben anderer hingeführt, man kann es als gleichsinnig unterstellen, kann aber auch eines Besseren belehrt werden. Insofern ist sozialdimensionierter Sinn Ausgangspunkt für Attributionsprobleme, für Unterschiede der Zurechnung und für Zurechnung der Unterschiede des Sinnerlebens. Im Anschluß an solche Differenzen der Attribution kann dann die Frage entstehen, wieweit man sich der Zustimmung bzw. der Ablehnung anderer sicher sein kann und nach welchen Regeln dann wieder Konsensattribution abläuft.

Wir nehmen an, daß bei strukturellen Veränderungen des Gesellschaftssystems in Richtung auf höhere Komplexität Erlebnis- und Handlungsmöglichkeiten in der Sozialdimension stärker auseinan-

21 Siehe hierzu namentlich Joachim Ritter, Metaphysik und Politik: Studien zu Aristoteles und Hegel, Frankfurt 1969.

22 Oder, um mit Jon Elster zu formulieren (Logic and Society: Contradictions and Possible Worlds, Chichester 1978, S. 16), weil mögliche Welten nur mit Bezug auf die je aktualisierte Welt entworfen werden können.

23 An den Vorstellungen der Puritaner über ein anzustrebendes neues Reich kann im übrigen abgelesen werden, wie es schiefgeht, *wenn* so gedacht wird. Vgl. dazu und zu den im Kontrast dazu wirkenden Anpassungsmodifikationen der englischen Juristen David Little, Religion, Order, and Law: A Study of Pre-Revolutionary England, New York 1969.

dergezogen werden und daß dies einen Schweif von Attributionsproblemen nach sich zieht. Damit braucht sich nicht unbedingt das Verbalkleid der Vorstellung von Gesellschaft zu ändern; aber es werden diejenigen Symbolschichten betroffen und aufgelöst, die Attributionsprobleme absorbiert hatten. Solche Rückwirkungen zeigen sich vor allem in den religiösen Bezügen des Erlebens, sodann aber auch in dem, was als alltagsweltliche Selbstverständlichkeit unterstellt wird.

Ob eine so enge Beziehung von religiöser Symbolik und Gesellschaft (oder Sozialität schlechthin) besteht, wie Emile Durkheim behauptet hatte, können wir hier unentschieden lassen. Jedenfalls entlastet eine religiöse Symbolisierung des Sozialen die Gesellschaft von Attributionsproblemen. Die Religion zieht, auch wenn sie schon Kontingenzprobleme formuliert, Kausalitäten berücksichtigt, Herstellungen annimmt, die entsprechenden Zurechnungsprobleme von der Gesellschaft ab und bezieht sie auf den Gott, der die Welt geschaffen hat und erhält. Die »geschaffene Natur« symbolisiert so immer zugleich auch Schranken dessen, was dem Menschen zugerechnet werden kann. Seine Eigenleistung ist in erster Linie: Sünde[24]. Damit sind auch die gesellschaftlich zu regulierenden Verantwortungen in Grenzen gehalten. Sie bleiben im Rahmen von Konformitätszumutungen. Die Sozialdimension allen Sinnes wird also nur begrenzt problematisiert; sie wird jedenfalls nicht so weit aufgelöst, daß man davon ausgehen müßte, daß jeder zu jedem Sinn andere Meinungen bilden könnte, und daß die Gesellschaft nur als Einschränkung dieser Offenheit konstituiert werden kann. Erst recht entfallen die Anschlußprobleme, die alle soziale Attribution in der Sozialdimension nach sich zieht, vor allem das Problem, mit welchem Recht man unterstellen kann, daß andere einer subjektiven Konstitutionsleistung zustimmen.

Es ist diese Funktion der Entlastung von Attributionsproblemen, die im Konfessionsstreit in Bedrängnis gerät und sich in der komplexer werdenden Gesellschaft nicht wieder der Religion zuordnen läßt. Religiöse Auffassungen müssen, da es jetzt verschie-

24 Siehe z. B. John Cardell, Morbus Epidemicus or, the Danger of Self-Seeking, London 1650. Genau entsprechend die Rekonstruktion des Zusammenhangs von logischer Zweiwertigkeit und ontologischer Metaphysik bei Gotthard Günther, Metaphysik, Logik und die Theorie der Reflexion, in ders., Beiträge zur Grundlegung einer operationsfähigen Dialektik Bd. I, Hamburg 1976, S. 31 ff.

dene Möglichkeiten gibt, selbst zugerechnet werden; und schon stellt sich die Frage, wie man davon ausgehen kann, daß sich über dies Zurechnen nochmals Konsens herstellen läßt; etwa in der Weise daß für religiöse Bekenntnisse schlechthin nur »moral certainty« in Anspruch genommen wird; oder mit Hilfe von politisch verordneter, öffentlich-rechtlich gesicherter Toleranz. Mit solchen Auswegen reagiert man jedoch nur direkt auf den Konflikt. Damit ist noch nicht ausgemacht, wie man zu einer neuen Semantik kommt, die erhöhte Lasten sozialer Attribution, also eine tiefergreifende Problematisierung der Sozialdimension verkraften kann. Hier springt, so scheint es, die neue Anthropologie ein. Sie wird unter dem Druck nötiger Attributionsverschiebungen entwickelt und erhält dadurch eine Tiefenlage, die durch einen Primat des Negativen und durch Selbstreferenz ausgezeichnet ist – also durch Unbestimmtheiten, die ihrerseits auf nähere Bestimmung angewiesen, für sie aber auch zugänglich sind. Religiöse Bemühungen laufen im 17. Jahrhundert noch parallel und nehmen die gleiche Richtung; aber sie sind in dieser Problemlage zu einer Radikalisierung gezwungen, in der die religiösen Mittel überanstrengt werden, schließlich gerade die Funktion der Attributionsentlastung nicht mehr erfüllen und dies Versagen überkompensieren müssen. Das zeigt sich daran, daß jetzt *alles* auf *Gnade* anzukommen scheint.
Die religiöse Symbolisierung des Sozialen entlastet also die Gesellschaft von Attributionsproblemen und von deren Folgen für die Sozialdimension des sinnhaften Erlebens und Handelns. Aber umgekehrt sprengt eben deshalb auch die Verschärfung von Attributionsproblemen den tradierten Vorstellungsrahmen der Religion. Auf dieser Ebene und in dieser Funktionshinsicht wird Anthropologie substituiert. Das wiederum ergibt Möglichkeiten, neue Denkmittel und neue Einstellungen zu Funktionsbereichen der Gesellschaft zu entwickeln und auszuprobieren, ohne den Gesellschaftsbegriff selbst auszuwechseln. Es wird, mit anderen Worten, im Gesellschaftssystem eine Zweitsymbolik, eine Symbolik für Rückschlüsse auf das gesellschaftliche Leben revidiert. Eine Weile benutzt man auch dafür noch Figuren aus dem Traditionsschatz der religiös fundierten Moral. Es werden neue Synthesen versucht. Wir werden das sogleich vorführen. Aber letztlich kommt es darauf nicht mehr an; letztlich entscheidet, daß auf dieser Ebene der Neubestimmung des Menschen als selbstreferentiell organisierte

Negativität sich die besseren Anschlußvoraussetzungen für funktionale Differenzierung gewinnen lassen. Dies ist dann die Bewährung einer aus anderen Gründen eingeleiteten semantischen Transformation. Und erst im Nachhinein wird es möglich, auch den Gesellschaftsbegriff zu revidieren.

Im Anschluß hieran wird ein weiterer Aspekt des Übergangs von primär religiösen zu anthropologischen Bestimmungen des Menschen verständlich. Die Religion hatte, eben um Attributionsprobleme resorbieren zu können, sich die Formulierung des transsozialen Status menschlichen Lebens vorbehalten. Das, was über die gesellschaftliche Erfahrung und Behandelbarkeit hinausging, hatte eben damit religiöse Qualität. Das Transsoziale war als transzendent oder durch Bezug auf Transzendenz begriffen. Der Mensch war in seiner substantiellen Identität gedacht als geschaffene Seele. Diese war durch Sündenfall korrumpiert worden. Das leitete Zurechnung in eine ungreifbare Vergangenheit zurück und bewies zugleich die Notwendigkeit irdischer Ordnung.

Für die neu sich anbahnende funktional differenzierte Gesellschaft mußte diese Festlegung des Transsozialen aufgelöst werden. Das Transsoziale wurde in eine natürliche Identität verlagert, für die dann der Zugang zu Funktionen in den sozialen Systemen offen gehalten werden konnte. Damit konnten Voraussetzungen geschaffen werden, die es schließlich möglich machten, den neuen Erfordernissen der Inklusion jedes Mitglieds der Gesamtbevölkerung in jeden Funktionsbereich Rechnung zu tragen. Die neue Anthropologie entwickelt sich zunächst in enger Anlehnung an antike Grundlagen, etwa auf Grund der Passionenlehre und in der Diskussion des Verhältnisses von Vernunft und Passion[25]. Aber die Selektion des jetzt erfolgreichen Gedankengutes folgt neuen Anforderungen. Sie zieht aus diesem Stoff allmählich nicht nur eine weltlichere Ethik heraus[26], sondern auch radikalere Formen der Problematisierung und Begründung personaler Identität. Das Subjekt identifiziert und begreift jetzt erst sich selbst, bevor es dazu übergeht, einige Folgeprobleme der Selbstreferenz über einen Got-

25 Vgl. für eine eingehende Darstellung Anthony Levi, French Moralists: The Theory of the Passions 1585-1649, Oxford 1964.

26 Siehe neben Levi a. a. O. etwa Léontine Zanta, La renaissance du stoïcisme au XVIe siècle, Paris 1914.

tesbeweis zu lösen[27]. Reflexion sprengt damit den Rahmen einer religiös gerichteten Devotion, einer Christian watchfullness, einer auf Heilsziele gerichteten Selbstkontrolle. Sie transzendiert mit ihrer Identitätssuche auch noch den Rahmen der Religion (ohne daß dies Kritik oder Ablehnung der Religion implizieren müßte). Variationsfähiges Zitiermaterial war sicher eine unerläßliche Voraussetzung dieser Entwicklung; aber ihr Selektionsprinzip scheint nicht in der Logik einer Eigendynamik zu liegen, sondern eher in den strukturellen Erfordernissen, die wir mit Begriffen wie Attributionsverschiebung, Naturalisierung des Transsozialen und Inklusion zu fassen versuchen und die letztlich eine Schritt für Schritt motivierbare Überleitung in eine funktional differenzierte Gesellschaftsordnung ermöglichen.

V.

Frühneuzeitliche Anthropologie wird in sehr verschiedenen Varianten angeboten. Wir greifen zunächst ein Einzelwerk heraus, um einige typische Problemstellungen vorzuführen: den L'art de se connoitre soi-même von Jacques Abbadie[28].
Das Werk handelt nicht, wie der Titel vermuten lassen könnte, von der Selbsterkenntnis, sondern von der Selbstliebe als Prinzip menschlicher Motivation, als »principe general de nos mouvements«[29]. Selbstliebe und Selbsterkenntnis dienen der Selbsterhaltung[30] und haben damit einen funktionalen Bezug zur Zeit. Begriffe wie Liebe, Herz, Affektion stehen für den Antriebsmechanismus menschlichen Handelns und werden von der Vernunft als Prinzip

27 René Descartes, Méditations touchant la première philosophie, zuerst Paris 1641, zit. nach Œuvres et Lettres (éd. de la Pléiade), Paris 1952, S. 267 ff.

28 Rotterdam 1692. Zahlreiche spätere Neuauflagen. Autor und Werk sind im »Überweg« nicht einmal erwähnt. Auch unter den Exzerpten von James S. Slotkin, Readings in Early Anthropology, New York 1965, ist Abbadie nicht vertreten. Wir bleiben unterhalb der Ebene historisch-erstrangiger Prominenz und bahnbrechender Neuerungen, um eher typische Denkmöglichkeiten einer Epoche zu erfassen. Ähnliches gilt für die bald darauf erscheinenden Nouveaux Essais de Morale von Jean La Placette. Siehe insb. Bd. II, Amsterdam 1693, S. 1-48.

29 A. a. O., S. 276.

30 Hierzu die wichtigsten neueren Beiträge in: Hans Ebeling (Hrsg.), Subjektivität und Selbsterhaltung: Beiträge zur Diagnose der Moderne, Frankfurt 1976.

der Selbststeuerung unterschieden[31]. Auf beiden Ebenen ist das Grundverhältnis ein Verhältnis des Menschen zu sich selbst. In dieser Form der Selbstreferenz ist der Mensch als Natur gegeben – sich selbst und anderen. Die Charakterisierung als Natur besagt, daß alle Erkenntnis davon auszugehen hat. Die Charakterisierung als Herz und als Vernunft besagt, daß es sich nicht um eine Eigenschaft unter anderen handelt, sondern um ein Grundverhältnis, das in jedem Erkennen und in jedem Handeln aktiviert wird. Alles Erleben und Handeln, alles Beeinflussen (später vor allem: alles Erziehen) des Menschen und alles Theoretisieren über ihn muß daher die Form der Beziehung auf die Selbstbeziehung annehmen. Hier schließen später Freiheitsbegriffe an, die Freiheit ebenso wie Fremdbestimmung nicht mehr auf die Wahl von Handlungen beziehen, sondern auf die Wahl der Motive, mit denen eine Person ihr Handeln selbst wählt[32].
Seit Montaigne bereits ist Selbstreferenz auf anthropologischer Ebene unausweichliches Thema. Daran aber hängt die Konsequenz: Unterbestimmtheit der menschlichen Natur. Denn was ist dieses Selbst, das sich selbst erst in der Beziehung auf sich selbst bestimmt, erkennt, motiviert? Für Abbadie ist dies noch kein Problem, das seine Theorie zu lösen hätte. Aber er hat den Begriff der Selbstliebe schon in die Position manövriert, die es eigentlich erforderlich machte, sich diese Frage zu stellen. Man kann die Einheit seines theoretischen Konzepts daher nur begreifen, wenn man es als Lösung eines nicht gestellten Problems behandelt, und zwar als eine Lösung, die dadurch ermöglicht wird, daß das Problem nicht gestellt worden war.
Daß in die Vorstellung des Operierens der Selbstliebe viel Traditionsgut und viel gesellschaftlich geschliffener common sense eingeht (was die Lesbarkeit des Buches gewährleistet), sei nebenbei erwähnt. Für die theoretische Respezifikation sind vor allem zwei Ansätze relevant: die Doppelung der Selbstreferenz in eine positive und eine negative Bewertung (amour de nous-mêmes and amour

31 Vgl. im späteren pädagogischen Kontext dann Morelly, Essai sur l'esprit humain, ou principes naturels de l'éducation, Paris 1743; ders., Essai sur le coeur humain, ou principes naturels de l'éducation, Paris 1745.
32 Vgl. François Quesnay, La Liberté, Œuvres économiques et philosophiques (Hrsg. Auguste Oncken), Neudruck New York 1969, S. 747-754.

propre[33]), die den Anschluß von Moral ermöglicht, und die Theologie.

Eine doppelbödige Begründung scheint allgemeines Erfordernis eines Theorie-Designs zu sein, mit dem binäre Schematismen wie gut/böse, Recht/Unrecht, wahr/falsch eingeführt werden. Die Tradition hatte dieses Problem »kosmopolitisch« objektiviert als Struktur von Ordnung und Herrschaft schlechthin. Sie hatte es im Gottesbegriff oder auch im Naturbegriff der Leges-Hierarchie untergebracht. Noch Richard Hooker unterscheidet ohne weitere Begründung das first eternal law und das second eternal law. Gegen das zweite Gesetz kann man verstoßen, aber selbst ein solcher Verstoß entspricht noch dem ersten Gesetz, das unübertretbar gilt[34]. Überhaupt mußte eine religiös fundierte Kosmologie dazu tendieren, die Natur als gut geschaffen, alle Pathologie als naturwidrig und die Sünde als ein Nichts anzusehen, das sich nur an etwas anderem auswirken kann. Die Umstellung auf Anthropologie hatte dieses Problem um die Mitte des 17. Jahrhunderts zunächst in die Lehre von den Passionen verlagert und zu *deren* Aufwertung geführt. Ideengeschichtlich war hierfür die Kritik am Neostoizismus ausschlaggebend gewesen[35]. Dessen Negativwertung der Passionen wird mit primär theologischen Argumenten kritisiert. Die Passionen gehören zur geschaffenen Natur und sind als solche »ny bonnes, ny mauvaises«[36]. Ihre Kontrolle ist die eigentliche Aufgabe der Moral. Erst durch Sündenfall spaltet sich gute und schlechte Verwendung der Passionen und in diesem Sinne dann auch charité bzw. amour propre[37]. Der Sündenfall ist, mit anderen Worten, begriffen als ein Vorgang der Differenzierung, der für *eine* Form der Liebe *zwei* Formen substituiert. Damit bleibt aber das Problem ihrer Einheit im Religiösen belassen, und Selbst-

33 Zum begriffsgeschichtlichen Kontext vgl. H.-J. Fuchs, Amour propre, amour de soi (-même), in: Historisches Wörterbuch der Philosophie, Bd. 1, Basel-Stuttgart 1971, Sp. 206-209, und ausführlich ders., Entfremdung und Narzißmus: Semantische Untersuchungen zur Geschichte der »Selbstbezogenheit« als Vorgeschichte von französisch »amour-propre«, Stuttgart 1977.

34 Vgl. Of the Laws of Ecclesiastical Polity Buch 1, III, 1 (zit. nach der Ausgabe der Everyman's Library, London 1954, S. 154 f.).

35 Vgl. Jean François Senault, De l'usage des passions, Paris 1641.

36 Senault a. a. O., S. 124. Ebenso Christian Thomasius, Von der Artzney Wider die unvernünfftige Liebe . . . Oder: Ausübung der Sitten Lehre, Halle 1696, S. 142 ff.

37 Senault a. a. O., S. 204 ff.

referenz kann nicht selbst zum Prinzip der Einheit, zum Subjekt werden. Sie bleibt also noch ganz Anschlußentwicklung innerhalb der Natur, und zwar ins Negative.
Genau an dieser Theoriestelle wird bei Abbadie für Natur Selbstreferenz, für Passion die (jetzt ihrerseits moralisch indifferente) Selbstliebe gesetzt[38]. Die Problemstellung verlagert sich damit in die Frage nach der Gründung von Moral auf Selbstreferenz. Das 17. Jahrhundert bereitet sie vor durch rein negative Fassungen für anthropologische Selbstreferenz[39]. Sie können die Selbstliebe oder das Selbstinteresse, die nur zu Scheintugenden führen können, der Gottesliebe entgegensetzen und gewinnen auf dieser Basis ein Zweier-Paradigma – so bei Jacques Esprit vertus humaines / vrayes vertus[40]. Nur diese negative Fassung der Selbstreferenz konnte erfolgreich mit dem Dogma der Erbsünde konkurrieren und es schließlich ablösen. Dazu mußte, zunächst jedenfalls, etwas ähnlich Wertendes radikalisiert und dann substituiert werden. Erst gegen Ende des 17. Jahrhunderts gewinnt der Gesamtkomplex der Selbstliebe einen universellen Sinn, der auch eine positive Einschätzung einschließt[41]. Das erfordert, mehr implizit als explizit, ein Tieferlegen des Selbstbegriffs unter die Ebene der Interessen, so daß Selbstliebe nicht sogleich als Egoismus verstanden werden – und

38 Das ist Ideenentwicklung, wenngleich man natürlich nicht übersehen darf, daß Senault ein katholischer, Abbadie ein protestantischer Autor ist.

39 Fuchs a. a. O. (1977), S. 268, vergleicht unter diesem Gesichtspunkt Puritanismus, Jansenismus, Pietismus als Versuche, die religiös-negative Wertung der Selbstreferenz konsequent durchzuformulieren, womit zugleich der neuen Anthropologie die Möglichkeit einer Reaktion auf genau diese Formulierung eröffnet wird.

40 La Fausseté des vertus humaines, 2 Bde., Paris 1677/78. Die umfangreichen Erörterungen betreffen im übrigen nahezu ausschließlich Scheintugenden, die auf Selbstliebe beruhen, so daß man fast vermuten kann: Hier liegt das eigentliche Interesse des Lesers, wenn nicht des Autors. Die Kontrastierung zu den wahren Tugenden einer religiösen Orientierung des Lebens wird am Schluß nur noch angefügt, um die Intention, über menschliche Angelegenheiten aufzuklären, ins Relief zu setzen. Man will also über Selbstreferenz sprechen, kann es aber vorerst nur in negativer Form. Zum sozialen und gedanklichen Kontext vgl. auch Anthony Levi, Amour-propre: The Rise of an Ethical Concept, The Month 207 (1959), S. 283-294.

41 In England etwa seit Richard Cumberland, De legibus naturae disquisitio philosophica, London 1672, Cap. II, S. 70 ff. (hier allerdings noch gebunden an das Argument des notwendigen Zusammenbestehens von Einzelwesen und Gattung). Vgl. auch J. A. W. Gunn, Politics and the Public Interest in the Seventeenth Century, London – Toronto 1969, S. 266 ff.

daraufhin sozial und moralisch verworfen werden kann[42]. Aber was ist dieses Selbst, das man unterhalb aller eigenen Interessen noch als Identität voraussetzen kann? Pure Aktivität? Spontaneität der Selbstkonstitution? Sensible Materie? Und wieso dann Identität?

Diese Frage bleibt offen und hätte auch nur kontrovers beantwortet werden können. Sie ist auch auf einem zweiten Wege erreichbar. Gibt man die eindeutig negative Wertung der Selbstreferenz im Menschen auf, *verschiebt sich auch die Konstitution der Zweiwertigkeit in den Humanbereich;* man muß auch Duale wie eigentlich/uneigentlich, Sein/Schein, gut/böse noch anthropologisieren. Die Selbstbezüglichkeit des Menschen wird dann, so Abbadie, als gottgewollte, an sich gute Natur gesehen, die sich aber sodann zu Gutem oder Schlechtem respezifiziert[43]. Wie schon in der älteren Tradition wird auch hier das dreistellige Problem (eine Ebene mit nur einer Möglichkeit und darunter eine Ebene mit zwei konträren Möglichkeiten) auf einen Gegensatz von zwei Typen verkürzt: auf zwei Formen des ewigen Gesetzes, auf Autonomie und (religiöse) Heteronomie oder auf zwei Formen der Selbstliebe, so als ob mit deren Kontrastierung höhere Plausibilität zu gewinnen sei[44].

Diesem allgemeinen Duktus folgend, kann auch Abbadie die Unterscheidung der beiden Formen von Selbstreferenz nicht eigentlich

42 Dies Problem war für Hobbes noch undurchschaubar gewesen. Die Ambivalenz seiner Position hierzu hat ihm daher viel Kritik eingetragen. Vgl. dazu Bernard Gert, Hobbes and Psychological Egoism, Journal of the History of Ideas 28 (1967), S. 503-520.

43 Dies Konzept findet sich schon bei Jacques Des Coustures, La morale universelle, Paris 1687, S. 81 ff., 167 ff.: Selbstliebe ist hier noch identifiziert mit dem Sündenfall, zugleich aber einzige Passion des Menschen und somit Grundlage *aller* Tugenden und Laster. Zu ihrer Mäßigung im Sinne einer Differenzierung von Tugend und Laster bedarf es noch eines »secours surnaturel« (S. 168 f.) – eine Funktion, die später von der Vernunft übernommen wird. Im 18. Jahrhundert wird es dann allgemein üblich, erst innerhalb der Selbstliebe nach gutem und schlechtem Gebrauch zu differenzieren. Vgl. Louis-Silvestre de Sacy, Traité de l'amitié, Paris 1704, S. 208; Claude Buffier, Traité de la société civile, Paris 1726, S. 151 ff.; Jacques Pernetti, Conseil de l'amitié, 2. Aufl. Frankfurt 1748, S. 63 f.; Alexander Pope, Essay on Man, Epistle II, 53 ff., III, 269 ff. Louis-François de L'Isle de la Drevetière, Essai sur l'amour propre, Paris 1738.

44 Vgl. aber auch die deutlich auf Ableitung der Moral zielende Formulierung bei Jean Blondel, Des Hommes tels qu'ils sont et doivent être: Ouvrage de sentiment, London – Paris 1758, S. 157: »L'homme social a des vertus et des vices, parce qu'il a de l'amour propre«.

begründen. Sie wird mit Hilfe eines privativen Negationsbegriffs entwickelt, der die Entartungsformen der Naturformen als déreglement oder corruption bezeichnet und in dieser Form moralisch besetzt: »L'amour de nous-mêmes est cet amour, entant qu'il est legitime et naturel. L'amour propre est ce même (sic!) amour, entant qu'il est vicieux et corrompu«[45]. Die Auswahl dieses Negationsverfahrens unter anderen möglichen[46] wird nicht begründet, seine ontologischen Prämissen werden nicht durchleuchtet, die Herkunft der binären Schematisierung der Moral bleibt ungeklärt, zumal Abbadie sich nicht mehr auf das Dogma der Erbsünde beruft.

Achtet man genauer auf die semantische Form dieser Unterscheidung zweier Arten von Selbstliebe und auf die historischen Bedingungen ihres Auftretens, dann fällt auf, daß sie in einer charakteristischen gesellschaftlichen Konstellation gepflegt wird und, zunächst zeitweise, dann endgültig, die einfachere Kontrastierung von Gottesliebe und weltlich-selbstbezogener Liebe verdrängt. Durch die gründlichen Untersuchungen von Fuchs[47] wissen wir, daß ihr erstes Auftreten sehr viel früher liegt, als man vermutet hatte, nämlich im Spanien der ersten Hälfte des 16. Jahrhunderts; und daß sie dann nach einer vereinfachenden Übersetzung ins Französische in der zweiten Hälfte des 17. Jahrhunderts mit all ihren Komplikationen und ungelösten Problemen erneut in Gebrauch kommt. Siglo d'oro und französische Klassik – beides Zeiten einer politisch erfolgreich konsolidierten Territorialherrschaft mit politisch-religiös motivierter konfessioneller Vereinheitlichung unter Aussonderung Andersdenkender (Mauren, Juden bzw. Protestanten), beides also Fälle erfolgreicher Etablierung autonomer Politik mit entsprechender Attraktion gesellschaftlich führender Kreise und mit parallellaufender religiöser Vereinheitlichung und Legitimation; beides Fälle, in denen, in unserer Begriffssprache formuliert, das Vorantreiben der Ausdifferenzierung eines politischen Systems auf Religion gestützt werden muß; beides Fälle

45 A. a. O., S. 263. Siehe dazu auch die Liste der defauts de l'amour propre bei La Placette a. a. O. Bd. II, S. 11 ff.
46 Siehe dazu Wolfgang Hübener, Die Logik der Negation als ontologisches Erkenntnismittel, in: Harald Weinrich (Hrsg.), Positionen der Negativität, München 1975, S. 105-140.
47 A. a. O. (1977).

einer verstärkten, aber durch ihre eigenen Bedingungen unvollständigen funktionalen Differenzierung. Diesen Bedingungen entspricht eine Motivtheorie, die den Selbstbezug des Weltmenschen nicht schon als solchen verurteilt, ihn aber gerade als Selbstbezug einer religiös-moralischen Bewertung unterwirft, ihn also voraussetzt und dann mit Hilfe der Religion ordnungspolitisch und moralisch qualifiziert[48]. Die Übersetzung von »gloire« in »amour propre« macht weltlichen Erfolg in der politischen Gesellschaft theologisch sprachfähig, theologisch interpretierbar, ohne daß das Schema der Konzeptualisierung den Geistlichen schon auf Ablehnung festlegte.

Die Form überlebt ihre Entstehungsbedingungen, und sie überlebt eine radikale religiöse Kritik[49]; sie ist auf Mitführung einer religiösen Interpretation nicht angewiesen und läßt sich psychologisieren, säkularisieren, positivieren, in natürliche Moral übersetzen. Eine konsistente Theorie ist jedoch nach diesem Umbau, ist vor allem nach Aufwertung der Selbstreferenz als Basis konträrer Bewertungen nicht mehr möglich[50]. Das Einbauen der Liebe des Nächsten war noch das geringste der Probleme[51], und damit scheint man sich zufrieden gegeben zu haben. Das ungeklärte Problem der Differenz zweier Formen der Selbstliebe und ihres Verhältnisses zur Natur bleibt ein gut placierter Theoriedefekt und findet sich in dieser Form noch bei Rousseau[52]. Gelegentlich wird dies kritisiert – und

48 Einen charakteristischen Beleg, zeitlich der Aufwertung von Selbstliebe als Natur vorausgehend, findet man bei Jean de Silhon, De la certitude des connoissances humaines, Paris 1661 im Kapitel de L'amour propre et de l'interest (S. 99 ff.), wo die Argumente zu Selbstliebe und Interesse genau parallelgelagert sind.

49 So besonders in den Essais de Morale von Pierre Nicole, Paris, zuerst 1671-1674. Vgl. dazu auch oben S. 109 ff.

50 So urteilt auch Robert Mauzi, L'idée du bonheur dans la littérature et la pensée française au XVIIIe siècle, Paris 1960, S. 89.

51 Siehe nur die schlichte Lösung über den klassischen Topos der zeitlichen Extension der Orientierung des menschlichen Lebens im Unterschied zum Tier bei Theophil König, Amorem sui ipsius et proximi dissertatio, Jena 1712 (zit. auch unter dem Namen des Praeses Wilhelm Juch).

52 Siehe z. B. Emile, Buch IV (Œuvres complètes, Bibliothèque de la Pléiade, Bd. IV, Paris 1969), S. 491 ff., mit der wichtigen Veränderung, daß der defiziente Modus der Eigenliebe auf Vergleich mit anderen, auf relative Bewertung, also auf Umwelt zurückgeführt wird. Zur Vorgeschichte des Topos, von Rousseau aus gesehen, vgl. auch Lester G. Crocker, An Age of Crisis: Man and World in Eighteenth Century French Thought, Baltimore 1959, S. 256 ff.; Iring Fetscher, Rousseaus Politische

durch eine noch primitivere Gegenüberstellung ersetzt[53]. Praktisch muß dann die Moral, die abgeleitet wird, ihre Denkvoraussetzungen mitplausibilisieren. Außerdem leisten Restformen der Theologie eine Art Respezifikationshilfe. Ausgehend von der (implizit schon moralisch bewerteten) Selbstliebe kann die Güte dessen, der sie geschaffen hat, bewiesen werden; denn ein böser Schöpfer hätte Selbsthaß, nicht Selbstliebe einprogrammiert[54]. Dann dient gerade die Maßlosigkeit der Selbstliebe als Beweis dafür, daß sie eigentlich Gottesliebe sei. Denn Kreaturen könne man nicht maßlos lieben; in dem aber, was sein Maß in der Maßlosigkeit habe, sei keine Konkurrenz möglich[55]. Vor allem aber fundiert die (später so umstrittene) Idee der Unsterblichkeit des Menschen die Unterscheidung jener beiden Grundformen der Selbstliebe. Der Mensch, der sich selbst als sterblichen liebt, kann auf die Idee kommen, durch Täuschung und ähnliche Machenschaften für sein kurzes Leben Vorteile zu erlangen, etwa eine Achtung zu gewinnen und für Eigenliebe auszunutzen, die er auf Grund seiner Eigenschaften gar nicht verdient. Entsprechend sind Glücksstrategien Langfriststrategien, und Unglück ergibt sich aus dem Versuch, zu früh glücklich zu sein[56]. Für den unsterblichen Menschen, der sich als solchen liebt, entfallen solche Kurzfristmotive. Er integriert seine Moral mit der Religion, und das ist für Abbadie die Religion des

Philosophie, 2. Aufl. Neuwied 1968, S. 50 ff.; Tilo Schabert, Natur und Revolution: Untersuchungen zum politischen Denken im Frankreich des achtzehnten Jahrhunderts, München 1969, S. 47 ff.

53 Vgl. Jean Blondel, Des Hommes tels qu'ils sont et doivent être: Ouvrage de sentiment, London – Paris 1758, S. 157, 149 f. (amour de soi-même / orgeuil).

54 Abbadie a. a. O., S. 128. Nicht lange vorher hatte Pierre Nicole, Essais de Morale Bd. II, 4. Aufl. Paris 1682, S. 128 f., noch umgekehrt urteilen können: die eigentliche Liebe, die Gottesliebe (caritas) »nous porte à nous hair, et non pas à nous aimer«, weil durch sie die eigenen Unzulänglichkeiten bewußt würden. Über die Konsequenzen für das soziale Leben: daß man mit dieser Prämisse eigentlich auch die anderen Menschen so, wie sie sind, nicht lieben könne, geht Nicole mit einigen Andeutungen hinweg. Als Konzept für soziales Leben wird diese Theorie mit ihrer Wendung ins Extrem problematisch, und Nicoles Hauptempfehlung für soziales Verhalten ist denn auch: nicht reden, sondern schweigen (a. a. O. Bd. I, 6. Aufl. Paris 1682, S. 229 ff., Bd. II, S. 48 ff.).

55 A. a. O., S. 270 f.

56 »Le déreglement consiste en ce que les hommes veulent sentir le bonheur avant que de l'aquerir. Ils n'attendent point la raison qui les dirigoit pour étre heureux. Ils commencent par vouloir le posseder« (a. a. O., S. 330).

Neuen Testamentes, die ihm die Maßstäbe für ein an Unsterblichkeit orientiertes Verhalten setzt. Er befolgt kein Gesetz, er folgt der Logik der Selbstreferenz im Blick auf seine Unsterblichkeit. Er ersetzt im Kontext der Selbstliebe die »motifs de temps« durch »motifs de l'éternité«[57].

Man kann also Selbstreferenz und Religion gleichzeitig bejahen? Man kann es, solange die Negation der Negativität sich noch auf die Zeit bezieht und Zeitgrenzen die Selbstreferenz noch strukturieren. In einem ersten Schritt wird die religiös-kosmische Zeit, die durch Sündenfall und Gnade geordnet ist und in der Zwischenzeit Selbstreferenz zum Verderben geraten läßt[58], in die Lebenszeit des individuellen Menschen transformiert, der Geburt und Tod Struktur geben. Wo es um diese Zeitlichkeit des eigenen Lebens geht, stößt man im Vollzug der Selbstliebe, die inhaltlich maßlos[59] ihrer Selbsterhaltung dient, an die Zeitgrenze des Todes. Über die Zeit, die selbst »nichts ist«[60] und alle Hoffnungen des Ungläubigen vernichtet[61], disponiert die Selbstliebe durch Bezug auf Unsterblichkeit. Als Liebe der eigenen Unsterblichkeit negiert sie die Negativität der Zeit und gewinnt jene »natürliche und legitime« Form der Selbstliebe, die ihr Moralität garantiert. Sie bedarf zur Respezifikation dieser doppelten Negation jedoch eines Anhaltspunktes in der Religion[62] – aber das ist schon nicht mehr die

57 A. a. O., S. 128 ff., insb. 135 f. Im übrigen findet man in der zeitgenössischen Literatur auch die bereits stärker säkularisierte Vorstellung, daß Glücksstreben oder Selbstliebe erlaubt sei unter der Kontroll- und Disziplinierungsbedingung des Gedankens an den Tod. So nennt Jean-Pierre de Crousaz, Traité de l'éducation des enfans, 2 Bde., Den Haag 1722, S. 32 f. zwei Glücksprinzipien: »l'une de ne point craindre la mort et l'autre de savoir jouir de soimême«.

58 So noch Pascal. Vgl. dazu David Westgate, The Augustinian Concept of Amour-Propre and Pascal's »Pensées«, Nottingham French Studies 10 (1971), S. 10-20. Jede Spekulation mit eigener Unsterblichkeit liegt deshalb für Pascal (anders als für Abbadie) noch innerhalb des sündigen amour-propre, auch wenn das Außerachtlassen der Unsterblichkeit erst recht schlimm, nämlich widernatürlich und geradezu »monströs« ist (Pensées Nr. 335, Œuvre, éd. de la Pléiade, Paris 1950, S. 911 ff.).

59 Abbadie a. a. O., S. 68.

60 A. a. O., S. 18.

61 A. a. O., S. 68.

62 Wie anders klingt es hundert Jahre später: »Der Mensch ist ja nicht bestimmt blos auf Stunden oder Tage glücklich zu seyn, sondern er soll es werden auf die ganze Dauer seines Erdenlebens und selbst die ganze Ewigkeit hindurch«. So Stuve, Allgemeinste Grundsätze der Erziehung, hergeleitet aus einer richtigen Kenntniß des

Religion der jederzeitigen Zeit der Sünde und der Gnade[63], sondern eine Religion, die Langfristmotive für den Weg zur vollkommenen Glückseligkeit besorgt.

Bei Abbadie wird die Umwertung und Aufwertung der reinen Selbstliebe vollzogen. Dabei mögen konfessionelle Motive mitgespielt haben. Abbadie und ebenso La Placette sind Protestanten und also im Unterschied zu den Jansenisten an Sicherheitsgrundlagen im Individuum interessiert. Aber der Trend zur Aufwertung von Selbstreferenz geht über die konfessionellen Differenzen hinweg. Er wird letztlich unausweichlich im Zusammenhang mit einem reflexiven und dadurch universellen Gebrauch selbstreferentieller Figuren: Die Selbstliebe steckt auch noch hinter der Kritik und Ablehnung der Selbstliebe[63a]. Das läßt dann keine andere Möglichkeit mehr zu als die einer Positivwertung der Grundfigur, die sich selbst und ihre Negation ermöglicht.

Schon einige Jahrzehnte früher gilt Selbstliebe als ein quasi unentrinnbares Motivschema[64], das sogar alle karitativen Regungen antreibt. Daß man nicht weiß und nie sicher sein kann, ob und wie weit Gottesliebe und Liebe zum anderen Menschen nicht letztlich doch im Eigeninteresse motiviert sind, hat zunächst theologisch genau den Sinn: daß man nicht wissen können darf, ob man gerechtfertigt ist, weil damit erst recht Eigeninteresse ins Spiel käme. Die Ambivalenz der Theorie hat also ihrerseits noch eine religiös interpretierbare Bedeutung. Aber zugleich wird unter Aufsicht der Theologie gedanklich schon für eine Gesellschaft ohne caritas, wenn nicht für eine Gesellschaft ohne Religion, trainiert[65].

Menschen ..., in: Joachim Heinrich Campe (Hrsg.), Allgemeine Revision des gesammten Erziehungswesens von einer Gesellschaft praktischer Erzieher, Hamburg Bd. I, 1785, S. 233-382 (367). Die »Ewigkeit« ist ein nur noch angehängter Gesichtspunkt ohne eigene Kriterien.

63 Vgl. Jakob Bachmann, La notion du temps dans la pensée de Pierre de Bérulle, Diss. Zürich, Winterthur 1964.

63a So z. B. explizit Jean Frédéric Bernard, Reflexions morales, 1716, Neuauflage Liège 1733, S. 156 f.

64 »il se glisse part tout«, warnen Jean Desmarests de Saint-Sorlin, Les Délices de l'esprit, Paris 1661, II, S. 60 ff., und mit gleichen Worten Pierre Nicole, De la connoissance de soy-mesme, in: Essais de Morale Bd. III, 3. Aufl. Paris 1682, S. 1-145 (10). Vgl. ferner Cardell a. a. O., S. 28; Des Coustures a. a. O., S. 87 ff.; Silhon a. a. O., S. 99 ff.; auch noch L. Des Bans, L'art de connoistre les hommes, Paris 1702.

65 Hierzu und speziell zu Pierre Nicole vgl. Marcel Raymond, Du jansénisme à la morale d l'intérêt, Mercure de France 330 (1957), S. 238-255.

Im überleitenden Theoriekontext ist die Religion aber bereits reduziert auf eine Hilfsfunktion. Entsprechend kann man gelassen die historische Vielfalt der Religionen[66] und die Entstehung der nicht etwa angeborenen, sondern abgeleiteten und zusammengesetzten Idee Gottes behandeln[67]. Zugleich hat aber das Zentralproblem dieser Theorie eine Form, die es als notwendig erscheinen läßt, daß die Lösung über Religion vermittelt wird.

VI.

Wir schieben jetzt eine theoretische Rekonstruktion dieses Gedankenganges ein. Sie betrifft die Zentralfigur der neuzeitlichen Anthropologie: das geschlossen-selbstreferentielle System. Der Mensch gilt seit Descartes nicht nur als Wesen mit der Spezialfähigkeit zur Reflexion, sondern als Geist, der so eingerichtet ist, »qu'il ne se peut rien passer en luy sans qu'il s'en apperçoiue«[68], und der sich über diesen Selbstbezug selbst bestimmt. Das Konzept ändert sich durch Einbeziehung des Körpers und durch Neufundierung auf Sensibilität. Es bleibt aber geschlossen (und nicht nur beiläufig) selbstreferentiell. Es gibt keine Prozesse, die den Selbstbezug nicht mitvollziehen[69]. Und wenn man den Menschen als Maschine denkt, dann als »une Machine qui monte elle-même ses ressorts[70].

Wenn für geschlossen-selbstreferentielle Systeme gilt, daß sie alle Operationen auf sich selbst beziehen müssen, so gilt dies auch für Operationen, die solche Operationen wählen, also für Prozesse der Selbstbestimmung. Selbstbestimmung impliziert ein Bemerken der Selbstbestimmung und dies wiederum mit der Möglichkeit, zu akzeptieren oder zu verwerfen. Der Bestimmungsprozeß muß sich

66 Abbadie a. a. O., S. 75 ff.

67 A. a. O., S. 109 ff.

68 Diese Formulierung bei Louis de La Forge, Traité de l'esprit de l'homme, 1661, zit. nach der Ausgabe Œuvres Philosophiques (Hrsg. von Pierre Clair), Paris 1974, S. 145.

69 Siehe aber die interessante Ausnahme: Träume (nach Thomas Hobbes, Human Nature, or the Fundamental Elements of Policy, in: English Works (ed. Molesworth), Neudruck Aalen 1962, Bd. IV, S. 13).

70 So Julien Offray de La Mettrie, L'Homme Machine, zit. nach der Ausgabe von Aram Vartanian, Princeton 1960, S. 154. Der gleiche Gedanke im Artikel »Philosophe« (Diderot?) der Encyclopédie. Siehe die Ausgabe von Herbert Dieckmann, Le Philosophe: Texts and Interpretation, Saint Louis 1948, S. 32. Dort wird diese Form der Selbstreferenz für die Maschine Philosoph reserviert.

selbst thematisieren – und kann eben deshalb sich selbst nicht einholen. Das »Innere« erscheint ihm als Unendlichkeit. Seine Erhaltung ist durch ihn selbst nicht ausreichend zu gewährleisten, weil er weder über seinen Anfang noch (teleologisch) über sein Ende aus der Eigenlogik heraus bestimmen kann[71]. Die ihm fehlenden Zeitschranken erzwingen ein dynamisches Konzept und führen in anthropologischer Sprache zu Leitmotiven wie Unruhe und Begehrlichkeit[72]. Unersättlichkeit des Begehrens heißt jetzt nicht mehr wie im Mittelalter: Angezogensein durch ein unendliches Gut (im Bereich der Religion), sondern heißt: daß das Begehren sich selbst begehrt, sich daher mit allem Erreichten neu formiert.

Die Negativwertung der Selbstreferenz ist *noch* religiös interpretierbar und *schon* Angriffspunkt für funktionsspezifische Leistungsanschlüsse. Insofern eignet sie sich als Überleitungskonzept. Ihre religiöse Wertung beruht auf dem Dogma des Sündenfalls, das besagt, daß der Mensch sich selbst unerträglich sei und seinen eigenen Anblick fliehe[73]. Aber das Dogma des Sündenfalls ist in der zweiten Hälfte des 17. Jahrhunderts schon in der Auflösung begriffen im mächtigen Trend, die Gesellschaft als zukunftsträchtig und über sich hinausgehend zu begreifen, als auf dem Wege zu einem Glück, das größer ist als das im Paradies[74]. Und dieser Trend fegt

71 Dieter Henrich, Die Grundstruktur der modernen Philosophie, in: Ebeling a. a. O., S. 97-143, formuliert diese Einsicht als Nichtkongruenz von Selbstbewußtsein und Selbsterhaltung und sieht darin die Struktur der Moderne.

72 Selbstliebe ist zunächst also keineswegs eine Maximierung individuellen Wohlbefindens oder, wie man später sagen wird »angenehmer Empfindungen«, vielmehr speziell bei La Rochefoucauld zugleich Erhaltung und Destruktion, Erfüllung und Überforderung, also Auslöser einer Unruhe, die allein beständig sein kann. Vgl. hierzu Donald Furber, The Myth of amour-propre in La Rochefoucauld, French Review 43 (1969), S. 227-239. Vgl. auch die Beschreibung dieser Generation bei M. A. Adam, zit. nach A. J. Krailsheimer, Studies in Self-Interest, Oxford 1962, S. 65: »Elle veut être lucide, et dans ses plus grands désordres elle s'observe et se raille«.

73 Vgl. die unter dem Titel Divertissement gesammelten Pensées Pascals (Œuvre a. a. O., S. 874 ff.). Vgl. auch Nr. 130 (S. 859 ff.) zu amour-propre. Für Pascal ist im übrigen Erbsünde nicht nur *Verhinderung* (Fehlleitung), sondern überraschenderweise zugleich auch *Bedingung* der Selbsterkenntnis: »Sans ce mystère, le plus incompréhensible de tous, nous sommes incompréhensibles à nous-mêmes. Le noeud de notre condition (und könnte man dasselbe nicht auch für diese Theorie sagen?) prend ses replis et ses tours dans cet abîme« (Pensées Nr. 438, a. a. O., S. 948).

74 So explizit Jean Domat, Traité des lois, zit. nach Œuvres de J. Domat (ed. Joseph Remy), Bd. 1, Paris 1828, S. 1-75 (25 f.).

schließlich auch die Bedenken gegen Selbstreferenz hinweg und ermöglicht, überspitzt formuliert, eine Positivwertung der Negativität der condicio humana.

Für diese Übergangssemantik liefert etwas später als Puritanismus und Jansenismus der mit ihnen verwandte Pietismus vielleicht die besten Beispiele. Die Sündenpein wird zum Gefühl, und sie wird so gepflegt, daß man sie in der Reflexion zu genießen beginnt, es gilt, »die Seligkeit des unseligen Selbst ... zu genießen«[75]. Und eine solche Positivwertung der Negativität *mittels* Selbstreferenz ließ sich dann auf Arbeit und Erziehung umlenken.

In der zweiten Hälfte des 17. Jahrhunderts wird Selbstreferenz in Unruhe – und damit: in latente Dynamik – übersetzt. Sie wird in dieser Form, als Anthropologicum, zur Interpretation von Zeiterfahrungen benutzt. So heißt es beim späteren Kanzler d'Aguesseau in einer Rede vor dem Pariser Parlament[76]: »Tel est le caractère dominant des moeurs de notre siècle: une inquiétude généralement répandu dans toutes les professions; une agitation que rien ne peut fixer, ennemie du repos, incapable du travail, portant partout le poids d'une inquiète et ambitieuse oisivité; un soulèvement universel de tous les hommes contre leur condition; une espèce de conspiration générale dans laquelle ils semblent être tous convenir de sortir de leur caractère«. Treten die Menschen aus ihren Charakteren heraus, weil die Gesellschaft im Umbau begriffen ist?

Den Denkern jener Zeit leuchtete zunächst nur die Entdeckung eines anthropologischen Sachverhalts ein. Das entbindet uns nicht von weiteren Fragen (jenseits einer Prüfung, ob die Entdeckung zutrifft oder nicht). Daß der Mensch in seiner Negativität und seiner selbstreferentiellen Unendlichkeit beachtet und auf Unruhe hin interpretiert wird, korreliert mit Veränderungen in den Codes symbolisch generalisierter Kommunikationsmedien, die ihrerseits den Übergang zur funktionalen Differenzierung begleiten, durch ihn bedingt sind und ihn im weiteren ermöglichen. Wir kommen

75 Hans R. G. Günther, Psychologie des deutschen Pietismus, Deutsche Vierteljahresschrift für Literaturwissenschaft und Geistesgeschichte 4 (1926), S. 144-176 (insb. 165 ff.). Vgl. dazu auch Wolf Lepenies, Melancholie und Gesellschaft Frankfurt 1969, S. 203.

76 Œuvres, Paris 1754-1789, Bd. I, S. 44 f., zitiert nach Franklin L. Ford, Robe and Sword: The Regrouping of the French Aristocracy after Louis XIV, Cambridge Mass. 1953, S. 18 f.

bei den einzelnen Funktionsgesichtspunkten darauf zurück[77]. Hier geht es zunächst nur darum, jene »Tiefenkorrelation« festzuhalten, die Code-Veränderungen mit Begriffen vom Menschen abstimmt und beides auf Unabschließbarkeit umstellt.

Die religiös negative Bewertung der Selbstreferenz – der Mensch ist sündig und kann daher seinen eigenen Anblick, also Ruhe nicht ertragen – bringt sich durch Radikalisierung in eine Distanz zur Welt, die der Ausdifferenzierung des Religionssystems entspricht. Die Kompatibilität wird hergestellt durch eine Zweitbewertung von Selbstreferenz für den gesellschaftlichen Verkehr. Der religiösen Bewertung erscheint diese Selbstliebe zunächst als Notlösung, die aber für das Erhalten einer guten Ordnung in der Welt genügt. Die Religion setzt diese Anthropologie der selbstreferentiellen Unruhe zwar zur Lösung eigener Probleme in die Welt; aber da die Problemlösungsbeziehung *kompensatorisch* gedacht ist, nämlich *Negativität* ausgleichen soll, kann sie *selbständig existieren und andere Funktionen übernehmen.* Ideenpolitisch gesehen, verzichtet das Religionssystem hier auf eine positive Bestimmung der Gesellschaft, ohne die Möglichkeit einer Bewertung der Gesellschaft aus der Sicht der Religion aufzugeben.

Entsprechend säkularisiert man den Topos der Unerträglichkeit des Allein-mit-sich-selbst-Seins. Er wird aufgrund eines sich wandelnden Verständnisses von Zeit zur Langeweile, zum ennui[78]. Darauf antworten dann nicht mehr religiöse, sondern soziale Rezepte der Mäßigung, der Kunst zu gefallen, der Anpassung an Erfordernisse gesellschaftlicher Konversation, aber auch passionierter Liebe oder ernsthafter Studien. Der Umweltbezug all dieser Rezepte wird deutlich, wenn Deslandes formuliert: »Plus on sent, moins on s'ennuye«[79].

Für ein selbstreferentielles System, das in sich selbst, modern gesprochen, keine unabhängigen Variablen kennt, wird *Umwelt* in neuartiger Weise relevant – nämlich nicht einfach nur als positive oder negative Einflußgröße, als Hilfe oder Belastung und Gefährdung des Lebens, sondern als *Bedingung der Respezifizierbarkeit*

77 Vgl. unten 195 ff.

78 Der Bezug ist besonders deutlich erkennbar bei M. Deslandes, L'art de ne point s'ennuyer, Amsterdam 1715. Vgl. insb. S. 26 f.

79 A. a. O., S. 132.

einer sonst unbestimmt bleibenden Endlosigkeit. In diesem Sinne sind gerade geschlossene Systeme dieses Typs in gesteigertem Maße umweltoffene Systeme. Umwelt ist für sie strukturell bedingte und insofern *intern* notwendige *Voraussetzung der Selbstbestimmbarkeit.*

Diese Einsichten gehören allerdings noch nicht zum Theoriebestand, noch nicht zum begriffenen Besitz der neu sich formierenden Anthropologie. Sonst hätte man sich nicht auf endlose Diskussionen über das Verhältnis von Körper und Geist oder Physik und Moral einlassen müssen. Die Bezugseinheit »Mensch« und die mit ihr verknüpfte gesellschaftliche Funktion der Theorie, das werden wir gleich sehen, blockiert den Zugang zu einer adäquaten Ebene der theoretischen Formulierung. Gerade das aber erleichtert auch den Übergang, die allmähliche Öffnung der Theorie in Richtung auf realistische Einsichten über Respezifikation durch Umwelt.

Für Abbadie ist bei diesem Theorieproblem noch die Theologie zuständig. Sie hat nur noch Hilfsfunktionen in einem allgemeiner fundierten Konzept, aber die sind notwendig und zentral gelagert. Zu gleicher Zeit stehen aber auch schon Möglichkeiten bereit, die Respezifikation der Selbstreferenz als innergesellschaftlichen und als historischen Prozeß zu denken, und diese werden im Laufe des 18. Jahrhunderts die Religion ablösen bzw. inkorporieren als nur eine Variante gesellschaftlicher Determination.

VII.

Zunächst wird das Individuum, und wie sonst sollte Moral als Ersatz für politische Subordination und für religiöse Orthodoxie eintreten können, in Beziehung zu Gott begriffen. Ein »anthropocentrisme religieuse«[80] erfüllt in der Wende zum 18. Jahrhundert genau diejenigen Bedingungen, die Gedankengut haben mußte, um in einem Gesellschaftssystem zu reüssieren, das seine Differenzierungsform in Richtung auf funktionale Differenzierung umbaut. Das theoretische Begriffsgerüst der Anthropologie wird von der Religion wegabstrahiert, ohne mit ihr zu brechen. Die Anthropologie selbst übernimmt es, die Inklusion des Religiösen zu formulie-

80 Diese Formulierung bei Roger Mercier, La réhabilitation de la nature humaine (1700-1750), Villemomble (Seine) 1960, S. 103 ff.

ren und den organisierten und orthodoxierten Religionen ihre Plätze zuzuweisen. Es sind vor allem Glücksvorstellungen, die diese Vermittlungsfunktion erfüllen, und dies in sehr flach angesetzten Synthesen von Religiosität und bürgerlicher Moral[81]. Der Mensch, wird gesagt, sei dazu bestimmt, glücklich zu sein, und als Glück ist Religion ohne spezifisch religiöse Anstrengung zu haben, vor allem ohne all die selbstnegierenden Suchprozesse, auf die man bei der Verinnerlichung von Alltagsreligiosität im 17. Jahrhundert verfallen war. Die Inklusion in die Religion bleibt gesichert, denn ihre wie immer ausdifferenzierte Funktion kann im Gesellschaftssystem nicht ignoriert werden; aber die Zentralgedanken der Theorie nehmen eine Form an, die Parsons als säkular generalisierte Wertmuster bezeichnen würde.

Schon bei Des Coustures (1687) findet sich die Sequenz Sündenfall → Selbstliebe → Begier, die dann (auf, theologisch gesehen, recht sonderbare Weise) zur Seele der Seele und zum Band der Zivilgesellschaft avanciert[82]. Eine so radikal und allgemein bei den menschlichen Passionen ansetzende Theorie scheint zunächst nicht viel zu bieten; sie muß im nächsten Zuge wieder eingeschränkt werden auf rechten Gebrauch und vernünftiges Maß und braucht *hierfür* dann theologische Assistenz: »secours surnaturel«[83]. Wenig später treten jedoch Momente hinzu, die eine Angliederung weiterer Analysen erlauben. Der erste Stoß dient offenbar nur dem Abschütteln der theologischen Kontrolle und des religiös motivierten Pessimismus. Erst danach beginnt die eigentliche theoretische Innovation.

Deren Prämissen hatten wir im vorigen Abschnitt abstrakt schon vorgestellt: Unruhe wird von religiösen und in der Religion erreichbaren Zielen umgestellt auf Selbstreferenz und wird damit tiefergelegt auf eine Ebene, die über Handlungsmotive und Zweck/Mittel-Rationalität nicht mehr kontrollierbar ist und kein telos mehr hat[84]. Weshalb? Um Funktionsanschlüsse zu ermöglichen!

81 Kostproben bei Robert Mauzi, L'idée du bonheur dans la littérature et la pensée française au XVIIIe siècle, Paris 1960, S. 180 ff.

82 »Sans amour propre, il n'y auroit point de desirs« und: »Le desir fait prendre à l'ame l'essor par tout l'Univers; ainsi l'on pourroit, sans injustice, l'apeller l'ame de l'ame. C'est luy qui est le lien de la sociéte civile, quand par de communs desirs l'on contribue à son agrément«. (a. a. O., S. 204, 207).

83 A. a. O., S. 169.

84 Dies scheint auch Mauzi a. a. O., S. 435 im Auge zu haben, wenn er formuliert:

Bei genauerem Zusehen kann man nämlich erkennen, daß Selbstreferenz auf der anthropologischen Ebene das schon vorformuliert, was in den großen Funktionssystemen der Gesellschaft sehr bald darauf konzeptionell und institutionell geleistet werden muß. Die Form des Relationierens auf Selbstreferenzen, die ein System zugleich autonom und verstärkt umweltabhängig macht, wird sozusagen am Menschen geprobt. Die strukturelle Unterbestimmtheit mit ihren Korrelaten der Geschichtlichkeit und der Planbarkeit wird auf den Menschen bezogen. Das Kind wird entdeckt[85]. Das Milieu wird entdeckt. Das Verständnis von Einflußverhältnissen wird tiefergelegt. Ein generalisierter Motivverdacht und reflektierte »finesse« in den sozialen Beziehungen der höheren Gesellschaftsschicht haben den Boden für Verständnis und für literarische Erfolge bereitet. Zugleich verhindert die Darstellung als Anthropologie und die sie tragende Vorstellung, daß die Gesellschaft aus Menschen bestehe, daß der Strukturwandel selbst zum Thema wird. Was auf der Ebene der soziokulturellen Evolution wirklich geschieht, entzieht sich der Thematisierung, der Problematisierung, der Negation. Ein Bewußtsein der Modernität wird nur als Abstands- und Wertungsbewußtsein entwickelt, das bezeugt die querelle des anciens et des modernes.

Konstruktionstechnisch müssen Theorien das mit offenen Abschlußproblemen bezahlen, die durch Bezugnahmen auf Moral oder auch auf Physik nur oberflächlich verdeckt werden[86]. Man gibt sich als Gegner nutzloser metaphysischer Spekulation[87]. Fragen wie die, ob eine Theorie selbstreferentieller Verhältnisse überhaupt mit einem privativen Negationsbegriff kombinierbar ist, werden nicht gestellt. Auf die Möglichkeit, trotz Selbstreferenz und trotz extrem unruhiger Verhältnisse im Geist strikte Gesetz-

»La pensée du XVIIIe siècle s'insurge contre l'explication chrétienne, qui prétend réduire tout activité à une inquiétude«, nämlich eine Unruhe, die zur Ruhe strebt.

85 Dazu nochmals unten S. 210.

86 Diese Beurteilung impliziert, daß wir auch den Bemühungen des 18. Jahrhunderts um Unterscheidung und Reintegration einer physikalischen und einer moralischen Anthropologie nur zweitrangige (d. h. mehr theorie- als gesellschaftsabhängige) Bedeutung zumessen, obwohl sie die Entwicklung der deutschen Anthropologie bis hin zur Physiognomie entscheidend geprägt haben und auch die Zentralstelle des Konzepts der sensibilité für beide Bereiche nur so zu erklären ist. Vgl. dazu Georges Gusdorf, Dieu, la nature, l'homme au siècle des Lumières, Paris 1972, S. 355-423.

87 Siehe nur: Abbadie a. a. O., S. 63 f.; Morelly a. a. O. (1745), S. 170 f.

mäßigkeiten zu entdecken, wird schlicht vertraut[88]. Wo man mit Selbstliebe theoretisch nicht weiterkommt, werden einfach zusätzlich weitere soziale Eigenschaften bzw. Bedürfnisse eingeführt[89]. Erst in der Mitte des 18. Jahrhunderts werden Theorieprobleme auch in der Theorie selbst zum Problem, nämlich einerseits in Überlegungen zur Konstruktion der Ich-Identität über den einzelnen Empfindungen nach Art eines (fragwürdigen) Induktionsschlusses und andererseits im Aufbrechen der bisher fraglos unterstellten Einheit von Selbstreferenz und Unruhe bzw. Antriebsdynamik[90]. Das steigert theoretische und literarische Möglichkeiten für inquiétude, angoisse, ennui in einer Weise, die sich gegen die Hauptströmungen der intellektuellen Entwicklung isoliert. Selbst dann aber liegen die Plausibilitätsgrundlagen und Abnahmebedingungen wohl kaum auf dieser Ebene theoretischer Konsistenz. Mably beispielsweise schneidet gegen schon aufkommende Zweifel tiefergreifende Fragen mit dem Hinweis auf dies Wunderwerk weiser Vorsehung ab, daß es gerade die Selbstliebe sei, die die Menschen untereinander so stark verbinde[91]. Was aber fruchtbar wird, und das ist ein weiteres Argument für unsere Korrelations-

88 Vgl. als einen typischen Beleg John Gregory, A Comparative View of the State and Faculties of Man with those of the Animal World, London 2. Aufl. 1766, S. 5 f.: »The Human Mind ... is an object extremely fleeting, not the same in any two persons upon earth, and ever varying even in the same person ... yet there is no reason to doubt of its being, however seemingly fluctuating, governed by laws as fixt and invariable as those of the Material System.«

89 Vgl. Abbé Pluquet, De la sociabilité, Yverdon 1770; Abbé de Mably, De la legislation ou principes des lois, zit. nach: Œuvres complètes Bd. 9, Paris 1792, S. 23 f. Mably bringt das klassische Argument: »que l'amour-propre est le lien qui doit nous unir en société; si je ne m'aimois pas, comment serois-je capable d'aimer mon semblable?«, und fügt dann, um sicherzustellen, daß dies auch in Richtung einer »bienveuillance mutuelle« verläuft, noch weitere Bedürfnisse an, unter anderen ganz schlicht ein besoin d'aimer.

90 Hierzu ausführlich Perkins a. a. O. (1969). Vgl. auch Jay W. Hudson, The Treatment of Personality by Locke, Berkeley and Hume, Columbia Mo. 1911; Jean Starobinski, Jean-Jacques Rousseau: La transparance et l'obstacle, 2. Aufl. Paris 1971. Daß man bis dahin Selbstreferenz und Unruhe als Einheit gesehen hatte, hängt vermutlich damit zusammen, daß man mit *beiden* Prinzipien *zugleich* auf den Wegfall der Finalursachen reagiert hatte: Mit *Selbstreferenz*, um darzustellen, daß die in sich selbst zurücklaufende Bewegung ein Ende weder braucht noch finden kann; mit *Unruhe*, um den nicht mehr finalen Grund der Bewegung angeben zu können.

91 Principes de Morale, Paris 1784, S. 27 f. Vgl. auch S. 31: »telle est la magie de l'amour propre, qu'il paroît quelquefois s'oublier lui-même«.

these, ist die *Beziehbarkeit der Anthropologie auf die Konstitutionsprobleme der sich zunehmend ausdifferenzierenden Funktionssysteme.* Die Anthropologie muß für den politischen Staat und die Wirtschaft, für Wissenschaft, Familienleben und Erziehung etwas besagen. In diesen Richtungen ist ein »adaptive upgrading« der Begriffe notwendig, das die älteren, religiös fundierten Kosmologien ersetzt.

Die Anknüpfungspunkte dafür liegen wiederum in der Selbstreferenz, aber auch in funktional äquivalenten anthropologischen Grundgedanken, die den gleichen Bedarf an externen Bestimmungshilfen offenlegen. Mit Konzepten, die auf Selbstreferenz aufbauen, wie Selbsterkenntnis, Selbstinteresse, Selbsttäuschung, Selbstliebe oder sogar Eigentum an sich selbst (Locke) verbinden sich einerseits Vorstellungen einer umweltoffenen Sensibilität, andererseits Vorstellungen einer maßlosen Unruhe und Begierlichkeit, der ebenfalls von außen Beschränkungen gesetzt werden müssen, denn ihre Natur gibt ihr keine. Diese Anthropologie der Sensibilität und Unruhe wiederholt auf der etwas konkreteren Ebene zuschreibbarer menschlicher Eigenschaften das allgemeine Problem selbstreferentieller Systeme: Geschlossenheit des Selbstbezugs bei allen Operationen zu verbinden mit endogen erzeugtem Antrieb und hoher Umweltsensibilität. Auch hier fehlt eine volle Einsicht in die Kohärenz der Denkvoraussetzungen. Begriffe, die selbstreferentielle Strukturen bezeichnen, werden mit den Merkmalen der Sensibilität und der Unruhe kombiniert und in der Kombination als Naturausstattung des Menschen ausgegeben, ohne daß die Bedingungen der Kombinierbarkeit durchleuchtet würden. Denn das Interesse gilt den Folgerungen, die man aus der Kombination gewinnen kann, und nicht ihren Prämissen.

Gewonnen wird mit diesem Theoriemanöver eine Position, von der aus die Grundausstattung des Menschen als eine Disposition erscheint, die alles ermöglicht unter der Bedingung, daß sie eingeschränkt wird. Darin spiegelt sich der Möglichkeitszuwachs, den die Gesellschaft über funktionale Differenzierung erreicht. Aber er wird als Eigenschaft des Menschen, nicht als Merkmal eines Gesellschaftstypus präsentiert. Angesichts dieser Ausstattung des Menschen mit maßloser Unruhe ist eine natürliche Entwicklung zur Vollendung der eigenen Wesensform nicht mehr abzusehen. Damit entfällt die Voraussetzung, an der ein privativer Negationsbegriff ansetzen konnte. An die Stelle tritt eine in sich unbestimmte Negativität, die auf determinierende Negation angewiesen ist. Der Mensch ist von Natur aus zunächst jene Indifferenz, von der Morelly, Condillac, Rousseau und andere sprechen, und er gewinnt alle Bestimmungen erst im sozialen Verkehr. Seine Möglichkeiten werden durch Negationen determiniert, aber dies nicht einfach durch Beraubung, sondern in der Weise, daß die Determinierung die selbstreferentiellen Prozesse des Herzens und der Vernunft strukturiert. Hier findet der bereits zitierte, auf Wahl der Motive des Handelns bezogene Freiheitsbegriff seinen Platz. Freiheit und Determination werden kompatibel.

Selbstreferenz und Unruhe müssen demnach als Einheit gedacht werden. Sie bedingen sich wechselseitig, und mit Hilfe dieses Zusammenhangs streift die Anthropologie religiöse und natürlich-kosmologische Prämissen ab. Dies Konzept ist freilich nicht das einzige Deutungsangebot, dafür wirkt die gewohnte Gleichsetzung von Selbstreferenz (Selbstliebe) und Egoismus zu stark nach. Daher formiert sich um die Wende zum 18. Jahrhundert auch eine Gegenposition. Christian Thomasius ist dafür ein typischer und einflußreicher Vertreter.

In der Einleitung zur Sittenlehre[92] lehnt Thomasius die oft vertretene Lehre von einer Vorherrschaft der Selbstliebe entschieden ab. Alle Menschen, auch die unvernünftigen und lasterhaften, lieben andere mehr als sich selbst; denn sie könnten anders als gesellschaftliche Wesen gar nicht existieren. Selbstliebe sei daher bloße Einbildung, sei Selbsttäuschung. Am anderen wie an sich selbst liebe man aber das Wohlsein als Ruhe, allenfalls als mäßige (auch: »muntere und proportionirliche«) Bewegung, und zwar deshalb, weil Gesellschaft und Frieden sich wechselseitig bedingen. »Woraus denn so fort folget, daß alle unruhige und allzuveränderliche Gedancken des Menschen böse seyn«[93] (was für Thomasius heißt: ihn außer Proportion zur Umwelt setzen). Entsprechend unvernünftig sei es, Ruhe in der Veränderung zu suchen, weil diese Suche auf endlose Unruhe hinauslaufe[94]. Auch im Umkehrbild findet sich

92 Christian Thomasius, Von der Kunst, vernünfftig und tugendhafft zu lieben ..., oder: Einleitung zur Sitten Lehre, Halle 1692; vgl. insb. S. 88 ff.

93 A. a. O., S. 85.

94 So am Beispiel des Ehrgeizes und des Geld-Geizes in: Von der Artzney Wider die unvernünfftige Liebe ... Oder: Ausübung der Sitten Lehre, Halle 1696, S. 219 ff.,

also jener Zusammenhang von Selbstreferenz und Unruhe, nur mit umgekehrtem Vorzeichen. Wo Selbstreferenz als Primäreigenschaft *anthropologisch* (nicht nur: moralisch) negiert wird[95], bleibt Gemüts-Ruhe das Ziel des Lebens. Der Ansatz der Theorie bestimmt die Richtung der Moral.

Daß sich nun trotzdem *auch bei Thomasius* eine auf Negativität gestellte und dadurch »offene« Anthropologie anbahnt, nehmen wir als symptomatischen Beleg für die Tiefenlage dieser Umstrukturierung. Das Problem hat hier nur einen anderen theoretischen Ort. Der Mensch wird einerseits mit der Tradition vom Tier unterschieden durch seine prudentia cogitandi et ratiocinandi; andererseits wird von ihm gesagt, *daß er sein Wesen nicht kennt*[96]. Die Selbstreferenz ist in der für ihn spezifischen Fähigkeit, nur so kann man dies verstehen, nicht durch Eigenschaften blockiert, sondern auf Leerlauf gestellt. Das verweist ihn auf die Aneignung von Welt – wie man später sagen wird.

Thomasius wird oft als Vertreter einer neuen, sich gegen den »Barockmenschen« durchsetzenden Bürgerlichkeit gerühmt. Seine Theoriedisposition rechtfertigt dieses Urteil eigentlich nicht[97]. Sein Universalismus bleibt eine Sache des *Denkens. Liebe* anderer läßt sich nicht in gleicher Weise universell setzen wie Selbstliebe; man kann schließlich nicht *jeden anderen* lieben[98]; wohl aber (mit

257 ff., insb. S. 266: »Veränderung wird der Ruhe entgegen gesetzt, und also ist offenbahr, daß er seine Ruhe in der Veränderung sucht, selbe in der Unruhe suche, das ist, selbe vergebens suche«. Unruhe wird dabei deutlich als ein Prinzip der Selbstreferenz ohne Stoppregel – abgelehnt.

95 Dies ist im übrigen sehr wohl ein Fortschritt gegenüber Positionen, die noch in alter Weise mit einem scharfen Gegensatz von normaler, wenn nicht universeller Natur und moralischem Postulat arbeiten – »parce que les sentimens que la vertu inspire sont paisible, uniformes, et purs de tout interêt, et qu' au contraire la compassion naturelle est un sentiment inquiet, inegal, et interessé, qui n'a pour objet que les disgraces et des malheurs temporels«. (Abbé de Bellegarde, L'art de connoistre les hommes, Paris 1702, S. 139).

96 »homo nec suam essentiam noscit«, in: Christian Thomasius, Introductio ad philosophiam aulicam seu lineae primae de prudentia cogitandi et ratiocinandi . . ., 2. Aufl., Halle – Magdeburg 1702, Cap. III § 14 (S. 76).

97 Man könnte dieses etwas harte Urteil abschwächen, indem man sagt: Die Leistung des Thomasius bestehe gerade darin, konventionelle Denkmittel für eine neue Mentalität aufzubereiten und zu rekombinieren. Dem kann man eine Überleitungsfunktion zubilligen. Aber die Frage bleibt, wie lange dieses Konzept trägt und wie es sich gegen die schon entworfene radikalere Anthropologie behaupten kann.

98 Thomasius überspielt dieses Problem durch eine Unterscheidung von allgemeiner

Hobbes) jeden anderen *fürchten.* Etwas »Bürgerliches« mag mitbestimmend gewesen sein für den Rückzug auf natürlich-friedfertige Sozialität und ihr Komplement: Gemüts-Ruhe. Aber hier liegen jedenfalls nicht die semantischen Ausgangspunkte, an die der Übergang zu einer neuen, stärker funktional differenzierten Gesellschaftsformation hätte anknüpfen können. Auch die Überdehnung des Politik-Begriffs ins Privatleben hinein bei einem primär ökonomischen Begriff von Ständeordnung zeigt deutlich, daß eine sich ändernde *Mentalität* nicht zu neuen, radikaleren und differenzierungsfähigen *Konzeptionen* führt. Die eher in Westeuropa entwikkelte Anthropologie der Selbstreferenz des Strebens und der ziellosen Unruhe bietet die zukunftsträchtigen, die eigentlich »revolutionären« Stimuli.

Denn an dieses Konzept können Funktionen und Funktionssysteme der Gesellschaft als determinierende Negationen angeschlossen werden. Je nach dem, welches Funktionssystem man ins Auge faßt, werden Selbstreferenz, Selbsterhaltung und Unruhe verschieden konkretisiert.

Für Hobbes ist im Blick auf *Politik* der Mensch unruhig im Sinne von troublesome, und zwar »then most troublesome, when he is most at ease«[99] und ihn sonst nichts beschäftigt. Das disponiert ihn von sich aus zur Gewalt angesichts knapper Lebensbedingungen. Da er das gleiche Verhalten bei anderen antezipieren muß, muß er ihnen zur Selbsterhaltung mit Gewalt zuvorkommen. Zeitlich-soziales Kalkül, also gerade seine Rationalität, machen ihn also auch abgesehen von seiner Unruhe troublesome – es sei denn, daß hochselektive Bedingungen genau diese Bedingung negieren. Weil aber all dem die selbstreferentielle Struktur der Selbsterhaltung zugrunde liegt, können diese Bedingungen in der Form der Verfügung über sich selbst, durch agreement geschaffen werden. Die Personen konstituieren den politischen Staat.

Auch der *amour passion* wird auf dieser Basis der selbstreferentiellen Unruhe entwickelt und gesteigert, während Freundschaft (amitié) im Kontrast dazu als Ort der Ruhe und Beständigkeit empfoh-

Liebe und besonderer (»absonderlicher«) Liebe. Die besondere basiert auf der allgemeinen und vermittelt erst das eigentliche Ziel: die Gemütsruhe für den Einzelnen. Typisches Muster: Erst in einem Teil des Ganzen erreicht das Ganze sein Ziel!

99 Thomas Hobbes, Leviathan II, 17, zitiert nach der Ausgabe der Everyman's Library, London 1953, S. 89.

len wird. Bevor sich beide Begriffe im 18. Jahrhundert auf der einheitlichen Basis eines persönlichen Intimverhältnisses zusammenfinden, werden sie zunächst beide getrennt aufgewertet. Zu Liebe heißt es bei de Vaumoriere[100]: »L'amour est une espece de guerre où il faut pousser ses conquêtes le plus avant et avec le moins de relâche que l'on peut. Un Amant qui remercîroit sa Maîtresse, paroîtroit comme satisfait d'elle, et cette espèce de repos ne plaît jamais tant que les empressemens et les inquietudes«. Die Damen werden zumindest in Sachen Liebe als ebenbürtige Gegner gesehen, die ein Nachlassen der Energie nicht schätzen würden. Man stellt sich noch nicht vor, daß Liebe auf der Grundlage intim-persönlichen Verständnisses stabilisiert werden könnte. Ihre Spezialität beruht auf der besonderen Typik ihrer Unruhe.

Spricht man mit Locke von uneasiness oder desire, und faßt man die Selbstreferenz in ihrem Sicherheitsbedarf als Eigentum an sich selbst, lenkt die Theorie das Suchinteresse eher in Richtung *Wirtschaft*[101]. Der anthropologische Befund korreliert hier mit Geldwirtschaft, die erst ein endloses Streben nach immer mehr (Geld bzw. geldwertem Eigentum) sinnvoll macht. Allerdings kann diese Grundlage, gerade als anthropologische, nicht speziell auf Wirtschaft bezogen werden. So kommt Wirtschaft erst auf der zweiten Ebene, beim Negieren dieser Negativität, in Betracht. Dieser in sich selbst ziellosen Unruhe kann, wenn sie die Form des Bedarfs annimmt, durch Eigentum abgeholfen werden. Das geschieht zunächst durch das natürliche Eigentum am eigenen Leib und seiner Arbeitskraft, sodann durch Eigentum an den Arbeitsergebnissen. Ihrerseits Arbeitsprodukte Gottes[102] – auch hier also kommt Religion aus der Perspektive und in der konkreten Einfärbung des anthropologischen Selbsterhaltungsaxioms ins Spiel – halten diese Eigentumsformen den Menschen mit Hilfe seiner Vernunft an zum Verzicht auf »passionate heats or boundless extravagancy«. Sie

100 L'art de plaire dans la conversation, 1688, 4. Aufl. Paris 1701, S. 395.

101 Vgl. John Locke, An Essay Concerning Human Understanding II, ch. 20 §§ 6, 21, 31 ff., zitiert nach der Ausgabe der Everyman's Library London 1947, insb. S. 119 ff.

102 John Locke, Two Treatises of Civil Government II, 1 § 6, zitiert nach der Ausgabe der Everyman's Library, London 1953, S. 119 f.: for men being all the workmanship of one omnipotent and infinitely wise Maker; all the servants of one sovereign Master, sent into the world by His order and about His business; they are His property, whose workmanship they are made to last during His, not one another's pleasure.

binden ihn, »to preserve himself, and not to quit his station wilfully«[103], auf diese Weise eine hohe Diversifikation des Eigentums erzeugend, die es gar nicht mehr sinnvoll macht, maßlos nach allem zu streben, sondern die Gesetze der Ökonomie zur Rationalitätsgrundlage erfolgreichen Handelns werden läßt.

Pierre Coste übersetzt uneasiness mit inquiétude. Diese Formulierung erschließt sich in Frankreich einen anderen Markt, nämlich einen eher *zivilisatorisch-pädagogischen Kontext,* in dem es darum geht, wie aus anfänglich-indifferenter, unruhiger Sensibilität durch Kontakt mit der Umwelt ein Mensch entsteht. Kennt man dieses Naturgesetz, dann kann man durch Modifikation und Spezifikation der Kontakte das Resultat beeinflussen[104]. Mit dem Theorem der Selbstreferenz und der Unruhe entgeht man dabei den Konsequenzen einer im übrigen physikalistischen Theorie, die man als wissenschaftliche Legitimation der Bemühungen um Zivilisationsreform und Erziehung braucht. Die Technologie, die den Erfolg bewirken soll, folgt vermeintlich den Naturgesetzen; die Einbeziehung originär selbstreferentieller Unruhe sichert gleichwohl die Individualität und damit die Moralfähigkeit des Resultats. Der Mensch ist und bleibt bei aller zivilisatorischer und pädagogischer Transformation ein Verhältnis zu sich selbst. In der Transformation stecken aus diesem Grunde die konträren Chancen des zivilisatorischen Verfalls und der Vermehrung der Tugend.

Speziell für das Erziehungssystem ist im übrigen eine Tendenz zur Instrumentalisierung der Unruhe bezeichnend. Neugier, Erregbarkeit, Sensitivität sind für den Erzieher, und insofern vertritt er eine »natürliche Methode«, auch auszunutzende Eigenschaften des Kindes. Die kann er, der alles sonst bewirkt, voraussetzen. Abt Resewitz zum Beispiel sieht »Selbstsucht« nur noch als mächtigen Trieb und als Instrument allmählicher indirekter Moralisierung des Menschen, wobei die Schwierigkeit dieser Triebablenkung methodisch versierte Pädagogen und Schulen, also ausdifferenzierte Erziehung erforderlich macht[105]. Korrespondierend gibt es einen Unruhebe-

103 A. a. O., S. 120.

104 Vgl. Morelly a. a. O.; Etienne Bonnot de Condillac, Traité des sensations, Paris 1754.

105 Siehe Friedrich Gabriel Resewitz, Die Erziehung des Bürgers zum Gebrauch des gesunden Verstandes und zur gemeinnützigen Geschäftigkeit, 2. Aufl. Kopenhagen 1776, insb. S. 37 ff.

griff für die Output-Grenze des Erziehungssystems. Er heißt in jener Zeit «Industrie« oder »Industriosität« im Sinne von: rastloser Betriebsamkeit, Emsigkeit, Fleiß und unausgesetztem Tätigsein[106]. Damit ist keineswegs gemeint gewesen: Versorgung der Wirtschaft mit motiviertem und ausnutzbarem Arbeitspotential. Vielmehr wird auch in dieser Hinsicht der Zusammenhang von Unruhe und Selbstreferenz bis in die zweite Hälfte des 18. Jahrhunderts durchgehalten und in das allmählich nicht mehr politische, sondern ökonomische Verständnis der Gesellschaft übernommen: Rastlose Industrie des Menschen ist Voraussetzung dafür, daß er seine Stellung in der Gesellschaft nicht einfach hinnimmt, sondern sie sich selbst aneignen kann[107].

Wenn man schließlich als Ausgangscharakterisierung der Unruhe eine unstillbare Neugierde (curiositas, curiosity) wählt, wird der Blick eher auf das *Wissenschaftssystem* gelenkt[108]. Vor kurzem noch Mutter fast aller Sünden[109], gilt curiositas nunmehr als anthropologische Bedingung des Erkenntnisgewinns und des Wissensfortschritts. Auch hier ist die Grenzenlosigkeit des Strebens nach neuen Erkenntnissen code-abhängig. Sie setzt voraus, daß Wahr-

106 Vgl. Kurt Iven, Die Industrie-Pädagogik des 18. Jahrhunderts: Eine Untersuchung über die Bedeutung des wirtschaftlichen Verhaltens für die Erziehung, Berlin 1929, S. 42 ff. Achim Leschinsky / Peter Martin Roeder, Schule im historischen Prozeß: Zum Wechselverhältnis von institutioneller Erziehung und gesellschaftlicher Entwicklung, Stuttgart 1976, S. 283 ff.

107 Siehe etwa Albert Reuß, Die Industrieschulen um die Wende des achtzehnten Jahrhunderts: Beiträge zu ihrer Geschichte unter besonderer Berücksichtigung ihrer Entwicklung in Baden und Hessen, Lampertheim 1926, insb. S. 27 ff. Natürlich erklärt dieser ideengeschichtliche Zusammenhang allein noch nicht die Institutionalisierung von »Industrieschulen«. Man muß dabei mitsehen, daß auf diese Weise zugleich einem wichtigen Einwand gegen das Programm universaler Schulbildung begegnet werden konnte. Das Bedenken war, die Bauern würden vor Gelehrsamkeit ihre Felder nicht mehr beackern, wenn sie in Schulen (des bestehenden Typs!) erzogen worden wären.

108 Zur Veränderung der curiositas-Bewertung in der Neuzeit vgl. Hans Blumenberg, Der Prozeß der theoretischen Neugierde, Frankfurt 1973. Bei unserem Gewährsmann Abbadie findet man auch hier eine Übergangssituation: Ein grenzenloses Erkenntnisstreben wird bejaht (S. 68 f.), aber nicht als curiosité bezeichnet; das bloße Streben nach Wissen um des Wissens willen wird dagegen als curiosité inutile abgelehnt (S. 472).

109 Vgl. nur Jean Desmarests de Saint-Sorlin, Les Délices de l'esprit, Paris 1661, II, S. 46 zur Marginalie »La curiosité est presque la mere de tous les pechez, L'Abstinence de curiosité est la mere de la tranquillité et de l'Innocence«. Ähnlich, wenn auch schwächer, Des Coustures a. a. O. (1687), S. 79.

heit nicht auf einen vorgegebenen Bestand von Wesensformen angewiesen ist, sondern die Welt, so wie sie erscheint, unabsehbar auflösen und rekombinieren kann, wofür die Wahrheitskriterien dann nur noch in der Methode liegen können.
Die Umwertung der Neugier hat angebbare Beziehungen zu den Formen, in denen Wissen als wahr behauptet wird. Auch in dieser Hinsicht wird zu negierende Negativität zum primären Datum. Man habe zunächst immer davon auszugehen, daß man etwas nicht bzw. nicht sicher weiß. Dabei wird sowohl die dogmatische Wissensvorgabe áls auch der radikale Skeptizismus antiker Provenienz ausgeschlossen, die Unsicherheit selbst wird »anthropologisiert«[110]. Aus der allgemeinen Forderung, aller Selbstliebe zum Trotz die (Erkenntnis-)Schwäche des Menschen zum Zwecke einer religiösen Transformation seiner Einstellungen sozusagen pauschal einzusehen[111], wird eine Analyse von Täuschungen und Erkenntnisbedingungen ausgegliedert. Einsicht in Unkenntnis sei Voraussetzung für Erkenntnis*vermehrung*, und die wird jetzt in bisher ungeahntem Maße für möglich gehalten[112]. Und entsprechend werden auf den Menschen bezogene Forschungsmethoden und Gewißheitsabstufungen diskutiert, die je nach Problemlage unterschiedliche, teils unmittelbare, teils mittelbar gewonnene, teils sichere, teils nur wahrscheinliche Wahrheiten vermitteln und in diesem Gefüge Fortschritt in Aussicht stellen; Fortschritt, für den dann curiositas die Motivformel wird.
Sowohl Nichtwissen als auch Wissenstrieb sind also zunächst

110 Vgl. etwa Joseph Glanvill, The Vanity of Dogmatizing, London 1661; ders., Scepsis Scientifica, London 1665, beides nachgedruckt Howe, Sussex 1970; und dazu: Henry G. van Leeuwen, The Problem of Certainty in English Thought 1630-1690, Den Haag 1970; Richard H. Popkin, The History of Scepticism From Erasmus to Descartes, 2. Aufl. New York-Evanston-London 1964, behandelt Ausgangspunkte im 16. Jahrhundert bei Sebastian Castellio und dann vor allem Marin Mersenne und Charles Sorel als Rückfundierung von Wissenschaft auf menschliche Fähigkeiten und auf alltagsweltlich gängigen common sense.

111 Vgl. z. B. Nicole a. a. O., Bd. I, S. 1 ff.

112 »And I doubt not but posterity will find many things, that are now but *rumors*, verified into *practical Realities*. It may be some Ages hence, a voyage to the *Southern* unknown *Tracts*, yea possibly the *Moon*, will not be more strange then one to *America*. To them, that come after us, it may be as ordinary to buy a *pair* of *wings* to fly into remotest Regions; as now a pair of *Boots* to ride a *Journey*« (Glanvill, Vanity of Dogmatizing a. a. O. 1661, S. 181 f.).

anthropologische Zustände. Deren Selbstreferenz ist die des Menschen. Deren soziale Artikulation läuft über common sense, ist ein Demonstrieren unter Rückgriff auf Sinneswahrnehmung und Vernunft. Erst im 18. Jahrhundert, erst mit Hume und erst im Anschluß an eine schon erfolgreich forschende, ausdifferenzierte Wissenschaft kommt die Frage auf: ob nicht eine Theorie der wissenschaftlichen Erkenntnis andere Grundlagen haben müßte als die der Alltagswelt des »ordinary man«[113]. Das Problem lautet jetzt: daß man, *auch wenn man wahre Erkenntnis besitzt* und praktisch nicht daran zweifelt, nie sicher wissen kann, ob es sich um Wahrheit handelt, weil die Übereinstimmung der Erkenntnis mit einem äußeren Objekt sich nicht unabhängig von ihr selbst überprüfen läßt[114]. Damit verlagert sich das Problem der Selbstreferenz in die Erkenntnisrelation selbst, und der Erkenntnisantrieb verlagert sich in die logische Unabschließbarkeit des Erkenntniszusammenhangs.

Die Beziehungen zur Religion sind bei den einzelnen Autoren, die mit Selbstreferenz und Unruhe argumentieren, schwer zu verfolgen[115]. Insgesamt tritt der Bezug auf Religion als Theorieerfordernis, wie er bei Abbadie noch deutlich erkennbar ist, im 18. Jahrhundert zurück. Der sich durchsetzende humane Optimismus fordert der Theologie keine begrifflichen Anstrengungen mehr ab; es genügt, die bonté de Dieu beiläufig zu erwähnen. Der Anthropologie geht damit der Rückhalt in göttlicher Prädestination verloren, und der Mensch muß im Vergleich zum Tier neu nobilitiert werden[116]. Das wird zum Problem einer im engeren Sinne anthropologischen Forschung. Die Humanität des Menschen wird, anato-

113 Dazu nochmals unten S. 229.

114 Vgl. Daniel Pierre Huet, Traité philosophique de la foiblesse de l'esprit humain, Amsterdam 1723, Nachdruck Hildesheim 1974, S. 180 f.

115 Viel diskutiert in bezug auf Locke. Vgl. Louis Dumont, Religion, Politics and Society in the Individualistic Universe, Proceedings of the Royal Anthropological Institute 1970, S. 31-41.

116 Vgl. ausführlich Hester Hastings, Man and Beast in French Thought of the Eighteenth Century, Baltimore 1936; M. F. Ashley Montagu, Edward Tyson, M. D., F. R. S. 1650-1708, and the Rise of Human Comparative Anatomy in England, Philadelphia 1943. Zur weiteren Entwicklung einer anatomisch-vergleichenden Anthropologie auch D. J. Cunningham, Anthropology in the 18th Century, Journal of the Royal Anthropological Institute 38 (1908), S. 10-35.

misch wie kulturell, zur evolutionären Errungenschaft – um mit Helvétius zu sprechen: une acquisition[117].
Auf theoretischer Ebene ergeben sich funktionale Äquivalente für Religion in den soeben skizzierten Möglichkeiten, die Theorie im Hinblick auf gesellschaftliche Funktionsbereiche zu respezifizieren, denen sie Grundlagenkonzepte liefert. Soweit ein begriffliches »adaptive upgrading« in bezug auf Funktionsbereiche gelingt, was Generalisierung mit Respezifikationsmöglichkeiten erfordert, werden theologische Respezifikationshilfen entbehrlich. Allerdings müssen die funktionalen Mechanismen auch funktionieren; wenn nicht, kommt Religion als eine Art Ersatzlösung von außen wieder ins Spiel[118]. Dann aber wird die Frage unabweisbar, ob nicht Religion selbst nur einer dieser Kultur- und Funktionsbereiche ist, die Selbstreferenz zivilisieren und Unruhe domestizieren.
Eine weitere Folge der Entwicklung semantischer Korrelate für funktionale Differenzierung betrifft die anthropologische Theorie selbst, und zwar im Verhältnis von Antriebsbegriffen und Selbstreferenz. In diesem Verhältnis hatte das Konzept der Selbstliebe eine Schlüsselfunktion gehabt, weil es beide Momente, Antriebsdynamik und Selbstbezug zusammenfallen ließ. Durch die Vorstellung eines liebenden Strebens und Bevorzugens war unmittelbar verständlich gewesen, daß und wie der Selbstbezug Aktivitäten motiviert. Das Tieferlegen der Abstraktionsebene ins Existentielle (und folglich: Unschuldige) und Unvermeidbare, und die Differenzierung der Unruhebegriffe lösen diese Einheit auf. Die Selbstreferenz wird, wenn auf das Prinzip der Bewegung schlechthin bezogen, zur Leerformel. Das läßt in der Anthropologie die Frage nach der Identität auftreten – in einem Moment, in dem sie von den Grundbegriffen her nicht mehr beantwortet werden kann.

117 De l'homme, London 1776, S. 575 (zit. nach Perkins a. a. O., S. 66).

118 Das ist in bezug auf »curiosity« sehr schön ablesbar an folgendem Zitat: » ... man ... has an instinct which ... appears to be peculiar to him; it is that of enquiring into the causes of all he perceives, and ... he begins to be afraid whenever he does not discover it ... From this habit of enquiring into the causes of every thing, and of feeling anxiety whenever we do not discover them, undoubtedly arises the idea of an invisible being, which we figure to ourselves as the hidden cause of them. Such is, in my opinion, the true origin of a Supreme Being, impressed in man *by the instinct of his nature*« (James Steuart Denham, Critical Remarks upon Mirabeau, in: Works, London 1805 Bd. VI, S. 43-82 (68), zitiert nach Slotkin a. a. O., S. 308.

VIII.

Achtet man genauer auf die Rationalitätsmuster, die in den einzelnen Funktionsbereichen bereits vorliegen, oder sich doch anbahnen, wirkt die anthropologische Formulierung wie aufgesetzt oder nachgeliefert. Welche Funktion hat sie dann noch zu erfüllen?

Eine wichtige Ausgangsbeobachtung ist, daß bereits im 16. und frühen 17. Jahrhundert das Bewußtsein der auf dem Erdball zu findenden Vielfalt der Völker, Sitten, Kulturen und Religionen beträchtlich zugenommen und ganz neuartige Anforderungen an Verständnis, Vergleich und Erklärung gestellt hatte[119]. Der Eindruck muß erheblich gewesen sein. Georges Gusdorf spricht vom désarroi mentale qui résulte du nouvel inventaire de l'humanité« und meint sogar: »Toute la philosophie moderne sortira de cette entreprise«[120]. Eine erste Folge war das massive Auftreten negativer Kennzeichnungen fremder Kulturen im Kontext eines verbreiteten Interesses an Abweichungen, Deformationen, Entartungen, Monstren. Mit einer *negativen Deskription* war die frühe Anthropologie jedoch keineswegs auf eine *negative Bewertung* festgelegt[121]; vielmehr wird gerade die Bewertungsfrage auf der Basis des Fehlens von für Europa typischen Merkmalen über zwei Jahrhunderte hinweg kontrovers. Abgesehen von dieser Offenheit der Theorie in bezug auf das trostlos-primitive bzw. natürlich-gute Leben in der Barbarei mußte die rationale Nacharbeitung jenes Interesses an ethnisch kultureller Vielfalt schließlich die Normalität dieser Verschiedenartigkeit bewußt machen und damit die Formsicherheit erschüttern, von der man beim Gebrauch privativer Negationen ausgegangen war. Die gleichzeitigen religiös-politischen Erschütterungen Europas suggerierten zudem einen generalisierten Negationsgebrauch. Sind nicht wir selbst Barbaren? (Montaigne). Liegt

119 Vgl. dazu und zum folgenden Margaret T. Hodgen, Early Anthropology in the Sixteenth and Seventeenth Centuries, Philadelphia 1964. Siehe auch John L. Myres, The Influence of Anthropology on the Course of Political Science, University of California Publications in History 4 (1916), S. 1-81; Hans Plischke, Von den Barbaren zu den Primitiven, Leipzig 1926.

120 Ethnologie et Métaphysique: L'unité des sciences humaines, in: Jean Poirier (Hrsg.), Ethnologie générale, Paris 1968, S. 1773-1815 (1778).

121 Siehe dazu Montaignes Essai Des Cannibales, in: Essais (éd. de la Pléiade), Paris 1950, S. 239 ff.

das Monströse nicht gerade in der Selbstreferenz?[122] Ist nicht das Reich (Pufendorf) oder gar die Realität selbst (Pascal) ein Monstrum? Bezeichnen nicht gerade die Zielbegriffe der eigenen religiösen Tradition Mißbildungen, Monstren – etwa der Begriff der reinen Seele?[123] Ist nicht das auszeichnende Merkmal Europas ein negatives: die rastlose Unruhe der Selbstliebe?[124] Und ist es andererseits berechtigt, fremde Kulturen (nur) unter dem Gesichtspunkt des Monströsen oder nur in den Deprivationsstufen ihrer Barbarei (fehlt ihnen Religion, fehlt ihnen Ackerbau, fehlt ihnen Kleidung, Geld usw.?) zur Kenntnis zu nehmen? Am Ende wird das Monströse selbst zur Natur, und Rousseau stimmt zu: J'en conviens, pourvu qu'on sache aussi discerner ce qui fait les variétés de ce qui est essentiel à l'espèce«[125].

Parallel hierzu gibt es eine zweite Entwicklungslinie, die von einer zunehmend negativ begriffenen Welt zur Negativität des Subjektes führt. Die Theorien der Reformation und die Erfahrungen der konfessionellen Bürgerkriege hatten die Sünde des Menschen als aus eigenen Kräften nicht behebbare Korruption hervortreten und die Welt sozusagen mitdegenerieren lassen. Diese Position fängt außerhalb der dogmatischen Querelen zunächst der Neustoizismus auf: Die Negativität der Welt erfordert Negation der Abhängigkeit von ihr als Bedingung der eigenen Konstanz (Lipsius)[126]. Daraus ergeben sich Anforderungen an Ratio und Lebenspraxis, die ihre Sachlogik aus der Negation beziehen, aber noch nicht reflexiv auf

122 Montaigne: »Je n'ay veu monstre et miracle au monde plus expres que moy-mesme« (Essais III, XI, a. a. O., S. 1154). Mably nennt Selbstliebe »ce monstre farouche«, das nicht zu zähmen sei (De la législation ou principes des lois, zit. nach Œuvres complètes Bd. 9, Paris 1792, S. 23.) Der Begriff »Monstre« indiziert in solchen Fällen nicht mehr nur die Einsicht, daß es an der Vollendung einer natürlichen Form fehlt, sondern umgekehrt: das Fehlen dieser Form selbst, so daß auch der Ansatzpunkt für privatives Negieren entfällt, also zuerst die Negativität selbst negiert werden muß.

123 In einem Brief Herders (abgedruckt bei Rudolf Unger, Herder, Novalis, Kleist, Frankfurt 1922, S. 150-156) heißt es: »Eine von Sinnlichkeit befreite Seele ist ... eine Mißbildung ... Es ist eine aufs disproportionierteste ausgebildete Menschliche Natur, es ist seiner Bestimmung nach, ein Monstrum« (151).

124 Jean Blondel, Des hommes tels qu'ils sont et doivent être: Ouvrage de sentiment, London – Paris 1758, S. 166 ff. (mit *positiver* Bewertung dieser Besonderheit).

125 Aus dem zweiten Vorwort zur Nouvelle Héloïse, zit. nach Œuvres Complètes (Bibliothèque de la Pléiade) Bd. II, Paris 1964, S. 12.

126 Wilhelm Dilthey, Die Funktion der Anthropologie in der Kultur des 16. und 17. Jahrhunderts, in: Gesammelte Schriften Bd. 2, 4. Aufl. Berlin – Leipzig 1940, S.

Selbstnegation beruhen. Das Nichts war seit je her, und auch im 17. Jahrhundert zunächst noch, ein für Gott reservierter Arbeitsmodus[127]. Erst mit dem Übergang, und das ist eine im Neustoizismus noch nicht angelegte Wendung, zur Negativität des Subjekts oder zur Subjektivität der Negation sprengt die neue Anthropologie den Mensch/Welt-Zusammenhang der Sünde und der privativen Korruption und etabliert eine Basis, die über Negation ihrer eigenen Negativität wieder in ein positives Weltverhältnis gelangen oder sich das jedenfalls zumuten kann.

Wie immer es solchen Gründen auch nahe gelegen haben mag, aus dem Arsenal logischer Möglichkeiten andere Formen der Negation als nur die privatio abzurufen: daß man schließlich dazu überging, Rationalität durch Negation einer negativ begriffenen Realität zu gewinnen, ist eine von diesen Ausgangsbedingungen her nicht voraussagbare gedankliche Innovation. Die von George Gusdorf[128] protegierte Theorie: durch Kontakt mit den »Wilden« sei die europäische Gesellschaft zur Abstraktion des Naturbegriffs, zur Relativierung ihrer Sitten- und Moralvorstellungen und schließlich in eine neue Philosophie gezwungen worden, trifft einerseits zu, ist aber in ihrer Basis zu schmal, um die neue Anthropologie wirklich zu erklären. Ebenso wenig vermag dies der Zusammenhang von konfessionellen Bürgerkriegen und Neustoizismus. Nicht nur die Anstöße, sondern auch die in der gleichen Situation zu lösenden Probleme einer tiefgreifenden gesellschaftlichen Umstrukturierung müssen bedacht werden. Die Innovation in der Negationstypik und damit in den Denkstrukturen schlechthin, die Umstellung von privativer auf Negatives negierende und dadurch bestimmende

416-492, hatte bereits hier die wesentlichen Anregungen für eine neue Anthropologie gesehen. Vgl. aber auch Franz Borkenau, Der Übergang vom feudalen zum bürgerlichen Weltbild: Studien zur Geschichte der Philosophie der Manufakturperiode, Paris 1934, Neudruck Darmstadt 1973, S. 180 ff. Anthony Levi, S. J., French Moralists: The Theory of the Passions 1585 to 1649, Oxford 1964, S. 40 ff.

127 Vgl. Jean Desmarests de Saint-Sorlin, Les Délices de l'esprit, Paris 1661 I, S. 124 (oder auch II, S. 43) zur Marginalie »Dieu se plaist à travailler sur le neant«. Eine Ausnahme kann es für dieses Denken nur innerhalb der Religion geben: Die »aneantisation« des Selbst als Aufstieg zu Gott, als Gegenbewegung zur Menschwerdung (aneantisation) Gottes.

128 A. a. O. Vgl. auch ders., Les sciences humaines et la pensée occidentale, Bd. II, Paris 1967, S. 486 ff.

Negation, scheint durch ein Zusammenspiel von gesellschaftlichem Funktionsbezug und Anthropologie begünstigt worden zu sein. Aufgrund sorgfältiger Studien über die etatistische Literatur, die die Politik Richelieus begleitet und gegen religiös fundierte Anfeindungen deckt, kommt Etienne Thuau zu dem Schluß, daß sie die Tendenz verfolge »à donner une vue brutale de la réalité«[129]. Gegen eine solche negativ gezeichnete Realität profiliert sich eine neue Art religionsfreier Rationalität des spezifisch politischen Handelns[130]. Sie findet ihre eigene Notwendigkeit, wie immer moralisch ambivalent, in der vorgegebenen Negativität. Diese Negativität ist keineswegs zwangsläufig eine anthropologische Figur. Sie wird im Bereich der Politik-Theorie zum Beispiel weitgehend mit Bezug auf Probleme der Außenpolitik (für Frankreich: mit Bezug auf die spanische Bedrohung) plausibilisiert. Man kann, zumindest für einzelne Funktionsbereiche, den Zusammenhang von Negativität und Rationalität also von aller Anthropologie abheben, bleibt mit dieser Abstraktion aber an die Ebene des Funktionssystems gebunden. So bleibt auch der Neustoizismus weitgehend Strategie-Theorie. Erst dadurch, daß die Figur sich als *anthropologisierbar* erweist, kann sie sich zu einer gesamtgesellschaftlichen relevanten Formel entwickeln. Speziell für die Politik-Theorie stellt wohl erst Hobbes diesen Zusammenhang her[131].

129 Raison d'Etat et pensée politique à l'époche de Richelieu, Paris 1966, S. 415; Frank Edmund Sutcliffe, Guez de Balzac et son temps: Littérature et Politique, Paris 1959, zitiert Richelieu selbst mit der Beobachtung, daß »le désordre fait, non sans utilité, partie de l'ordre de l'Estat« (S. 211). Als Teil der Ordnung gehört Unordnung dann auch zu dem, was erhalten werden muß, um der Politik ihre Funktion zu geben. Das schließt selbstverständlich die Forderung einer moralischen Mäßigung der politischen »prudence« nicht aus, sondern sichert nur die Dauerhaftigkeit ihrer Funktion und das Insistieren auf Effizienz.

130 Siehe dazu auch Manfred Riedel, Zum Verhältnis von Ontologie und politischer Theorie bei Hobbes, in: Reinhart Koselleck / Roman Schnur (Hrsg.), Hobbesforschungen, Berlin 1969, S. 103-118; ders., Nihilismus, in: Geschichtliche Grundbegriffe: Historisches Lexikon zur politisch-sozialen Sprache in Deutschland Bd. 4, Stuttgart 1978, S. 371-411 (376 ff.). Daß Hobbes' Leviathan vor dem Hintergrund einer ohnehin verbreiteten Negativbeschreibung der Barbaren gelesen werden muß, betont auch Hodgen a. a. O., S. 201. Andererseits generalisiert er die Negativversion der Realität so stark, daß sie nicht mehr als Beraubung normalerweise vorhandener Eigenschaften gelesen werden kann.

131 Siehe für weitere, über Anthropologie laufende Generalisierungen Erica Harth, Exorcising the Beast: Attempts at Rationality in French Classicism, Publications of the Modern Language Association of America 88 (1973), S. 19-24.

Auch für den Bereich der Erziehung wird man, wenngleich bisherige Untersuchungen nicht präzise genug darauf geachtet haben[132], annehmen können, daß im Laufe des 17. Jahrhunderts ein rein privativer Begriff des Kindes als eines Menschen, dem einige Eigenschaften von Erwachsenen noch fehlen, umgeformt wird in die Vorstellung einer sich selbst gefährdenden, eben dadurch aber auch erziehbaren Unterbestimmtheit. Dazu mußte das Theorem der angeborenen Ideen aufgegeben werden. Erst nach diesem Begriffswandel, diesem Tieferlegen von Negativität und Unterbestimmtheit, kann sich die Erziehung *aller* Menschen als *notwendig* legitimieren. Erst diese Konzeption bietet die Möglichkeit einer anthropologischen Fundierung der Erziehung. Je nach dem, wo man den Schnitt zieht, erfolgt die »Entdeckung der Kindheit« im Laufe des 17. oder erst am Anfang des 18. Jahrhunderts.

Die auf allen diesen Wegen angebahnte Hinwendung zur determinierenden Negation kommt in der zweiten Hälfte des 18. Jahrhunderts zu einem (vorläufigen) Abschluß. Auch jetzt dient die Anthropologie als Sammelbecken und der Mensch als Bezugspunkt konzentrierender Formulierungen. Der Mensch wird, nachdem das Schema Substanz/Akzidenz auf ihn nicht mehr anwendbar ist, allein durch die Kontinuität des Wechsels der Empfindungen und Ideen bestimmt. Deren Unterbrechung wäre im strengen Sinne *Annihilation. Daß* er kontinuiert (Selbsterhaltung), wird damit fundierendes Erfordernis. *Was* im Wechsel der Empfindungen und Ideen kontinuiert, kann aber nur die Unbestimmtheit sein, die durch *determinierende Negation* laufend aufgehoben und, weil diese ihrerseits negierbar, wiederhergestellt wird. Die neue Generalformel spricht den Bedarf für determinierende Negation direkt an. Sie lautet: »Der unterscheidende Charakter der menschlichen Natur ist die *Unbestimmtheit*«. Und, so geht es optimistisch weiter: »Dieser negative Vorzug des Menschen ist die Quelle aller obigen Vollkommenheiten«[133]. Jetzt kann die alte Anthropologie

132 Siehe namentlich Philippe Ariès, Geschichte der Kindheit, Dt. Übers. München 1975. Vgl. auch die Konzept und Datierung betreffende Kritik von Georges Snyders, Die große Wende der Pädagogik: Die Entdeckung des Kindes und die Revolution der Erziehung im 17. und 18. Jahrhundert in Frankreich, dt. Übers., Paderborn 1971, die unseren Überlegungen näher kommt.

133 Diese Formulierungen bei Ernst Christian Trapp, Versuch einer Pädagogik, Berlin 1780, Neuausgabe Leipzig 1913, S. 8. Vgl. dazu auch Günther Buck, Selbster-

der Unruhe verlassen und die Ausarbeitung einer philosophischen Anthropologie begonnen werden, und Humboldt wird fordern, »das bloß unruhige Streben in eine weise Thätigkeit zu verwandeln«[134].

Wenn diese Annahmen zutreffen und sich als verallgemeinerungsfähig erweisen sollten, hätten sie soziologisch beträchtliche Bedeutung. Sie würden dann belegen, daß ein Tieferlegen von Negierbarkeiten bis auf die Ebene der Realität selbst, die dann als »monströs« und bedrohlich und schließlich als von sich her unbestimmt erscheint, durch funktionsspezifische Gesichtspunkte artikuliert worden ist und daß dieser Vorgang mit einer stärkeren Ausdifferenzierung dieser Funktionssysteme aus der Gesellschaft und mit ihrer Differenzierung gegen Religion korreliert. Die Anthropologie bringt diese Bewegung nicht in Gang, sie fängt sie nur auf, indem sie für die ehemals durch die Religion repräsentierten übergreifenden Relevanzen nun den »Menschen im Menschen«[135] anbietet. Sie kommt mit diesem Konzept wieder zur Moral und in gewissem Sinne auch wieder zur Religion zurück. Texte, die dieser Einbeziehung der Religion widersprechen, können bis etwa 1750 nur »sous le manteau« zirkulieren[136]. Es ist Sache der Anthropologie geworden, den Inklusionsbedarf in bezug auf Altes und Neues bei fortschreitender Differenzierung zu befriedigen, von dem Parsons gesprochen hat.[137] Aber sie kann dies nur, indem sie Negativität begrifflich kooptiert, sie dem Menschen im Menschen als Unruhe, Selbstreferenz und Unbestimmbarkeit zurechnet und mit all dem Theorieprobleme aufreißt, die sie selbst nicht lösen kann.

Nachdem Selbstreferenz als anthropologischer Grundtatbestand akzeptiert ist und im Sinne eines Angewiesenseins auf determinierende Negation ausgearbeitet werden kann, ist einer Revision des Verhältnisses von Natur und Moral der Boden bereitet. Man kann jetzt die Vorstellung aufgeben, daß die Moral der Natur durch

haltung und Historizität, in: Hans Ebeling (Hrsg.), Subjektivität und Selbsterhaltung: Beiträge zur Diagnose der Moderne, Frankfurt 1976, S. 208-302 (208 ff.) mit Hinweis auf entsprechende Formulierungen in Schlözers Weltgeschichte (1785).

134 So im Fragment »Theorie der Bildung des Menschen« in: Werke Bd. I, 2. Aufl. Darmstadt 1969, S. 234-240 (238).

135 Abbadie a. a. O., S. 24.

136 Siehe dazu Ira O. Wade, The Clandestine Organization and Diffusion of Philosophical Ideas in France from 1700 to 1750, Princeton 1938.

137 Vgl. oben S. 169 f.

Drosselung ihrer Kräfte abgerungen oder durch Vernunft aufgedrungen werden müsse[138]. Die Natur (des Menschen) selbst wird remoralisiert, und dieser Vorgang stützt sich auf ein Tieferlegen des Begriffs von Sozialität im Sinne einer wechselseitigen Rücksicht[139]. Die Positionen, die das ermöglichen, sind jetzt allgemein akzeptiert. Sie lauten: (1) Selbstliebe übergreift Altruismus und Egoismus als beides fundierende Einstellung, und (2) Sozialität muß unter Einbeziehung der Selbstreferenz des jeweils anderen entwickelt werden. In diesen Thesen ist ein Begriff des Menschen vorausgesetzt, der nicht mehr rein *negativ bewertet* werden kann im Sinne von corruptio oder radikaler Privation; und zwar deswegen nicht, weil er *Sozialität in sich aufgenommen hat*. Die Anschlußentwicklungen fallen, was Natur und Moral angeht, relativ flach aus; die eigentliche Bedeutung des Vorgangs liegt nicht in einer neuen natürlichen Moral, sondern in der Freisetzung von Unbestimmtheit der selbstreferentiellen Natur für neue Bestimmungen.

Ihren Höhepunkt findet diese Entwicklung bei Rousseau: in der Umgründung der menschlichen Natur von *Perfektion* auf *Perfektibilität*[140]. Damit wird die Tieferlegung der Negation auf den Ursprung (des Menschen) selbst bezogen. An die Stelle einer privativ negierbaren, in gewissem Umfange immer schon korrumpierten Positivität tritt eine ursprüngliche Negativität, die darauf angelegt ist, Fremdbestimmung in Selbstbestimmung zu transformieren[141]. Es geht hier also nicht mehr um die Perfektion, die sich selbst korrumpiert und eventuell ihres Seelenheils beraubt, indem sie Selbstliebe statt Gottesliebe wählt. Die Negativität liegt vielmehr

138 Siehe zu dieser Entwicklung in der ersten Hälfte des 18. Jahrhunderts Jean Ehrard, L'idée de nature en Francce dans la première moitié du XVIIIe siècle, Paris 1963, S. 327 ff.

139 Insofern bestehen auch Zusammenhänge zwischen Interaktionssemantik und Anthropologie, die hier nicht ausreichend belichtet sind, da wir diesen Themen getrennte Studien widmen.

140 Der Begriff hat, soweit er bloße Entwicklungsmöglichkeiten bezeichnet, ältere Quellen. Vgl. Reinhart Koselleck, Fortschritt, in: Geschichtliche Grundbegriffe: Historisches Lexikon zur politisch-sozialen Sprache in Deutschland Bd. 2, Stuttgart 1975, S. 351-423 (375 ff.). Für die im Text skizzierte Tieferlegung ist mir keine Quelle vor Rousseau bekannt.

141 Siehe den auf diesen Gesichtspunkt zugespitzten Vergleich von Condillac und Rousseau bei Jean Mosconi, Analyse et genèse: Regards sur la théorie du devenir de l'entendement au XVIIIe siècle, Cahiers pour l'Analyse No 4 (1966), S. 47-82.

auch der Selbstreferenz noch voraus und macht sie erst möglich, indem sie ihr die Funktion der Selbst-Bestimmung gibt. Entsprechend nimmt auch alle binäre Schematisierung hier ihren Ausgang. Perfektibilität garantiert nicht eine schließlich erreichte Perfektion, sie ist weder die Keimkraft einer Entwicklung, noch eine Mitursache der Vollendung; sie ist nur ein euphemistischer Ausdruck für die doppelte Möglichkeit der Perfektion und der Perversion: »La nature humaine originaire ne se définirait que par une labilité l'exposant à une perversion en même temps qu'à une perfection«[142]. In dieser Weise kann aber nicht alles, was ist, begriffen werden. Mit dem Umbau von Perfektion auf Perfektibilität sprengt die Anthropologie den Menschen aus der Natur heraus und setzt ihn ein als Geschichte.

Daß eine solche Operation Plausibilität gewinnen kann, obwohl sie gegen näherliegende und gegen hergebrachte Möglichkeiten des Begreifens verstößt, hat sicher eine Vielzahl von Gründen. In der zweiten Hälfte des 18. Jahrhunderts setzt sich, aus noch wenig erforschten sozialstrukturellen Gründen, eine Historisierung (und damit eine reflexive Verselbständigung) des Zeitbewußtseins durch[143]. Das gibt einem Argumentieren mit Geschichte rasch zunehmende Anknüpfungspunkte. Wir haben versucht, auf einige vorausliegende Bedingungen aufmerksam zu machen. Sie gehen von der sich zunehmend durchsetzenden funktionalen Differenzierung des Gesellschaftssystems aus. Dieser Differenzierungstypus erfordert und ermöglicht determinierende Negationen in je spezifischen Problembereichen. Deren sich durchsetzende Differenzierung bietet eine schon ausreichende Bestimmtheit, die es erlaubt, das zu Negierende als Unbestimmtheit zu formulieren und über Anthropologie als Gesamtformel zu generalisieren. Entsprechend wird das als »Natur« symbolisierte Rationalitätskontinuum aufgebrochen und in je funktionsspezifische Rationalitäten zerlegt, die

142 Mosconi a. a. O., S. 62.

143 Dieser Tendenz ordnet Koselleck a. a. O. den Übergang von Perfektion zu Perfektibilität zu. Vgl. auch ders., Vergangene Zukunft der frühen Neuzeit, in: Epirrhosis: Festgabe für Carl Schmitt, Berlin 1968, S. 551-566, und ders., »Erfahrungsraum« und »Erwartungshorizont« – zwei historische Kategorien, in: Ulrich Engelhardt / Volker Sellin / Horst Stuke (Hrsg.), Soziale Bewegung und politische Verfassung, Stuttgart 1976, S. 13-33, beides neu gedruckt in ders., Vergangene Zukunft: Zur Semantik geschichtlicher Zeiten, Frankfurt 1979.

eigenen Leitwerten folgen und unter eigenen binären Schematismen operationalisiert werden. Dann ist es auch möglich, den Menschen als eine Negativität zu begreifen, die jeder binären Schematisierung vorausliegt und Schematismen zu ihrer eigenen Bestimmung erst einsetzt. All das wird nicht mehr als zu gewagt erscheinen, wenn zugleich in den sich etablierenden Teilsystemen für Wissenschaft, Politik, Wirtschaft, Religion, Erziehung, Familienleben, Kunst hinreichend eigenständige Funktionssicherheit angeboten werden kann. Daß es trotzdem und gerade so funktioniert, wird dann zur historisch konsolidierenden Erfahrung.

Aber auch das neu zu formulierende Zeitbewußtsein wird zunächst wieder anthropologisiert. Es wird in seiner vielleicht eindrucksvollsten Fassung, in Rousseaus Rêveries du promeneur solitaire (cinquième promenade) auf ein Glücksproblem zurückgeführt und als Gegenbedingung zum Glück dargestellt. Glück erfordere Ruhe, also Ausschaltung von Zukunft und Vergangenheit aus dem Bewußtsein bei weiterlaufender und mitempfundener Zeitlichkeit der Sinneswahrnehmung[144]. Das heißt: Reduktion auf Gegenwart, die zwar in der Zeit schwebt, die sich selbst aber ihre Dauer mangels Zukunfts- und Vergangenheitsbewußtsein nicht absprechen kann, auch wenn sie als Zustand des Bewußtseins nicht lange dauert. Sobald aber Glück als Negation des Temporalbewußtseins gesehen und beschrieben ist, wird auch diese These wieder negierbar. Man kann nun genau umgekehrt die Bejahung der Zeit als Weg zum Glück auffassen – sei es als doppelte Flucht in Richtung auf Zukunft und in Richtung auf Vergangenheit vor der Leere der eigenen Existenz; sei es als harmonischer Ausgleich von Arbeit, Bildung und Vergnügen. Die anthropologische Basis des Arguments ermöglicht ein solches Drehspiel des Negierens und Bejahens. Erst wenn sie aufgegeben wird, wird man nach Korrelationen von Gesellschaftsstrukturen und Temporalstrukturen fragen können, die nicht beliebig umkehrbar sind.

144 Der viel zitierte Satz lautet: »Mais s'il est un état où l'ame trouve une assiette assez solide pour s'y reposer tout entière et reassembler là tout son être, sans avoir besoin de rappeler le passé ni d'enjamber sur l'avenir; où le temps ne soit rien pour elle, où le présent dure toujours sans neanmoins marquer sa durée et sans aucune trace de succession, sans aucun autre sentiment de privation ni de jouissance, de plaisir ni de peine, de desir ni de crainte que celui de notre existence, et que ce sentiment seul puisse la remplir tout entière; tant que cet état dure celui qui s'y trouve peut s'appeller heureux . . .« Œuvres complètes (éd. de la Pléiade) Bd. 1, Paris 1959, S. 1046.

Ein zweiter Ausweg, der ebenfalls am Ende der hier betrachteten Epoche beginnt und ebenfalls zur »philosophischen Anthropologie« überleitet, bedient sich des Begriffs der *Harmonie*, sucht also die Lösung nicht in der Zeitdimension, sondern in der Sachdimension. Der durch Leibniz, Crusius, Sulzer und andere erneuerte Begriff löst auf der Ebene von »Welt« ebenso wie auf der Ebene von Einzelphänomenen, etwa Personen, ein Kontingenzproblem. Durch die Radikalisierung der Selbstreferenz, Negativität und Unbestimmtheit dessen, was zu Grunde liegt, war das Problem der *Kontingenz des Ganzen* im Sinne des Auch-Nichtsein-Könnens gestellt. Es wird durch ein Postulat der *Nichtkontingenz des Zusammenhangs der Teile* beantwortet[145]. Wenn Harmonie im Sinne einer Übereinstimmung der Phänomene oder Umstände oder im Sinne einer gleichmäßigen Entfaltung aller Kräfte erreicht ist, kann nichts mehr anders sein, ohne die Harmonie zu stören. Eine solche Nichtkontingenz der schönen Ordnung wird dann zum Argument, das die Kontingenz des Ganzen entproblematisiert; vom Verhältnis der Teile wird auf die Notwendigkeit des Ganzen zurückgeschlossen – nicht zuletzt deshalb, weil das Argument sich auf der Ebene der Gesamtwelt wiederholen läßt.

Diese Vorstellung löst die auf Unruhe als Ausgangszustand sich stützende Argumentation im Laufe des 18. Jahrhunderts ab[146]. Man hatte eingesehen, daß Ruhe und Unruhe nicht als wechselseitig exklusive Seelenzustände begriffen werden können. Diese Entwicklung liegt vor der politischen Konsolidierung des Bürgertums, kann also kaum als dessen »Beruhigung« wissenssoziologisch erklärt werden. Aber es scheint, daß jene Anthropologie der Unruhe entbehrlich geworden war, nachdem sie funktionsspezifisch verwendbare Sonderanthropologien geboren hatte. Vielleicht kann man auch sagen: Die Unruhe wird in Perfektibilität und Anlage zur Harmonie aufgelöst, nachdem die Unterbestimmtheit der menschlichen Natur gesichert ist und im übrigen die Funktionssysteme für ihre eigenen Problemstellungen zu sorgen beginnen.

Eine dritte Neufassung der anthropologischen Problematik be-

145 Siehe die Unterscheidung dieser beiden Möglichkeiten, das Kontingenzproblem in bezug auf die Welt zu stellen, bei Edmund Husserl, Erste Philosophie Bd. 2, Beilage XI, Husserliana Bd. VIII, Den Haag 1959, S. 391.

146 Dazu und zum Zusammenhang dieser Entwicklung mit der Aufwertung des Passionsbegriffs zu einem Begriff für Aktivität Mauzi a. a. O., S. 446 ff.

nutzt den Doppelsinn von »Genuß«. Genießen kann einmal heißen: sich etwas aneignen, zum anderen: sich an etwas erfreuen[147]. Aufgrund dieser inneren Doppeldeutigkeit wird der Prozeß des Genießens selbstreferentiell: Man kann auch das Genießen genießen, sich etwa über das Aneignen freuen oder sich das Erfreutsein erst eigentlich aneignen (wobei beides zugleich terminologisch verschmolzen und bewußtseinsmäßig nur in der Form von Intensitätsstufen unterschieden wird). Mit dieser Potenzierung gewinnt man die Möglichkeit, Negativität einzubeziehen, etwa Schmerzen zu genießen oder Verzicht auf Genuß zu genießen[148]. Genuß wird zum Existenzdruck, wird als solcher dynamisiert und mit Negativität kompatibel gesetzt, Negatives in Positives transformierend.

Zusammenfassend können wir festhalten, daß die theologisch-politisch-rechtliche, mit einem korporativen Gesellschaftsbegriff abgestimmte Tradition Alteuropas im Übergang zur Moderne nicht durch einen neuen Gesellschaftsbegriff, sondern zunächst durch Anthropologie ersetzt wird. In jener Tradition waren bereits die entscheidenden Voraussetzungen für eine Dynamisierung symbolischer und sozialstruktureller Transformationen bereitgestellt worden: Sie hatte sehr heterogene (griechische, hebräische, römische) Komponenten zu einem hohen Maß an wechselseitiger Relevanz verknüpft und dadurch Theoriepolitik mit weittragenden, letztlich unübersehbaren Folgen ermöglicht[149]. Die neue Anthropologie hat diese Leistung fortzusetzen, hat entsprechende Komplexität mit entsprechenden Interdependenzen zu bieten und formuliert überdies die entstandene Dynamik als Anthropologie der Unruhe, der Begehrlichkeit, der ursprünglich unbestimmten Negativität. Ihr theoriepolitischer Erfolg ist ein Erfolg im Diskontinuieren und im Kontinuieren zugleich. Er setzt seinerseits wiederum Heterogenität

147 Zur Wort- und Begriffsgeschichte Wolfgang Binder, »Genuß« in Dichtung und Philosophie des 17. und 18. Jahrhunderts, in ders., Aufschlüsse: Studien zur deutschen Literatur, Zürich – München 1976, S. 7-33.

148 Dazu Mauzi a. a. O., S. 403: »On peut même trouver du plaisir à se priver du plaisir«.

149 Siehe für einige Beispiele: M.-D. Chenu, L'eveil de la conscience dans la civilisation médiévale, Montreal – Paris 1969; Léon Baudry, La querelle des futurs contingents (Louvain 1465-1475), Paris 1950; David Little, Religion, Order and Law: A Study of Prerevolutionary England, New York 1969; Rainer Specht, Innovation und Folgelast: Beispiele aus der neueren Philosophie- und Wissenschaftsgeschichte, Stuttgart 1972.

der Ideen bei hoher wechselseitiger Relevanz, also Komplexität voraus. Die Einheit von Diskontinuität und Kontinuität wird erst anschließend formuliert: als Theorie der Geschichte.

IX.

Die bisherigen Analysen hatten ein Teilphänomen überbetont. Wir müssen sie jetzt durch einen weiteren Gesichtspunkt ergänzen, der ebenfalls Vorstellungen über die Grundcharakteristik des Menschen betrifft und ebenfalls semantische Traditionen in Formen bringt, die Überleitungsfunktionen übernehmen können. Die Einheit des Menschen wird nicht nur als *Selbstreferenz* und nicht nur als *Negativität*, sie wird auch als *Relation* gefaßt – und stellt sich auch in dieser Formung Dispositionen zur Verfügung.

In einer verwirrend komplexen, literaturnah geführten Analyse hat Anthony Levi vorgeführt, wie bis zur Mitte des 17. Jahrhunderts scholastische, stoische und augustinische Theorieelemente aufeinander bezogen, miteinander verknüpft, aber auch gegeneinander ausgespielt werden in dem Bemühen, zu einer anthropologisch fundierten, die menschlichen Antriebskräfte, Passionen und Fähigkeiten einbeziehenden Moraltheorie zu gelangen[150]. Es gibt kein einheitliches Endprodukt, keine klassische Theoriesynthese in der Zeit der französischen Klassik. Aber die kombinatorischen Bemühungen hinterlassen nach dem Verschleiß aller auf nur einen Terminus gebauten Anthropologien ein Erbe, nämlich die Gewohnheit, den Menschen als *Relation* seiner Fähigkeiten darzustellen. Vor allem lassen sich weder die Antriebskräfte noch die Freiheit der Disposition über sich selbst ausschließlich aus der Vernunft herleiten oder in sie überführen. Man braucht eine mindestens zweistellig gebaute Anthropologie, um in der Semantik adäquate Komplexität zu erreichen. Am ehesten bewährt sich dann aber eine dreistellige Theorie: Eine Beherrschung der *Passionen* setzt eine Trennung von *Vernunft* und *Wille* voraus[151]. Diese Theorie steht jedoch vor dem Dilemma, das Verhältnis von Vernunft und Wille bestimmen zu müssen, und zwar so, daß es als Relation die Kontrolle der Passionen zu ermöglichen vermag.

150 French Moralists: The Theory of Passions 1585 to 1649, Oxford 1964.
151 Vgl. Levi a. a. O., S. 306, 330 f.

Es ist verständlich, daß sich für ein so gestelltes Problem keine allgemein akzeptierte Lösung hat finden lassen. Am ehesten deutet sich an, daß Vernunft eher extern bestimmte Einsicht, Wille dagegen interne Disposition über sich selbst symbolisiert, während mit Passion die aus der animalischen Existenz des Menschen folgende, sozusagen infrastrukturelle Bedingtheit gemeint ist. Aber die Titel behalten auch traditionelle Konnotationen bei. Ihr Zusammenspiel führt vor, daß keine Moral auf der Basis von ausschließlich externaler oder ausschließlich internaler Zurechnung konzipiert werden kann[152].

Aber wahrscheinlich lag ganz unabhängig von jeder Theoriesynthese schon in der Relationierung selbst der Gewinn, auf den es eigentlich ankam. Man konnte so eine komplexer werdende Anthropologie vorbereiten. Die Relation von Vernunft und Willen, von Bindung an Einsicht und Dispositionsfreiheit, von externaler und internaler Zurechnung der Sinnkomponenten des Verhaltens konnte in den Menschen hineinverlegt und für ihn offen gehalten werden. Vermutlich hat sich auch von hier aus die Positivwertung der Selbstreferenz, der Selbstliebe, des Eigeninteresses als unausweichlich durchgesetzt. Jedenfalls konnte man von einer solchen Theoriebasis aus die Einheit des Menschen nicht mehr als gegeben, man mußte sie als sich selbst herstellend begreifen; und sein Leben war dann nicht mehr das, was im rechten Gebrauch seiner Fähigkeiten gelingen oder auch an Korruption scheitern konnte; sondern es wurde im Übergang zum 18. Jahrhundert mehr und mehr begriffen als eine selbstbewirkte Verarbeitung externer und interner Bestimmungen – als sich entwickelnde Persönlichkeit[153]. Der Mensch konnte dann schließlich gedacht werden als das, was sich unter Bedingungen des Milieus, der Zufälle und sozialer Einwirkungen durch Reaktion auf sich selbst in einem Lebenslauf zur Individualität »bildet«.

Rückblickend mag man in diesen Umformungen der Person-Semantik erkennen, daß und wie die Anthropologie sich auf die strukturellen Transformationen des Gesellschaftssystems und spe-

152 Hierzu aus sozialpsychologischer Sicht Harold Kelley, Moral Evaluation, American Psychologist 26 (1971), S. 293-300.

153 Vgl. für Widerspiegelungen in der Romanliteratur etwa Arnold Hirsch, Bürgertum und Barock im deutschen Roman: Ein Beitrag zur Entstehungsgeschichte des bürgerlichen Weltbildes, 2. Aufl. Köln – Graz 1957.

ziell auf die neuartigen Erfordernisse der funktionalen *Inklusion* einzustellen beginnt. Es ist nicht mehr die strukturell vorbestimmte soziale Einordnung in eines der Teilsysteme der Gesellschaft, nicht mehr der »Stand«, der das stabilste Merkmal der Personalität verleiht[154]; sondern es ist eine Geschichte von Selbstfestlegungen im Bestimmungsbereich der Funktionssysteme (zunächst vor allem: Frömmigkeit, Arbeit und familiale Intimität, ferner Erziehung, Bildungsreisen, gesellige Sozialität), die Synthesen von Selbstsein und Fremddienlichkeit, Glückseligkeit und Nutzen ermöglichen. Die Sozialordnung beruht auf der Möglichkeit und hinreichenden Wahrscheinlichkeit solcher Synthesen im Einzelnen selbst, der selbst entscheidet, wie er sich im Magnetfeld der sozialen Anforderungen bewegt.
In dieser Situation sucht man eine Terminologie, die am Menschen funktionsübergreifende Allgemeinheiten zum Ausdruck bringt. Ihre begriffliche »Infrastruktur« liegt in Annahmen über Selbstreferenz, Negativität, Relation. Ihre semantische Aufbereitung vermeidet die Funktionsbereiche und läuft so das Risiko der Instabilität, der Esoterik, der Einseitigkeit, der Idealität und der realgesellschaftlichen Ortlosigkeit. Der Gesellschaftsbezug einer solchen Anthropologie wird nicht nochmals reflektiert. Ihre Varianten bieten ihr eine Zeit lang genug Beschäftigung mit sich selbst.

X.

Eine evolutionstheoretische Analyse erfordert mehr als den bloßen Nachweis der Affinität von Begriffen und sozialstrukturellen Entwicklungen. Auch das Differenzierungskonzept steuert nur eine unter mehreren Komponenten bei. Die neueren Entwicklungen der Evolutionstheorie zwingen dazu, das Konzept eines bloßen Transformismus von einfach zu komplex oder von Differenzierungstyp zu Differenzierungstyp erheblich zu modifizieren. Vor allem geben wir die Vorstellung eines universalhistorischen Entwicklungsprozesses auf, der seine Ursachen in sich selbst trägt und zur Entfaltung angelegter Möglichkeiten führt[155]. An deren Stelle scheint im

154 Im Sinne der oben S. 30 zitierten Definition von Loyseau.

155 Zur Kritik vgl. etwa Robert A. Nisbet, Social Change and History: Aspects of the Western Theory of Development, London 1969; Niklas Luhmann, Geschichte als Prozeß und die Theorie sozio-kultureller Evolution, in: Karl-Georg Faber / Christian Meier (Hrsg.), Historische Prozesse, München 1978, S. 413-440.

Anschluß an darwinistische Grundlagen heute eine Evolutionstheorie zu treten, die eine Mehrheit von evolutionären Funktionen unterscheidet und Strukturwandel als Resultat der Differenzierung und des Zusammenwirkens entsprechender Mechanismen begreift. Die Funktionen bzw. Mechanismen werden als Variation, Selektion und Stabilisierung (Retention) bezeichnet[156]. Damit wird Evolution eine bestimmte Form des Aufbaus und der Destruktion von Systemen relativ zu ihrer Umwelt, und Erreichen höherer Systemkomplexität wird zu einem epigenetischen Nebenprodukt der Evolution, das, wenn gelungen, jedoch bestimmte Stabilisierungsvorteile besitzt und besondere Möglichkeiten weiterer Evolution eröffnet.

Diese Theorieentwicklung löst die alte Frage nach den Ursachen und Gesetzen der Entwicklung auf und obsoletiert damit auch die fruchtlosen Debatten, ob es eher kulturelle oder eher materielle Faktoren waren, die den Übergang zur modernen Gesellschaft verursacht haben. An die Stelle dieses Konzepts muß man die Frage setzen, was ein jeweils untersuchter Faktor, hier also die frühneuzeitliche Anthropologie, für Variationsmechanismen, für Selektionsmechanismen und für Stabilisierungsmechanismen bedeutet und wie er dazu beiträgt, diese Mechanismen zu differenzieren (bzw. historisch relativ: stärker zu differenzieren) und in den Möglichkeiten ihres Zusammenwirkens zu erhalten. In keinem Falle kommt man über diese Frage zur Vorstellung von »ausschlaggebenden Ursachen« zurück, wohl aber zu einer deutlicheren Vorstellung darüber, wie anforderungsreich und strukturell unwahrscheinlich evolutionäre Schübe zustandekommen.

Zunächst interessiert innerhalb des Variationsmechanismus die Frage, was es eigentlich hinreichend wahrscheinlich macht, daß Begriffsbildungen und Theorie-Innovationen – etwa die Einlagerung zweier konträr bewerteter Formen von Selbstliebe in ein Grundkonzept der natürlichen Selbstliebe[157] oder der Übergang von Perfektion zu Perfektibilität[158] – mehr sind als bloße intellektu-

156 Vgl. Donald T. Campbell, Variation and Selective Retention in: Socio-Cultural Evolution, General Systems 14 (1969), S. 69-85; Niklas Luhmann, Systemtheorie, Evolutionstheorie und Kommunikationstheorie in: ders., Soziologische Aufklärung Bd. 2, Opladen 1975, S. 193-203.

157 Vgl. oben S. 178 ff.

158 Vgl. oben S. 212 f.

elle Zufallstreffer, die Lawinen ins Rutschen bringen; woran es also liegt, daß eine Art verdichtete Wahrscheinlichkeit für glückliche Zufälle entsteht, die das überlieferte Gedankengut rascher, tieferdringender und mit erhöhten Plausibilitätschancen variieren. Wir können diese Frage an Hand einer Fall-Analyse nicht zuverlässig beantworten, und auch Ansätze zu einer evolutionstheoretischen Epistemologie führen bisher nicht sehr weit[159]. Der bloße Hinweis auf soziale Erfahrung, an der der Theorie-Konstrukteur sich heimlich orientiere[160], besagt ebenfalls nicht genug, kommt es doch gerade darauf an, welche Erfahrungen man auswählt. Immerhin lassen sich neben allgemeinen kommunikationstechnischen Bedingungen wie Schrift und Buchdruck[161] zwei beschleunigende Faktoren benennen, die vermutlich eine über unseren Fall hinausgehende Bedeutung haben, nämlich (1) die Ausdifferenzierung eines Begriffs-, Dogmen- oder Theoriekontextes, der auch bei Innovationen hinreichende Konsistenz und hinreichende Überschaubarkeit der Folgen bestimmter Umdispositionen gewährleistet, also vielerlei sinnlose Mutationen vorab ausscheidet; und (2) Mitthematisierung der Negationen im Zuge der Neuerung.

Zunächst hat sicher der Buchdruck Entscheidendes verändert, nämlich den Normalfall der kommunikativen Rezeption gepflegter Semantik umstrukturiert. Der Leser wird situativ auf sich selbst isoliert und damit für Negationen freigesetzt, die unmittelbar zu äußern er nicht wagen würde. Dies muß dann auch im Verfassen von Texten für Leser Berücksichtigung finden. Überbietung, Radikalität, Unsicherheit, Neuerung, Standpunktbewußtsein treten an die Stelle großer traditionsbewährter intellektueller Synthesen.

159 Vgl. Donald T. Campbell, Evolutionary Epistemology, in: Paul A. Schilpp (Hrsg.), The Philosophy of Karl Popper, La Salle Ill. 1974, Bd. I, S. 412-463. (Siehe entsprechend ders., Unjustified Variation and Selective Retention in Scientific Discovery, in: Francisco Jose Ayala / Theodosius Dobzhansky (Hrsg.), Studies in the Philosophy of Biology: Reduction and Related Problems, London 1974, S. 139-161.

160 Siehe Alan Dawe, The Rôle of Experience in the Construction of Social Theory: An Essay in Reflexive Sociology, The Sociological Review 21 (1973), S. 25-55.

161 Hierzu namentlich Eric A. Havelock, Preface to Plato, Cambridge Mass. 1963; Henri-J. Martin, Livre, Pouvoirs et Société à Paris au XVIIe siècle (1598-1701), Genf 1969; Elisabeth L. Eisenstein, L'avènement de l'imprimerie et la Réforme: Une nouvelle approche au problème du démembrement de la chrétienté occidentale, Annales E. S. C. 26 (1971), S. 1355-1382.

»Mon système« – das heißt jetzt: das biete ich Dir zur Kritik und zur etwaigen Negation an.

Geht man davon aus, daß Variation in der soziokulturellen Evolution vor allem durch Freisetzung kommunikativer Möglichkeiten des Ablehnens, Negierens, Enttäuschens von Erwartungen gesteigert wird[162], liegt auf der Hand, daß die hier skizzierte Anthropologie selbstreferentieller Sensibilität und Unterbestimmtheit neuartige Negationsmöglichkeiten vorsieht, die auftreten können als Befriedung von Unruhe, Herstellung von Stabilität und Sicherheit, Bestimmung von Unbestimmtem. Ordnung selbst erhält eine negatorische Identität. Das Negieren wird damit zur legitimen, aufbauenden, gegebenenfalls fehllaufenden und wieder zu negierenden Aktivität. Es handelt sich nicht mehr um die in Schöpfung, Sündenfall und Natur angelegte Möglichkeit der Privation oder Korruption der eigentlichen Wesensformen, sondern um jene Grundaktivität, die sich selbst dadurch rechtfertigt, daß sie kritisierbar bleibt – so wie positives Recht gilt, weil es geändert werden kann. Wohlgemerkt: Mit Negation und Kritik ist nicht gesagt, daß eine Revolution vorbereitet wird. Variation heißt nicht Umsturz. Die intellektuelle Disposition setzt sehr viel tiefer an mit einer Abwandlung von symbolisch fixierten Aktivitätshorizonten und Aktivitätszumutungen, die auch und gerade an die Herrschenden adressiert werden[163]. Revolutionen passieren eher dort, wo – und deshalb weil –, die Politik diesem Aktivitätsdruck nicht nachkommt.

Dies Freisetzen von Negationsmöglichkeiten deckt sich selbst mit Machbarkeitsvertrauen, Zukunftsoptimismus und Moral und schafft sich darin eine motivationale Basis. Für eine Evolutionstheorie sind das mitlaufende Nebenbedingungen, nicht selbst schon

162 Auf die Theorievariante des 19. Jahrhunderts, Variation auf die Vielzahl und Verschiedenartigkeit der Individuen zurückzuführen, gehen wir hier nicht näher ein. Ohnehin wird man enge Zusammenhänge zwischen sozial verfügbaren Kommunikationsmöglichkeiten und Ausprägung von Individualität unterstellen müssen, die benötigt werden, um einen Variationsmechanismus zu verstärken.

163 Deutlich im Bereich der Merkantilistik, ebenso aber auch bei den sie ablösenden Physiokraten; ferner bei der um 1760 ansetzenden schulpädagogischen und schulorganisatorischen Bewegung. Vgl. z. B. Louis-René de Caradeuc de la Chatolais, Essai d'éducation nationale ou plan d'études pour la jeunesse, o. O. 1762; Martin Ehlers, Gedanken von den zur Verbesserung der Schulen nothwendigen Erfordernissen, Altona-Lübeck 1766.

die Entwicklung erklärende Faktoren[164]. Eine Evolutionstheorie muß die Frage nach den korrespondierenden Mechanismen für Selektion und Stabilisierung und nach Veränderungen in diesem Bereich stellen, die ausgelöst werden, wenn Variation erweitert und beschleunigt wird. Die Anthropologie der Unruhe hatte für diese Frage ein viel zu einfaches Modell. Sie sah, Negation auf Negativität setzend, in der parfaite tranquillité[165] oder in der Befriedigung von Bedürfnissen den Zustand, den die Seele von sich aus anstrebt und den zu erreichen sie nur durch ihre Umweltlage gehindert wird. Sie selbst hat sich deshalb »nur« als Anthropologie, nicht als Reflexion der evolutionären Entwicklung von Gesellschaft formuliert. Aber zugleich stimuliert diese Anthropologie in den Funktionsbereichen, die sie anspricht, Selektionskriterien neuen Stils, und zwar »unsoziale« Selektionskriterien, gemessen an der alten Ordnung, das heißt Selektionskriterien, die nicht als solche schon Ruhe und Stabilität gewährleisten.

Nach dem Herrschaftsvertrag kommt es in der Politik, wie Hobbes sie sich vorstellt, auf Konsens nicht mehr an. Der Konsens wird der Politik sozusagen als Betriebskapital zur Verfügung gestellt, über das dann nach *endogen-rationalen Kriterien* verfügt wird[166]. In der Wirtschaft wird *Profit* als ein nicht auf Vertrag beruhendes (also »unsoziales«) Einkommen legitimiert[167] und avanciert in genau dieser Eigenschaft zum Selektionskriterium für wirtschaftliche Entscheidungen. Auch der *amour passion* beginnt in dieser Zeit ein

164 Wir gehen also im Unterschied zu Max Weber nicht von einem Konzept kulturgeprägter Motivation aus, wenn es um makrogesellschaftlichen Wandel geht.

165 Diese Formulierung bei Morelly a. a. O. (1745), S. 3.

166 Die sich, wie unter VII bereits gezeigt, weitgehend unabhängig von diesem Rahmenkonzept entwickelt haben. Vgl. speziell mit Bezug auf Frankreich Roman Schnur, Individualismus und Absolutismus: Zur politischen Theorie vor Thomas Hobbes (1600-1640), Berlin 1963; Thurau a. a. O.; William F. Church, Richelieu and Reason of State, Princeton N. J. 1972. Bereits Wilhelm Dilthey, Die Funktion der Anthropologie in der Kultur des 16. und 17. Jahrhunderts, Gesammelte Schriften Bd. 2, 4. Aufl. Leipzig-Berlin 1940, S. 416-492 (439 f., 460 f.) hatte darauf hingewiesen, daß die neue Anthropologie und die Endogenisierung politischer Kriterien sich unabhängig voneinander entwickelt hatten und erst durch Hobbes in einen einheitlichen Theorierahmen gebracht werden.

167 Vgl. dazu eine (nicht weiter ausgearbeitete) Bemerkung bei Harold B. Ehrlich, British Merkantilist Theories of Profit, The American Journal of Economics and Sociology 14 (1955), S. 377-386 (385).

sozial nicht weiter koordinationsfähiger, wenn nicht gar krankhafter Anspruch auf freie Wahl von Ehepartnern zu werden[168].
Lauter theoretisch ungelöste Probleme! Man darf vermuten, daß die funktionale Focussierung auf *Variation des Variationsprinzips* mit Kategorien wie Selbstreferenz, Unruhe und Negation die *Selektions*kriterien, die dadurch in eine neue Abstraktionslage gezwungen werden, der theoretischen Kontrolle entgleiten läßt. Was passiert, sieht man rückblickend im Kontext einer Evolutionstheorie. Auf der Basis einer Anthropologie bleiben nicht nur die hochformalen Grundlagenprobleme undiskutiert, sondern auch die Selektionskriterien der neuen Ordnung theoretisch nicht erfaßbar. Man bezieht sich statt dessen (wiederum in eigentümlich selbstreferentieller Weise) auf Moral, so als ob die Thematisierung der Moral auch die Moral der Thematisierung gewährleisten könnte.
Erst recht bleibt unerfaßt (bzw. in der allgemeinen Gegenüberstellung von Unruhe und Ruhe, Dynamik und Stabilität aufgehoben und durch sie zugleich verdeckt), *daß die neuen Selektionskriterien gar keine Stabilität mehr gewährleisten.* Wie sehr Profitorientierung Wirtschaft destabilisiert, wie instabil Ehen sein können, die nach dem Liebes-Code der Romantik geschlossen wurden, oder in welchem Umfange methodenorientierte Kritik Theorien schneller destruieren als aufbauen wird – das alles kann noch nicht gesehen werden, da es noch nicht erfahren ist. Die frühneuzeitliche Anthropologie findet sich nicht in einer Situation, die sie dazu zwänge, solche Diskrepanzen zwischen Selektion und Stabilisierung zu reflektieren. Stabilitätsprobleme sind für sie Probleme der Selbsterhaltung – des Menschen; Zeithorizonte solche der Sterblichkeit/Unsterblichkeit; Kriterien solche der binär schematisierten, noch gesamtgesellschaftlich gültigen Moral; Stabilitätsaussichten bei Befolgung der Moral solche der Natur.
Evolutionäre Bezüge der neuen anthropologischen Thematik sind mithin nachweisbar. Die Anthropologie erreicht auf der Ebene von Ideenevolution eine stärkere Differenzierung von Variation, Selektion und Stabilisierung. Das führt zum Absehen von Theoriesynthesen, die diese Differenzen nochmals übergreifen. Ihren Zusam-

168 Auf die abenteuerliche Semantik, die ausgerechnet Passion zum Aktivitätsprinzip macht, sei hier nur hingewiesen. Eine sorgfältige Analyse dieses rein wortgeschichtlich wohl kaum zu verstehenden Vorganges ist mir nicht bekannt. Vgl. aber Eugen Lerch, »Passion« und »Gefühl«, Archivum Romanicum 22 (1938), S. 320-349.

menhang garantiert das Thema Mensch. Dies Thema verhindert aber auch die Thematisierung derjenigen Aspekte, die die evolutionären Mechanismen auseinanderziehen: »am Menschen« treten sie nicht in Erscheinung. So wird zugleich verhindert, daß im Rahmen der Semantik negiert werden kann, was sie zur Evolution beiträgt.

XI.

Das bekannte Diktum Ernst Troeltschs, der Renaissance-Humanismus sei »soziologisch völlig unproduktiv« geblieben[169], läßt sich, wie immer man dazu stehen mag, für die frühneuzeitliche Anthropologie sicher nicht wiederholen. Aber war sie »soziologisch produktiv«, und in welchem Sinne? Wir stellen diese Frage, um das Konzept nochmals zu verdeutlichen, von dem unsere Analysen sich haben leiten lassen.

Ob es eine historische Kausalität von Ideen gibt und ob die eindrucksvolle literarische Aktivität des 18. Jahrhunderts Ideen besondere Verbreitungs- und Wirkungschancen gegeben hat, ist umstritten[170]. Die Kontroverse ist so nicht zu schlichten, denn es kommt darauf an, wie man sich Ideenkausalität zu denken hat[171]. Wir haben die Vorstellung der historischen Entwicklung durch die Vorstellung der Evolution ersetzt. An die Stelle der Annahme von historischen Gesetzen, die eine (unwiederholbare, insofern »historische«) Reihenfolge von Systemzuständen ordnen, tritt damit die Annahme der Differenzierung und Rekombination evolutionärer Funktionen und Mechanismen. Dabei handelt es sich nicht um ein

169 Im Vergleich zur »soziologischen Energie der Reformation«. Vgl. Renaissance und Reformation, in: Aufsätze zur Geistesgeschichte und Religionssoziologie. Gesammelte Schriften Bd. IV, Tübingen 1925, S. 261-296 (276).

170 Das gilt natürlich vor allem für die »ideologische« Vorbereitung der französischen Revolution, aber zum Beispiel auch für die Gründe der zunehmenden »Sentimentalisierung« des Familienlebens. Hierzu etwa Hartmann Tyrell, Probleme einer Theorie der gesellschaftlichen Ausdifferenzierung der privatisierten modernen Kernfamilie, Zeitschrift für Soziologie 5 (1976), S. 393-417 (400 ff.).

171 Dasselbe Problem stellt sich übrigens bei der Frage der neurophysiologischen Kausalität des Bewußtseins. Vgl. z. B. John C. Eccles, Cerebral Activity and Consciousness, in: Francisco Jose Ayala / Theodosius Dobzhansky (Hrsg.), Studies in the Philosophy of Biology: Reduction and Related Problems, London 1974, S. 87-105. Auch hier geht es letztlich um die Form, in der man sich selbstreferentielle Systeme und Faktoren in ihnen zu denken hat, und nicht um gesetzmäßig geordnete, wiederholbare Ereignisabfolgen.

Phasenmodell[172], sondern um eine simultan wirksame Konstellation. Der »Betrieb« der Evolution ergibt sich nicht aus einer kontingenten Reihenfolge von Faktoren (oder Faktorenklassen) in dem Sinne, daß es weitergeht, sobald der nächste zum Zuge kommt. Vielmehr besagt die Evolutionstheorie nur, daß Strukturänderungen in evolvierenden Systemen wahrscheinlicher (und damit auch häufiger) werden, wenn die Funktionen für Variation, Selektion und Stabilisierung stärker differenziert werden, aber in den Effekten ihrer Mechanismen gleichwohl noch integrierbar bleiben. »Integrierbar bleiben« soll dabei heißen, daß die Variation trotz Intensivierung noch Möglichkeiten der Selektion bereitstellt und daß die Selektion, auch wenn sie nicht von Stabilisierungsrücksichten geleitet ist, Stabilisierbarkeit einiger ihrer Resultate gleichwohl nicht ausschließt.

»Soziologisch produktiv« ist demnach auf der Ebene des Gesellschaftssystems zunächst die soziokulturelle Evolution selbst. Deren Struktur, die sich selbst im Laufe der Evolution aufbaut, definiert die Einsatzbedingungen für möglicherweise relevante Kausalitäten. Ideen können daneben immer auch in mannigfacher Weise kausal bedingt sein und kausal wirken, etwa abhängen von Zufallskonstellationen des Zusammentreffens in einem Kopf, persönlichen Biographien, Reisen oder Übersetzungen. Man mag auf dieser Ebene diskutieren, ob und wie weit der Einfluß der Schriften Lockes auf die französische Aufklärung durch die Englandreise Voltaires bedingt war (also ohne sie nicht stattgefunden hätte). Aber mit Analysen dieses Typs wird man, ganz abgesehen von den praktisch kaum lösbaren Beweisschwierigkeiten, keinen gesellschaftsstrukturellen Wandel erklären können. Erst mit Hilfe der Evolutionstheorie gewinnt man eine Fragestellung, die »das« Problem »des« gesellschaftlichen Wandels so dekomponiert, daß man genauer nach Wirkungsvoraussetzungen und Wirkungsrichtungen fragen kann, die Kausalitäten ermöglichen, deren kontingentes Zusammenwirken evolutionäre Strukturveränderungen auszulösen vermag. Evolution aber ist ein selbstselektiver Prozeß. Es ist deshalb wenig sinnvoll zu fragen, ob der Calvinismus oder die bürger-

172 Eine solche Darstellung gibt Alvin Boskoff, Functional Analysis as a Source of a Theoretical Repertory and Research Tasks in the Study of Social Change, in: George G. Zollschan / Walter Hirsch (Hrsg.), Explorations in Social Change, London 1964, S. 213-243 (224 ff.).

liche Anthropologie oder neue Produktionstechnologien oder demographische Veränderungen oder was sonst die moderne Gesellschaft herbeigeführt haben, oder diese Faktoren im Verhältnis zueinander zu gewichten. Statt dessen sollte man untersuchen, ob und wie solche Faktoren (1) als systeminterne Bedingungen der Kommunikation die Differenzierung und Rekombination variierender, seligierender und stabilisierender Mechanismen speziell auf der Ebene des Gesellschaftssystems verändern und (2) als Umweltfaktoren (zum Beispiel physische und psychische Ressourcen, demographische Variable) der gesellschaftlichen Evolution hinreichend strukturierte Zufallsbedingungen zuspielen. Erst ein Zusammenwirken einer solchen Faktorenkonstellation kann Prozesse selbstselektiver Strukturänderung in Gang bringen und eventuell zu einer Umformung des Differenzierungstypus der Gesellschaft und damit zu einer neuen Gesellschaftsformation führen.

Wenn gezeigt werden kann, daß eine Ideenkonfiguration wie die der frühneuzeitlichen Anthropologie auf eine solche Konstellation evolutionärer Möglichkeiten an verschiedenen Stellen einwirkt (und hier ist durchaus gemeint: durch Prägung von Kommunikation kausal einwirkt), ist damit zugleich gezeigt, wie zentral sie in einem Prozeß evolutionärer Veränderungen mitwirkt. Wenn die Anthropologie Formulierungen liefert für (1) Inklusion größerer Bevölkerungsteile bzw. Bevölkerungsmengen in spezifische Funktionssysteme der Gesellschaft und damit für den Bezug auf (nicht rasch genug veränderbare) demographische Gegebenheiten, ferner (2) für Steigerung der Möglichkeiten negierender Kommunikation, (3) für Freisetzung spezifischer Selektionskriterien und für (4) selbstreferentielle Stabilisierung funktionsorientierter Teilsysteme der Gesellschaft, ist sie damit zentral am Strukturwandel beteiligt, der die moderne Gesellschaft hervorbringt. Daß ihr theorietechnisch die konsistente Konstruktion dieser Zusammenhänge auf der Grundlage des Elementbegriffs Mensch nicht gelingen kann, liegt von heutigen systemtheoretischen Einsichten her auf der Hand. Aber ganz unabhängig von dieser Frage, ob sie richtige Theorie ist in dem Sinne, daß sie begreifbar macht, was geschieht, hat sie durch ihre Verdichtung auf wenige begriffliche Zentralfiguren Kommunikations- und Plausibilisierungserleichterungen geschaffen, die bei Zurücktreten religiöser Kommunikationsthemen und bei Abnahme der Enge und Geschlossenheit schichtspezifischer Kommunikationsweisen sich auf ein Interesse des Menschen am Menschen, auf Moral und somit auf eine nicht allzu komplexe Themenkonstellation stützen konnten.

Für keine Form des Humanismus vor ihr und nach ihr wird man das gleiche behaupten können. Alle spätere Wertschätzung der Anthropologie scheint aber davon zu leben, daß dies möglich gewesen ist.

XII.

Die frühneuzeitliche Anthropologie hat, wenn man auf diese grobe Alternative abstellen darf, *für Negation* und *gegen Selektion* optiert. Sie stellt Aufbau von Ordnung als Negation einer Negativität, nicht als Selektion aus einer Komplexität des Möglichen vor. Ihr ist der Mensch nicht die beste der irdischen Kreaturen, die Gesellschaft nicht die beste, nämlich politische Sozialform, die Welt nicht die beste der möglichen Welten; sondern das Beste wird zum Programm, das auf Kritik und Überwindung der vorgefundenen Zustände aufbaut. Das Ordnungsvertrauen wird zum Vertrauen darauf, daß aus der Negation der Negativität eine neue Ordnung entsteht. Mit all dem ist die frühneuzeitliche Anthropologie auch bürgerliche Ideologie; sie ist jedenfalls besonders überzeugungskräftig für eine Sozialschicht, die auf das »noch nicht« setzen kann.

Dem entspricht auch die Unabgeschlossenheit der Theorie. Diese bürgerliche Anthropologie hat eine Theorie-Synthese nie erreicht und auch nie als Desiderat empfunden. Sie läßt sich durch metatheoretische Plausibilitätsgrundlagen tragen. So wird das 18. Jahrhundert zum Jahrhundert der Moral und des Paradoxes[173]. Man fühlt sich in der Bejahung der Tugend jetzt unabhängig von der Religion und dank dieser Befreiung so sicher, daß man es sich leisten kann, Sätze durch paradoxe Formulierung zum Scheitern zu bringen, um neue Wahrheiten zu projektieren. Zugleich beginnen jedoch die Funktionssysteme, Strukturprobleme zu stellen, die weder durch Moralisieren noch durch Paradoxieren befriedigend

173 Daß es dabei weniger auf logische Form als vielmehr auf Frechheiten ankam, meint am Ende, Paradoxe paradoxierend, André Morellet, Theorie des Paradoxes, dt. Übers., Leipzig 1778. Zum Paradox als »Stilistikum« der Aufklärung auch Hans Sckommodau, Thematik des Paradoxes in der Aufklärung, Wiesbaden 1972.

behandelt werden können. Es genügt für eine konzeptionelle und institutionelle Fundierung von Politik nicht mehr, daß ein König sich als Diener paradoxiert und mit dieser Moral regiert. Für die Wirtschaft genügt es nicht, ihr System als »private vices – publick benefits« (Mandeville) zu paradoxieren; hier stellt sich angesichts von Arbeitsteilung das Problem der Rationalität des rationalen Kalküls individuellen Handelns[174]. Das neu sich ausdifferenzierende Erziehungssystem steht vor der Aufgabe, die Erziehung der Erzieher in die Hand nehmen zu müssen, da anders ein pädagogisch wirksamer »erziehender Unterricht« nicht zu gewährleisten ist. Vor allem aber muß die Wissenschaft sich fragen, auf welchen Grundlagen sie etwas über Wissen als Wissen wissen kann, ohne im Zirkelschluß dabei Wissen wiederum voraussetzen zu müssen. Darauf kann man nicht mehr mit einem Wissensbegriff antworten, der schlicht anthropologisch am perzeptiven und kognitiven Apparat des Menschen vorgeführt wird. Die Problematisierung des Induktionsschlusses[175] und die Frage nach a priori gültigen Grundlagen gewisser Erkenntnis[176] sind Varianten einer neuartigen funktionsspezifischen Selbstreferenz des Erkenntnisprozesses. Um jeweils funktionsspezifische Selbstreferenzen geht es also, und zu deren Integration kann allenfalls noch die Superanthropologie des transzendentalen Subjekts angeboten werden.

Im Zusammenhang damit zerfällt auch die Vorstellung, Selbstliebe sei ein allein ausreichendes Prinzip der Generierung von Sozialität und Moral, von Sympathie und Tugend. Gewiß: Gegenpositionen, die angeborene Sozialtriebe oder Ähnliches behaupten, hatte es immer schon gegeben. Eine überzeugende Kritik verlangt jedoch den Nachweis, den Adam Smith dann liefert: daß Sozialität hieße, sich in den anderen *als anderen* einfühlen, und nicht nur: sich selbst gedanklich an die Stelle des anderen versetzen[177]. Damit wird die Problemebene, auf der Sozialität gedacht werden muß, tiefergelegt mit der Folge, daß es nicht mehr genügt, die Sozialordnung auf die

174 Populär seit Adam Smith, Inquiry into the Nature and Causes of the Wealth of Nations, 1776.

175 Vgl. David Hume, Philosophical Essays Concerning Human Understanding (später: An Enquiry Concerning Human Understanding), London 1748.

176 Vgl. Immanuel Kant, Kritik der reinen Vernunft, 1781.

177 Vgl. Theorie der ethischen Gefühle, dt. Übers. Leipzig 1926, Bd. 2, S. 528 f., (VII. 3.1).

Voraussetzung der (natürlichen) Gleichheit zu gründen, denn es geht um den anderen *als anderen*. Nicht nur zum Übergreifen von Funktionsdifferenzen, auch zur Neuformulierung der Identität in der Nichtidentität der Individuen ist man nun auf einen radikaleren Theorieansatz angewiesen, und auch hierfür springt das Konzept des transzendentalen Subjekts ein.

Mit all dem wird die alte Anthropologie der Unruhe und Begehrlichkeit obsolet. Sie wird in der Selbstreferenz zum »ennui«. Man wird auf Kalkulationsschwierigkeiten und auf Probleme der zeitlichen Konstanz aufmerksam[178] und bemerkt das Fehlen einer zureichenden Begründung[179], typische Indikatoren für Plausibilitätsverluste; oder man überführt die schlicht anthropologisch gemeinte Unruhe in die Sehnsuchtsbegriffe eines neuen Idealismus. Auf der Basis der Subjektivität des transzendentalen Bewußtseins wird nun zwar eine Theorie möglich, die alles in der frühneuzeitlichen Anthropologie Mögliche überbietet, die zum Beispiel Negationsform und Selbstreferenz aufeinander bezieht und die Darstellung ihrer eigenen Kohärenz explizit übernimmt: die Theorie Hegels. Ebenso deutlich stellt sich aber heraus, daß dies gar nichts nützt. Die Theorie gerät durch Konzentration auf ihr Theorieproblem in die Isolation. Mit souveräner Gleichgültigkeit gegen Plausibilitäten formuliert, mit Feuilletonismen nur dekoriert, so als ob einige obiter dicta eingestreut werden müßten, die man bei zureichendem Verständnis weglassen kann, dient sie ihrer eigenen Stringenz in der Konstruktion dessen, was anders nicht mehr zu sagen ist. Aber die

178 So lehnt Johann Christoph Greiling, Über den Endzweck der Erziehung, und über den ersten Grundsatz einer Wissenschaft derselben, Schneeberg 1793, S. 48 f., Selbstliebe als Endzweck ab, »da man bei dem Grundsatze der Selbstliebe, selbst bei der besten Überrechnung der Triebe nicht weiß, ob man nicht durch Befriedigung der Neigungen, Triebe, Wünsche, das Subjekt für die Zukunft elend (mache)«. Statt dessen scheint dem Autor die kantische Philosophie eine Unmittelbargewißheit der Handlungsorientierung zu bieten. Die Kalkulationsprobleme dieser *neuen* Philosophie wird man erst *später* entdecken.

179 William Godwin, Thoughts on Man, London 1831, S. 211, fragt nach der Begründung für uneasiness und desire (Locke) und nach ihrer Eignung als erklärendes Prinzip von einer Theorie her, die nur noch selbstbewußte Intention als motivationale Erklärung des Handelns zuläßt. Siehe auch die Kritik von uneasiness als Motivationsprinzip in: ders., An Enquiry Concerning Political Justice and its Influence on General Virtue and Happiness, London 1793, Bd. I, S. 350 ff.

Gesellschaft nimmt das nicht mehr an[180]. Soziologisch ist daran eigentlich nur dies Abstoßen, diese Isolation großer Theorie bemerkenswert, und im Anschluß dann die Frage, ob dies auf revidierbaren Konstruktionsentscheidungen beruht oder worauf sonst.

Wenn man davon ausgehen darf, daß es sinnvoll ist, nach möglichen Korrelationen zwischen Ideengut und gesellschaftlichen Strukturen zu fragen, und wenn man nur auf diese Weise (also nicht theorie-immanent) diesen Isolationseffekt begreifen kann, treten die Beziehungen dieser Theorie zur Strukturtypik einer funktional differenzierten Gesellschaft in den Blick. Dann aber wird es zum Problem, ob in funktional differenzierten Gesellschaften Theorien plausibilisiert werden können, die ihren Gegenstand als ein Rationalitätskontinuum unterstellen, oder ob dieser Gesellschaftstypus nicht letztlich auch *Rationalität mitdifferenziert* derart, daß ihre Kriterien mitsamt den durch sie limitierten Negationsmöglichkeiten stets nur systemrelativ, also nur für *jeweils eine* Differenz von System und Umwelt möglich sind. Wenn das so wäre, hätten Theorien, die der Gesellschaft oder der Welt gleichsam als Korrelat zu sich selbst ein Rationalitätskontinuum unterstellen, in der heute realisierten Gesellschaft keine Plausibilitätschancen mehr. Sie könnten mit dieser Projektion ihrer eigenen Rationalität in den Gegenstand nicht mehr sein als: nur Theorie.

Wohlgemerkt: Hierbei geht es nicht um Adäquität der Erkenntnis, nicht um zutreffende Wiedergabe des Gegenstandes durch die

180 Die eigentümliche Spätblüte des *Disziplin-Titels* »Anthropologie« im 19. und 20. Jahrhundert (Dazu: Odo Marquard, Anthropologie, in: Historisches Wörterbuch der Philosophie Bd. 1, Stuttgart 1971, Sp. 362-374; ders., Zur Geschichte des philosophischen Begriffs »Anthropologie« seit dem Ende des achtzehnten Jahrhunderts, in ders., Schwierigkeiten mit der Geschichtsphilosophie, Frankfurt 1973, S. 122-144, 213-248) wird von hier aus verständlich als Versuch der Re-Konkretisierung und der Rückkehr in die Gesellschaft unter Beibehaltung der Ansprüche.

Das späte Auftreten des Breitbandbegriffs Anthropologie macht unsere Rückblendung in das davorliegende Jahrhundert zwar problematisch. Dem ist jedoch entgegenzuhalten: Die Sache war vor dem Begriff da. Ähnlich entscheidet diese Frage übrigens auch Michèle Duchet, Anthropologie et Histoire au siècle des lumières, Paris 1971, siehe S. 19 f. Bedenken hat Wolf Lepenies, Soziologische Anthropologie: Materialien München 1971, S. 79 (Anm.). Einen Gesamtüberblick vermittelt jetzt Mareta Linden, Untersuchungen zum Anthropologiebegriff des 18. Jahrhunderts, Bern-Frankfurt 1976.

Theorie. Schon die frühneuzeitliche Anthropologie hatte ihre gesellschaftliche Resonanz und Breitenwirkung nicht als Theorie der Gesellschaft gehabt, sondern hatte gerade mit ihrem Verzicht darauf, eine solche zu sein, sich in einen noch nicht formulierbaren Strukturwandel des Gesellschaftssystems eingeschlichen. Daneben wurde nahezu unverändert bis zum Ende des 18. Jahrhunderts der Schulbegriff der societas civilis tradiert. Will man begreifen, wie das möglich war, liegt es nahe, von latenten Funktionen oder ideologischen, nichtbewußten Bezügen der Theorie zu sprechen. Das führt aber nur vor die Frage, ob latente Funktionalität eine notwendige Plausibilitätsbedingung ist, die in der Reflexion nicht eingeholt, sondern nur zerstört werden kann. So etwas mag eine typische Erfolgsbedingung bürgerlicher Theoriebildung gewesen sein, bezogen auf die historische Lage des Übergangs zur funktional differenzierten Gesellschaft. Aber wer wollte behaupten, daß dies für alle Zeiten und für alle Gesellschaftsformationen so weitergilt?

Theorien sind, was immer sie intendieren, stets auch Produkte gesellschaftlicher Kommunikationsprozesse. Sie verdanken daher ihre Erfolge und ihre kommunikative Resonanz in der Gesellschaft nicht nur sich selbst. Sie gelten nicht nur, wenn und soweit sie in Übereinstimmung mit den Vorschriften der Wissenschaftstheorie angefertigt sind. Sie überzeugen nicht nur aufgrund eines direkten und »wahren« Bezugs zu dem Gegenstand, den sie thematisieren. Solche wissenschaftsspezifischen Erfolgsbedingungen haben ihr eigenes Gewicht in dem Maße, als die Wissenschaft als ein funktionsspezifisches Sozialsystem ausdifferenziert ist. Ihre gesellschaftsweite Geltung beruht dann auf der Anerkennung von Wissenschaft, die ihrerseits durch Pauschalurteile über technische Erfolge motiviert sein kann. Damit allein ist das Akzeptieren der Wahrheitsvorschläge wissenschaftlicher Theorien jedoch nicht für alle Fälle ausreichend erklärt.

Die Anerkennung von Wissenschaft als Wissenschaft genügt vor allem dann nicht, wenn diese Wissenschaft die Gesellschaft selbst oder wenn sie den Prozeß ihrer eigenen Anerkennung als Wissenschaft zum Thema macht. Im Falle der Gesellschaftstheorie ebenso wie im Falle der Erkenntnistheorie bzw. Wissenschaftstheorie (und ebenso bei allen Teiltheorien aus diesen Bereichen) gerät die Theorie in selbstreferentielle Relationierungen. Das hat absehbare Folgen. Als Gesellschaftstheorie erkennt die Theorie ihren Gegenstand in einer Form, die sie zwingt, sich selbst ihrem Gegenstand zu subsumieren, das heißt sich selbst als gesellschaftlichen Prozeß zu erkennen. Sie kann sich selbst aus ihrer eigenen Begrifflichkeit nicht ausschließen. Bei einer Erkenntnistheorie entsteht auf umgekehrtem Wege dasselbe Problem: Die Theorie intendiert sich selbst als Gegenstand, was immer auch ein Mitvergegenständlichen und damit eine Vergesellschaftlichung dieses Selbstintendierens einschließt.

Bei selbstreferentiellen Systemen im allgemeinen und bei selbstreferentiellen Theorien im besonderen entsteht ein bereits mehrfach erwähntes Unbestimmbarkeitsproblem dadurch, daß jede Bestimmung das zu Bestimmende ändert[181]. Die Logik müßte bei einem solchen Befund auf Wahrheitsunfähigkeit schließen. Die Systemtheorie schließt auf die Notwendigkeit externer (oder: metarationaler) Kontrollvariablen[182]. Man kann dies auch so formulieren, daß Selbstreferenz benutzt werden kann, um ein System in bezug auf seine Umwelt zu sensibilisieren. Genau dies leistet in zeitbezogener Perspektive die Evolutionstheorie, indem sie lediglich ein Verfahren der Strukturänderung (wohlgemerkt: Änderung!, nicht Vergewisserung!) beschreibt, von dem aus sie, *wenn* evolutionäre Aufbauleistungen langfristig genug erkennbar sind, auf Umweltadäquität (wie auf ein Ding an sich) zurückschließen kann. Eine selbstreferentielle Theorie macht sich somit in näher anzugebender Weise von Strukturen einer Umwelt abhängig, die jenseits dessen liegen, was sie als Gegenstand thematisiert. Sie kann auch diese Abhängigkeit thematisieren, muß dazu aber andere Schaltkreise benutzen. In jedem Falle liegen bei dieser Theorieform die Bedingungen der Wahrheitsfähigkeit in spezifischen Sensibilitäten, mit denen »constraints« des Theoretisierens ermittelt werden. Es gibt mithin metatheoretische Bedingungen gesellschaftsstruktureller Adäquität, und selbstreferentielle Theorien scheinen sich speziell dazu zu eignen, sie aufzuspüren.

Auch dies hat die frühneuzeitliche Anthropologie am Menschen bereits vorgeführt – aber eben nur am Menschen. Für sie ist der Mensch das selbstreferentielle System und als solches unruhig und

181 Vgl. z. B. Karl R. Popper, Indeterminism in Quantum Physics and in Classical Physics, British Journal for Philosophy of Science 1 (1950), S. 117-133, 173-195.

182 Vgl. z. B. Norbert Müller, Problems of Planning Connected with the Aspect of Reflexivity of Social Processes, Quality and Quantity 10 (1976), S. 17-38.

sensibel, endogen angetrieben und umweltabhängig, geschichtsabhängig und entwicklungsfähig. Sie bleibt als Anthropologie auf anthropozentrische Problemformulierungen angewiesen. Der Versuch eines weiteren adaptive upgrading hat zunächst zur Superanthropologie des transzendentalen Bewußtseins geführt und dessen Subjektität behauptet, um in dieser Subjektität den (nur) erkenntnistheoretisch relevanten Gegensatz von Subjekt und Objekt aufzuheben. Aber die Erkenntnisbeziehung ist bei weitem nicht der einzige Funktionsbereich, in dem die neuzeitliche Gesellschaft selbstreferentielle Strukturen produziert. Man kann deshalb, gerade wenn man Selbstreferenz als subiectum der Begriffe und Realitäten in Anspruch nehmen will, nicht zugleich die Rationalität der selbstreferentiellen Erkenntnis zu einem Rationalitätskontinuum hypostasieren, das sie selbst und die Welt einschließt. Das adaptive upgrading der Begriffe muß dann nicht den Weg Mensch → Bewußtsein → Subjekt → Geist nehmen, sondern muß eine Theorie selbstreferentieller Systeme anzielen, die akzeptiert, daß zwischen solchen Systemen Indeterminierbarkeitsbeziehungen bestehen, die daraus resultieren, daß die Systeme füreinander Umwelt sind[183]. Erst dieses Konzept hat als Sonderleistung des Wissenschaftssystems Chancen, in einer Gesellschaft adäquat zu sein, die über funktionale Differenzierung genau dies als Realität erzeugt: wechselseitige Indeterminierbarkeit selbstreferentieller Funktionssysteme.

183 Vgl. für eine kybernetische Version dieses Gedankens Donald M. MacKay, Cerebral Organization and the Conscious Control of Action, in: John C. Eccles (Hrsg.), Brain and Conscious Experience, Berlin – Heidelberg – New York 1966, S. 422-445; ders., Freedom of Action in a Mechanistic Universe, Cambridge Engl. 1967. Ferner etwa John Platt, Theorems on Boundaries in Hierarchical Systems, in: Lancelot L. Whyte / Albert G. Wilson / Donna Wilson (Hrsg.), Hierarchical Structures, New York 1969, S. 201-213.

Kapitel 4

Temporalisierung von Komplexität
Zur Semantik neuzeitlicher Zeitbegriffe

I.

Probleme der Zeit sind in der Theorie sozialer Systeme bisher vorwiegend unter dem Gesichtspunkt der Stabilität abgehandelt worden. Die Zeit wird dabei als durch Uhren meßbare Dauer begriffen, in der die Erhaltung des Systems zum Problem werden kann. Erhaltung ist in einer komplexen und fluktuierenden Umwelt nur möglich, wenn das System selbst dynamisch wird. Es muß eigene Prozesse ermöglichen, die je nach Umweltlage zu unterschiedlichen Ergebnissen führen, und es muß in gewissem Umfange auch die eigenen Strukturen ändern können, um sich wechselnden Umweltverhältnissen anpassen zu können. Dabei kann Flexibilität der Strukturen funktional äquivalent sein für Änderungen, das heißt Änderungen in gewissem Umfange ersparen.

Diese Theorieversion führt zu der Einsicht, daß die begrifflichen Dichotomien von Stabilität und Wechsel und von Struktur und Prozeß unterschieden werden müssen[1]. Die Ausbildung einer Differenz von Struktur und Prozeß kann dann ihrerseits begriffen werden als eine Einrichtung des Systems, die Zeitprobleme löst. Sie ermöglicht es dem System, sich zu gleicher Zeit konstant zu halten und zu ändern. In Beziehung zur Umwelt heißt dies, daß das System sich von Punkt-für-Punkt Entsprechungen ablöst. Seine Strukturen werden nicht durch entsprechende Umwelteinrichtungen getragen, und seine Prozesse ermöglichen zwar punktuellen Kontakt mit der Umwelt, sie nehmen zum Beispiel Informationen auf, aber sie brauchen im systeminternen Ablauf auch Zeit, während der sie gegen Umwelteinwirkungen abgeschirmt sind. Sie setzen, mit anderen Worten, keine genau parallellaufenden Prozes-

1 So Talcott Parsons, Some Considerations on the Theory of Social Change, Rural Sociology 26 (1961), S. 219-239.

se in der Umwelt voraus[2]. Dadurch kann das System die Zustände der Umwelt, auf die es sich stützt, wechseln und auf diese Weise stabiler sein als viele Strukturen seiner Umwelt.

Im Vergleich zu älteren, polemischen Kontrastierungen von statischen und dynamischen Systemen (Theorien) oder geschlossenen und offenen Systemen ist hiermit ein deutlicher Fortschritt erreicht. Gleichwohl bleibt dies Konzept als Theorie sozialer Systeme in mehrfacher Hinsicht unbefriedigend:

1. Die Sozialtheorie, die vom Problem der »doppelten Kontingenz«[3] ausgeht, wird *neben* diesem Konzept der Stabilität entwikkelt und benötigt deshalb eine eigene Theorie der Stabilisierung durch Normen oder Werte. In der Vertragstheorie wird zum Beispiel im Anschluß an Durkheim[4] die normative Begründung der Bindungswirkung des Vertrages als das Hauptproblem gesehen. Die Vorteile der zeitlichen Sequenzierung der Selbstfestlegung von Interessen und Absichten in Vertragsverhandlungen werden übersehen. Es könnte aber sehr gut sein, daß die *soziale* Funktion des Vertrages gerade darauf beruht, doppelte und damit offene Kontingenz in ein *zeitliches* Nacheinander von »commitments« umzuschalten. Überhaupt sind die Einsichten von George H. Mead[5] über den Steigerungszusammenhang von Sozialität und Temporalität vom Standpunkt der Gegenwart aus noch nicht angemessen aufgenommen worden.

2. Die Zeittheorie wird auf zu schmale Basis gestellt, nämlich nur mit dem Begriff der Dauer oder der bloßen Sequenz von Ereignissen eingebaut. Die für alle Zeitlichkeit wesentliche Differenz von Vergangenheit und Zukunft bleibt unberücksichtigt[6]. Damit bleibt die eigentümliche Binnenproblematik der Zeit, nämlich die Konsti-

2 Hierzu Talcott Parsons, Some Problems of General Theory in Sociology, in: John C. McKinney / Edward A. Tiryakian (Hrsg.), Theoretical Sociology: Perspectives and Developments, New York 1970, S. 27-68 (29 ff.).

3 Vgl. das »General Statement«, in: Talcott Parsons / Edward A. Shils (Hrsg.), Toward a General Theory of Action, Cambridge Mass. 1951, S. 3-29 (16).

4 Emile Durkheim, De la division du travail social, Neudruck der 2. Aufl., Paris 1973, S. 177 ff.

5 The Philosophy of the Present, Chicago – London 1932.

6 Vgl. J. Ellis McTaggart, The Unreality of Time, Mind 17 (1908), S. 457-474, neu gedruckt in ders., Philosophical Studies, London 1934; ferner natürlich zahllose sozial- und geisteswissenschaftliche Abwehrreaktionen gegen diesen nur chronometrischen Zeitbegriff.

tution der Gegenwart durch die *Differenz* zweier Zeithorizonte, Vergangenheit und Zukunft, außer acht. So verschwindet dann auch das, was die Zeit in jeder Gegenwart als Orientierungs- und Arrangierraum für die Gestaltung sozialer Beziehungen zu bieten hat, aus dem Blick.

3. Es könnte sein, daß diese Engführung des Konzepts der Systemstabilisierung mitschuldig daran ist, daß die Grundbegriffe wie Stabilität, Wechsel, Struktur, Prozeß keine begriffliche Tiefenschärfe in der Theorie gewinnen, sondern wie schon Bekanntes eingesetzt werden. Die Systemtheorie greift an diesen Stellen, vielleicht vorschnell, auf common sense zurück. Das kann man natürlich nur ändern, wenn man bereit ist, sich auf eine erheblich komplexere Theorie komplexer Systeme einzulassen.

II.

Um bei dieser Theorielage weiterzukommen, kann man auf den Begriff der Komplexität zurückgreifen[7]. Dieser Begriff ist allgemeiner als der Systembegriff insofern, als er auch auf die Welt und die Umwelt von Systemen angewandt werden kann; er setzt gleichwohl Systembildung voraus, weil ohne Bezug auf System die Inhalte von Welt bzw. Umwelt unbestimmbar blieben[8].

Systeme kann man als komplex bezeichnen, wenn sie so groß sind, daß sie nicht mehr jedes Element mit jedem anderen verknüpfen können. Nach mathematischen Gesetzlichkeiten wachsen bei arithmetischer Vermehrung der Zahl der Elemente die zwischen ihnen möglichen Relationen in geometrischer Proportion. Komplexe Systeme sind dadurch charakterisiert, daß sie das mathematisch Mögliche nicht realisieren können. Auf welcher Ebene emergenter Ordnung immer Elemente angesiedelt werden: ihre Fähigkeit, sich auf andere Elemente zu beziehen, ist beschränkt[9]. Daher müssen

7 Vgl. Niklas Luhmann, Komplexität, in ders., Soziologische Aufklärung Bd. 2, Opladen 1975, S. 204-220.

8 Hierzu auch Jürgen Habermas / Niklas Luhmann, Theorie der Gesellschaft oder Sozialtechnologie: Was leistet die Systemforschung?, Frankfurt 1971, S. 147 ff., 292 ff.

9 Dies Problem ist auch in sozialwissenschaftlichen Zusammenhängen gelegentlich aufgegriffen, aber in seiner theoretischen Relevanz noch kaum gebührend beachtet worden. Vgl. V. A. Graicunas, Relationship in Organization, in: Luther Gulick / Lyndall Urwick (Hrsg.), Papers on the Science of Administration, New York 1937, S. 181-187; James H. S. Bossard, The Law of Family Interaction, American Journal of

komplexe Systeme sich darauf beschränken, einen Bruchteil der mathematisch möglichen Beziehungen zu benutzen. Sie müssen in bezug auf die Relationierung ihrer Elemente *selektiv* verfahren. Sie müssen diejenigen Relationierungsmuster auswählen, die – direkt oder indirekt – für ihr Umweltverhältnis die wichtigeren sind. Und sie müssen Störungen zu vermeiden suchen, die rein intern durch Überlastung ihrer Elemente eintreten würden.

Dem entspricht die heute wohl allgemein akzeptierte Einsicht, daß komplexe Systeme nicht durch vollständige Interdependenz aller Elemente gekennzeichnet sind, sondern daß gerade die *Interdependenzunterbrechungen* ihre eigentliche Ordnungsleistung ausmachen[10]. Entsprechende Konsequenzen müssen für den Strukturbegriff und für den Prozeßbegriff gezogen werden. Nicht schon die Herstellung einer Relation zwischen Elementen macht eine Struktur zur Struktur und einen Prozeß zum Prozeß, sondern erst die *Selektivität* der Relationierung. Daher können sich Struktur- und Prozeßqualitäten fast unmerklich auch dadurch verändern, daß der Selektionsraum sich vergrößert und mehr andere Möglichkeiten zur Option stehen, auch wenn das eingefahrene Muster beibehalten und fortgesetzt wird. (Dies sind im übrigen Systemänderungen, die für eine Theorie der Systemstabilität im eingangs skizzierten Sinne kaum zu erfassen sind, oft aber »prärevolutionäre« Bedeutung haben).

Da unter den soeben skizzierten Bedingungen jedes Element nur eine sehr geringe Zahl von Relationen zu anderen Elementen aktualisieren kann, ergibt sich daraus eine mit wachsender Größe zunehmende Zerfallswahrscheinlichkeit. Dem kann entgegengewirkt werden, wenn es dem System gelingt, Zeit in Anspruch zu nehmen, um im Nacheinander mehr Relationen zu aktualisieren, als zugleich möglich wären. Ein Element kann dann seine Relationen wechseln und nacheinander in verschiedenen Konstellationen verknüpft sein. Das System ist dann nicht auf ein einziges Verknüpfungsmuster festgelegt, sondern kann seiner Umwelt in wechselnden Kombinationen begegnen. Das erhöht zugleich die Zahl

Sociology 50 (1945), S. 292-294; William M. Kephart, A Quantitative Analysis of Intragroup Relationships, American Journal of Sociology 55 (1950), S. 544-549; Fremont A. Shull, Jr. / André L. Delbecq / L. L. Cummings, Organizational Decision Making, New York 1970, S. 145 ff.

10 Vgl. W. Ross Ashby, Design for a Brain, 2. Aufl. London 1954.

der Umweltzustände, mit denen das System kompatibel sein kann. In diesem Sinne kann man sagen: Zeit ist »extension of choice«. Zeit kompensiert die Nachteile von Größe. Zeit gleicht das mit Wachstum überproportional sich verschärfende Selektionsproblem zum Teil wieder aus. Dies gilt jedoch nicht unter allen Umständen. Vielmehr muß ein System, das Zeit zur Steigerung der Relationierungsmöglichkeiten konstituieren und nutzen will, dafür besondere Voraussetzungen erfüllen. Die Temporalisierung der Komplexität begründet ihrerseits Formzwänge. Sie kann nicht in beliebiger Weise in Systeme übersetzt werden, die zur Selbsterhaltung fähig sind. Die Erweiterung des Relationierungspotentials durch Temporalisierung der Komplexität beschränkt die dann noch möglichen Systembildungen durch zusätzliche Erfordernisse.

Außerdem steht Zeit nicht beliebig lange zur Verfügung. Das Umschalten in ein Nacheinander kann deshalb nicht eine volle Interdependenz von jedem mit jedem Element doch noch erreichen; denn das würde bei komplexeren Systemen immense Zeiträume erfordern[11]. Durch Temporalisierung der Komplexität kann man also Selektivität nicht aufheben oder auf früher/später -Selektionen reduzieren; man kann sie aber erweitern und abschwächen und Ausschließungen zum Teil in Vertagungen umwandeln.

Eine quer hierzu stehende These hat Simmel entwickelt: daß Differenzierung im Nebeneinander und im Nacheinander gesteigert werden kann. Ein Rentier könne sein Vermögen diversifizieren, um Sicherheit zu maximieren; er könne es aber auch bald der einen, bald der anderen Form von Geldanlage zuwenden je nach dem, was gerade günstig ist, und so den Zinsertrag maximieren[12]. Nun braucht aber die eine Strategie die andere nicht auszuschließen. Die Form des Geldes institutionalisiert den *Hinzugewinn* der Differenzierung im Nacheinander, und erst die damit eröffneten Möglichkeiten *verbreitern auch die Formentypik für eine Differenzierung im Nebeneinander.* Temporalisierung von Komplexität hat ihren Wirkungsbereich also nicht nur im zeitlichen Nacheinander, im Übergriff über längere Zeitstrecken oder in der Beschleunigung;

11 Eine inzwischen wohl allgemein akzeptierte Einsicht. Siehe z. B. S. A. Kauffman, Metabolic Stability and Epigenesis in Randomly Constructed Genetic Nets, Journal of Theoretical Biology 22 (1969), S. 437-467 (443).

12 Vgl. Georg Simmel, Über sociale Differenzierung: Sociologische und psychologische Untersuchungen, Leipzig 1890, S. 143 ff.

sie verändert im Hinblick darauf den Formenreichtum und den Dispositionsbereich der Gegenwart, weil sie Formen ermöglicht, die für verschiedene Wechselschicksale zugleich bereitgestellt werden können.

III.

Die Theorie komplexer Systeme hatte, in gewisser Parallele zur Problemstellung statisch/dynamisch, das Verhältnis von Zeit und Komplexität zunächst unter zwei verschiedenen Gesichtspunkten behandelt. Einerseits wurde Zeit im Rahmen eines mehrdimensionalen Begriffs der Komplexität als eine dieser Dimensionen aufgefaßt. Die Komplexität ist dann größer, wenn ein System im Nacheinander mehr und verschiedenartigere Zustände annehmen kann[13]. Was Größe kompensiert, wird auf diese Weise als Multiplikation von Größe behandelt – und entproblematisiert. Andererseits wurde das Input/Output-Modell zugrunde gelegt, das für Input und für Output verschiedene Zeitpunkte vorsieht. Das dynamische System, das Inputs in Outputs transformiert, konnte dann als komplex im Sinne von undurchschaubar behandelt werden, und das Problem war dann, ob man durch Modellüberlegungen oder Simulation funktionale Äquivalente für ein Durchschauen des Realvorganges finden, also eine Art gedankliche Parallelmaschine konstruieren könne. Die spezifische Zeitlichkeit der Prozesse und die Funktion der Verwendung von Zeit blieb bei beiden Ansätzen außer Betracht – abgesehen von der reinen Linearität der Abfolge von Ereignissen und Zuständen in der Zeit. Geht man dagegen davon aus, daß komplexe Systeme Zeit konstituieren, um ihr Relationierungspotential zu erweitern, ergeben sich ganz andere Ansatzpunkte für

13 Vgl. z. B. J. W. S. Pringle, On the Parallel Between Learning and Evolution, Behaviour 3 (1951), S. 174-215 (184 ff.); Andrew S. McFarland, Power and Leadership in Pluralist Systems, Stanford Cal. 1969, S. 16. Vgl. ferner zum Konzept der sequentiellen Komplexität J. Hartmanis / J. E. Hopcroft, An Overview of the Theory of Computational Complexity, Journal of the Association for Computing Machinery 18 (1971), S. 444-475; Hannu Nurmi, On the Concept of Complexity and its Relationship to the Methodology of Policy-oriented Research, Social Science Information 13 (1974), S. 55-80.

Theoriebildung[14]. Man muß dann nach den Bedingungen und den Folgen der Temporalisierung von Komplexität fragen.

Die wohl einschneidendste Konsequenz ist ein Tieferlegen der Ebene, auf der ein System seine Elemente konstituiert. Die letzten, für das System selbst nicht weiter auflösbaren Elemente (working units) dürfen sich nicht mehr direkt aus den infrastrukturellen Komplexen ergeben, die das System in gewisser Weise doch tragen und ermöglichen: Sie können für das Gehirn nicht die Zelle sein, für das soziale System nicht die Person. Die im System fungierenden Elemente müssen *von diesem Unterbau abgekoppelt, gegen ihn in gewisser Weise verselbständigt werden,* damit nicht all die komplexen Strukturmerkmale der Unterbausysteme sich in das durch sie zu bildende System hinein fortsetzen. Diese Abkoppelung geschieht einerseits mit Hilfe von Systemgrenzen (Person und Sozialsystem sind wechselseitig füreinander Umwelt) und andererseits mit Hilfe von Zeit. Mit Hilfe von Zeit in der Weise, daß die Unterbausysteme nur mit zeitgebundenen Kurzzuständen in das System höherer Ordnung interpenetrieren, also nur in einem bestimmte Schwellenwerte überschreitenden Aktivierungszustand Nervenimpulse geben oder empfangen bzw. nur in dafür geeigneten Situationen handeln[15]. Auf diese Weise ist in die Systeme mit temporalisierter Komplexität schon auf der Ebene der Elemente ein *Zwang zum Verschwinden eingebaut,* und alle Strukturen müssen sich, soweit die Umwelt das ermöglicht, im Gegenzug dazu als Ordnung von Sequenzen bzw. Prozessen entwickeln.

Temporalisierte Systeme können also nur aus *temporalisierten Elementen,* das heißt aus *Ereignissen* bestehen. Ereignisse lassen sich nur an bestimmten Zeitstellen identifizieren. Sie sind daher an je ihre Gegenwart (im Sinne von »specious present«) gebunden, mit

14 Einer der Differenzpunkte, der hier nicht weiter verfolgt werden soll, scheint darin zu liegen, daß eine zu einfach angesetzte Komplexitätstheorie vorschnell in epistemologische, kognitive, simulationstechnische Problemstellungen umschaltet. Sachstrukturen werden dann, da die Begrifflichkeit nicht ausreicht, um sie zu erfassen, als Erkenntnisschwierigkeiten oder als Simulationsprobleme behandelt. Die Komplexität des Gegenstandes wird dann nicht mehr mit dem zum Problem, was sie *für ihn selbst* bedeutet; sie erscheint dann nur noch als ein Hindernis für die *Erforschung* des Gegenstandes.

15 Vgl. auch Niklas Luhmann, Interpenetration: Zum Verhältnis personaler und sozialer Systeme, Zeitschrift für Soziologie 6 (1977), S. 62-76.

der sie entstehen und vergehen. Sie werden zeitlich begrenzt durch die Aktivierung eines Relationierungsmusters, das vor ihnen und nach ihnen anders ausfällt. Sie sind durch die Aktualität des Wechsels definiert, und sie definieren ihrerseits die Grenzen der Gegenwart durch die Aktualität des Wechsels. Zur Identifikation von Ereignissen ist eine Messung von Zeit nicht erforderlich, aber erst die Zeitmessung ermöglicht eine klare Scheidung von Ereignissen und Zuständen[16].

Die Zeit ist in ihrer vollen Verwirklichung komplexer, als mit einer bloßen Chronologie festgehalten werden kann[17]. Deshalb besteht die Ereignishaftigkeit der Zeitelemente auch nicht nur darin, daß sie an einem bestimmten Zeitpunkt – und weder früher noch später – eintreffen. Zeit ist vielmehr eine Dimension der Bestimmung von Sinn. Das besagt, daß im Ereignis sich nicht nur das Ereignis selbst ereignet, sondern daß sich im Maße seiner Relevanz zugleich eine Vergangenheit und eine Zukunft neu formieren. Wenn mein Haus abbrennt, während ich in den Ferien bin, ändert dies das, was diese Ferien waren; es stellt sich nun heraus, daß die Versicherung nicht ausreichte, daß man eine provisorische Wohnung suchen muß, usw. Die Punktualität des Ereignisses ist Voraussetzung dafür, daß Vergangenheit und Zukunft durch das Ereignis sich ändern können; aber es muß dazu auch eine kontinuierliche Gegenwart existieren, in die hinein das Ereignis sich ereignet. Man antezipiert bzw. erinnert Ereignisse deshalb, weil man sie zur Änderung von Sinnbestimmungen benutzt[18], und die Zeitgrenzen eines Ereignisses ergeben sich aus dieser Funktion und nicht aus dem Kalender oder der Uhr. Deshalb haben Ereignisse eine je eigene Zukunft, die je für sie und nur für sie feststeht. Anders formuliert: nur vom einzelnen Ereignis her gibt es eine eindeutige Differenz von Vergangenheit und Zukunft; denn Sinnbestände, die dauern, mischen

16 Vgl. den Hinweis von H. Hubert, Etude sommaire de la représentation du temps dans la religion et la magie, in: H. Hubert / M. Mauss, Mélanges d'histoire des religions, Paris 1909, S. 189-229 (202 ff.), daß Gesellschaften ohne Zeitmessung dazu tendieren, Zeitstrecken mit den Ereignissen zu identifizieren, die sie einleiten oder abschließen.

17 Das wird wohl kaum bestritten werden. Vgl. nur Friedrich Kümmel, Der Begriff der Zeit, Tübingen 1962.

18 Hierzu Steinar Kvale, The Temporality of Memory, Journal of Phenomenological Psychology 5 (1974), S. 7-31.

in sich selbst Zukunft und Vergangenheit, indem sie das, was Zukunft war, als Vergangenes festhalten[19].
Aus all diesen Gründen lassen Ereignisse (obwohl eine *begriffliche* Zusammenfassung einer Vielheit von Ereignissen möglich ist) sich nicht zu Strukturen oder Beständen aufaddieren, denn es handelt sich um Einheiten einer anderen Qualität. Eine Menge von Ereignissen hat als solche noch keine Struktur und erst recht nicht schon Bestand. Deshalb müssen auf der Basis von Ereignissen durch selektive Kombination Systeme erst noch gebildet werden, so wie umgekehrt Systembildung erst besondere Arten von Ereignissen ermöglicht. Das gleiche gilt im übrigen auch, und das mag überraschen, für das Verhältnis von Ereignis und Prozeß. So wenig wie eine Addition von Punkten eine Strecke ergibt, so wenig ergibt eine Addition von Ereignissen einen Prozeß, weil Prozesse durch eine selektive Verknüpfung von Ereignissen zustandekommen, die dann ihrerseits das Einzelereignis zusätzlich qualifiziert im Hinblick auf das, was für den Prozeß relevant ist.
Will ein System über die Erzeugung hinaus sich auch die Kontrolle über Ereignisse durch Ereignisse ermöglichen (zum Beispiel: über Handlungen oder über Entscheidungen entscheiden), muß es Ereignisse in zeitfester Form repräsentieren, das heißt antezipieren bzw. erinnern können. Das ist um so leichter möglich, als Ereignisse ja als selbst nicht wandelbare Entitäten gebildet werden. Sie werden nur temporal modalisiert, um dauernd verfügbar zu sein; sie werden mit Zukunfts- bzw. Vergangenheitsindex versehen und so in die Form einer unveränderlichen, wenngleich gegenwärtig inaktuellen, Existenz gebracht. Entgegen einer geläufigen Meinung leistet also temporale Modalisierung nicht eine Verflüssigung, sondern gerade eine Fixierung von Ereignisstrukturen, und erst der Zeithorizont der je aktuellen Gegenwart bringt Selektionszusammenhänge in Bewegung[20].

19 Insofern kann man mit Koselleck sagen, daß Strukturen eine andere Zeit voraussetzen als Ereignisse, weil sie nicht im Hinblick auf ein eindeutiges Vorher und Nachher identifizierbar sind, sondern im Hinblick darauf, daß sich während ihres Bestandes etwas verändert. Vgl. Reinhart Koselleck, Darstellung, Ereignis und Struktur, in: Gerhard Schulz (Hrsg.), Geschichte heute: Positionen, Tendenzen, Probleme, Göttingen 1973, S. 307-317; neu gedruckt in ders., Vergangene Zukunft: Zur Semantik geschichtlicher Zeiten, Frankfurt 1979.
20 Diese Aussage kann sich auf Forschungen über die Struktur von Gedächtnissen stützen. Sie soll im übrigen die unten erörterte These theoretisch vorbereiten, daß die

Ereignisse sind in sich selbst wieder statische Bezugspunkte für Relationen, aber solche, in denen die Umverteilung des Relationengefüges sich in den Nahhorizonten für Vergangenheit und Zukunft schon abzeichnet. Jede Analyse, die Ereignisse zerlegt, um größere Tiefenschärfe zu erreichen, führt immer wieder nur auf Ereignisse kleinerer Art, bis sich die für ein Emergenzniveau charakteristische Relationierungstypik verliert. Ein weiteres Auflösen von Ereignissen endet deshalb nie bei einer neuen, etwa zeitlosen Art von Elementen, auch wenn man der Mystik zugeben wird, daß die Unendlichkeit des Fortschreitens ins Kleine der Unendlichkeit des Fortschreitens ins Große entspricht und man insofern im Augenblick Ewigkeit finden kann. Systeme, die ihre Letztelemente temporalisieren, müssen deshalb ihre Gesamtkombinatorik auf Zeit einstellen. Das Nervensystem ist ein typischer Fall, Handlungssysteme ein anderer. Es gibt dann keinen Zustand, für den das Vorher und das Nachher irrelevant wäre, und dem entspricht, daß ein solches System sich in jedem seiner Zustände durch Selbstreferenz kontrolliert. Jeder Wechsel der Zustände, jeder Wechsel des jeweils aktualisierten Relationierungsmusters setzt Selbstkontakt voraus, und auf die Umwelt reagiert ein solches System nur, indem es die Art und Weise ändert, in der es auf sich selbst reagiert.

Damit ist keineswegs alles der ständigen Fluktuation preisgegeben. Vielmehr ist gerade der Wechsel von Relationen nur möglich, wenn sich in den Zeithorizonten der Ereignisse das Nächstliegende hinreichend rasch und mit nicht zu vielen Wahlmöglichkeiten abzeichnet. Deshalb schleifen sich, weil es anders nicht geht, typische Ereignisfolgen und Ereignisbündelungen ein, die vom System dann als Prozesse gelesen werden können, und es werden mögliche Relationierungsmuster (Schemata für Erleben, Programme für Handeln) abstrahiert und für wiederholten Gebrauch gespeichert[21]. All das setzt bestimmte Formen des Umweltkontaktes voraus, die die Auffälligkeit dessen, was im Zeitlauf differenziert, erhöhen und die Sensibilität für Beliebiges abstumpfen und für Bestimmtes erhöhen (Lernen).

Die Funktionsweise eines derart temporalisierten Systems wird

moderne Gesellschaft auf zunehmende Temporalisierung von Komplexität schließlich durch Historisierung der Zeitvorstellung reagiert.

21 Vgl. z. B. Robert Axelrod, Schema Theory: An Information Processing Model of Perception and Cognition, American Political Science Review 67 (1973), S. 1248-1266.

nicht zureichend begriffen, wenn man nur nach den zu erfüllenden Funktionen und ihren Trägern (Strukturen, Teilsystemen) fragt, wenn man also nur die Dauereinrichtungen eines solchen Systems zu erkennen sucht. Daneben gibt es die Dekomposition in Elemente und Relationen, und erst sie läßt erkennen, welche Realität einem Funktionsschema zugrunde liegt und weshalb Stabilität für ein System zum Problem wird. Auf der Ebene temporalisierter Elemente hat ein solches System keinen Bestand, es besteht also auch nicht aus vorbestehenden Substanzen; vielmehr »lebt« das System hier in der Notwendigkeit ständiger Erneuerung, ständiger Reproduktion, also auch kontinuierlicher Ungleichheit der Zustände. Es gibt keine einfache Fortdauer des Bestehenden, bloße Wiederholung schlafft ab, und das System ist entsprechend auf eine hinreichend komplexe, hinreichend abwechslungsreiche Umwelt für das ständige Regenerieren von Ereignissen angewiesen. Wir werden noch sehen, daß für das System der Gesellschaft diese Angewiesenheit schließlich auch als Thema bewußt und aus einer negativen in eine positive Bewertung überführt wird[22].

Schließlich ist, ebenfalls noch auf ganz allgemeiner Ebene, zu beachten, daß Temporalisierung ihrerseits sehr hohe Komplexität voraussetzt, und zwar speziell zur Erzeugung und Reduktion von Selektionsmöglichkeiten. Ein System, das geordnete Sequenzen von Ereignissen bilden will, muß über strukturell gesicherte Potentiale verfügen, die es zeitweise (oder sogar: normalerweise) inaktivieren kann. Es müssen, mit anderen Worten, latente, inhibierte Ursachen bereitstehen, die beim Aktuellwerden bestimmter Zusatzbedingungen in Funktion treten. Dauerrepression der meisten Möglichkeiten (oder wie man neuerdings sagt: »strukturelle Gewalt«) ist Voraussetzung selektiver Arrangements.

IV.

Soziale Systeme sind in jedem Falle Systeme mit temporalisierter Komplexität. Ihre Letztelemente sind kommunikative Handlungen, also Ereignisse, die ihre Einheit darin haben, daß sie ein bestimmtes Muster der Verknüpfung mit anderen Handlungen wählen – im Unterschied zu dem, was vorher, was ohne sie und

22 Vgl. unten S. 267, 274 ff.

was nachher aktualisiert wird oder werden würde. Eine Handlung ist deshalb Handlung nur als andere Handlung anderer Handlungen.

Mit einer Kontrastierung von Handlungstheorie und Systemtheorie[23] ist diese Sachlage nicht zu erfassen. Im Gegenstandsbereich der Soziologie läßt sich keine Handlung ohne System und kein System ohne Handlung konstituieren. Der Kontrastierversuch benutzt im Anschluß an Max Weber entweder die Zweck/Mittel-Relation oder die subjektiv motivierte Intentionalität des Handelns oder beides, um das Handeln aus dem Sozialsystem herauszuziehen, das dann nur noch als Gerippe äußerer Zwänge erscheint. Aber sowohl Rationalform als auch Intentionalität sind selbst immer schon Verbindungsformen von Handlungen, also nichts außerhalb von Systemen[24]. Deshalb läßt sich eine besondere Methodologie motivationaler Erklärung auch nicht gegen Systemtheorie ausspielen[25]. Das vorausliegende Problem ist in jedem Falle: wie Handlungszusammenhänge sich als System konstituieren können, indem sie Handlungen als zeitliche Ereignisse kombinieren, obwohl die Zeit vergeht. Die Besonderheit des Handelns ist, mit anderen Worten, nicht seine Subjektivität (denn das Subjekt wird ja immer schon als Dauer gesetzt), sondern seine Temporalität. Der »gemeinte Sinn« und der vorgestellte Zweck des Handelns sind ihrerseits schon Mittel der Relationierung, sind Versuche, die Zeitgrenze des Ereignisses Handlung zu transzendieren, und das allein schon führt unweigerlich zur Systembildung.

Der *Sinn* des Ereignisses Handlung hat demnach eine Verknüpfungsfunktion und wird für diese Funktion konstituiert. Ob vom Handelnden selbst »gemeint« oder ob ihm nur zugerechnet[26]: In

23 Vgl. Friedrich Jonas, Zur Aufgabenstellung der modernen Soziologie, Archiv für Rechts- und Sozialphilosophie 52 (1966), S. 349-375; Alan Dawe, The Two Sociologies, British Journal of Sociology 21 (1970), S. 207-218. Inzwischen gängiger Bestandteil von »Theorievergleichen«.

24 Dies ist die grundlegende Einsicht der Parsonsschen Theorie des allgemeinen Handlungssystems, aus der dann freilich andere Schlüsse gezogen werden als im folgenden.

25 So aber Klaus Grimm, Niklas Luhmanns »soziologische Aufklärung« oder das Elend der aprioristischen Soziologie, Hamburg 1974.

26 Überwiegend wird wohl angenommen, allein der Handelnde selbst könne die Einheit einer Handlung konstituieren. Siehe z. B. Werner Langenheder, Theorie menschlicher Entscheidungshandlungen, Stuttgart 1975, S. 42 ff.

jedem Falle fungiert Sinn als Einheit von Verweisungen auf andere Möglichkeiten und bietet so die Grundlage für eine temporale Koordination von Handlungszusammenhängen[27]. Im Sinn des Ereignisses Handlung wird in spezifischer Weise Vergangenheit und Zukunft und gegebenenfalls auch die Erwartung gleichzeitigen Handelns anderer greifbar. Die spezifische Weise, in der Handeln anderes Handeln einbezieht und relevant macht, liegt in der Annahme, daß es einen Unterschied ausmache, ob gehandelt wird oder nicht. Durch diese Annahme verknüpfen sich selektive Relevanzen, die dann rückbezogen auf das Handeln selbst die Handlung als kontingent und entscheidbar erscheinen lassen[28]. Nicht alles wird anders, wenn man handelt, aber einiges doch; und vor allem variieren mit einer Handlung die Möglichkeiten weiteren Handelns.

Sinn vermittelt aber dem Handeln nicht nur die Zeitdimension. In dem Maße, als das Erleben und Handeln anderer Personen mit in Betracht gezogen wird, kommt auch die Sozialdimension mit ins Spiel. Wie die Zeitdimension als Ausweitung der Wahlmöglichkeiten, so fungiert die Sozialdimension als Ausweitung und Objektivierung der Zeit. Durch gegenwärtige Kommunikation können einem Handelnden die Vergangenheiten und Zukünfte anderer Personen – oder genauer: der Handlungsereignisse anderer Personen – präsent gemacht werden[29]. Indem Personen sich wechselseitig zum Handeln provozieren, verschmelzen die Zeithorizonte simultaner oder quasisimultaner Ereignisse. Damit werden die Zeithorizonte der Handlungsereignisse entlastet von der Sequenzierung durch je eine Bewußtheitskontinuität. Sie gewinnen so erst die Form eines Horizontes, den man als intersubjektiv-gemeinsam unterstellen kann. Die Zeit wird ablösbar von den Ereignissen, an

27 Diese Aussage, daß Sinn seine Einheit im Zugänglichmachen anderer Möglichkeiten des Erlebens und Handelns hat, ließe sich im Anschluß an Edmund Husserl auch durch phänomenologische Analysen bestätigen. Hierzu Niklas Luhmann, Sinn als Grundbegriff der Soziologie, in: Habermas/Luhmann a. a. O., S. 25-100.

28 Insofern folge ich Alfred Schütz in der These, daß Handlungen nur als fertige Handlungen und künftige Handlungen nur »vorerinnert«, nur modo futuri exacti vorgestellt werden können. Vgl. Der sinnhafte Aufbau der sozialen Welt: Eine Einleitung in die verstehende Soziologie, Wien 1932, S. 55 ff. Das Handeln kann nur als fertig, muß dann aber als kontingent vorgestellt werden, indem man es im Hinblick auf temporale Horizonte der Veränderung identifiziert.

29 Hierzu vor allem Mead a. a. O. (1932).

deren Sinn sie erscheint, und gewinnt die Form einer (kulturell interpretierbaren) Weltdimension. Die über Sozialität laufende Abhebung der Zeit ist Voraussetzung aller Zeitmessung, aber auch aller Korrelationen zwischen Gesellschaftsentwicklung und Strukturen des Zeitbewußtseins[30].

Soziale Kommunikation dient mithin der Generalisierung von Zeit und somit einem weiteren Erweitern von Relationierungsmöglichkeiten. Wer in sozialen Systemen handelt, ist dann nicht auf die Sequenz seiner eigenen erinnerten und antezipierten Handlungen angewiesen, sondern kann über jeweils gegenwärtige Kommunikation Zugang zu anderen Zeitreihen gewinnen. Er kann dadurch schneller lernen (vicarious learning) und kann weiterreichende Handlungsverknüpfungen bilden. Und er kann Handlungen riskieren, die ihren Sinn erst erfüllen, wenn durch komplementäres Handeln anderer sehr spezielle, hochselektive Voraussetzungen erfüllt werden.

V.

Die These der vorangegangenen Überlegungen ist: daß Systeme die Elemente, die ihnen für Relationierung zur Verfügung stehen, selbst als Einheiten konstituieren auf einer möglicherweise recht komplexen Infrastruktur, die ihnen auf anderen Ebenen der Systembildung vorgegeben wird. Wie immer durch einen Unterbau ermöglicht und wie immer psychisch, neurophysiologisch, chemisch oder sonstwie analysierbar: in sozialen Systemen fungieren Handlungen als nicht weiter zerlegbare Einheiten, die ihre Identität erst durch Zurechnung auf einen Handelnden gewinnen[31].

Dadurch, daß ein System seine Elemente temporalisiert, ist es genötigt, auch den Zusammenhang dieser Elemente zu temporalisieren, das heißt: sich in Prozeßform zu konstituieren. Damit ist nicht gesagt, daß soziale Systeme nichts weiter sind als eine Summe

30 Hierzu Niklas Luhmann, Weltzeit und Systemgeschichte, in ders., Soziologische Aufklärung Bd. 2, Opladen 1975, S. 103-133; ders., The Future Cannot Begin: Temporal Structures in Modern Society, Social Research 43 (1976), S. 130-152; Otthein Rammstedt, Alltagsbewußtsein von Zeit, Kölner Zeitschrift für Soziologie und Sozialpsychologie 27 (1975), S. 47-63.

31 Vgl. Talcott Parsons, The Structure of Social Action, New York 1937, S. 43 ff.

von Prozessen; wohl aber, daß alles, was in sozialen Systemen vorkommt, auch auf Prozesse verweist.

Die in den Sozialwissenschaften periodisch wiederkehrende Betonung des Prozeß-Aspekts ist typisch Ausdruck einer Protesthaltung, die entweder die normativen Prämissen oder die analytischen Kategorien vorherrschender Theoriemuster ablehnt[32]. Sie hat nicht zu einer ausreichenden Klärung des Prozeßbegriffes geführt[33]. Der hier angebotene Theorieansatz legt es nahe, den Prozeßbegriff nicht als Grundbegriff zu formulieren, sondern Prozesse als kombinatorische Leistungen zu betrachten, die in Systemen erbracht werden müssen, wenn sie Elemente temporalisieren und ihre Relationen darauf einstellen müssen. Die Einheit eines Prozesses ist in jedem Falle eine schon hochaggregierte Einheit, eine Form geraffter und selektiver Informationsverarbeitung, die nur gewählt wird, wenn das System Gründe hat, sich an solchen zeitübergreifenden, Zeit in Anspruch nehmenden Einheiten zu orientieren. Dabei gibt es offensichtlich präferierte und nicht präferierte Perspektiven. So wird es leicht fallen, das Wandern einer Dame durch die Geschäftsstraßen einer Innenstadt von Schaufenster zu Schaufenster als Prozeß zu begreifen. Es ist weniger üblich, einen Pelz im Schaufenster als Prozeß zu begreifen insofern, als er unterschiedliche Damen nacheinander anlockt und veranlaßt, stehenzubleiben. Dabei könnte für bestimmte Absichten im System der Pelzprozeß interessanter und aufschlußreicher sein als der Damenprozeß. Der Pelzprozeß reduziert vermutlich Komplexität schärfer als der Damenprozeß, so daß Pelzprozesse untereinander auch sinnvoller vergleichbar sind als Damenprozesse.

Geht man dem Unterschied dieser beiden Denkangebote weiter

32 Vgl. z. B. den Tagungsband Social Process: Papers presented at the Twenty-sixth Annual Meeting of the American Sociological Association, Washington Dec. 28-31, 1932, Chicago 1933. Siehe auch Evon Z. Vogt, On the Concepts of Structure and Process in Cultural Anthropology, American Anthropologist 62 (1960), S. 18-33; Alvin Boskoff, Process-Orientation in Sociological Theory and Research: Untasted Old Wine in Slightly Used Bottles, Social Forces 50 (1971), S. 1-12; Anthony J. Elger, Industrial Organizations – A Processual Perspective, in: John B. McKinlay (Hrsg.), Processing People: Cases in Organizational Behaviour, London 1975, S. 91-149.

33 Vgl. aber bemerkenswerte Anregungen bei Paul Ridder, Bewegung sozialer Systeme: Über die endogene Erzeugung von Veränderungen, Kölner Zeitschrift für Soziologie und Sozialpsychologie 26 (1974), S. 1-28; ders., Messung sozialer Prozesse, Soziale Welt 27 (1976), S. 144-161.

nach, so stößt man auf ein wesentliches Merkmal, das für den Begriff des Prozesses ausschlaggebend sein dürfte. Im Damenprozeß ist an der räumlichen Struktur der Bewegung leicht ablesbar, wie die Einzelereignisse einander bedingen oder zumindest nahelegen. Die Wahl eines Weges macht die Wahl anderer unwahrscheinlich. Der Prozeßeindruck verdichtet sich, wenn auch die Wahl eines Schaufensters die Wahl anderer wahrscheinlicher bzw. unwahrscheinlicher macht. Der Prozeß ist leichter erkennbar in dem Maße, als man bestimmte Absichten oder bestimmte Suchinteressen unterstellen kann; er wird dann »verständlich«. Aber man wird auch aus der bloßen Sequenz, wenn sie genügend Komplexität reduziert, solche Leitfäden der Interpretation als Einheit erschließen können. Der Pelzprozeß hat dagegen, um solche Tendenzsicherung und Selektivitätsverstärkung produzieren zu können, zu wenig Komplexität. Oder er ist zeitlich zu wenig verdichtet, zu wenig mit Ereignissen besetzt, als daß sie aufeinander Einfluß nehmen könnten. Es wäre erst dann Prozeß im eigentlichen Sinne, wenn das Stehenbleiben einer Dame Bedeutung dafür gewönne, ob andere Damen stehenbleiben oder vorübergehen.

Prozesse sind demnach nicht einfach Faktenreihen. Von Prozeß sollte nur gesprochen werden, wenn die *Selektion* eines Ereignisses die *Selektion* eines anderen mitbestimmt. Dabei braucht nicht an kausales Bewirken gedacht werden. Es genügt, wenn durch ein Ereignis der Möglichkeitsspielraum für folgende so erheblich eingeschränkt wird, daß Relevanz spürbar wird[34]. Das kann Einschränkung von Möglichkeiten im Laufe des Prozesses bedeuten[35], aber auch Aufbau und Erweiterung von Möglichkeiten (z. B. Sparen), und unter Umständen beides zugleich. Charakteristisch ist also, daß die Selektivität der Ereignisse selbst den Prozeß betreibt. »Wer A sagt, muß auch B sagen« – und zwar *muß* er dies deshalb, weil der Anfang kontingent war: weil er A *nicht sagen mußte*, sondern sich selbst eingeschränkt hatte.

Ein Prozeß entsteht mithin, wenn Ereignisse aufeinander folgen und sich in ihrer Selektivität aufeinander beziehen. Die Einheit trotz zeitlicher Distanz ist demnach nur über Kombination von

34 Ereignisse haben mithin in Prozessen füreinander eine ähnliche Funktion wie Strukturen für Prozesse: Limitierung des Möglichen, Tendenzgebung, Entscheidungserleichterung.

35 Vgl. z. B. Neil J. Smelser, Theory of Collective Behavior, New York 1963.

Selektivitäten erreichbar und erfordert also eine Mitberücksichtigung dessen, was *nicht* geschieht. Prozeßbildung setzt in mehr als einer Hinsicht Systembildung voraus: (1) für die Erhaltung von Komplexität, die zu selektiver Relationierung ihrer Elemente gezwungen ist; (2) für die Temporalisierung der Elemente und die damit verbundenen Relationierungsgewinne; und (3) für die eigentliche Prozeßkonstitution, für die hinreichende Verdichtung des Zusammenhangs selektiver Ereignisse in der Zeit. Nur der letzte Gesichtspunkt ist zum Teil eine Frage der subjektiven Interpretation; denn es kann unterschiedliche Kriterien, Interessen oder auch Erkenntnistechniken geben, mit deren Hilfe Prozeßtendenzen sichtbar gemacht werden können und einleuchten.

VI.

Dieser Prozeßbegriff macht schon deutlich: Komplexität läßt sich nicht einfach dadurch temporalisieren, daß man einen Wechsel der momentan aktualisierten Relationen für möglich hält. Es ist, mit anderen Worten, nicht schon der vorgestellte Zeithorizont selbst, der Komplexität temporalisiert. Zusätzlich sind Limitierungen des Möglichen erforderlich, damit überhaupt sinnvolle Anschlüsse erkennbar werden. Das unterscheidet chaotische Systeme, in denen in jedem Augenblick alles anders werden kann und der Weg keines Elements von einem Platz zum anderen absehbar ist, von solchen mit geordneter temporaler Komplexität[36]. Nur bei geordneter temporaler Komplexität kann zum Beispiel die Wahl der Relationen, auf die ein Element sich einläßt, abhängig gemacht werden von den Relationen, die ein anderes Element aktualisieren wird. Nur ein solches System kann eine Ordnung aufbauen, die sich durch die Vergegenwärtigung ihrer Zukunft determinieren läßt.

Aufbau bestimmter Komplexität erfordert also zunächst eine Reduktion unbestimmter Komplexität, nämlich Einschränkung eines beliebigen Wechsels der Relationierungen. Damit ist indes noch nicht gesagt, welche Restriktionen sich bewähren. Einer der sowohl für die Evolutionstheorie als auch für die Lerntheorie wichtigsten Gesichtspunkte ist: die Abfolge von Ereignissen so einzuschränken, daß dadurch Kapazität aufgebaut wird. Die Limitierung

36 Siehe Pringle a. a. O., S. 184.

des Möglichen wird dann unter dem Gesichtspunkt der Erweiterung des Möglichen gewählt, Komplexität wird um der Vergrößerung willen reduziert. Berühmte Beispiele sind: Verzicht auf die gewaltsame Durchsetzung der natürlichen Rechte um einer immensen Vermehrung der vertraglichen, positiven, artifiziellen Rechte willen. Oder: Verzicht auf sofortigen Konsum um der Kapitalbildung willen. Beides erfordert Zeit und zusätzlich soziale Mechanismen, die eine ausreichende Ankettung der Zukunft an die Gegenwart in der Gegenwart schon garantiert. Auch die Pädagogik der zweiten Hälfte des 18. Jahrhunderts folgt diesem Muster und nimmt entsprechende Züge an: (1) Offene Steigerungserwartungen in bezug auf die Zukunft des Menschen (Perfektibilität), (2) Problematisierung und Kritik der gegenwärtigen Verhältnisse als status quo, von dem man auszugehen hat, in dem man aber nicht ruhen kann, und (3) methodische Selbstdisziplin als Weg in die Zukunft. In dem Maße, als die moderne Gesellschaft eine solche Chancensteigerung und Einschränkungen um ihretwillen in Aussicht nimmt, werden Steigerungsmechanismen auf den status quo, die historische Gegenwart und damit auf den Menschen bezogen. Die Einordnung der Zeit in ontologische und religiöse Kosmologien wird aufgehoben und Religion hat allenfalls noch die Funktion zu gewährleisten, daß das Ende der Ketten, an denen alles hängt, unsichtbar bleibt[37]. Der Zusammenhang von Restriktion und Steigerung des Möglichen kann nur als ein zeitlicher erfahren und betrieben werden, trägt sich dann aber, abgesehen von Letztbegründungen, selbst.

Die Erfordernis der Restriktion des Möglichen zur Erweiterung der Möglichkeiten läßt sich verdeutlichen an Hand einer weiteren Überlegung: In dem Maße, als Systemkomplexität temporalisiert werden kann, gewinnt ein System *neue Formen der Generalisierung*. Es kann dann simultan bereitgehaltene Spezialisierungen zurückentwickeln und durch multifunktionale Einrichtungen ersetzen, die nur auf höchsten Aggregationsstufen funktional spezifiziert sind, im übrigen aber von einer Funktion auf eine andere umgeschaltet werden können, ohne dabei an eine bestimmte Reihenfolge gebunden zu sein. Mehrstufige multifunktionale Genera-

37 Vgl. Jacques Necker, De l'importance des opinions religieuses, London – Lyon 1788, zitiert nach: Œuvres complètes, Paris 1821 Bd. 12, S. 55 f.

lisierungen können parallel wirkende Spezialisierungen teils ersetzen, teils beibehalten und koordinieren. Im letztgenannten Falle entwickelt das System für Zwecke der Koordination[38] Zentraleinrichtungen, die mit temporalisierter und nicht vorweg sequentialisierter Komplexität arbeiten und von da her Anforderungen der Elastizität und Leitbarkeit an ihren Unterbau stellen. Aus dem Bereich der Organismen ist das Gehirn hierfür ein gutes Beispiel, aus dem Bereich sozialer Systeme das Geld.

Das zuletzt genannte Beispiel mag, da zu vermuten ist, daß es für die Entwicklung der Semantik des neuzeitlichen Zeitbewußtseins erhebliche Bedeutung besitzt[39], einigen Anschlußüberlegungen als Leitfaden dienen. Geld ermöglicht summenförmig begrenzte und nicht funktionsspezifisch gebundene zentrale Generalisierungen. Diese machen optisch wegen der Summenkonstanz zunächst einen statischen Eindruck. In Wahrheit sind sie jedoch temporalisiert in der Weise, daß »Geld arbeiten muß«, um seinen Wert zu gewinnen und zu behalten. Der Zins mißt diese zeitliche Relevanz des Geldes, und er läßt sich als Maß wiederum temporal komplexieren, indem es Sinn haben und Ordnungsfunktionen erfüllen kann, ihn steigen oder fallen zu lassen. Das Geld selbst ist dabei nur eine Koordinationseinrichtung für Ausgaben, seien es Konsumausgaben, seien es profitbringende Investitionen, seien es zinsbringende Kredite. Rational kann es in einer Geldwirtschaft nur sein, unter diesen Formen zu wählen, nicht jedoch: Geld als solches zu behalten.

Der Bezug auf Geld, und in dieser Funktion heißt es dann »Kapital«, ermöglicht die Disposition über Investitionen unter dem Gesichtspunkt der Höhe des Geldeinkommens. Diese übliche Auffassung muß jedoch präzisiert und von einer höheren Abstraktionslage aus reformuliert werden. Geld ermöglicht nämlich nicht nur die Kontrolle von Investitionen, es ermöglicht und erzwingt zuvor schon die Auffassung seiner Respezifikationen als Investi-

38 Koordination soll hier heißen, daß die selektive Begrenzung der Kontakte eines Elementes im Hinblick darauf gewählt wird, wie andere Elemente begrenzt sind. Der Begriff setzt nicht notwendigerweise eine Zweckvorstellung voraus.

39 Man denke nur an die Umstellung des Nahhorizontes der Zukunft von der Ernte auf den Tag der Lohnzahlung mit je unterschiedlichen Konsequenzen für Folgeerwartungen in Richtung auf die weitere Zukunft. Hierzu Lucien Bernot / René Blancard, Nouville: Un village français, Paris 1953, S. 321 ff.

tion. Genau hier hat die Marxsche Analyse ihr volles Recht. Hinter dem Rücken des »Kapitalisten« und von ihm nicht kontrollierbar gibt es eine Notwendigkeit zur Externalisierung. Einerseits kann sich in einer Geldwirtschaft keine einkommenswirksame Sach- oder Arbeitsform der Auffassung und Bewertung als Investition entziehen, und Arbeit ist hier nur ein sich selbst investierender Geldwert. Insofern veranlaßt wirtschaftliche Rationalität die Monetarisierung aller wirtschaftlichen Relevanzen unter dem Gesichtspunkt ihres Geldwertes, ihres Einkommenswertes, ihrer Reliquidierbarkeit. Andererseits ist liquides Geld von sich aus darauf angewiesen, investiert zu werden, und reliquidierbare Investitionen (einschließlich: von Arbeitskraft) stehen unter dem Druck des Vergleichs mit besseren Möglichkeiten.

Dieser Zwang zur Externalisierung und zur laufenden Variation ihrer Formen ist nun allerdings kein Anlaß zur Kritik des Kapitals, so wenig wie die Externalisierungen eines zentral gesteuerten Nervensystems Anlaß sein können zur Kritik des Gehirns. Man muß vielmehr sehen, daß dies Gesamtarrangement eine Auslagerung von Funktionen in die Umwelt ermöglicht. Ein so gesteuertes System kann sich von Selbstblockierungen in Spezifikationen befreien, ohne auf Spezifikationen zu verzichten. Es greift in seine Umwelt aus und formt dort Personen und Sachen so, daß sie an das System angeschlossen werden und nach seinen Steuerungsimpulsen funktionieren können. Damit wird auch die Temporalisierung der Komplexität von innen nach außen verlängert, sie bezieht die Lebensführung der Personen und den Verschleiß der Sachen ein und gewinnt daraus Informationen zurück, die das limitieren, was man mit einer begrenzten Summe Geld in einer begrenzten Zeit rational anfangen kann.

Diese Überlegungen haben weitreichende Konsequenzen für eine Geschichte der neuzeitlichen Technik und der neuzeitlichen Erziehung, die wir hier nur andeuten können. Vor allem die Technikgeschichte erscheint von hier aus nicht mehr nur als Abfolge stimulierender, aufeinander aufbauender Erfindungen und auch nicht nur als Ausdruck humaner Neugier oder Herrschsucht, sondern zunächst als Korrelat einer Veränderung der Systemform der Gesellschaft. Erst der sich entwickelnde und zugleich Wirtschaft als System ausdifferenzierende monetäre Mechanismus ermöglicht es, Funktionsfestlegungen zunehmend voraussetzungsvoller, indirekter, hochkomplexer Art in der Umwelt des Gesellschaftssystems zu erzeugen und zugleich intern diese Festlegungen als nur temporär zu behandeln und unter Gesichtspunkten der Rendite auszuwechseln. Ebenso stimuliert diese Entwicklung auch sich selbst, indem sie ihrerseits zur Universalisierung des Geldmechanismus beiträgt, ihm vor allem Arbeit jeder Art und Grundbesitz jeder Art subsumierend. Dies Gesamtarrangement nimmt in ganz anderer Weise Zeit in Anspruch als eine relativ starre und auf eine relativ konstante Umwelt bezogene Differenzierung der Rollen und Geräte, die simultan praktiziert werden; es nimmt Zeit für die Koordination der Zentralsteuerung und der Investitionen in Anspruch, was zugleich erfordert, daß die naturale Zeit abgehängt und eine Systemzeit generiert werden muß. Nicht zuletzt heißt dies, daß in gewaltigem Ausmaße ein Abräumbedarf entsteht bzw. Ruinen bleiben, aus denen sich die ökonomische Relevanz zurückgezogen hat.

Versuche, den Geldmechanismus an dieser Funktionsstelle durch Planung zu ersetzen oder nochmals zu überformen, werden diese Konstellation aller Voraussicht nach nicht ändern; sie werden auch nur unter dem Gesichtspunkt ihrer Verbesserbarkeit diskutiert. Sie werden die Externalisierungstendenz des Systems mitsamt dem prekären, temporären Charakter seiner Verknüpfung mit selbstinduzierten Umweltzuständen nicht aufheben. Sie werden Zeit nicht renaturalisieren können.

VII.

Wir sind damit bereits in die Analyse von Gesellschaftssystemen übergetreten. Für die allgemeine Theorie sozialer Systeme ist die Theorie des Gesellschaftssystems ein Sonderfall, allerdings ein Sonderfall, der zugleich besondere Relevanz für alle sozialen Systeme beanspruchen kann. Die zunächst allgemein skizzierten Zusammenhänge zwischen Komplexität und Zeit müßten sich demnach auch und vor allem am Gesellschaftssystem nachweisen lassen. Wir gehen nicht so weit, auch nur zu überlegen, ob kulturell unterschiedliche Vorstellungen über Zeit und Geschichte eine ausschlaggebende Bedeutung besessen haben könnten für die differentielle Gesellschaftsentwicklung im neuzeitlichen Europa, verglichen mit anderen Hochkulturen[40]. Wir fragen statt dessen, wie das europäische Gesellschaftssystem der frühen Neuzeit durch Veränderungen seines Zeitbewußtseins auf eigenen strukturellen Wandel reagiert und damit semantische Bedingungen für die Verarbeitung von Erfahrungen schafft, die ihrerseits die Transformation der Gesellschaft weiterführen können.

Aus unserem allgemeinen systemtheoretischen Ansatz läßt sich die Hypothese ableiten, um deren Verifikation es im folgenden geht: daß komplexer werdende Gesellschaften ihre Komplexität stärker temporalisieren und ihre Zeithorizonte entsprechend ausweiten, ja ihre Zeitbegriffe entsprechend ändern müssen, weil es zunehmend unumgänglich wird, Komplexität im Nacheinander zu ordnen. Zwar bauen alle sozialen Systeme auf Handlungen auf, bilden Abfolgen von Handlungen und verwenden insofern temporalisierte Komplexität. Aber sie denken sich dies zunächst als Bewegung in einer ringsum unbewegten Welt und denken Zeit insofern als Maß der Bewegung im Hinblick auf ein Früher und ein Später. Erst sehr komplexe Gesellschaftssysteme scheinen dazu genötigt zu sein, temporalisierte Komplexität als Form ihrer Struktur überhaupt anzuerkennen und alle Einschränkung des Möglichen auf Zeit zu basieren.

Die Komplexität eines Gesellschaftssystems hängt vor allem von seiner Differenzierungsform ab. Je nach dem, unter welchen Gesichtspunkten die primäre Differenzierung des Systems, die Differenzierung einer ersten Schicht von Teilsystemen, eingerichtet wird, gibt es innerhalb eines Gesellschaftssystems weniger oder mehr Anlaß zu verschiedenartigem Handeln; denn Differenzierungen und Differenzierungen innerhalb von Differenzierungen ermöglichen erst die Konstitution von voraussetzungsreicheren Handlungstypen. Immer beruhen Gesellschaftssysteme letztlich auf Handlungen als ihren Elementen und sind sich insofern gleich. Insofern sind sie auch, wie alle sozialen Systeme, immer schon temporalisierte Systeme. Gesellschaften wären nicht möglich, wenn die Teilnehmer sich nicht vorstellen würden, daß Handlungskonstellationen sich von Situation zu Situation ändern. Damit ist

40 Diese Frage stellt sich zum Beispiel Joseph Needham, Time and Knowledge in China and the West, in: J. T. Fraser (Hrsg.), The Voices of Time, London 1968, S. 92-135 (128 ff.). Er kommt zu einer verneinenden Antwort.

jedoch nicht bestimmt, wie und in welchen Formen das gesellschaftliche Bewußtsein diesen Erfordernissen folgen kann[41]. Das Analysevermögen, das für eine Vollbeherrschung gesellschaftlicher Komplexität erforderlich wäre, steht nicht zu Verfügung. Die im gesellschaftlichen Leben benutzten Situationsdefinitionen arbeiten mit groben Reduktionen und Aggregationen etwa auf Rollen oder auf Personen hin. Erst sehr erhebliche, strukturell bedingte und evolutionär praktisch irreversible Komplexitätssteigerungen erzwingen die Ausdifferenzierung einer Semantik, die mehr und mehr unabhängig vom fungierenden Alltagsbewußtsein Konsequenzen gesellschaftlicher Strukturentscheidungen nachzuzeichnen vermag. In der neueren Zeit ist es der Übergang zu funktionaler Gesellschaftsdifferenzierung, der wahrscheinlich auch das Alltagsbewußtsein, jedenfalls aber die gepflegte Semantik dazu zwingt, sich auf eine andersartige Problematik und damit eine andersartige Typik von Zeitverhältnissen einzustellen.
Allgemein leitet uns die Hypothese, daß erst funktionale Differenzierung die Gesellschaft so komplex macht, daß die Zeitlichkeit ihrer Komplexität, das heißt ihrer Elemente und ihrer Relationen, also aller ihrer »Sicherheiten«, sich dem gesellschaftlichen Bewußtsein unausweichlich aufdrängt und die Semantik des Temporalbewußtseins entsprechend adaptiert werden muß. Funktionale Differenzierung bedeutet nämlich, daß funktionsspezifische Handlungssequenzen über längere Zeitstrecken hinweg aufgebaut und durchgehalten werden müssen, die untereinander nicht mehr ohne weiteres synchronisiert werden können und die sich auch nicht in den täglichen oder wöchentlichen oder jährlichen Lebensführungsrhythmus der Einzelperson eingliedern lassen. Die Zeit läßt sich dann nicht mehr am Leben der Personen erfahren und im Gang vom Morgen zum Abend oder von der Geburt zum Tod ordnen; sie läßt sich dann auch nicht mehr denken als Dauer (des Lebens, der Welt) oder als sich selbst wiederholender Kreis. Sie wird eine Art Abstraktion des Zwanges zur Ordnung schlechthin.
Eines der eindrucksvollsten frühen Beispiele hierfür ist die Ausgliederung der mönchischen Lebensführung speziell unter Zeitgesichtspunkten, die erforderlich wurde, weil das »timing« des Religionssystems mit seinem Rhythmus vorgeschriebener Aktivitäten

41 Vgl. die Einleitungsstudie: Gesellschaftliche Struktur und semantische Tradition.

als Normalverhalten aller nicht mehr zumutbar war[42]. Die mönchischen Lebensregeln und ihre zeitplanmäßig festgelegte Frömmigkeit erforderten das Kloster, sie waren mit der vita activa der weltlichen Lebensführung nicht mehr synchronisierbar. Dies lag nicht zuletzt an der unelastischen Terminierung. Aber die Bemühungen des 17. Jahrhunderts um weltliche Frömmigkeit, um Verzicht auf den Zusammenhang von visio Dei und pietas und um weniger rigoristische, weniger zeitfixierte, für jedermann durchhaltbare, nach »innen« verlegte Maximen zeigen sehr bald ihre Grenzen: Die Versuche, das tägliche Leben vom Aufstehen bis zum Zubettgehen mit einer Begleitrhythmik religiöser Gedanken, Gebete, Besinnungen zu durchsetzen[43], erweisen sich als unrealistisch. Man sieht, daß man Religion in einer anderen, nicht verschwindenden Gegenwart festhalten muß, die zugleich Unbezweifelbarkeit der Zukunft (nicht: bloße Hoffnung!) und Gewißheit des Gewesenen (der Offenbarung) sicherstellt[44]. Aber diese Gegenwart läßt sich nicht mehr den Sequenzen des Alltagslebens synchronisieren, wenn diese zunehmend unter eigene Zeitrücksichten geraten. Das Festhalten an Gegenwart als Zeitmodus für religiöses Bewußtsein, als einzig möglichem Ort des Kontaktes mit der Omnipräsenz Gottes, nimmt eine gespannte, fast kontrafaktisch behauptete Form an[45]; die Präsenz des Religiösen bekommt einen unmerklich sich

42 Zu Problemen der Konzeptualisierung und symbolischen Darstellung dieser Differenzierung entlang der Unterscheidung vita activa / vita contemplativa und der Unterscheidung eines verschiedenen *Status* von *Personen* vgl. Kenneth E. Kirk, The Vision of God: The Christian Doctrine of the Summum Bonum, 2. Aufl. London 1932.

43 Am Beginn dieser Bewegung hatte Franz von Sales (Introduction à la vie dévote, zuerst 1609, ch. III) nur die Notwendigkeit gesehen, Formen der Devotion nach Maßgabe der Berufe und Lebenslagen sachlich zu differenzieren und Zeitprobleme überhaupt nicht aufgeworfen; sie werden erst mit späteren Übertreibungen evident. Gute Beispiele für die Eindringlichkeit und Aufdringlichkeit solcher Vorschläge: Nicolas Caussin, La Cour Sainte, Paris 1630, S. 839 ff.; Thomas Gouge, Christian Directions. Shewing how to walk with God All the Day long, geschrieben 1660, zitiert nach der Auflage London 1690; Lewis Bayly, The Practice of Piety, London 1669, zit. nach der frz. Übers. der 2. Aufl., La Practice de Pieté, Paris 1676.

44 »Car la Religion ne se fonde pas sur ce futur incertain, qui amuse la pluspart des hommes, mais sur un futur asseuré qui nous est promis dans l'Escriture saincte«, – so Jean François Senault, De l'usage des passions, Paris 1641, S. 306.

45 In einem Brief Pascals an Mademoiselle de Roannez (Dez. 1656, zit. nach Œuvre, éd. de la Pléiade, Paris 1950, S. 294) hießt es: »Le présent est le seul temps qui est

verändernden Sinn. Im 17. Jahrhundert konnte man die Bedingungen frommer Lebensführung noch als *Dauergebot* formulieren, in der Mitte des 18. Jahrhunderts ist es unabweisbar geworden, daß solche Religion sich mit *gelegentlicher* Aufmerksamkeit begnügen muß, wie beklagenswert immer dies für die wichtigste Angelegenheit menschlichen Lebens auch ist[46]. Der Rang einer Funktion kann ihr gesamtgesellschaftlich gesehen keine permanente Beachtung und wohl nicht einmal mehr zeitliche Priorität verschaffen.

Jedenfalls ist es undenkbar, daß alle Funktionsbereiche der Gesellschaft zusammen, die sich in ihrer Eigenprägung zunehmend ausdifferenzieren, ihre eigene Zeitrhythmik dem Tageslauf in ähnlicher Weise oktroyieren. Funktionssysteme müssen einerseits abstrakter in Zeitdistanzen kalkulieren, wie sie für Zinsen und Investitionsberechnungen, politische Wahlen oder Prozeßfristen des Rechtssystems, für die Abfolge der Jahrgangsklassen und ihrer Curricula im Erziehungssystem usw. bedeutsam sind; und sie können andererseits trotz dieser Abstraktion auf eine einzige, meßbare Zeit hin ihre Aktivitäten zeitlich nicht synchronisieren: Die Steigerung und gleichzeitige Lähmung der Aktivitäten im politischen System vor den Wahlen hat als solche keine juristische, keine wirtschaftliche, keine pädagogische Relevanz und hat trotzdem Auswirkungen auf diese und andere Funktionssysteme. Damit wird die Kreissymbolik, die sich in der alten Welt neben einer linearen Zeitvorstellung entwickelt hatte, entbehrlich. Ihre Funktion war es gewesen, die Konstanz der Wesensformen zu symboli-

véritablement à nous, et dont nous devons user selon Dieu. C'est là où nos pensées doivent être principalement comptées. Cependant le monde est si inquiet, qu'on ne pense presque jemais à la vie présente et à l'instant où l'ont vie; mais à celui où on vivra. De sorte qu'on est toujours en état de vivre à l'avenir, et jamais de vivre maintenant.« Als entsprechende Weisheit aus dem höfischen Leben (›le present ne contente personne‹ usw.) vgl. de Bourdonné, Le courtisan desabusé, ou les pensées d'un gentilhomme, 1659, Neuauflage Paris 1695, S. 80 ff.

46 Ein etwas ausführlicheres Zitat kann die Stimmungslage angesichts dieser Temporalisierung des Religionsbezugs gut verdeutlichen: »Il est rare que dans le cours de la vie on lui (der Religion) rende constammant le respect qui lui est dû; qu' on ne le laisse à l'écart comme importune; ou qu'on ne la traite comme ces gens qu'il faut voir quelque fois, mais qu'il est ennuyeux de voir toujours. – C'est là une contravention à ses loix fondamentales, qui la détruit visiblement, avec laquelle il doit paroître impossible qu'elle puisse se conserver dans les coeurs, qui sont son véritable empire; puisque elle cesse d'être, dès qu' elle cesse d'être aimée.« (so Jacques Pernetti, Conseils de l'amitié, 2. Aufl. Frankfurt 1748, S. 5 f.).

sieren und darzustellen, daß das Wesentliche dem Zugriff der Zeit entzogen blieb[47]. Aber diese Konstanz verliert ihren Sicherheitswert, wenn die gesellschaftlichen Funktionen und Funktionszeiten ohnehin relativierend wirken. Dann bleibt die lineare Zeit konkurrenzlos übrig, und auf ihr gewinnt der Zeitpunkt den Charakter der historischen Einmaligkeit. Die Orientierung an einer die Zeit des irdischen Lebens einbeziehenden Ewigkeit (aeternitas) tritt zurück[48].

Belege dieser Art zeigen: Wenn die Differenzierungsform der Gesellschaft sich ändert, wird sich auch die Art und Weise ändern müssen, in der Zeit in Anspruch genommen wird. Sobald Realisationen der neuen Formtypik durchgesetzt sind und in ihren Folgen zur Erfahrung werden, wird man deshalb auch Veränderungen in der Semantik des Temporalbewußtseins erwarten müssen. Die Semantik, die Temporalstrukturen abbildet, ist sozusagen das Grobraster, das die Übersetzung gesellschaftsstruktureller Veränderungen auf die Strukturebene der Elemente und Relationen steuert; und erst sekundär gibt es eine darauf bezogene Theorie der Handlung, der Interessen, der Repression. Dabei stellen grundlegende Veränderungen nicht nur den Begriff der Zeit zur Disposition, sondern können im Zusammenhang damit auch zur Temporalisierung von vorher überhaupt nicht zeitbezogen begriffenen Sachverhalten führen.

VIII.

Wenn es zutrifft, daß ein Wechsel der Differenzierungsform ein Gesellschaftssystem und mit ihm auch seine Umwelt komplexer

47 Einen treffenden Beleg finde ich in einem Zitat aus Edmund Spensers »Faerie Queen« (7. 7. 58) bei A. Kent Hieatt, Short Time's Endless Monument: The Symbolism of Numbers in Edmund Spenser's Epithalamion, New York 1960, S. 50. Es lautet:

»I well consider all that ye have sayd
And find all things stedfastnes doe hate
And changed be: yet being rightly wayd
They are not changed from their first estate;
But by their change their being doe dilate:
And turning to themselves at length againe,
Doe work their owne perfection to by fate:
Then over them change doth not rule and raigne;
But they raigne over change, and do their states maintaine«.

48 Vgl. auch Hans Meyerhoff, Time in Literature, Berkeley 1960, S. 89 ff.

macht und wenn die zunehmende Komplexität zunehmend auch eine stärkere Verlagerung ins Nacheinander wechselnder Relationierungen erfordert, ist zu erwarten, daß solche Veränderungen in den Erfahrungen des gesellschaftlichen Lebens und in der sie fixierenden Semantik registriert werden. Aus der Theorie folgt auch der notwendige erste Schritt eines solchen Umstrukturierungsprozesses: Als Basis für eine verstärkte Inanspruchnahme von Zeit für ein geordnetes Wechseln von Relationierungen muß zunächst die *Gegenwart selbst verzeitlicht werden,* nämlich reduziert werden auf einen Umschaltpunkt, in dem Zukunft zur Vergangenheit wird. Nur eine derart punktualisierte Gegenwart gibt die Zeithorizonte Vergangenheit und Zukunft für einen Wechsel der je aktualisierten Relevanzen frei. Nur dadurch wird alles, was ist, von der Zeit her gesehen, Ereignis. Und erst eine so punktualisierte Gegenwart wird konsequent zeitlich verstanden, nämlich von dem her, was Vergangenheit und Zukunft für den Umschaltvorgang bedeuten.

Der Bruch mit einer vorausliegenden Konzeptualisierung von Zeit ist historisch schwer zu lokalisieren, weil zu viele Aspekte variieren. Auch die antike Philosophie war in der Analyse von zeitlicher Bewegung auf das Problem des Zeitpunktes gestoßen: auf das Minimalelement des Zeitlichen oder auf den Punkt des Umschlags vom einen zum anderen. Sie hatte sich aber keinen anderen Rat gewußt, als den Zeitpunkt selbst als außerhalb der Zeit und damit als zeitlos zu denken[49]. Die Unterschiede in den Auffassungen können hier nicht referiert werden; es fehlt jedenfalls die Vorstellung, daß der Zeitpunkt eine Reduktion von Gegenwart ist, die so weit verkürzt, so weit minimiert werden kann, wie es zur Neuformierung von Vergangenheit und Zukunft aus der Perspektive von Ereignissen nötig ist[50]. Die Zeit wird auf ein ontologisches Schema (Teilung eines Ganzen, Seiendes als so oder anders) bezogen, aber nicht als selbstemergente Form der Sinnbestimmung begriffen.

Abgesehen von diesen Festlegungen der Philosophie, die die Punktualisierung der Gegenwart im Unbegreiflichen hatten versickern lassen, hielt auch die Sprache den vorausliegenden älteren Zustand

49 Vgl. Plato, Parmenides 156 D-E; Aristoteles, Physica 218a 6-8. Vgl. dazu Werner Beierwaltes, 'εξαίφνης oder: Die Paradoxie des Augenblicks, Philosophisches Jahrbuch 74 (1967), S. 271-283.

50 Vgl. oben S. 241 ff. zum Ereignisbegriff.

noch fest. Unter praesens, présent, Gegenwart hatte man zunächst Anwesenheit verstanden im Sinne von Realpräsenz dessen, was erscheint. Auch später gebildete Begriffe wie temps présent oder die Metaphorik, mit der Herder den Zeitgeist ausstattet, suggerieren noch erfahrungsmäßig und kommunikativ faßbare Realität. Der Begriff der Gegenwart war nach dem Begriff der Nähe modelliert. Er konnte sich, so gefaßt, von der unbestreitbaren Dauer der anwesenden Dinge nicht lösen und war dadurch im Bestand der Welt verankert. Schon in der Antike ergab sich zwar, und wir vermuten auch hier einen Zusammenhang mit gesellschaftsstruktureller Differenzierung, eine semantische Ambivalenz durch Übertragung von Raumbegriffen auf Zeitverhältnisse[51], aber man wird davon ausgehen dürfen, daß der Anwesenheitscharakter der Gegenwart überwog, jedenfalls unaufgebbarer Bestandteil der Welterfahrung blieb bei aller Anerkennung der varietas temporum. Die Auffassung, Gegenwart sei nichts anderes als ein winziger Moment der Umschaltung vom »noch nicht« ins »nicht mehr«, wäre am Widerspruch der Dinge gescheitert.

Die Dinge, ihre Arten und Formen, ihr wiederkehrendes Wesen hielten sozusagen die Zeit an sich fest. Varietät, Abwandlung, Verfall konnte nur an ihnen erscheinen, sie wurden einer Einheit und Uniformität des Seins zugedacht als deren Vielfalt. Varietas und diversitas konnten wie in einem Atemzuge genannt werden und setzten eine sie überdauernde Gegenwart voraus, die im alles umfassenden Ganzen, aber auch im an sich zeitlosen (zeitstreckenlosen) Zeitpunkt zum Ausdruck kommen konnte. Bei dieser Prominenz von Gegenwart wurde Zeit als *Vergänglichkeit* erfahren und ließ sich im Kontrast zu der eigentlich wünschenswerten Dauer an der Veränderung der Verhältnisse, an Verfall, Zerstörung, Tod symbolisieren. Vor allem war, wenn man von einer endlichen Zeitspanne des Kosmos ausging, die Vorstellung einer allmählich sich erschöpfenden Zukunft unausweichlich. Das scheint auch für andere Hochkulturen charakteristisch gewesen zu sein[52]. Auch für

51 Vgl. die weit zurückreichenden Analysen bei John G. Gunnel, Political Philosophy and Time, Middletown Conn. 1968. Ferner etwa Walter Freund, Modernus und andere Zeitbegriffe des Mittelalters, Köln – Graz 1957, z. B. S. 9.

52 Siehe für Indien z. B. Hajime Nakamura, Time in Indian and Japanese Thought, in: J. T. Fraser (Hrsg.), The Voices of Time, London 1968, S. 77-91. Zu Diskussionen

Europa läßt sich bis in die zweite Hälfte des 16. Jahrhunderts hinein die Stimmungslage des Zeitbewußtseins nicht anders kennzeichnen. Sie verstärkt zunächst das Verfallsbewußtsein, indem sie Sachprobleme auf Zeitprobleme überträgt. Ein typischer Beleg für dieses Denken ist die Beobachtung, daß Korruption nicht nur einmaliges Entgleisen ist als Abweichen vom Zweck, sondern ihrerseits erneuert wird und dadurch akkumuliert[52a]. Das ist noch sachbezogen gedachte, sozusagen ontologische Temporalisierung, die nichts Zeitspezifisches ins Spiel bringt. Aber dann setzt ein Transformationsprozeß ein, den man ganz grob als *Umwertung der Vergänglichkeit in Chancen der Erhaltung und Steigerung* bezeichnen kann[53]. Diese tiefgreifende Veränderung des Zeitbewußtseins kann als *semantisches* Korrelat des *strukturellen* Umbaus der Gesellschaft von stratifikatorischer in funktionale Differenzierung begriffen werden, wobei *Temporalisierung der Komplexität den Zusammenhang vermittelt.*

Die sichtbaren Anstöße für ein Umdenken liegen vermutlich nicht in den gesellschaftsstrukturellen Änderungen, sondern in der vorhandenen Semantik selbst. (Das entspricht unserer Hypothese, daß die Ideenevolution ihre Variationsmöglichkeiten aus dem vorhandenen Gedankengut, ihre Selektion dagegen aus gesellschaftsstrukturell bedingten Evidenzen und Plausibilitäten gewinnt)[54]. Ein deutlich erkennbarer Ausgangspunkt liegt in astronomischen Entdeckungen, die den Schluß aufdrängen, daß auch die Sternenwelt Veränderungen unterliegt, also *nichts* in der Welt der Veränderbarkeit entzogen ist[55]. Ein weiteres Auslösemotiv könnte gewesen sein: daß die Vergangenheit angesichts zahlreicher gegenwärtiger Konflikte in Religion und Philosophie als vieldeutig, heterogen und

über allmählich sich erschöpfende Zukunft siehe Stanislaw Schayer, Contributions to the Problem of Time in Indian Philosophy, Krakau 1938, S. 16 f.

52a Vgl. John Norden, Vicissitudo Rerum, London 1600, Neudruck London 1931, Strophe 45.

53 Vgl. Willi Flemming, Die Auffassung des Menschen im 17. Jahrhundert, Deutsche Vierteljahresschrift für Literatur und Geistesgeschichte 6 (1928), S. 403-446 (440 f.): An die Stelle der Betonung des Vergehens und Verwesens trete die Betonung der Aktualität und des Umbruchs als Merkmal der Zeitlichkeit.

54 Vgl. Gesellschaftliche Struktur und semantische Tradition, Abschnitt VI.

55 Siehe z. B. John Norden, a. a. O. Strophen 9,42; hierzu George Williamson, Mutability, Decay, and Seventeenth-Century Melancholy, Journal of English Literary History 2 (1935), S. 121-150.

unsicher erfahren wird[56]. Das mußte die Entscheidungslage in der Gegenwart verselbständigen. Zugleich wird aber die Gegenwart als Grundlage selbst verunsichert, da sie abgelöst von Zeitbezügen keinen eigenen Gehalt gewinnen kann. Die Zeit selbst nimmt viel stärker als zuvor Züge der Irreversibilität an, sie läßt sich nicht mehr aufhalten; die Sünde zum Beispiel läßt sich nicht einfach durch Buße und Gnadenzuspruch bereinigen, sondern nimmt einen weltbestimmten Weg. Gerade diese *Irreversibilität verkürzt die Gegenwart,* denn eine Gegenwart dauert so lange, wie man in ihr noch umdisponieren kann[57].

Im 16., spätestens im 17. Jahrhundert scheint damit eine punktualisierende Auffassung der Gegenwart Oberhand zu gewinnen[58]. Der Gedanke einer radikalen Reduktion auf momenthafte Gegenwart, wie er etwa für die Vorstellung von Liebe in einigen Gedichten von John Donne charakteristisch ist[59], *entwurzelt* das, was existentiell

56 So z. B. Don Cameron Allen, The Degeneration of Man and Renaissance Pessimism, Studies in Philology 25 (1938), S. 202-227.

57 Zur puritanischen Fassung dieses Problems vgl. John F. Lynen, The Design of the Present: Essays on Time and Form in American Literature, New Haven – London 1969, S. 29 ff.

58 Ich zitiere einen Beleg als Beispiel etwas ausführlicher. Er findet sich in Jean François Senault, De l'usage des passions, Paris 1641, S. 303 f.: »Le temps, qui mesure toutes les choses du monde, a trois differences, le passé, le present, et le futur; le present n'est qu'un point, il coule si promptement qu'on ne le peut arrester, on nous surprend en mensonge (siehe die Zitate John Donne in der folgenden Anm.) toutes les fois que nous voulons parler de luy, il n'entend jamais le commencement et la fin d'un mesme discours quand nous le pensons prendre pour témoin ou alleguer pour exemple, il nous échappe des mains, nous trouvons qu'il n'est plus present, et qu'il est desja passé«. Zur zeitlichen Einrahmung heißt es dann: die Zukunft sei undurchsichtig, die Vergangenheit sei unverfügbar – insgesamt also ein trostloses Bild, das auch die »prudence« nicht mehr kontrollieren kann. In eklatantem Widerspruch dazu wird jedoch an späterer Stelle (S. 416 ff.) »plaisir« als eine Sorte der Passionen gerade wegen seines Gegenwartsbezugs gefeiert und als Ruhe und Erfüllung charakterisiert. Kaum irgendwo ist so deutlich zu fassen, wie schwer es fällt, die Gesamtsemantik auf das veränderte Zeitbewußtsein umzustellen.

59 Vgl. etwa:

He is starke mad, who ever sayes,
that he has been in love an houre
Yet not that love so soone decayes
But that it can tenne in lesse space devour;
Who will beleeve mee if I sweare
That I have had the plague a year

gilt, *und nimmt ihm damit alle Anschlußmöglichkeiten in Richtung auf Vergangenes und Künftiges.* Das ist noch nicht eine Zeithorizonte interpretierende Gegenwart. Aber zugleich ist hier der Zeitpunkt schon nicht mehr Indikator des Überirdisch-Ewigen. Das Zeitproblem ist nicht mehr nur ein Problem der Varietät[60], es geht auch nicht nur um mehr und schnelleren Wechsel; es geht jetzt darum, daß sich Entscheidendes ändert auf Grund einer Gegenwart, die unfesthaltbar entschwindet und deshalb ihrerseits keine Garantie für Richtigkeit und Dauer mitgeben kann, sondern andere Dispositionen möglich und nötig macht[61]. Parallel hierzu gibt es mindestens seit der zweiten Hälfte des 16. Jahrhunderts in Europa Tendenzen, Erfahrungen mit der Unruhe und den Turbulenzen des gesellschaftlichen Lebens – the time is out of joint[62] – in eine neue Begrifflichkeit umzugießen. Da es Kriege, Religionsstreit, ökonomische Katastrophen, Aufstieg und Abstieg, Unsicherheit von Ansehen und Erfolg auch zuvor gegeben hat, wird man darin zwar motivationale Anstöße, nicht aber die eigentlichen evolutionären Bedingungen der Veränderung der Temporalstrukturen sehen müssen.

> Who wood not laugh at me, if I shoud say,
> I saw a flaske of powder burne a day?
>
> (aus The Broken Heart)

Oder:

> I cannot say I lov'd, for who can say
> Hee was killed yesterday
> . . . .
> Once I lov'd and dy'd; and am now become
> Mine Epitaphe and Tombe.
>
> (aus The Paradox)

Zitiert nach: John Donne, Complete Poetry and Selected Prose, Glasgow 1967, S. 35 und 52.

60 Obwohl auch dies! Siehe die Elegie »Variety« a. a. O., S. 91.

61 Now thou hast lov'd me one whole day,
To morrow when thou leav'st, what wilt thou say?
Wilt thou then Antedate some new made vow?
Or say that now
We ware not just those persons, which we were?

(aus Womans Constancy)

a. a. O., S. 4 f.

62 Hamlet 2 V 189. Gemeint ist damit vermutlich das Verhältnis von kurzer Zeit (Handlungszeit, Ereigniszeit) und langer Zeit. Vgl. auch Mable Buland, The Presentation of Time in Elisabethan Drama, New York 1912; Tom F. Driver, The Sense of History in Greek and Shakespearean Drama, New York 1960, S. 87 ff.

Das ausgehende 16. Jahrhundert kennt noch keine im eigentlichen Sinne zeitbezogenen Antworten auf das Problematischwerden der Zeit, und das Problem selbst wird ohne scharfe Trennung von zeitlichen und sachlichen Aspekten, von Wechsel und Vielfalt, Unruhe und Korruption gestellt[63]. Schon der Buchtitel von Louis Le Roy, De la vicissitude ou varieté des choses en l'univers ... macht das deutlich[64]. Entsprechend fallen die Konsequenzen aus: Le Roy selbst sieht eine gewisse Stabilität, Einheit und Konvenienz erreicht durch den Einfluß entgegengesetzter Kräfte[65]. Daraus zieht Thomas Smith eine Rechtfertigung gemischter, Extreme vermeidender Verfassungen[66]. Die zeitgenössische Neostoik zieht sich auf eine vernünftige Selbstregulierung des eigenen Handelns zurück. Auch Montaigne greift mit der These, alles sei in Bewegung einschließlich der Grundlagen für eigenes Urteilen und alles ändere sich von Moment zu Moment, auf antike Überlieferungen zurück[67]. Daß gerade dieser Griff in die Truhe der Weisheiten ihn und andere überzeugt, mag an zeitgenössischen Erfahrungen liegen. Immerhin: Der Ausweg, Selbstreflexion *schriftlich* zu fixieren und sogar *drucken* zu lassen, ist neu. Während die alte ratio vergeblich nach Beständigem Ausschau hält, meldet sich schon eine neue Orientierung, die ihre Sicherheit darin findet, daß sie sich selbst porträtiert und damit dauerhaft beschäftigt ist.

Einerseits spitzt sich mit all dem ein klassischer topos, das Bewußtsein der varietas temporum, der flight of times zu. Das erfordert zunächst keine begrifflichen Neuerungen, das hatte man schon

63 Vgl. ausführlich Victor Harris, All Coherence Gone: A Study of the Seventeenth Century Controversy over Disorder and Decay in the Universe, Chicago 1949, Neudruck London 1966, insb. S. 86 ff.; ferner Kathrin Koller, Two Elisabethan Expressions of the Idea of Mutability, Studies in Philology 35 (1938), S. 228-237.

64 Zitiert nach der Ausgabe Paris 1577.

65 A. a. O. fol. 5 f. Vgl. auch Norden a. a. O.

66 De Republica Anglorum, London 1583, zitiert nach der Ausgabe London 1906, Neudruck Shannon, Irland 1972.

67 Siehe z. B. Essais II, XII (éd. de la Pléiade, Paris 1950, S. 679 f.): »Finalement, il n'y a aucune constante existence, ny de nostre estre, ny de celuy des objects. Et nous, et nostre jugement, et toutes choses mortelles, vont coulant et roulant sans cesse. Ainsin il ne se peut establir rien de certain de l'un à l'autre, et le jugeant et le jugé estans en continuelle mutation et branle ... Ainsin, estant toutes choses subjectes à passer d' un changement en autre, la raison, y cherchant une réelle subsistance, se trouve deçeue, ne puvant rien apprehender de subsistant et permanent, par ce que tout ou vient en estre et n'est pas encore du tout, ou commence à mourir avant qu'il soit nay«.

immer gesagt und gewußt. Die Renaissance hatte das alte Thema übernommen und dem antiken Zeitbegriff nur die Merkmale des Alters und die Todessymbolik hinzugefügt[68] – eine Folge *ihrer* Beschäftigung mit *weit zurückliegenden* Taten und Autoren. So konnte Zeit als *Grund* des Werdens und des Vergehens ontologisiert werden[69]. Gegen Ende des 16. Jahrhunderts scheinen jedoch neue und radikalere Umstellungsmotive einzuströmen. Der contemptus mundi, die varietas, das Altern der Welt scheinen sich nun aus der ewig-unveränderlichen Ordnung, an der sie sich zeigen, herauslösen. Es geht nicht nur darum, daß das Veränderliche auf Kosten des Unveränderlichen zunimmt. Vielmehr wird allmählich die Gesamtstruktur von »Veränderlichkeit-in-einer-permanenten-Ordnung« verdrängt durch ein Denken, das die varietas zur Ordnungsbedingung aufwertet, das entsprechend die Frage von Kontinuität oder Diskontinuität zur Option stellt und die Option ihrerseits von Zeithorizonten abhängig macht.

Das ältere Denken hatte Verfall mit Hilfe einer eigentümlichen Selbstreferenz von Zeit begriffen: Die Zeit wendet sich auf sich selbst an insofern, als sie das, was sie der Dingwelt antut: Aufbauen und Zerstören, auch sich selbst antut[70]. Dieser Gedanke verliert jedoch an Bedeutung in dem Maße, als die Zeit abstrakter begriffen wird und sich zu öffnen beginnt für eine (nicht mehr durch die Zeit selbst bewirkte) Verbesserung der Verhältnisse.

Weil die Gegenwart nun zusammengezogen und auf Differenzen zwischen Zukunft und Vergangenheit eingestellt ist, wird die Frage, ob die Welt allmählich verfällt oder ob sie zu besseren Zuständen fortschreitet, zu einem Grundsatzproblem, das gegen Ende des 16. Jahrhunderts eine gut hundert Jahre währende Diskussion auslöst. Streitpunkte sind die Bewertung der antiken Autoren auf der einen und der modernen Leistungen in Wissenschaften

68 Vgl. etwa Erwin Panofski, Studies in Iconology: Humanistic Themes in the Art of the Renaissance, New York 1939, S. 69 ff.

69 Vgl. als ein deutliches Beispiel: Stephen Hawes, The Pastime of Pleasure (1555) Kap. XLIV, zit. nach der Ausgabe London 1846, Neudruck New York – London 1965, S. 212 ff.

70 »Tout ce qui est mesuré par le temps ne commence que pour finir, et le temps mesme qui envelope tout, est envelopé dans ses propres ruines, et en faisant couler toutes les choses, il se precipite d'un mesme flux dans le vaste abysme du neant« (Daniel de Priézac, Discours politiques, 2. Aufl. Paris 1666, S. 418).

und Künsten auf der anderen Seite. Die Formen der Polemik[71] zeigen deutlich, wie stark dieses Problem die Zeitgenossen reizt: Es geht nicht nur um Erkenntnis faktischer Trends, die ja von Sachbereich zu Sachbereich sehr verschieden ausfallen könnten. Das Problem wird globalisiert, weil es von einer historischen Gegenwart aus gestellt wird, die das Befolgen alter Denkmuster als Unterwerfung unter Autoritäten, das Vermehren und Verbessern dagegen als Vertrauen in die eigene Leistungsfähigkeit und Methodik erscheinen lassen. Darüber wird vorentschieden – und Verfall bzw. Fortschritt werden als Rahmenkonzepte benutzt, um diese Entscheidung zu stützen.

Folgt man der zuvor skizzierten Theorie eines Zusammenhanges von Komplexität und Zeit, ist leicht zu verstehen, weshalb die Transformation bei der Erfahrung von Gegenwart ansetzt und weshalb sie, so angesetzt, weitreichende Folgen auslöst. Wie um die Erfahrung zu summieren, daß alles anders werden kann, wird die Gegenwart auf den Augenblick zusammengezogen, der allein unbezweifelbar gewiß gelebt wird[72]. Nur das Sich-Ereignen selbst der Ereignisse kann als sicher erfahren werden, und was daran erfahrbar ist, ist das Vergehen als solches. Das »Jetzt« dieser Gegenwart gewinnt damit eine Eigenständigkeit, die weder über die Allgegenwart Gottes noch über die extratemporalen Kategorien, die das Sein dekomponieren, zugänglich ist[73], sondern nur (wie man später sieht) im historischen Prozeß selbst erreicht und verlassen werden kann.

Die höchst folgenreichen Formulierungen Descartes' in der dritten Meditation lauten: »Quoniam enim omne tempus vitae in partes innumeras dividi potest, quarum singulae a reliquis nullo modo dependent, ex eo quod paulo ante fuerim, non sequitur me nunc debere esse, nisi aliqua causa me quasi rursus creet ad hoc momen-

71 Siehe mit vielen Details Harris a. a. O. und Richard F. Jones, Ancients and Moderns: A Study of the Rise of the Scientific Movement in Seventeenth-Century England, 2. Aufl. 1961, Neudruck Berkeley – Los Angeles 1965.

72 Vgl. Georges Poulet, Etudes sur le temps humain 2 Bde., Paris 1950, 1952; ders., Fénelon et le temps, La nouvelle revue française 1954, S. 624-644.

73 Zu diesem Problem und seiner Unlösbarkeit in der Philosophie von Leibniz vgl. Nicholas Rescher, Logische Schwierigkeiten der Leibnizschen Metaphysik, in: Studia Leibnitiana Supplementa I, Akten des Internationalen Leibniz-Kongresses Hannover 1966, Bd. I, Wiesbaden 1968, S. 253-265 (256 ff.).

tum, hoc est me conservet«[74]. Damit wird die Zeit hilfsbedürftig; aus der Momenthaftigkeit der Gegenwart, die allein *sicher* erfahren werden kann, wird auf Unterbrechung der *Existenz* geschlossen (und nicht nur, wie im Mittelalter, auf Gefährdung und Erhaltungsbedürftigkeit der Wesensformen). Die beginnende Verzeitlichung der Gegenwart führt zunächst in die Fehlkonzeption einer anschlußlosen – und insofern wiederum zeitlosen – Gegenwart. Und es muß dann in Form einer Radikalisierung der Lehre von der creatio continua auf Omnipräsenz einer anderen, zeitlosen Gegenwart zurückgegriffen werden. Der Versuch führt auf das Konzept der dualen Gegenwart (aeternitas/tempus) zurück.

Das ist eine Übergangstheorie – sowohl in dem, was sie fortsetzt, als auch in dem, was ihr zu denken noch nicht möglich ist. Sie entlastet die Ideenevolution von Voraussicht, von Funktionsbewußtsein und damit auch von Kontingenz und bietet statt dessen nochmals eine direkte Absicherung in der Religion. Die Vorstellung einer historisierten Zeit, die sich selbst Kontinuität sichert, steht noch nicht zur Verfügung. Man kann doch kaum von dem, was noch nicht ist, irgendeine Art von Sicherheit erwarten! Einzig der momentane Gottesgehorsam scheint in dieser Lage Rettung zu bieten[75], und die Zeithorizonte stützen genau diese Intensivierung der Aktualität: Die Vergangenheit bietet, da sie bekannt ist, Grund für die Verehrung Gottes; die Zukunft, da unbekannt, Grund für Unterwerfung unter den Willen Gottes[76]. Parallel dazu führt die Verkürzung der Gegenwartssicherheit zur theoretischen Betonung des Interesses an Beharrung, an Persistenz, an conservatio sui als

74 Œuvres, éd. Charles Adam / Paul Tannery Bd. VII. Neudruck Paris 1973, S. 48 f. In französischer Übersetzung (Œuvres et Lettres, éd de la Pléiade, Paris 1952, S. 297): »Car tout le temps de ma vie peut être divisé en un infinité de parties, chacune desquelles ne dépend en aucune façon des autres; et ainsi de ce qu' un peu auparavant j'ai été, il ne s'ensuit pas que je doive maintenant être, si ce n'est qu'en ce moment quelque cause me produise et me crée, pour ainsi dire, derechef, c'est-a-dire me conserve«.

75 »Que nous devons principalement avoir en veue d'obéir à Dieu dans le moment present«, fordert Pierre Nicole, Essais de Morale, Bd. I, 6. Aufl., Paris 1682, S. 117, und diese Ausschaltung von Zeitrücksichten ist für ihn zugleich das beste Mittel der Ausschaltung jeglichen Eigeninteresses. Auf den gegenläufigen Zusammenhang von Eigeninteresse und Zeitbeständigkeit kommen wir unten (S. 282 ff.) zurück.

76 Essais de Morale a. a. O. Bd. I, S. 134 ff.

dynamisch-selektivem Prinzip[77]. Für diesen Überlegungskreis gilt es als möglich, über selektive Strategien Kontinuität zu erreichen. So stellt zum Beispiel die Ablehnung aller natürlichen (wenngleich korruptiblen) Teleologie des Handelns (Hobbes) jede natürliche Kontinuität in Frage und bringt das Handeln damit auf den Punkt, an dem es seine Kontinuität über Selbstverpflichtung auf Recht und Moral rekonstruieren muß.

Schließlich findet man, als Hintergrund für solche Möglichkeiten selektiven Kontinuierens bzw. Diskontinuierens die radikale Konsequenz der Notwendigkeit einer laufenden Neuschöpfung der gesamten Welt von Moment zu Moment. Die Einheit von Sein und Dauern, von Existenz und Perseveranz ist aufgehoben. Kein Wesen sichert mehr die Kontinuität von Moment zu Moment. Die Welt annihiliert sich in jeder Gegenwart und wird ebenso stetig immer wieder neu geschaffen; dies möglicherweise auch so, daß die Dinge an einer etwas anderen Raumstelle wiedergeschaffen werden, wodurch ein Eindruck von Bewegung entsteht, mit dessen Hilfe der Mensch dann Zeit lesen und messen kann. Dieser Prozeß des Annihilierens und Rekreierens, diese creatio continua läuft gewissermaßen unbemerkt und außerhalb der Realität ab; nimmt der Realität nichts weg und fügt ihr nichts hinzu[78]. Er ist daher auch der Wahrnehmungskontrolle entzogen. Es gibt mithin eine direkte Thematisierung des Problems; aber sie bleibt spekulativ, verlegt das Risiko in die Verantwortung des Schöpfers (der »Seine« Welt schon nicht im Stiche lassen wird) und endet in der voll kompatiblen Differenz von Zeit und Realität.

Allerdings erfahren die Menschen die Gegenwart keineswegs derart zersägt oder logisch hiatisiert, sondern eher als Aktualität des Wechsels, als Gleiten (Modewort glissement), als Passieren. Deshalb sehen die Autoren der ersten Hälfte des 18. Jahrhunderts das

77 Wichtige Beiträge hierzu und zum Gesamtkontext dieser Selbsterhaltungssemantik in: Hans Ebeling (Hrsg.), Subjektivität und Selbsterhaltung: Beiträge zur Diagnose der Moderne, Frankfurt 1976.

78 »Car on concoit (und der Autor beruft sich hier auf communis opinio) qu'au premier instant de sa création, un corps a toute la réalité qu'aura ce *même* corps dans une seconde création; et que dans cette seconde création, il aura toute la réalité qu'on peut lui supposer dans la troisième, en restant toujours la même; ainsi des autres créations successives.« (Abbé Joannet, De la connoissance de l'homme, dans son être et dans ses rapports, Paris 1775, Bd. 2, S. 308 Anm.).

Zeitproblem bei aller theologischen Rückversicherung durch creatio continua weniger in der Sprunghilfe Gottes für die Gesamtwelt, als vielmehr in der Disposition über das Neue von Moment zu Moment, wofür eher passive (Marivaux) und eher aktive (Vauvenargues) Konzepte in Konkurrenz liegen. Neuheit wird zur Überleitungsqualität, und Zeit wird als kontinuierlich erzwungene Neuheit erfahren, was der Vergangenheit ihre Bedeutung nimmt. Man verliert sich noch nicht romantisch in der Vergangenheit, man verliert die Vergangenheit selbst und sich selbst als Vergangenen, und dies ohne Bedauern, leichthin, ohne Zwang zur Kontinuität.
Daß eine solche Lehre aufkommt und Anklang findet, hat begriffs- und problemgeschichtliche, dann aber auch soziologische Relevanz. Unter der Aufsicht von Theologie und Metaphysik werden Zeit- und Bewegungsbegriffe auf eine nur noch momenthaft aktuelle Gegenwart umgestellt. Alles weitere ist dann Rekreation, Reproduktion, Rekonstruktion, Reformation, Revolution; was die Möglichkeit einschließt, die Realität so zu regenerieren, wie sie war, oder anders. So weit diese Frage zur Disposition steht, braucht man Kriterien, um sie zu entscheiden; soweit sie nicht zur Disposition steht, kann man kritisieren, daß sie nicht zur Disposition steht. Entsprechend entsteht die doppelte Möglichkeit einer negativen und einer positiven Moralisierung der Zustände, die ideologisch und politisch aufeinander treffen. So ist durchaus plausibel, daß jene Grundphänomene der Verzeitlichung, der Ideologisierbarkeit, der Politisierung und der Demokratisierung, von denen das Lexikon Geschichtliche Grundbegriffe[79] ausgeht, in den letzten Jahrzehnten des 18. Jahrhunderts nicht zufällig zusammenkommen. Ihr gemeinsamer Ausgangspunkt ist der Realitätsverlust der Gegenwart, über den die Gesellschaft sich selbst zwingt, Komplexität zu temporalisieren.

IX.

Auf der Grundlage älterer Zeitvorstellungen hatte man eine gegenwärtige Orientierung an vergangenen Erfahrungen und künftigen Möglichkeiten in relativ unbefangener Weise für möglich gehalten.

79 Vgl. die Einleitung von Reinhart Koselleck, in Geschichtliche Grundbegriffe: Historisches Lexikon zur politisch-sozialen Sprache in Deutschland Bd. I, Stuttgart 1972, S. XIII-XXVII (XVI f.).

Im Rahmen der prudentia-Lehre, in der Cicero als Quelle fungiert[80], wurde zum Beispiel der Unterschied von Tier und Mensch (und damit: die Lokalisierung des Menschen im Kosmos) mit Bezug auf die Zeitdimension formuliert. Das Tier (und ebenso der Mensch mit den niederen Sinnen und Passionen seiner animalischen Existenz) orientiere sich nur an der jeweiligen Gegenwart und führe eine entsprechend verkürzte Existenz; Menschen dagegen seien nach Maßgabe ihrer prudentia in der Lage, sich auch an vergangenen und künftigen Dingen, an Erfahrungen und Erwartungen zu orientieren und diese disziplinierend in die Gegenwart einzubringen[81]. Die prudentia betrachtet »d'un mesme oeil tous les Temps«[82]. Diese Lehre wird bis weit in das 18. Jahrhundert hinein tradiert[83]. Ihre Plausibilität läßt offenbar auch keine direkte Kritik zu. Sie ist nicht falsch, nicht widerlegbar. Die Problematisierung erfolgt auf einem Umweg. Die Temporaldifferenz von Mensch und Tier wirkt sich auch auf die Lehre von den Passionen aus, der seit der Antike immer schon ein Zeitschema zugrunde gelegen hatte. Angesichts der Weite seiner Zeithorizonte sei der Mensch, so heißt

80 Das Thema eines Zeitbezugs der Abgrenzung von Mensch und Tier und der damit gegebenen Überlegenheit qua sophía und techné läßt sich über Cicero hinaus bis auf Anaxagoras zurückverfolgen; aber Cicero fungiert in den neueren Quellen als Gewährsmann. Auch der memoria-Begriff Augustins hat im übrigen, obwohl selbst zeitbezogen, diese zeitübergreifende Bedeutung und zeichnet eben dadurch den Menschen aus. Vgl. Confessiones, Lateinisch-deutsche Ausgabe, München 1955, Buch X Kap. 8 bzw. 14, S. 506 ff.

81 So heißt es an der entscheidenden Stelle in De officiis I, c. IV, 11 (zit. nach der Ausgabe in Loeb Classical Library, London 1968, S. 12): »sed inter hominem et beluam hoc maxime interest, quod haec tantum, quantum sensu movetur, ad id solum, quod adest quodque praesens est (man beachte die auch später besonders in der theologischen Literatur häufige Doppelung des Ausdrucks adest/praesens, die den Eindruck macht, als ob es darum gehe, die Typik einer nur räumlichen Zeitvorstellung zu überwinden – durch eine zweite Raummetapher!), se accomodat paulum admodum sentiens praeteritum aut futurum; homo autem, quod rationis est particeps, per quam consequentia cernit, causas rerum videt earumque praegressus et quasi antecessiones non ignorat ...«

82 Daniel de Priézac, Discours politiques, 2. Aufl. Paris 1666, S. 445. Es lohnt sich, die gesamte Stelle zu zitieren: »En effet, la Prudence est une espece de Divination, car elle connoist les choses eloignées, descouvre les cachées, prevoit celles, qui doivent arriver, et regardant d'un mesme oeil tous les Temps, elle donne á l'advenir la subsistance, qu'il n'a pas, et forme ses resolutions sur la necessité du present, et sur l'utilité ou le dommage du passé.

83 Vgl. noch Abbé de Mably, Principes de Morale, Paris 1784, S. 150 f.

es jetzt[84], durch seine Passionen um so mehr gefährdet. Die Aufwertung des Begriffs der Passion behält dessen Zeitorientierung bei und macht die Frage der zeitextensiven Vernunftkontrolle um so wichtiger[85]. In diesem Zusammenhang konnte das 18. Jahrhundert das Interesse der Orientierung an einem jenseitigen Leben säkularisieren, ohne die zeittheoretischen Grundlagen zu ändern, also ohne ein neues Verständnis der temporalen Modalitäten einzuführen.

Ein erster symptomatischer Wendepunkt findet sich auf durchaus noch traditionellen Grundlagen im Leviathan von Thomas Hobbes[86]. Die durchgehende Zeitorientierung der Analysen, die auch anderen Interpreten aufgefallen ist[87], bietet an sich nichts Neues. Die Unterscheidung des Menschen vom Tier durch Zeitbezug wird nur reproduziert[88]. Neu ist jedoch, daß die Zeit *Angst* macht; daß sie nicht über prudentia beherrscht werden kann[89], sondern daß sie eine Art behelfsmäßige Orientierung erfordert, die von Imagination (fancy) oder Autoritäten abhängt, deren Zuverlässigkeit ungesichert ist und Angst bereitet. Und gerade der »over provident man«, der weiß, daß alles von Ursachen abhängt, und »which looks too far before him in the care of future time, hath his heart all the day long, gnawed on by feare of death, poverty, or other calamity; and has no repose, nor pause of his anxiety, but in sleep«[90]. Hier ist deutlich abzulesen, wie die Ausweitung möglicher zeitlich-kausaler Relevanzen die Kompetenz von prudentia sprengt, Kompensationen und Behelfsmechanismen der Reduktion von Komplexität erforderlich macht und in bezug darauf Probleme des Funktionsvertrauens und der Angst aus Unsicherheit entstehen läßt. Bei

84 Vgl. Jean François Senault, De l'usage des passions, Paris 1641, S. 78.

85 Siehe z. B. Claude Buffier, Traité de la société civile: Et du moyen de se rendre heureux, en contribuant au bonheur des personnes avec qui l'on vit, Paris 1726, S. 20 ff.

86 Zitiert nach der Ausgabe der Everyman's Library, London 1953.

87 Vgl. nur Bernard Willms, Die Antwort des Leviathan: Thomas Hobbes' politische Theorie, Neuwied – Berlin 1970, passim.

88 Interessanterweise im Teil I Kap. 12 über Religion, a. a. O., S. 54.

89 Tiere haben oft mehr prudence als Kinder – Teil I Kap. 3 a. a. O., S. 11.

90 A. a. O., S. 54 f. Siehe auch die kritische Entgegnung von Richard Cumberland, De legibus naturae disquisitio philosophica, London 1672, S. 123 ff. (cap. II, § XXII), die wieder auf alte Bahnen zurücklenkt: Phantasia und memoria (prudentia) motivieren die Neigung zu Frieden und Gesetzlichkeit im Einzelmenschen (!).

Pascal heißt es kurz darauf und vielleicht noch radikaler: Condition de l'homme: inconstance, ennui, inquiétude[91].

An der Wende zum folgenden Jahrhundert beginnt ein weiterer Prozeß evolutionärer Variation der Theoriegrundlagen – zunächst noch ohne erkennbaren Erfolg. Dazu einige Kostproben:

Bei Christian Thomasius[92] findet sich im Kontext einer Kritik der alten Typisierung von Tugenden, Passionen, Gütern nach Zukunftsorientierung/Gegenwartsorientierung die lapidare Feststellung: »so ferne alles Gute eine beständige Dauerung intendiret, muß es nothwendig wegen *eines anderen* verlanget werden«. Dauer ist, mit anderen Worten, nur über ein Auswechseln des Bezugsobjektes erreichbar. Diese These ist mit anderen Prämissen der Sittenlehre von Thomasius, zum Beispiel mit ihrer Betonung der Gemütsruhe, nicht abgestimmt; sie wird auch nicht systematisch ausgewertet. In eine Theorie des rationalen Handelns überführt, würde sie sowohl Webers Unterscheidung von Zweckrationalität und Wertrationalität als auch Parsons' Unterscheidung instrumenteller und konsummatorischer Orientierungen aufheben.

Hiermit hängt zusammen, daß die Gegenwart aus der Lehre von den Affekten (Gemütsneigungen, Passionen) herausgebrochen und ihnen gegenüber verselbständigt wird[93]. Als Bewegung seien alle Affekte auf die Zukunft gerichtet. Dagegen operierten Schmerz und Lust – kann man sagen: als binärer Schematismus? – in der Gegenwart. Sie könnten sich zwar durch Vergegenwärtigung des Vergangenen bzw. Künftigen aktivieren, seien aber selbst keine Affekte (Bewegungen), sondern eben nur Genießungen oder Empfindungen. Die Sonderstellung der Gegenwart, die nur in einem vertieften, nicht chronologischen Zeitdenken erkennbar wird, zerbricht also die alte Passionentypologie der Stoa, um gerade von der Gegenwart aus über Schmerz und Lust alle Affektbewegungen steuern zu können.

Auf Grund eines Schrumpfbegriffs von Gegenwart verliert jetzt auch der Begriff des plaisir die Sicherheit seines Gegenwartsbezugs. Flüchtigkeit und Realitätsarmut der Gegenwart bieten nicht einmal

91 Pensées 198 in: Œuvre (éd de la Pléiade), Paris 1950, S. 874.

92 Von der Kunst, vernünfftig und tugendhafft zu lieben . . ., oder: Einleitung in die Sitten Lehre, Halle 1692, S. 37.

93 Christian Thomasius, Von der Artzney Wider die unvernünfftige Liebe . . . Oder: Ausübung der Sitten Lehre, Halle 1696, S. 88 ff.

mehr dem plaisir genug Raum. Andererseits kann das bloße Fluktuieren und die Unruhe des Lebens, die Pascal religiös nur negativ zeichnen konnte[94], im plaisir doch noch einen Sinn finden. Was für Pascal »insupportable« war und mit »divertissement« kompensiert werden mußte, wird zur Bedingung des (nur allzu flüchtigen) plaisir, der mit Besitz untermauert werden muß. »La varieté fait l'essence du plaisir«, heißt es bei Le Sage, und: La diversité, et le changement, plaisent en toutes choses, ce qui vient du peu de realité qu'il y a dans le plaisir present et de l'ignorance de l'avenir«[95]. Die plaisirs können in der Gegenwart nicht Fuß fassen, weil diese zu kurz und weil ihre Zukunft zu ungewiß ist[96]. In bezug auf plaisirs gibt es keine rationale Wahl, aber das bleibt umstritten, und keine Sicherheit: »Il faut les prendre selon que le hazard les offre«[97]. Daher liefern sie sich an die Abwechslung aus. Nur solange die Gegenwart konfus bleibt und darin ein noch unbestimmtes Zukunftsverhältnis hat, sind plaisirs möglich; sobald sie bestimmt wird, sobald also esprit einwirkt, entsteht Uniformität und daher Bedarf für Variation. Das Argument benutzt an zentraler Stelle bereits zwei übereinandergelegte Zeitmodi: Kürze bzw. negierbare Konfusion der Gegenwart und Ungewißheit der Zukunft (in der Gegenwart), um die Notwendigkeit der Abwechslung zu begründen. Wenn dies so ist, wird das Problem durch intellektuelle Bearbeitung der Sinnlichkeit nur verstärkt. Denn dadurch werden die Inhalte des Erlebens klar, deutlich, uniform – und langweilig[98].

94 Vgl. Pensées 198 ff. insb. 205, in Œuvre a. a. O., S. 874 ff.

95 Georges-Louis Le Sage, Le mecanisme de l'esprit, neu gedruckt als Anhang zu: Cours abregé de philosophie par aphorismes, Genf 1718, (zuerst 1699), S. 281, 282 (Le Sage ist ein französischer Protestant, der in England und in Genf lebte). Der Zusammenhang von plaisir und Wechsel war natürlich längst bekannt, bevor er diese zentrale Bedeutung bekam. Vgl. etwa Jacques de Cailliere, La fortune des gens de qualité et des gentils-hommes particuliers, Paris 1664, S. 53; Madeleine de Scuderi, Des plaisirs, in dies., Conversations sur divers sujets Bd. I, Lyon 1680, S. 36-64 (37 f., 45 f.).

96 Bei Giordano Bruno, Spaccio de la bestia trionfante (1584), zitiert nach der Ausgabe Mailand 1868, S. 1 ff., findet der gleiche Gedanke noch eine eher sachliche Begründung in der Notwendigkeit von Kontrasten und Widersprüchen zur Profilierung des Erlebens.

97 de Scuderi a. a. O., S. 48 (für einen umstrittenen, begrenzten Begriff von plaisir, der sich von Motiven für großes Handeln unterscheidet).

98 Genau umgekehrt votieren später intellektualistische Aufklärer: Die Konfusion könne nur durch Klärung in sinnbeständige Ideen und Glückseligkeit überführt werden. Siehe Johann George Sulzer, Untersuchung über den Ursprung der angeneh-

Auch der Geist unterliegt, auf der Suche nach seiner Art von plaisir, dem Gesetz der Varietät[99]. Da nun aber, nach der Auffassung jener Epoche, das über plaisir vermittelte Glück der Antriebsfaktor menschlichen Handelns schlechthin ist, steht dieses unter dem Gebot der ständigen Variation.

Dies Erfordernis der Variation treibt den Menschen in die Gesellschaft; denn, allein gelassen, kann er sich nicht genug Objekte vorstellen, um seinen Bedarf nach Abwechslung zu befriedigen[100]. Bedarf und wohl auch Grenzen des Bedarfs für soziale Beziehungen werden somit dem Bezug auf die Zeit entnommen[101]. Andererseits fehlt dem Menschen aber doch die Triebkonsistenz, die nötig wäre, um seinen eigenen Bedarf aktiv und nach Maßgabe der Vernunft zu verfolgen. Es sind nur Passionen, die ihn zu immer neuem Erleben antreiben. Er wird dadurch zu Beschäftigungen, fast zur Arbeit verführt; er muß Zwecke finden, denen er nachstreben kann. Der Mensch wird sozusagen durch die Zeit passioniert und veranlaßt, seine Passionen abzuräsonnieren[102]. Aber er setzt diesem zeitvermittelten Druck auch Widerstand entgegen. Er ist von Natur aus träge. Eigentlich will er gar nicht arbeiten. »Il agit le moins qu'il peut, mais il veut toûjours être agité; il fuit le travail, mais il veut toûjours être occupé, il veut toûjours être bercé, il veut toûjours être distrait, parce qu'il ne sauroit s'éviter dans le repos et que la vûe de lui même lui est desagréable«[103]. Der Schöpfer habe sehr wohl gesehen, daß der Mensch durch Vernunft allein nicht zur Arbeit zu bringen sei, eben deshalb habe er Passionen hinzugefügt,

men und unangenehmen Empfindungen (1751), in ders., Vermischte Philosophische Schriften Bd. I, Leipzig 1773 (Neudruck Hildesheim 1974), S. 38 f.

99 Le Sage a. a. O. 285.

100 »Puis que la varieté, et le changement perpétuel, font l'essence du plaisir, il ne faut pas être surpris, si l' homme veut perpétuellement passer d'objet en objet, et être perpétuellement distrait: s'il fuit d'être seul, ce n'est pas toûjours que la vûe de soi-même lui soit désagréable, et qu'il évite de se recontrer; mais parce qu'il ne se présente pas à lui dans la solitude un grand nombre d'objets« (a. a. O., S. 288 f.). Man sieht an dieser Stelle besonders schön, wie das alte theologisch fundierte Argument, daß der Mensch nach dem Sündenfall seinen eigenen Anblick scheut, zunächst vorsichtig ergänzt wird durch einen weiteren Gesichtspunkt, der allein einer komplexitätstheoretischen Anthropologie entnommen wird.

101 Man fühlt sich hier erinnert an George H. Mead, The Philosophy of the Present, Chicago 1932.

102 A. a. O., S. 290 ff.

103 A. a. O., S. 292.

mit denen erreicht werde, daß der Mensch sich im Zukunftsbezug der Gegenwart engagiere. Das führe im Effekt aber nur zu einer Art Zweck/Mittel-Verschiebung, der Mensch passioniere sich für die Mittel seiner Zwecke, denn er sei zu träge, um sich über Vernunftzwecke zu motivieren[104]. Er finde sein plaisir schließlich im Besitz oder im Erwerb von Besitz. Der Unterschied von Tier und Mensch wird damit, unter Berufung auf Cicero(!), ins Besitzen verlegt; das Glück des Menschen »ne consiste pas seulement dans la jouissance, mais aussi dans la possession, ou dans la considération de son état de possédant; en quoi consistent tous les bien de réflexion et d'opinion«[105]. Infolge dieser Besitzpassion gibt es in der Gesellschaft schließlich mehr Ungleichheit, als nach dem Willen des Schöpfers zur Erhaltung der Ordnung und des Fortschritts in Künsten und Wissenschaften notwendig wäre.

Diese schwungvolle Ableitung des agitierten, aber nicht agierenden Menschen, des Besitzmenschen, man könnte fast auch meinen: des Kapitalisten, des Fernsehmenschen und Sportzuschauers, wird den heutigen Leser ebenso faszinieren, wie dann doch nicht ganz überzeugen. Für unsere Hypothese eines Zusammenhangs von Gesellschaftsstruktur, Komplexität und Zeitlichkeit bleibt interessant, daß die Dynamik über den Zeitbezug und ab extra eingeführt wird. Die Zeit entzieht der Gegenwart so viel Realität, daß nur noch der Wechsel und, als dessen Sicherstellung, Besitz Sinn behält. Wechsel des plaisir und Besitz sind hierauf aufbauende, einander bedingende Figuren. Sie treten an die Stelle der prudentia, wenn es nicht mehr als möglich erscheint, die Gegenwart mit Orientierung an Vergangenheit und Zukunft zu füllen – sei es, weil die Gegenwart zu kurz, sei es, weil die Vergangenheit zu lang und die Zukunft zu unsicher ist. Ganz deutlich wird registriert, daß und wie von der Temporalität her die Möglichkeiten des Menschseins eingeschränkt werden.

Allerdings hat Le Sage sicher nicht eine unausweichliche Typik des modernen Menschen skizzieren wollen. Die Wahl des Begriffs der Trägheit zur Charakterisierung der Disposition, sich dem Zeitdruck zu entziehen und im gegebenen Zustand zu verbleiben, läßt die Möglichkeit offen, das Gegenteil zu fordern, nämlich arbeitende und Vernunft gebrauchende, Folgen bedenkende Menschen.

104 A. a. O., S. 293, 307 ff.
105 A. a. O., S. 345.

Diese Forderung geht allerdings, für Le Sage, gegen die Natur und hat wenig Aussicht. Aber in diesem Punkte öffnen sich andere Optionen, wenn man die Natur des Menschen weniger stark am Naturgesetz der Trägheit orientiert. Dies ist der Ausgangspunkt für einen anderen Autor: für Luc de Clapiers Marquis de Vauvenargues[106].

Auch für Vauvenargues liegt der Ausgangspunkt im Realitätsmanko der momenthaften Gegenwart. Diese Momenthaftigkeit kann um die Mitte des 18. Jahrhunderts ohne jeden Erläuterungsaufwand als selbstverständlich, als naturgegeben unterstellt werden. Dann aber ist Existenz Zufall ohne Festlegung durch Erbsünde oder angeborene Ideen. Also kann man etwas daraus machen. Wenn es überhaupt von Moment zu Moment weitergehen soll, muß gehandelt werden. Wechsel ist nicht nur Bedingung für plaisir, sondern tiefer noch Notwendigkeit des Handelns. Das Zeitproblem wird aus dem Bereich des Erlebens in den Bereich des Handelns hinübergespielt, und die Zeit bedrängt den Menschen dann nicht mehr nur von außen, sondern von innen. Sie zwingt ihn, aktiv zu sein[107]. Die Zeit selbst veranlaßt dann das Handeln – und, ähnlich wie bei Le Sage, zu welchen Zwecken und mit welchen Motiven auch immer.

Ein Zitat genügt, um das Bewußtwerden dieses Zusammenhangs zu belegen: »On ne peut condamner l'activité sans accuser l'ordre de la nature. Il est faux que ce soit notre inquiétude qui nous dérobe au présent; le présent nous échappe de lui-même, et s'anéantit malgré nous. Toutes nos pensées sont mortelles, nous ne les saurions les retenir; . . . Nous ne pouvons retenir le présent que par une action qui sort du présent. Il est tellement impossible à l'homme de subsister sans action que, s'il veut s'empêcher d'agir, ce ne peut être que par un acte encore plus laborieux que celui auquel il s'oppose; mais cette activité qui détruit le présent, le rapelle, le reproduit, et charme les maux de la vie«[108]. Die Evaneszenz der Zeit erzwingt

106 Hierzu und zum folgenden ausführlich Niklas Luhmann, Zeit und Handlung: Eine vergessene Theorie, Zeitschrift für Soziologie 8 (1979), S. 63-81.

107 In der ersten Hälfte des 17. Jahrhunderts hätte man an dieser Stelle gesagt: Sie veranlaßt ihn zu danken (für creatio continua seiner Existenz) und zu beten (für Gnade als Bewahrung vor Sünde im nächsten Augenblick). Vgl. dazu Jakob Bachmann, La notion du temps dans la pensée de Pierre de Berulle, Diss. Zürich, Winterthur 1964.

108 Réflexions sur divers sujets, in: Œuvres (éd. D.-L. Gilbert, Paris 1857, Neudruck

Handlung als unerläßliches Moment der Lebensführung, und Handeln vermeiden wollen, heißt wiederum nur: Handeln. Eben deshalb macht erst das Handeln die Zeit zur Gegenwart: »L'action fait sentir le présent«[109].

Das Handeln ist dabei nicht mehr gedacht als bewegt durch die Suche nach dem Ort im Raum und in der Zeit, an dem es zur Ruhe kommen kann; es ist nur noch universales Korrelat der Zeit selbst und muß sich daher auch die Ziele, die seine Möglichkeiten einschränken, selbst erst bestimmen. Es richtet sich dabei nach der Opportunität und ist in diesem Sinne dann wieder merkwürdig unfrei. Das Handlungsmotiv, aus der Tradition geholt und »gloire« genannt, tritt an die Funktionsstelle, die früher, etwa bei Pierre Nicole, der jederzeit mögliche und jeweils gegenwärtige Gottesgehorsam innehatte. Der Austausch bringt die Möglichkeit der *Illusion* ein, die man als Intention Gottes nicht hatte unterstellen dürfen. »je veux que la gloire nous trompe: les talents qu'elle nous fera cultiver, les sentiments dont elle remplira notre âme, répareront bien cette erreur«[110]. Ein nochmaliger Austausch des ohnehin schon obsoleten Individualwertes gloire gegen Sozialwerte einer parteilichen Ideologie mag dann die Autonomsetzung des Handelns vollenden.

Auch hier fällt es nicht schwer, unseren Gewährsmann zu aktualisieren, und im 19. Jahrhundert greifen in der Tat Schopenhauer, Nietzsche und Comte auf Vauvenargues zurück. Dem 18. Jahrhundert hat er jedoch, ebensowenig wie Le Sage, eine anschlußfähige Theorie geboten. Die Direktverknüpfung von Zeit und Erleben bzw. Zeit und Handeln auf der Basis des Realitätsschwundes und der Punktualisierung der Gegenwart war damals offenbar noch nicht theoriefähig, zumindest als Struktur eines Erkenntniszusammenhanges nicht plausibilisierbar. Aber daß beide Autoren von heute aus rückblickend aufregend gelesen werden können, ist in sich selbst ein soziologisch bemerkenswerter Tatbestand. Gewiß: Auch Vauvenargues ist ein für seine Zeit untypischer Autor, aber er

Genf 1970, S. 63-113 (94 f.). Zu Vauvenargues vgl. auch: Georges Poulet, Etudes sur le temps humain Bd. II, La distance interieur, Paris 1952, S. 35 ff. und Fernand Vial, Une philosophie et une morale du sentiment; Luc de Clapiers Marquis de Vauvenargues, Paris 1938, Neudruck Genf 1970, insb. S. 138 ff.

109 Discours sur la Gloire, in: Œuvres a. a. O., S. 128-137 (129).

110 Discours sur la Gloire, a. a. O., S. 132 f.

bezieht sein Denken auf ein Problem, das man zu seiner Zeit mit Theorien über Natur oder Moral nur notdürftig zu besänftigen vermag und das, was sich an heutigen Verständnismöglichkeiten ablesen läßt, gesellschaftsstrukturelle Wurzeln hat.

Wenn Zeit mit dem Umbau zur neuzeitlichen Gesellschaft stärker auf Komplexität, Ereignishaftigkeit und Relationierbarkeit hin gedacht werden muß, gewinnt Handlung eine Bedeutung, die weder durch Tod noch durch Mißerfolge, noch durch Unmoral, noch durch Selbsttäuschung außer Kraft gesetzt werden kann[111].

Diese Bedeutung liegt im Vorrang der Handlung vor der Nichthandlung: in der Anschlußfähigkeit für weiteres Erleben und Handeln, im Transport von Selektivität über die Zeit. Ein explizit zeitbewußt argumentierender moderner Autor kann deshalb ganz auf der Linie von Vauvenargues formulieren: »Chaotic action is preferable to orderly inaction«[112]. Handlung kann eben, wenn geschehen, immer noch zurechtinterpretiert und gegebenenfalls korrigiert werden. Nichthandlung ist verlorene Zeit, ein bloßes Dauern der realitätslosen Gegenwart.

Insgesamt fällt auf, daß die Punktualisierung der Gegenwart die Gegenwart auf die Aktualität des bloßen Wechselns (change, passage, variété) reduziert. Diese Reduktion wird über *Gefühlsbegriffe* (sentiment, amour, passion) angeeignet. Das Denken wäre dafür zu langsam, zu stark serialisiert, von zu geringer momenthafter Komplexität. Die Präferenz für Gefühlsbegriffe, die sich ab etwa 1680 durchsetzt, ist nicht nur eine vorübergehende intellektuelle und literarische Mode; sie reagiert auf eine Veränderung der Zeitverhältnisse, auf Temporalisierung von Komplexität, ohne dies über Zeitbegriffe zu thematisieren[113]. Das Existenzbewußtsein verlagert sich von der ratio auf die Passion. Zugleich melden sich (den Autoren nicht immer bewußt[114]) Zweifel an der Echtheit derjeni-

111 Gegen Vauvenargues müßte man sogar sagen: die auch von den Motiven des Handelnden nicht abhängt – von Motiven, die nur dazu nötig sind, daß überhaupt gehandelt und nicht nicht gehandelt wird.

112 So Karl E. Weick, The Social Psychology of Organizing, Reading Mass. 1969, S. 107.

113 Vielmehr werden umgekehrt Zeitkategorien auf »sentiment« fundiert. Damit begründet z. B. Abbé Joannet ihre Subjektivität, ihr Fluktuieren sowie den Vorteil objektiver Zeitmessungen. Vgl. De la connoissance de l'homme, dans son être et dans ses rapports, Paris 1775, Bd. 2, S. 133 ff.

114 Siehe aber die oben Anm. 59-61 gegebenen Zitate aus Gedichten von John Donne.

gen Gefühlsbewegung, die über die momenthafte Gegenwart hinausträgt. Die Punktualisierung der Gegenwart braucht *Kontinuitätsbegriffe* (weil im Wechsel immer auch Kontinuität miterfahren wird), *die sie zugleich entwertet.* Dies gilt für Besitz bei Le Sage, der doch nur Passion für Mittel ist, und für Ruhm bei Vauvenargues, der sich über Illusionierungen motiviert. Dies gilt für Liebe bei Marivaux, die über den Moment hinausgeht, aber doch ephemer bleibt; die dauern und doch jederzeit aufhören oder neu anfangen kann[115]. Später werden die imaginären Räume der Romantik diese Ausgleichsfunktion übernehmen. Aber schon lange vor der Romantik färbt das Gegenwartsverständnis die Selbsterfahrung um, nimmt ihr die Daseinsgrundlage und ermutigt sie zu Engagements, die durch Zeit und Realität nicht gedeckt sind. Und, parallel dazu, zieht sich, wie gezeigt, die creatio continua als unsichtbare Maschinerie zur Lösung eines Konstruktionsproblems aus der Realität zurück.

X.

Wenn man die Analysen des vorstehenden Abschnitts dahin verallgemeinern darf, daß Variationen am semantischen corpus der Tradition, die durch radikale Veränderungen im Bereich Gesellschaftsstruktur/Komplexität/Zeit ausgelöst werden, nicht sogleich theoriefähig auftreten können, ist man ermutigt, weitere Themen aufzugreifen, deren Zeitbezug nicht auf Anhieb erkennbar ist. Wir lassen die viel diskutierten Themenkomplexe der Kritik an Finalursachen, die die Zukunft zu fest mit der Gegenwart verbunden hatten, und der Problematisierung des Fortbestehens (conservatio, creatio continua) beiseite. Ihr Zeitbezug liegt ohnehin auf der Hand, und die Ergebnisse dieser begriffs- und problemgeschichtlichen Forschung ließen sich ohne Schwierigkeiten hier einfügen[116]. Statt dessen soll die uns leitende Hypothese einige handlungsnähere Themen erschließen.

Um die Mitte des 18. Jahrhunderts wird Passion in Aktion verwan-

115 Vgl. dazu Poulet a. a. O. (1952), S. 1 ff.

116 Vgl. nur Hans Ebeling (Hrsg.), Subjektivität und Selbsterhaltung: Beiträge zur Diagnose der Moderne, Frankfurt 1976.

delt[117]. Aus Leiden wird Leidenschaft, und im Zusammenhang damit wird Gefühl aufgewertet zu einem mit Denken und Wollen gleichrangigen Vermögen. Die Semantik der Passion, die ein Ausgeliefertsein an die launische Gegenwart beklagt hatte, findet jetzt Gefallen an dieser Gegenwart und bedeutet schließlich Projektieren und Ansichreißen von Zukunft; sei es auf dem Gebiete der Liebe, sei es dann auf dem Gebiete der Politik.

Lange vorher hatte, parallel zu einem zunächst physikalischen Handlungsbegriff, der Begriff des »Interesses« seine Karriere begonnen[118]. Die zunächst an Schaden und Schadensausgleich, dann an Vorteil gebundene juristische und ökonomische Bedeutung des Begriffs wird im 17. Jahrhundert im Zuge der neu aufkommenden Motivreflexion erweitert[119], verliert dabei aber alle deutlichen Konturen. »Interest is the Center of every things safety, rest and satisfaction«, heißt es um die Mitte des 17. Jahrhunderts[120]. Die Aufwertung des Begriffs läßt sich am besten entlang von ihn negierenden Konzepten verfolgen, die zunächst in der Theologie, in der Moral und selbst in der Handlungstheorie (so noch bei Vauvenargues) das Interesse aus dem Bereich letztlich zählender Handlungsmotive ausschließen, die sich aber schließlich in die Erlebnis-Ästhetik des interesselosen Wohlgefallens am »Interessanten« zurückziehen und den Handlungsbereich für Determination durch Interessen freigeben. Interesse wird schließlich der Gesichtspunkt, aus dem heraus Partikulares wirksam wird. Wenn aber Interesse die einzig mögliche Treibkraft des Handelns ist,

117 Vgl. Eugen Lerch, »Passion« und »Gefühl«, Archivum Romanicum 22 (1938), S. 320-349; ferner Robert Mauzi, L'Idée du bonheur dans la littérature et la pensée française au XVIIIe siècle, Paris 1960, S. 437 ff.

118 Zur Begriffsgeschichte wertvoll: Robert Spaemann, Reflexion und Spontaneität: Studien über Fénelon, Stuttgart 1963, S. 74 ff. (insb. zum Zusammenhang von Interesse und Reflexion); Wolfgang Hirsch-Weber, Politik als Interessenkonflikt, Stuttgart 1969, S. 50 ff.; Hartmut Neuendorff, Der Begriff des Interesses: Eine Studie zu den Gesellschaftstheorien von Hobbes, Smith und Marx, Frankfurt 1973; H. J. Fuchs /V. Gerhardt, Interesse, Historisches Wörterbuch der Philosophie Bd. 4, Basel – Stuttgart 1976, Sp. 479-494; Albert O. Hirschman, The Passions and the Interests: Political Arguments for Capitalism before Its Triumph, Princeton N. J. 1977, insb. S. 31 ff.

119 Umgekehrt meint Hirschman a. a. O., eine Einschränkung des Begriffs aufs Ökonomische feststellen zu können. Aber dann hätte in der gleichen Zeit nicht »interessant« entstehen und Kant hätte nicht von »Vernunftinteresse« sprechen können.

120 Bei Charles Herle, Wisdom Tripos, London 1655, S. 169.

verliert der Interessenbegriff seine moralische Disqualifikation; die Moralprobleme verlagern sich in die Beziehungen zwischen Interessen, und gut wird ein Handeln dadurch, daß es eigene Interessen in Übereinstimmung mit den Interessen anderer verfolgt[121]. Seitdem werden Staat und Wirtschaft begriffen unter dem Gesichtspunkt einer Synthese von Interessen, wobei dem Staat, im Unterschied zu »der Wirtschaft«, ein eigenes Interesse zugestanden wird. Für Kant schließlich ist der Begriff auf die ganze Breite von Handlung generalisiert, ohne hier irgend etwas auszuschließen. Interesse ist Ursache des Handelns schlechthin, so daß ein Vernunftinteresse postuliert werden muß, um dem Sittengesetz praktische Wirksamkeit in Aussicht zu stellen.

Warum diese Entwicklung?

Der Schlüssel dafür könnte in der gesteigerten Temporalisierung der gesellschaftlichen Komplexität und in der damit einhergehenden Unsicherheit von Zeitanschlüssen liegen[122]. Das Interesse an Gewißheit der Wissensgrundlagen führt auf ein Interesse am Interesse[123]. Auch hier gab es Tradition, auch hier war die Unbeständigkeit menschlicher Einstellungen und Handlungsweisen ein immer schon diskutiertes Problem gewesen. Man hatte zunächst aber nur aus der Not buchstäblich eine Tugend gemacht und das Problem als constantia behandelt. Ebenso wie im Falle von prudentia[124] ließ ein relativ einfaches Zeitbewußtsein eine rein moralische, moralisierende Lösung des Problems zu[124a]. Sie wird, ebenso wie prudentia,

121 »Etre vertueux, c'est placer son intérêt dans ce qui s'accorde avec l'intérêt des autres; c'est jouir des bien-faits et des plaisirs que l'on répand sur eux«, Paul-Henri Thiry d'Holbach, Système de la nature, I, ch. 15, Paris 1821, Neudruck Hildesheim 1966, S. 380. Wenn man dann ein Interesse daran gewinnt, die Interessen anderer zu befriedigen, wird man zur Belohnung auf der Ebene der Tugend autark: »L'habitude de la vertu nous fait des besoin que la vertu suffit pour satisfaire; c'est ainsi que la vertu est toujours sa propre récompense, et se paie elle-même des avantages qu'elle procure aux autres«. (a. a. O., S. 381).

122 Ob der alte, kommerzielle Zeitbezug des Wortes hier eine semantische Brücke bilden konnte, wird schwer auszumachen sein. Wir stützen unser Argument jedenfalls nicht auf eine solche Ausnahme.

123 Ganz deutlich dieser Zusammenhang bei Jean de Silhon, De la Certitude des connoissances humaines, Paris 1661. Zu Interesse insb. S. 101 ff.

124 Vgl. oben S. 272 ff.

124a Sie kann deshalb nur für Tugenden, nicht auch für (konstante!) Laster vertreten werden. Vgl. z. B. Jacques Du Bosq, L'honneste femme, Neuauflage Rouen 1639, S. 180.

noch im 18. Jahrhundert vertreten[125]. Auch hier fällt es offensichtlich schwer, gut Gemeintes aufzugeben. Andererseits steht im Begriff des wohlverstandenen, reflektierten Interesses bereits seit dem 17. Jahrhundert eine zunächst für Politik ausgedachte, dann generalisierte Theoriealternative zur Verfügung. Diese Alternative gewinnt, so unsere These, an Attraktivität, wenn das Zeitproblem in neuer Weise akut wird und deshalb Unbeständigkeit nicht mehr einfach nur als Charakterfehler behandelt werden kann.

Der Interessenbegriff ermöglicht die Kalkulation: Man müßte nur Selbstreferenz konzedieren, dann könne man den anderen auch berechnen und gegebenenfalls erfolgssicher beeinflussen[126]. Um den Preis der Selbstreferenz handelt man sich jene Sicherheit und Beständigkeit in sozialen Beziehungen ein, die man über ein nur moralisches Tugendpostulat nicht gewinnen kann[127]. Entsprechend setzen diejenigen, die ihr Interesse auszuschalten oder abzuleugnen suchen, sich im sozialen Verkehr einem Verdacht sublimierter Eigensucht aus – ils se rendent suspects d'artifices[128].

Der Rückgang auf das Eigeninteresse schneidet im übrigen weitere Kausalforschung ab und verkürzt die relevante Vergangenheit, indem er das Subjekt akzeptiert als Ursache, die sich selbst setzt. Das ist nicht zuletzt einfach zu handhaben. Und vor allem kann man dem Interesse zugleich ein Interesse am Interesse, also ein Interesse an der Kontinuität des Interesses, also eine Zeitbindung in bezug auf Zukunft unterstellen. Je größer die Unsicherheit in bezug auf zeitliche Zusammenhänge von Ereignissen, Handlungen, Entscheidungen wird, desto mehr wird es möglich und nötig, Interessen ins Spiel zu bringen, um bei sich selbst und bei anderen zeitbindende Konstellationen ausfindig zu machen. »Given this

125 constance »donne à la vertu même la perfection«, sagt z. B. Claude Buffier, Traité de la société civile, Paris 1726, S. 204.

126 Hierzu Belege bei J. A. W. Gunn, »Interest Will Not Lie«: A Seventeenth-Century Political Maxim, Journal of the History of Ideas 29 (1968), S. 551-564 (insb. 557 ff.).

127 Im 18. Jahrhundert findet man zusätzlich zu constantia und wohlverstandenem Interesse auch direkt sozialtechnologische Lösungsvorschläge für dies Problem der Inkonsistenz. So meint François-Augustin Paradis de Moncrife, Essai sur la nécessité et sur les moyens de plaire, Amsterdam 1738, S. 77 f. und passim, im Wunsche, anderen zu gefallen, den Schlüssel für das Problem zu haben; denn dieser Wunsch (der nach den Denkgewohnheiten dieser Zeit auch als Selbstinteresse aufgezäumt werden könnte) macht empfindlich für Reaktionen anderer auf eigene Inkonsistenzen.

128 Silhon a. a. O., S. 103.

uncertainty«, heißt es in einer organisationssoziologischen Fallstudie aus den letzten Jahren, »there is plenty room for individuals ... to reduce the uncertainty by appealing to criteria that suit their own interest«[129]. Darüber hinaus ist zu vermuten, daß das Interesse am Interesse anderer die semantische Entwicklung antreibt – auch und gerade dort, wo von Selbstinteresse die Rede ist. Denn das je eigene Leben hat seine Kontinuität nicht in einem Interesse; nur die Verkürzungen, Verschiebungen und lückenfüllenden Ergänzungen, durch die einem das Handeln anderer verständlich wird, lassen sich auf eine Interessenformel bringen. Ähnliches gilt für Gesamtkonstruktionen von Interessenlagen: für Ideologien. Das Zeitbindungsschema Interesse bedarf, mit anderen Worten, der Sozialdimension und ihrer Reduktionen, um in seine Funktion zu treten. Und auch insofern ist es kein Zufall, daß im Zeitraum 1650-1750, im Jahrhundert der interpersonalen Sozialität, die Interessenformel generalisiert wird.

Die jetzt in ihren Konsequenzen ins Bewußtsein eindringende Temporalisierung der Komplexität bedeutet ferner, daß die *Risikolage* des Handelns sich verändert. Riskanz wird in gewisser Weise operatives Gegenstück zu Interesse (allerdings ohne vergleichbare wortgeschichtliche Tradition). Parallel zu Interesse und mit Bezug auf Interessen wird auch Riskanz universalisiert; sie wird aus einer Qualität bestimmter Handlungen zur unvermeidbaren Existenzform des Handelns schlechthin. Denn auch das Vermeiden riskanter Handlungen mit Hilfe von Vorsichtsstrategien wird als riskant bewußt, weil man sich damit Kosten oder Verzichte auflastet, die sich eventuell als unnötig erweisen werden. Wer in einer unübersichtlichen Kurve nicht überholt, riskiert den Verlust einer Chance, rasch voranzukommen, die möglicherweise doch besteht[130]. Diese Sachlage wird nicht schon sogleich in die hier vorgeschlagene

129 Andrew M. Pettigrew, The Politics of Organizational Decision-making, London – Assen 1973, S. 223.

130 Terminologisch ist die Risikoforschung dieser Sachlage noch heute nicht gewachsen. Sie spricht durchweg von Risikopräferenz, Risikofreudigkeit, Risikoaversion, von Wahl zwischen Risikostrategien und Vorsichtsstrategien usw., so als ob in einem Alternativenbündel einige Alternativen riskant, andere nicht riskant sein könnten. Vgl. den umfassenden Überblick bei Peter U. Kupsch, Das Risiko im Entscheidungsprozeß, Wiesbaden 1973. Das widerspricht jedoch dem Begriff der Alternative. Wenn überhaupt eine der Optionen in einem Alternativenkomplex riskant ist, sind es damit alle.

Zeitbegrifflichkeit umgesetzt. Aber sie ändert im 17./18. Jahrhundert das Sicherheits-Thema. In der älteren Lehre hatte man Sicherheitsvorsorge unter dem Gesichtspunkt von Tugenden oder auch von Passionen[131] abgehandelt und sie einfach durch andere Tugenden bzw. Passionen ausbalanciert. Jetzt werden Sicherheit und Risiko subjektiviert, nachdem der Religionsstreit ohnehin das soziale Divergieren letzter Sicherheitsgrundlagen deutlich gemacht hatte. Selbst Glaubensentscheidungen werden über Risikokalkül nahegelegt: Es sei Kühnheit, ja Wahnsinn, die Existenz einer Gottheit zu leugnen, »puis qu'il n'y a nul danger à croire qu'il en ait, et qu'il s'en trouve beaucoup à ne le croire pas«[132]. Die alte, auf Seelenheil, auf irdische Unerschütterlichkeit (securitas), oder auf Erkenntnis und Irrtum (certitudo) bezogene Begrifflichkeit wird ersetzt durch ein Sicherheitsinteresse, das Risikoüberwindung impliziert[133]. Seit dem 17. Jahrhundert interessiert man sich denn

131 So noch Senault a. a. O., (1641), S. 359 ff.

132 Madeleine de Scuderi, Contre ceux qui parlent peu serieusement de la Religion, in dies., Conversation sur divers sujets Bd. 1, Lyon 1680, S. 136-158 (145). Ein ähnliches Argument referiert aus England (Chillingworth, Boyle, Locke) Henry G. van Leeuwen, The Problem of Certainty in English Thought, 1630-1690, Den Haag 1970, S. 136. Es scheint also schon vor Pascal geläufig zu sein.

133 Hinreichende problem- und begriffsgeschichtliche Untersuchungen dieses Übergangs sind mir nicht bekannt. Einen Zusammenhang zwischen Zeitlichkeit und Sicherheitsmotiv nimmt auch Franz-Xaver Kaufmann, Sicherheit als soziologisches und sozialpolitisches Problem, Stuttgart 1970, insb. S. 174 ff. an. Andere Arbeiten zum Gewißheits- bzw. Sicherheitsproblem im 16./17. Jahrhundert stellen mehr den Zusammenhang mit der Binnendifferenzierung des Religionssystems und der Ausdifferenzierung moderner Wissenschaft heraus. Vgl. z. B. van Leeuwen a. a. O.; Benjamin Nelson, Der Ursprung der Moderne: Vergleichende Studien zum Zivilisationsprozeß, Frankfurt 1977, insb. S. 94 ff., 165 ff. Eine Sonderlage findet man im Bereich der Jurisprudenz. Hier ergibt sich angesichts der Vermehrung der Konflikte und der Unübersichtlichkeit des Rechtsstoffes bereits im 16. Jahrhundert ein deutlicher Zusammenhang von Beschleunigungs- und Sicherheitsinteressen, und zwar in bezug auf (1) die Ausbildung der Juristen und (2) den gerichtlichen Prozeß. Er führt zu methodischen Reformen (Alciatus, Duarenus, Cujas u. a.) mit verstärktem Interesse an abstrakterer wissenschaftlicher Aufbereitung der Rechtsmaterialien. Die Punktualisierung der Gegenwart spielt hier keine Rolle, weil der Stein des Anstoßes gerade die lange Dauer der Ausbildung und der Verfahren ist. Vgl. Hans Erich Troje, Wissenschaftlichkeit und System in der Jurisprudenz des 16. Jahrhunderts, in: Jürgen Blühdorn / Joachim Ritter (Hrsg.), Philosophie und Rechtswissenschaft: Zum Problem ihrer Beziehungen im 19. Jahrhundert, Frankfurt 1969, S. 63-88.

auch verstärkt für die Bedingungen, unter denen es rational ist, Unsicheres vor Sicherem zu bevorzugen[134].

Das zeigt, daß man auch Sicheres zu problematisieren und aufs Spiel zu setzen, es also als riskant zu empfinden beginnt. Das hängt wohl auch[135] mit der Umleitung des Glücksinteresses über die Sozialdimension zusammen, die Zeit braucht und genuin unsicher ist. Aus all dem wäre die Hypothese abzuleiten, daß sowohl sicherheitsspendende Kniffe oder Techniken als auch ihr scheinbares Gegenteil, Risikofreudigkeit, sozial positiv bewertet werden und zum Beispiel die Führungsauslese mitbestimmen[136].

Ein weiterer Themenkomplex betrifft Sukzession. Es drängt sich zunächst auf, den Begriff der Dauer durch den Begriff der Sukzession zu ersetzen[137] und damit Zeit ausschließlich als Sukzession zu definieren. Aber dadurch wird der Begriff der Sukzession überlastet. Er wird außerdem dadurch schwierig, daß die Zeit selbst so weit abstrahiert ist, daß sie einer Ereignisabfolge nicht mehr von sich her Einheit verleiht. Die Einheit einer Sukzession kann dann weder von den Einzelereignissen her noch als Gesamtheit oder Menge von Ereignissen definiert werden. Die Auswege, die das 18. Jahrhundert anbot: entweder auf Kontinuität des Anschlusses (Bewegung) oder auf Substitution oder auf die Einheit einer Regel abzustellen, nach der Ereignisse auseinander produziert werden, ließen (und lassen) allesamt zu wünschen übrig; sie erfassen je für sich offenbar nur eine von mehreren Möglichkeiten, Sukzession zu erzeugen oder zu erleben. Ähnlich wie bei Riskanz treten auch hier

134 »Nous avons observé«, liest man bei Père Buffier, Traité de la société civile, Paris 1726, Bd. IV, S. 114, »qu'il faut quelquefois nous priver d'un bien présent, ou même essuier un mal certain pour ménager un bien à venir, et prévenir un mal quoique incertain«. Vgl. auch Ernest Coumet, La théorie du hazard est-elle née par hazard? Annales ESC 25 (1970), S. 574-598.

135 Ganz deutlich, und deshalb haben wir ihn zitiert, bei Claude Buffier.

136 Gewisse Anhaltspunkte dafür gibt es in der heutigen empirischen Forschung. Für eine Diskussion der Forschungslage und weitere Hinweise siehe Kupsch a. a. O., S. 305-318.

137 Vgl. z. B. Justus G. Rabener / Justus S. Thamm, De duratione et praesentia rerum, Diss. Leipzig 1708, S. 10; Christian Wolff, Philosophia prima sive Ontologia 2. Aufl. Frankfurt-Leipzig 1736, Neudruck Darmstadt 1962, §§ 569 ff.; Marquis de Caraccioli, La jouissance de soimême, 2. Aufl. Utrecht-Amsterdam 1759, S. 228 ff. Als neuere Kritik vgl. auch Friedrich Kümmel, Time as Succession and the Problem of Duration, in J. T. Fraser (Hrsg.), The Voices of Time, London 1968, S. 31-55.

Begriffsprobleme in einer vorher nicht wahrgenommenen Tiefenlage auf[138].

Vermutlich liegen hier die semantischen Auslöser für einen Ausweg, der in der zweiten Hälfte des 18. Jahrhunderts auftritt und raschen Erfolg hat[139]. Die Zeit wird ihrerseits historisch begriffen. Man hat dann wenigstens »unsere Zeit«, den »Zeitgeist«, das »Zeitgeschehen« und Ähnliches, um ausfindig zu machen, was von der Vergangenheit für die Zukunft noch relevant ist. Die Historisierung der Zeit selbst und ihre Öffnung für höhere Komplexität, für mehr und verschiedenartigere Ereignisse, für offene Möglichkeiten und für Beschleunigungen, ist eine Folge dieser Transformation.

XI.

Mit »Historisierung der Zeit« oder mit der Formel »Von der Naturgeschichte zur Geschichte der Natur«[140] ist der Bezugspunkt der Umstrukturierung nicht begriffsscharf genug erfaßt. Die Formeln bezeichnen nur das Resultat. In den Naturwissenschaften scheint es, wir folgen der Darstellung von Lepenies, die rasch zunehmende Komplexität der zu erforschenden Sachverhalte zu sein, die in der zweiten Hälfte des 18. Jahrhunderts über vergleichende auf zeitbezogene Fragestellungen führt. Allerdings ist zunächst nicht ganz klar, weshalb die alten Tableaus überhaupt »genetisiert« werden. Überdies ist in den Sozialwissenschaften eine entsprechende Temporalisierung von Komplexität zu beobachten, ohne daß hier in gleichem Maße die Gesamtthematik der Forschung um die Mitte des Jahrhunderts rasch sehr viel komplexer geworden war. Was also hat die Umschaltung auf zeitbezogene Analysen erzwungen?

138 Noch in der Mitte des 18. Jahrhunderts werden hier kurzschlüssige Gottesbeweise angesetzt. Vgl. Jean Henri Samuel Formey, Examens de la Preuve qu'un tire des fins de la Nature pour établir l'existence de Dieu, in ders., Mélanges Philosophiques Bd. I, Leiden 1754, S. 43-74 (57); vgl. auch a. a. O., S. 23, 33, 37.

139 Vgl. außer den oben (Anm. 19) zitierten Arbeiten von Koselleck auch Dietrich Walter Jöns, Begriff und Problem der historischen Zeit bei Johann Gottfried Herder, Göteborg 1956; Jürgen Wilke, Das »Zeitgedicht«: Seine Herkunft und frühe Ausbildung, Meisenheim 1974.

140 So Wolf Lepenies, Das Ende der Naturgeschichte: Wandel kultureller Selbstverständlichkeiten in den Wissenschaften des 18. und 19. Jahrhunderts, München 1976, S. 52 ff.

Wir vermuten, daß die bereits vorliegende Verkürzung der historischen Gegenwart auf einen Augenblick der temporalen Lokalisierung von Perfektion den Boden entzogen hatte und daß deshalb eine »Entstehung auf einmal« der Gesamtwelt in ihrer Perfektion nicht mehr überzeugend gedacht werden konnte. Die Möglichkeit, Schöpfung als »ewigen Augenblick« zu denken, findet im Zeitbewußtsein der jetzt Lebenden keine Anhaltspunkte mehr und verschwindet. Und damit wird *die Schöpfung selbst gezwungen, ihre Operationen in ein ordnungsnotwendiges Nacheinander zu verlegen.* Gott selbst gerät, wo immer er Endliches schaffen will, unter die Limitation von Zeit.

Ein deutlicher Beleg für diese Umstellung des Denkens findet sich in Johann Georg Sulzers »Versuch über die Glückseligkeit verständiger Wesen« (1754)[141]. Der Text ist relativ zur Problementwicklung insgesamt ziemlich früh (Sulzer nimmt für sein Problem Erstmaligkeit der Theorieformulierung in Anspruch[142]), er gehört in den Bereich der Moralwissenschaft und er ist argumentativ, nicht narrativ im »so ist es« – Stil gearbeitet. Dadurch sind die Prämissen und Implikationen bei einem sonst keineswegs erstrangigen Autor gut faßbar.

Es geht um ein theodizeeartiges Problem. Sulzer sieht, ähnlich wie Le Sage, aber mit anderer Bewertung intellektueller Orientierung, angenehme Empfindungen und, darauf bezogen, Glückseligkeit gebunden an *Reichhaltigkeit der Ideen* in *einem* Objekt[143]. Daraus gibt sich eine im Sinne der Theodizee gestellte Frage: Warum hat Gott den Menschen nicht sofort im Vollbesitz dieser Ideen, also vollendet und glückselig geschaffen? Die Antwort benutzt das hier

141 Ich zitiere nach der Ausgabe Vermischte Philosophische Schriften Bd. I, Leipzig 1773, Neudruck Hildesheim 1974, S. 323-347.

142 Das gilt natürlich nicht für die allgemeine These einer Entwicklung der Welt zur Perfektion (hierzu zeitlich früher liegende Belege bei Arthur O. Lovejoy, The Great Chain of Being: A Study of the History of an Idea, Cambridge Mass. 1936, S. 242 ff.). Auch für die Betonung der Notwendigkeit einer sukzessiven Kulturentwicklung gibt es frühere Belege. Bei Louis Le Roy, De la vicissitude ou varieté des choses en l'univers, Paris 1577, fol. 113 heißt es z. B.: »Rien n'est commencé et achevé ensemble, mais par succession de temps croist et amende ou devient plus poly«. Aber der Gedanke scheint ohne theorievermittelte Breitenwirkung geblieben zu sein. Und neu ist vielleicht das zu referierende Argument: daß Komplexität auch den Schöpfer der Welt zur Schöpfung im Nacheinander *zwingt*.

143 Ausgearbeitet in der vorangegangenen »Untersuchung über den Ursprung der angenehmen und der unangenehmen Empfindungen«, a. a. O., S. 1-98.

interessierende Argument. Ein endliches Wesen braucht Zeit, um sich zu vollenden. »Man kann nämlich aus der Natur eines endlichen Wesens selbst zeigen, es sey unmöglich, daß es auf einmal, das heißt ohne alle Folge, das werde, was es durch den stufenweisen Fortgang seiner Vervollkommnung werden kann«[144]. »Ein endliches Wesen kann nur wenige Gegenstände auf einmal umfassen; es gehören verschiedene und wiederholte Handlungen seines Verstandes dazu, wenn es seine Einsichten erweitern und sie bis zu einem vorzüglichen Grade von Deutlichkeit erhöhen soll. Da es seiner Natur nach unmöglich in einem Zeitpunkte auf alle einzelne Ideen, welche die Idee des Ganzen in sich einschließt, eine gleich große Aufmerksamkeit wenden kann; so muß es nothwendig seine Aufmerksamkeit nacheinander bald auf diesen bald auf jenen Theil richten«. Und: »Wenn wir mit etwas Aufmerksamkeit überlegen, wie das endliche Wesen deutliche Begriffe erwerben könne; so wird es uns ganz einleuchtend, daß dazu aufeinanderfolgende Handlungen des Verstandes erfordert werden, die so sehr voneinander verschieden sind, daß sie schlechterdings nicht zu gleicher Zeit geschehen können«. Und daraus folgt, »daß es also Gott selbst unmöglich war, Wesen zu schaffen, die gleich in dem ersten Augenblicke ihres Daseyns alle die Kenntnisse hatten, die zu der höchsten Glückseligkeit nothwendig erfordert werden«. »Nur in einer gewissen Zeitfolge also kann das endliche Wesen dasjenige werden, was ihm seine eingeschränkte Natur nicht erlaubt in dem ersten Augenblicke seines Daseyns zu seyn«[145].

Das Argument bricht hier ab, ohne die Konsequenzen zu entfalten, die man heute Historisierung der Zeit nennen würde. Zu Ende gedacht, müßte Aufbau von Komplexität heißen, daß jeder Schritt der Vergangenheit etwas Neues hinzufügt und damit das Vergangene ändert in etwas, das eine Folge hat; und zugleich müßte jeder Schritt eine Zukunft ermöglichen, die vorher (also: als Zukunft des jetzt Vergangenen) nicht möglich war[146]. In diesem Sinne wäre die Konsequenz eine Gesamtreproduktion der Zeit in jedem Moment. Davon steht nichts bei Sulzer. Sein Argument reproduziert die alte

144 A. a. O., S. 335.

145 A. a. O., S. 338 bzw. 339.

146 Eine genaue Analyse dieses Sachverhalts findet sich (erstmals?) in Edmund Husserls Vorlesungen zur Phänomenologie des inneren Zeitbewußtseins, Jahrbuch für Philosophie und phänomenologische Forschung 9 (1928), S. 367-496 (insb. S. 388 ff.).

Assoziation von Sukzession und Endlichkeit, aber es wendet sie in eine Aufbauregel für die Individuen im einzelnen und für die Menschheit im ganzen[147]. Daß Perfektion und Glückseligkeit erreichbar seien, wird noch nicht bezweifelt. Die Komplexität macht also noch nichts unmöglich, aber sie erzwingt Sequenzierung, um Verschiedenartiges, das nicht simultan möglich ist, im Nacheinander dennoch kombinieren zu können. Das Argument benötigt, auch das fällt auf, keine empirisch fixierte Angabe von Zielzuständen. Was immer Perfektion für ein endliches Wesen sein mag und wie immer menschliche Perfektion in einem unermeßlichen und unbegrenzten Reich der Wahrheit, in einem »Meer ohne Grund, aus welchem die verständigen Wesen unaufhörlich neue Ideen, neue Kenntnisse, neue Vergnügungen schöpfen«[148], erreichbar ist: auf jeden Fall erfordert der Weg dahin (nicht einfach nur Zeit sondern) Nichtbeliebigkeit im Nacheinander des Verschiedenen. Der Zeitbedarf ergibt sich nicht aus der Zukunftslage der Ziele, sondern aus der Komplexität selbst und ist in dieser Form mit offener Zukunft kompatibel. Die Zeit ist dann nicht mehr eine natürliche Reihe von Positionen, sondern Funktion von Komplexität.

Hiermit ist nicht behauptet, daß Komplexität als latentes *Motiv* semantischer Erfindungen oder Transformationen fungiert. Veränderungen in dieser Tiefenlage wird man kaum in Analogie zu Motiven oder Intentionen erklären können. Eher scheint es aussichtsreich zu sein, mit evolutionstheoretischen Begriffen zu arbeiten und zwischen Variation, Selektion und Retention zu unterscheiden. Daß Konzepte der Realitätserfassung *variiert* werden, mag sehr verschiedene und nicht unbedingt erfolgsträchtige Ursachen haben. Daß Zeit problematisiert und nicht mehr nur in theologischer Begrifflichkeit reproduziert wird, könnte an der seit dem Mittelalter fortschreitenden Kommerzialisierung der Wirt-

147 Damit steht Sulzer in den 60er Jahren des 18. Jahrhunderts allerdings keineswegs allein. Vgl. noch Morelly, Code de la nature, ou le véritable esprit de ses lois, de tout temps negligé ou méconnu, zuerst 1755, zitiert nach der Ausgabe Paris 1970, S. 101: »Tout dans l'univers, soit physique, soit moral, se perfectionne par gradation«. »Les phénomènes qui me les montrent me laissent voir par tout, jusque dans l'aile du moucheron, un développement successif; j'éprouve, je sens les progrès de ma raison«.

148 A. a. O., S. 340.

schaft liegen[149] oder auch an den politischen Effekten religiöser Kontroversen. Die *Selektion* solcher Neuerungen läuft über sozial plausible Kommunikation. Die Bedingungen für Selektionserfolge ändern sich ihrerseits mit der gesellschaftlichen Evolution. Wenn die Evolution des Gesamtsystems Gesellschaft neue Lagen schafft, hat auch eine Variation des Ideenguts veränderte Chancen, akzeptiert zu werden und, wenn nicht als Einsicht zu überzeugen, so doch das Problembewußtsein einer Epoche anzusprechen. Die Evolution der Sozialstrukturen des Gesellschaftssystems ist zwar nicht identisch mit der Evolution des Gedankenguts; sonst könnte man nicht von Korrelationen zwischen sozialen und semantischen Entwicklungen sprechen. Aber sie ist als sich durchsetzende, Fakten und Probleme schaffende Strukturänderung derjenige Faktor, der einem mehr oder weniger dauernd mutierenden, mehr oder weniger ungenau reproduziertem Ideenbestand veränderte Erfolgschancen bereitet. Während die Variation auf eine Überfülle von Zufallsanstößen reagiert und die Retention oder Stabilisierung über Dogmatisierung oder paradigmatische Theorien läuft, dürfte die Selektion des Ideenguts ihre Grundlagen in der Evolution des Gesellschaftssystems als ganzen haben – jedenfalls solange, als kein Wissenschaftssystem ausdifferenziert ist, das über Wahrheit oder Unwahrheit selbst entscheiden kann.

Unter den Effekten gesellschaftlichen Wandels, die Veränderungen der sozialen Semantik, der Problemstellungen, Themen und Begriffe auslösen, ist Komplexitätssteigerung sicher nicht die einzige; aber sie ist die tiefgreifendste, weil sie die letztmöglichen Elemente und Relationen betrifft. Eine hier wurzelnde Veränderung des Zeitbewußtseins ist deshalb mehr als andere Umdeutungen semantischer Traditionen dazu berufen, der modernen Gesellschaft zur Selbstbestimmung zu verhelfen. Daher kann auch eine adäquate Theorie der modernen Gesellschaft die Temporalisierung der Komplexität nicht übergehen.

149 Diese hatte zunächst allerdings nur sehr begrenzte Auswirkungen. Sie erzwang z. B. eine Regulierung der Jahresanfänge aus Gründen der Buchhaltung und der Zinsrechnung, ähnlich wie die Erfindung mechanischer Uhren mit Schlagwerk eine Egalisierung der Stundenlänge erzwang unabhängig von der Jahreszeit. Vgl. dazu Yves Renouard, Les hommes d'affaires italiens du moyen âge, Paris 1949, S. 190 ff. Ferner allgemein Jacques LeGoff, Temps de l'Eglise et temps du marchand, Annales ESC 15 (1960), 417-433.

XII.

Nimmt man die Probleme der gesellschaftlichen Komplexität zum Ausgangspunkt, hat dies allerdings weithin ungeklärte Konsequenzen für die Art und Weise, in der Zeit zu begreifen ist. Das müssen wir abschließend wenigstens noch offenlegen.

Die semantische Tradition, die zur Verfügung stand, als man beginnen mußte, gesellschaftliche Lagen im Vollzug von Veränderungen neu zu interpretieren, hatte ihr Zeitverständnis am Anschauungsmodell der Bewegung festgemacht. Wie immer man den Bezug von Zeit zu Bewegung auffassen mochte, ob nun die Zeit selbst als Bewegung gedacht wurde oder als Maß von Bewegung im Hinblick auf ein früher und später: der begriffliche Bezug auf Bewegung war selbstverständlich. Damit war ein ganzer Fächer von Folgeproblemen verbunden. So mußte wie in bezug auf Bewegung so auch in bezug auf Zeit die Frage nach einem Anfang und einem Ende gestellt werden[150]. So war die Zenonische Paradoxie mitgegeben. So war und blieb die Vielzahl der Bewegungen, die Unterschiedlichkeit der Beschleunigungen, das unbewegt Erscheinende und dann langfristig doch Veränderte ein Problem, das den Zeitbegriff in Abstraktion zwang, ohne daß er sich vom Vorstellungsmodell der Bewegung lösen konnte.

Wollte man Temporalbezüge für die Neuordnung von Erfahrungen in Anspruch nehmen oder bisher Unzeitliches temporalisieren, konnte man daher nur diese Bewegungssemantik benutzen. Eine vermehrte und angestrengtere Inanspruchnahme von Zeit wurde deshalb wie unausweichlich schon bekannten Problemen aufgeladen. Das zeigte sich zunächst an der Ausdehnung der Bewegungsreferenzen von der aristotelischen Trias Quantität, Qualität, Ort auf Substanz im späten Mittelalter[151]. Im Kontext temporalisierter Komplexität mußte sodann von Ereignissen als Elementen ausgegangen werden; das hieß aber, von der Bewegungsmetaphorik her gesehen, die Gegenwart punktualisieren und das Problem ihrer Kontinuierbarkeit aufwerfen. Andere Zeiterfahrungen werden, vornehmlich seit der Mitte des 18. Jahrhunderts, unter dem Ge-

150 Vgl. etwa Anton Antweiler, Die Anfangslosigkeit der Welt nach Thomas von Aquin und Kant, Trier o. J. (1961).

151 Vgl. Anneliese Maier, Zwischen Philosophie und Mechanik: Studien zur Naturphilosophie der Spätscholastik Bd. V, Rom 1958.

sichtspunkt der Beschleunigung diskutiert. Bewegung liegt der Synthesis, also der Erfahrung überhaupt zugrunde. Die sich selbst konstituierende Geschichte ist ein Prozeß, innerhalb dessen sich auch die Auslegung von Zeit ändern kann. Nach der französischen Revolution gerät auch die soziale Referenz für alles, was ist oder gilt, in Bewegung: Die Gesellschaft selbst wird soziale Bewegung[152], und jeder, der seitdem »Struktur« sagt, evoziert die Reaktion »Prozeß«. Schließlich spricht man von »Neuzeit«, um die einstweilig letzte Phase der historischen Bewegung zu bezeichnen, in der alles in Bewegung geraten ist[153].

Wodurch aber ist gesichert, daß ein Denken und Handeln, das auf zunehmende Komplexität der Gesellschaft zu reagieren sucht, seine Zeitprobleme am Anschauungsmodell der Bewegung abarbeiten muß? Ist dies aus dem »Wesen« der Zeit heraus plausibel? Das stellt dies Denken selbst in Frage, indem es auch Temporalstrukturen historisiert. Oder ist es nur Abhängigkeit von einer semantischen Tradition, die man nicht zugleich mit dem Registrieren neuer Probleme über Bord gehen lassen konnte? Dann müßte die Bemühung darauf gerichtet werden, eine adäquatere Begrifflichkeit für die Analyse von Zeit zu entwickeln.

Vor allem kann die innere Reflexivität der Zeit nicht in Anlehnung an Bewegung und auch nicht als Maß oder als Motor der Bewegung begriffen werden. Dabei geht es zunächst um den Bezug der Zeithorizonte Vergangenheit und Zukunft auf die Gegenwart; sodann um die Einsicht, daß diese Zeithorizonte für jede Gegenwart verschiedene sind, zunächst rein chronologisch, dann auch in dem, was sie als in der Gegenwart relevante Vergangenheit bzw. Zukunft erscheinen lassen; und schließlich um die weitere Komplikation, daß in der Vergangenheit bzw. Zukunft jeder Gegenwart vergangene bzw. künftige Gegenwarten (also: nicht nur vergangene bzw. künftige Dinge!) erscheinen, für die wiederum gilt, daß sie ihre eigenen Zeithorizonte gehabt hatten bzw. haben werden. Was man als Bewegung erfahren kann, gleitet nicht nur über die Diskontinuitäten und die Minimierbarkeiten der Punkte hinweg; es

152 Vgl. Eckart Pankoke, Sociale Bewegung – Sociale Frage – Sociale Politik: Grundprobleme der deutschen Socialwissenschaft im 19. Jahrhundert, Stuttgart 1970.

153 Vgl. Reinhart Koselleck, »Neuzeit«: Zur Semantik moderner Bewegungsbegriffe, in: Studien zum Beginn der modernen Welt: Industrielle Welt Bd. 20, Stuttgart 1977, S. 264-299, neu gedruckt in: ders., Vergangene Zukunft, Frankfurt 1979.

bringt auch die Horizontstruktur der Zeit in ihrer internen Selbstspiegelung nicht zum Vorschein. Genau diese innere Reflexivität der Temporalisierung der Zeit selbst wird jedoch ausschlaggebende Struktur der Zeit, wenn man Komplexität temporalisieren, Elemente als Ereignisse fassen und eventuell als Ereignisse organisieren will; denn dann muß es auf den Wechsel der Zeitperspektiven von Ereignis zu Ereignis und auf die Erinnerung bzw. Antezipation dieses Wechsels als Leistung der Ereignisse selbst ankommen. Systeme mit temporalisierter Komplexität müßten infolgedessen Zeit auf der Basis wechselnder Ereigniszusammenhänge, nicht auf der Basis von Bewegung konstituieren.

Wir können die damit aufgeworfenen Fragen nicht mit hinreichender Sicherheit entscheiden, weil eine Zeittheorie fehlt, die als Alternative zur Tradition präsentiert werden könnte. Es liegt jedoch auf der Hand, daß der Zusammenhang von Komplexität und Zeit, von dem wir ausgegangen sind, nicht mit einem Bewegungsbegriff von Zeit erfaßt werden kann. Zeit entsteht danach für Systeme aufgrund eines Komplexitätsdrucks, der ihnen eine Ordnung und Umordnung von Selektionen im Nacheinander nahelegt. Unter welchen weiteren Voraussetzungen bestimmte Zusammenhänge im Nacheinander als Einheit einer Bewegung erscheinen, ist eine zweite Frage. Im Interesse eines Reichtums an selektiven Relationierungen muß Komplexität nicht nur für ein solches Kontinuieren, sondern auch, und vielleicht vordringlicher, für Diskontinuieren und für Interdependenzunterbrechungen im Nacheinander vorsorgen.

Wir haben diesen Gedanken eingeführt auf der Ebene der strukturellen Komplexität des Gesellschaftssystems, um in ihm einen Gesichtspunkt zu haben, in bezug auf dessen Variation die damit nichtidentische Variation der Zeitsemantik erklärt werden kann. In dieser Weise war das theoretische Konzept unserer Analyse der Wissenssoziologie nachgebildet, die ebenfalls soziale Position und Wissen nichtidentisch setzt, um nichttautologische Korrelationen gewinnen zu können. Wenn aber Zeit durch Komplexität überhaupt erst konstituiert wird, sieht die Theoriegrundlage anders aus. Dann müßte angenommen werden, daß jeder Komplexitätsschub in Gesellschaftssystemen, das heißt jede Änderung der Differenzierungsform, die ihr entsprechenden Temporalstrukturen erzeugt. Die von uns analysierten Transformationen der zeitbezogenen

Semantik wären, soweit sie an der Bewegungssemantik haften, Phänomene eines cultural lag.
Die Änderung der Differenzierungsform und der Komplexitätsaufbau wird, so sieht es dann aus, historisch vorgezogen und zunächst mit traditionellen Mitteln semantisch betreut, so lange es geht. Ein ohnehin verfügbares Problembewußtsein wird zunächst nur stärker strapaziert und involutiv überspannt. Es liegt dann auf der Hand, daß die moderne Gesellschaft sich selbst, was Zeit angeht, nicht zureichend begreifen kann, solange sie Zeit noch bewegungsbezogen sieht und nur Tempozunahmen, Verkürzungen der Gegenwart, Umwertung des Neuen gegenüber dem Alten, Beweglichkeit auch des Konstanten und dergleichen Verständnishilfen hervorkehrt. Viel Streß und Eile wären dann nur Konsequenzen eines Mißverhältnisses von Struktur und Semantik, und die adäquate Reflexion des Gesellschaftssystems stünde uns, was Zeit betrifft, noch bevor.

XIII.

Die vorangegangenen Analysen haben im Begriff der Temporalisierung der Komplexität ihren Ausgangspunkt und ihr Zentrum gehabt. Die Variablenzusammenhänge wurden wie folgt skizziert: Umformung des Differenzierungsprinzips der Gesellschaft in Richtung auf funktionale Differenzierung führt zur Steigerung der Systemkomplexität. Höhere Komplexität auf der Basis von immer schon temporalisierten Einheiten (Handlungen) erfordert in zunehmendem Maße einen Wechsel der Relationierungen und verlagert damit mehr und mehr Ordnungsnotwendigkeiten aus der Simultaneität in die Sequenz. Das wiederum hat Korrelate (Ursachen ebenso wie Auswirkungen) in der Zeitsemantik mit Einschluß der auf Zeit beziehbaren Begrifflichkeit (Handlung, Risiko, Sicherheit, Neuheit etc.). Dies muß jedoch als eine sehr verkürzte und vereinfachte Version eines weitaus komplexeren Zusammenhangs gelesen werden. Wenn man mehr ins Detail gehen oder die Transformationen gar »erklären« will, muß auch die Theorie komplexer angelegt werden. Um eine solche Anschluß- und Entwicklungsfähigkeit des hier benutzten Instrumentariums wenigstens anzudeuten, soll noch eine weitere Überlegung kurz skizziert werden. Sie betrifft Zeit und Kommunikation und leitet über zu evolutionstheoretischen Analysen.

Wir gehen davon aus, daß ein Ereignis für ein Sinnsystem *Information* enthält, wenn es *verhindert, daß der Zustand des Systems ausschließlich durch seine eigene Vergangenheit bestimmt wird*[154]. Es sind danach Informationen (oder strukturell gesehen: Ausgesetztsein und Verarbeitungskapazität für Informationen), die den Zusammenhang eines Systems mit seiner eigenen Vergangenheit punktuell unterbrechen und für das System selbst verfügbar machen. Die Erfahrung von Zeit ist, so gesehen, eine Frage der Informationen[155].

Information ist zunächst eine vom System her gesehen zufällige Auswahl von Systemzuständen. Vorausgesetzt ist dabei ein *Sinnsystem*, das einen *redundanten* Bedarf für Information vorgibt[156]. Das heißt: daß aus strukturellen Gründen weitaus mehr Informationen möglich sind, als je eintreffen können. Deshalb erscheint jede Information in einem System immer auch als Auswahl aus eigenen Zuständen bzw. aktiviert eine solche Auswahl. Dies Geschehen kann bei »losem« Zusammenhang von System und Umwelt relativ zufallsbestimmt bleiben[157]. Es wird jedoch in dem Maße intensiviert, spezifiziert, beeinflußbar und lenkbar, als die

154 Umgekehrt gilt natürlich Entsprechendes: »If all I can do is to create, at the receiving end of a communication system, an enduring state completely characterized in terms of its own past, then I cease to convey information« (Norbert Wiener, Time, Communication, and the Nervous System, Annals of the New York Academy of Sciences 50 (1947), S. 197-219 (202).

155 Durch Reduktion der Information kann man daher die Zeiterfahrung verändern und schließlich alle Bezüge auf eine distinkt andersartige Vergangenheit bzw. Zukunft abstreifen. Siehe die Beschreibung der Qualität des Zeiterlebens nach Reduktion der Information auf eine einzige Quelle, die Bewegung des Wassers, in Rousseaus Rêveries du promeneur solitaire, 5me Promenade (Œuvres complètes, éd de la Pléiade, Bd. 1, Paris 1959, S. 1040 ff.).

156 Wir lassen hier die Frage beiseite, ob diese Redundanz letztlich durch das physiologische System des Gehirns erklärt werden kann. Vgl. dazu Donald M. MacKay, Cerebral Organization and the Conscious Control of Action, in: John C. Eccles (Hrsg.), Brain and Conscious Experience, Berlin – Heidelberg – New York 1966, S. 422-445.

157 Das gilt auch für den Fall lockerer Verknüpfung sozialer Systeme – ein sowohl auf der Ebene von Gesellschaften als auch auf der Ebene von Organisationen diskutiertes Thema. Vgl. z. B. Hans-Dieter Evers (Hrsg.), Loosely Structured Social Systems: Thailand in Comparative Perspective, New Haven 1969; Karl E. Weick, Educational Organizations as Loosely Coupled Systems, Administrative Science Quarterly 21 (1976), S. 1-19. Vgl. auch Robert B. Glassman, Persistence and Loose Coupling in Living Systems, Behavioral Science 18 (1973), S. 83-98.

Information durch *Kommunikation* übermittelt wird. Kommunikation bezieht sich, mit anderen Worten, auf das Verhältnis von Redundanz und Information und macht es relativ wahrscheinlicher, daß Systemänderungen auf Grund einer im Kommunikationsprozeß kontrollierbaren Beziehung zur Umwelt erfolgen. Es kann so einerseits *mehr* Information übermittelt, also Redundanz besser ausgenutzt werden; und die Information kann im Kommunikationsprozeß vorseligiert werden auf das hin, was das System benutzen kann, um andere Zustände zu erreichen[158]. Kommunikation kann ihrerseits gepreßt werden durch symbolisch generalisierte Codes, die darauf spezialisiert sind, relativ unwahrscheinliche Kommunikationserfolge zu erreichen. Solche Codes lassen sich in der Form *symbolisch generalisierter Kommunikationsmedien* institutionalisieren[159]. Und damit sind wir am Zielpunkt unserer Argumentationskette: Wenn die hier zugrunde liegenden Annahmen zutreffen, müßte ein Ausbau und eine verstärkte Differenzierung und Spezifikation symbolisch generalisierter Kommunikationsmedien dazu führen, daß die Vergangenheit stärker diskontinuiert wird, bis sie schließlich als vergangene, als abgelegte Geschichte erfahrbar wird. Mit dem Ausbau von Medien wie politisch zentralisierter Macht, Geld, personal totalisierende Liebe, wissenschaftliche Wahrheit wird das Diskontinuieren von Vergangenheit gerade in den Symbolen verankert, die auf kultureller wie auf personaler Ebene als Höchstleistungen gelten. Und dann muß das Abstoßen von Vergangenheit, das Ersetzen von Natur durch Geschichte, auch semantisch legitimiert werden.

Auch dieses theoretische Konzept pauschaliert wiederum sehr stark. Es macht zugleich aber den Ausgangspunkt für Einzelanalysen deutlich. Es wäre im Anschluß hieran zu untersuchen, wie im Kommunikationsbereich einzelner Medien deren Freisetzung für autonomeres Operieren den Bezug zur Vergangenheit in spezifischen Hinsichten lockert. Das ist für die Expansion der Geldwirtschaft seit dem späten Mittelalter evident. So setzt zum Beispiel die

158 Vgl. hierzu Donald MacKay, Information, Mechanism and Meaning, Cambridge Mass. – London 1969; ders., Formal Analysis of Communicative Processes, in: Robert A. Hinde (Hrsg.), Non-verbal Communication, Cambridge Engl. 1972, S. 3-25.

159 Vgl. Niklas Luhmann, Einführende Bemerkungen zu einer Theorie symbolisch generalisierter Kommunikationsmedien, in ders., Soziologische Aufklärung Bd. 2, Opladen 1975, S. 170-192.

Diskussion der Frage, ob die soziale Ordnung entgegen der mittelalterlichen Auffassung dem Einzelnen eine *Änderung* seines Berufs erlauben könne, einen Geldmaßstab voraus; denn die Antwort lautet: ja, wenn er den neuen Beruf effizienter ausüben könne[159a]. Aber auch die Bemühungen des 17. Jahrhunderts um eine Vermehrung des Wissens auf den Grundlagen spezifisch wissenschaftlicher Wahrheiten haben den gleichen Zug, und hier ist das explizite Diskontinuieren von Primärauffassungen, Idolen, Meinungstraditionen besonders deutlich. Und wenn in einem sehr langsamen, bis ins 19. Jahrhundert hinein andauernden Prozeß passionierte Liebe als Grund, ja als einzig legitimer Grund für Eheschließung schließlich zugelassen wird, so heißt das im Effekt: daß Ehe und Familie als dem Gefühlsleben vorgegebene institutionelle Konstanten[160] aufgegeben, zumindest diskontinuiert werden und daß jede Generation neue Familien gründet[161]. Detailentwicklungen dieser Art sind bedingt durch die stärkere Ausdifferenzierung einzelner Funktionsbereiche an Hand besonderer Interaktionskonstellationen und besonderer Medien-Codes. Daß darüber hinaus auf der Ebene der Temporalstruktur des gesellschaftlichen Bewußtseins gleichsam das Fazit gezogen wird, hängt auch damit zusammen, daß sich die Gesellschaft insgesamt auf funktionale Systemdifferenzierung umstellt und deshalb mehr als je zuvor eine auf Zeit und Wechsel abstellende Ordnung ausbilden muß.

Kommunikation hat nach all dem eine Schlüsselstellung in der Entwicklung des Zeitbewußtseins, und um so mehr so, je mehr sie Diskontinuitäten gezielt zumuten und normalisieren kann. Sie ergänzt auf einem konkreteren, interaktions- und funktionsspezifischen Wege die generelle Auswirkung von Änderungen der Diffe-

159a Vgl. Louis B. Wright, Middle Class Culture in Elisabethan England, 1935, Neudruck London 1964, S. 184 f. Im Mittelalter hatte man dagegen den Wunsch nach Berufsänderung als Ausdruck von Unzufriedenheit behandelt.

160 Die dann durch Passionen, wechselseitiges Mißtrauen etc. auch nicht störbar war, da sie auf institutioneller Unauflöslichkeit und objektiv-gemeinsamen Interessen beruht. Vgl. z. B. Madeleine de Scuderi, Des passions . . ., in dies., Conversations sur divers sujets Bd. 1, Lyon 1680, S. 223:256 (241 ff.).

161 Vgl. Hartmann Tyrell, Probleme einer Theorie der gesellschaftlichen Ausdifferenzierung der privatisierten modernen Kernfamilie, Zeitschrift für Soziologie 5 (1976), S. 393-417. Zur dadurch ausgelösten durchgehenden Temporalisierung der Familie entlang dem Prozeß des Alterns siehe auch Max Haller, Lebenszyklus und Familientheorie, Kölner Zeitschrift für Soziologie und Sozialpsychologie 26 (1974), S. 148-166.

renzierungsform und des Komplexitätsniveaus des Gesellschaftssystems. Der Transformationsprozeß läuft so auf verschiedenen Aggregationsniveaus, die sich wechselseitig bedingen, gleichzeitig ab. Die beigefügte Skizze soll das verdeutlichen. Nur mit Hilfe eines

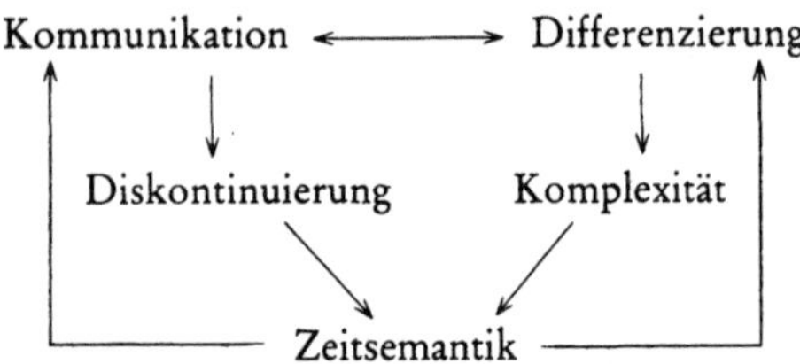

so abstrakt und so komplex angelegten Theoriemodells wird man erklären können, wie im Übergang zur neuzeitlichen Gesellschaft (1) struktureller Umbau in Richtung auf funktionale Systemdifferenzierung und (2) Spezifikation der Medien-Codes für diskontinuierende Kommunikation sich wechselseitig bedingen und die Temporalstrukturen des Gesellschaftssystems transformieren.

Kapitel 5

Selbstreferenz und binäre Schematisierung

I.

Kulturgeschichte ist als Gegenstand wissenschaftlicher Analyse ein außerordentlich komplexes Geschehen. Die Komplexität wächst mit den Ansprüchen, die die wissenschaftliche Analyse an sich selbst stellt. Wie läßt sich unter diesen Umständen erfolgreiche Forschung anstellen? Geht es weiter ohne vorgängige Reflexion des Problems der Komplexität?

Die übliche Vorgehensweise benutzt aggregierende Gesichtspunkte, die sich, wie es scheint, aus der Sache selbst ergeben. Das gilt vor allem für die Orientierung an Worten bzw. Begriffen einerseits und an berühmten oder weniger berühmten Autoren andererseits, zusammengefaßt durch höher aggregierende Vorstellungen über Schulen, Richtungen, intellektuelle Strömungen – sagen wir Stoizismus/Neostoizismus, Deismus, Pietismus, Aufklärung usw. Die Analyse läuft aber in dem Maße, als sie an Anspruchsniveau und an Tiefenschärfe gewinnt, auf eine Auflösung der aggregierenden Vorstellungen hinaus – der aggregierenden Vorstellungen, auf die sie gleichwohl angewiesen bleibt und die sie nicht ersetzen kann. Man wird dann einerseits mit der unfaßbaren Komplexität realer Denkverflechtungen konfrontiert, die sich in einzelnen Topoi oder in einzelnen Autoren nur momenthaft bündeln und so in neue Konstellationen eingehen, in denen die Prägung durch Namen oder Begriffe wieder aufgelöst und neu figuriert wird. Andererseits bleibt jede Forschung an im Gegenstand vorliegende Abstraktionen gebunden, man wird also wieder davon ausgehen, daß der einzelne Denker oder der einzelne Begriff einen brauchbaren Gesichtspunkt abgibt, dessen Identität man zunächst unterstellen und von dem aus man nach Zusammenhängen, Einflüssen, Mißverständnissen, fruchtbaren Mißverständnissen usw. suchen kann, um die Geschichte als Geschichte in Bewegung zu erfassen. Mit dieser Methodik (wenn man das so nennen darf) zwingt die Forschung sich zur ständigen Zersetzung der Gesichtspunkte, von denen sie sich tragen läßt. Und dies Problem steigert sich bei »wichtigen«

Begriffen oder bei »großen« Denkern, deren Wichtigkeit oder Größe ja vermutlich gerade auf dem Beziehungsreichtum beruht, der in ihre Identität eingeht.

Es bleibt nicht aus, daß diese Forschung eine zweite Forschung nach sich zieht, die sich damit befaßt, die Fehlurteile früherer Forscher zu korrigieren und das von ihnen Übersehene neu zu beleuchten. Unausweichlich muß jede Interpretation seligieren und verdichten, also Komplexität reduzieren. Die Komplexität läßt sich aber immer wieder herstellen. Schlagkräftige Kondensate – man denke an den »Besitz-Individualismus« bei Hobbes und Locke[1] – werden rasch wieder relativiert, Heraushebungen werden wieder eingeebnet und werden so ihrerseits zum Moment der mit sich selbst beschäftigten Kulturgeschichte. Die Einarbeitungsanforderungen für Weiterarbeit steigen mit zunehmender Sekundärliteratur. Die Menge des Wissens wird produktiv in Richtung auf Mehrwissen, aber damit allein ist die Anschlußfähigkeit der Erkenntnisse, ihre Verwendbarkeit außerhalb des Gewinnungskontextes, nicht gesichert.

Der Gesamteindruck ist: daß diese Forschung auf dem Wege ist, eine Erfahrung zu machen, die in anderen sozialwissenschaftlichen Forschungsbereichen ebenfalls anfällt: die Erfahrung der Komplexität. Für die neuere Systemtheorie liegt hier der entscheidende Anstoß zur Selbstreflexion. Aber auch unabhängig von spezifischen theoretischen Ansätzen gewinnt die Auffassung an Boden, daß alle Forschung, *bevor* sie Wahres und Falsches sortieren kann, es *zunächst mit einem Problem der Komplexität zu tun hat*, und zwar mit einer Komplexität, *an deren Erzeugung sie selbst beteiligt ist.* Die typische Tagungs-Endeinsicht: Die wirklichen Sachverhalte sind sehr komplex, und man muß noch viel tun, um sie genauer zu klären, ist zugleich das Programm für die Verschlimmerung des Übels.

Aber wenn man das wissen kann: Was kann man dann tun?

Angesichts der geschilderten Sachlage muß ein andersartiges Vorgehen, das von aller Trassierung von »Einflüssen« im geschichtlichen Verlauf zunächst abstrahiert, zumindest in Betracht gezogen und ausprobiert werden. Das sich hin und her kreuzende, im

1 C. B. MacPherson, The Political Theory of Possessive Individualism: Hobbes to Locke, Oxford 1962.

einzelnen nicht zu verfolgende Gedankenmaterial könnte wie eine evolutionäre Masse betrachtet werden, in der komplexitätsgünstige Formen in der einen oder anderen Begriffsassoziation bei diesem oder jenem Denker sich durchsetzen, sobald die Kommunikationsweisen (mündlich/schriftlich/Druck) und die Gesellschaftsstruktur hinreichende Verwendungsmöglichkeiten bieten. Man würde dabei unterstellen müssen, daß gesellschaftliche Komplexität »in the long run« selektiv wirkt, und würde versuchen müssen zu ermitteln, welche Problemstellungen oder welche gedanklichen Figuren dadurch eine Chance erhalten bzw. ihre Chance dadurch verlieren. So löst sich, um ein Beispiel zu geben, die Einheit von Perfektion und Finalität auf, wenn die Gesellschaft der Kalkulation längerer, komplex konditionierter Kausalketten neue Chancen gibt und wenn Zufall und Ordnung nicht mehr als sich ausschließende Gegensätze, sondern als Kombinationsproblem gesehen werden[2]. Man kann dann, wenn man dies Problem und seine begriffliche Ausstattung konstant hält, untersuchen, wie ein Denken, das die Kompakteinheit festzuhalten sucht, in die Defensive gerät und wie umgekehrt die stärkere Auflösung es mit typischen Problemen selbsterzeugter Komplexität zu tun bekommt.

Der Gesichtspunkt, unter dem kulturelle Materialien aggregiert und geordnet wären, wäre dann nicht mehr eine textnah interpretierte Begrifflichkeit und erst recht nicht die vermutete Einheit der Gedankenwelt eines Autors; er wäre die Beziehung von Problemen oder Formen auf Komplexität[3]. Damit wären zugleich aber auch Leitfäden gezogen für die Interpretation von Begriffsveränderungen oder von Schwierigkeiten in der Karriere von Texten oder Autoren, die auf solche Probleme stoßen oder an ihnen nicht vorbeikommen. Nur würde das nicht wegen des Textes oder wegen des Autors interessieren, sondern die am Text oder am Autor zu beschreibenden Sachverhalte wären nur Material für eine abstrakter angesetzte Theorie der Komplexitätsbewährung.

2 Vgl. Selbstreferenz und Teleologie in gesellschaftstheoretischer Perspektive; vorgesehen für Bd. 2.

3 Ein m. W. erster Versuch dieser Art ist: Harlan Wilson, Complexity as a Theoretical Problem: Wider Perspectives in Political Theory, in: Todd R. La Porte (Hrsg.), Organized Social Complexity: Challenge to Politics and Policy, Princeton N. J. 1975, S. 281-331.

II.

Im folgenden soll dieser Vorschlag durch ein Beispiel verdeutlicht werden. Wir gehen dabei nicht von einer theoretischen Deduktion aus, sondern von Funden im semantischen Material – von Funden, die wir in den vorangegangenen Untersuchungen bereits mehrfach verwendet haben und die wir jetzt nur nochmals in abstrakterer und methodischer Absicht herausziehen. Sie betreffen sämtlich das Verhältnis von Selbstreferenz und binärer Schematisierung.

Der erste und wohl früheste Fall ist die Selbstbestätigung des Denkens, das »cogito ergo sum« des Descartes. Das Argument greift zurück auf die Erfahrung der Faktizität des Denkens (im weitesten Sinne) und macht sich damit unabhängig von der Frage, ob die Denkinhalte wahr sind oder nicht wahr. Das Denken kann sich mit richtigen und mit unrichtigen Vorstellungen bestätigen[4]; es selbst behauptet sich auf jeden Fall, solange es nur als operatives Bewußtsein abläuft[5]. Damit werden Selbstreferenz und binäre Konstruktion des Erkennens als wahr oder falsch entkoppelt und stärker als zuvor distanziert. Der Übergang von wahren zu falschen Vorstellungen kann jetzt flüssiger ablaufen auf der Basis des in jedem Falle in Anspruch genommenen Denkens. Man kann die Widerlegung der entgegengesetzten Aussage für eine notwendige und hinreichende Wahrheitsbedingung halten und damit den spezifisch wissenschaftlichen Diskurs ausdifferenzieren. Und vor allem kann man die Verwendung der beiden Werte wahr/unwahr konditionieren und diese Konditionierung als Methode erproben, kritisieren und gegebenenfalls auswechseln. All das gefährdet die Subjektität des Denkens nicht und ist mit dessen selbstreferentieller Struktur kompatibel.

Eine vergleichbare Figur entnehmen wir den Lehren über erfolgsuchende Interaktion und speziell über höfisch-galante Taktik. Diese sieht sich, seit es Literatur darüber gibt, dem Vorwurf der Manipulation und der Täuschung ausgesetzt. Die einfachen Gegenüberstel-

4 Vgl. René Descartes, Méditations sur la philosophie première, méditation troisième, zit. nach: Œuvres et lettres (éd. de la Pléiade), Paris 1952, S. 286.

5 In heutiger systemtheoretischer Diktion könnte man sagen: solange nur die selbstreferentielle Organisation als geschlossene Einheit sich erhalten kann. Vgl. etwa Humberto R. Maturana, Cognition, in: Peter M. Hejl / Wolfram K. Köck / Gerhard Roth (Hrsg.), Wahrnehmung und Kommunikation, Frankfurt 1978, S. 29-49.

lungen des perfekten und des imperfekten (korrupten) Hofmannes[6] werden jedoch im 17. Jahrhundert auf einen sie transzendierenden Entscheidungsstandpunkt bezogen und dadurch relativiert. Aufrichtiges und täuschendes Vorgehen werden verglichen, und gerade für ein Milieu, das viele Tricks und Finessen braucht, wird es als größte Finesse empfohlen, sich keiner Finessen zu bedienen[7]. Im allgemeinen wird das Täuschen für Sonderfälle erlaubt, ja für gelegentlich notwendig gehalten. Die operative Entscheidung ist jedoch auch hier aus dem Dual von aufrichtigem und unaufrichtigem Verhalten herausgenommen und disponiert über die Mittel nach Maßgabe eigener Kalkulation. Der binäre Schematismus ist für Konditionierungen freigegeben, die sich an der Erfahrung bewähren können und – so oder so – sich auf das selbstreferentielle Prozessieren des Entscheiders beziehen.

Einen weiteren Beleg entnehmen wir der Literatur, die sich mit kommunikativem Verhalten (Konversation, Briefstil, öffentliche Rede, Theater etc.) befaßt. Hier ist in mehrfacher Hinsicht zunehmende Komplexität zu verkraften, nämlich (1) Erweiterung des möglichen thematischen Repertoires, was über Aufnahme bzw. Abwehr von Gegenständen der Kommunikation reguliert werden muß; (2) Erweiterung der sozialen Reichweite und Anonymisierung der Kommunikation durch den Buchdruck; (3) sozialer Aufstieg aus unteren Schichten mit entsprechenden Lern- und Rezeptbedürfnissen. Für diese Anforderungen werden zunächst allgemein verwendbare *Regeln* kommunikativen Verhaltens entwickelt, die jedoch den Nachteil haben, das ihre Anwendung als Regelanwendung sichtbar ist und damit unfrei und subaltern wirkt. Damit entstehen *Gegennormen* des natürlichen, ungezwungenen, spontanen, scheinbar zufälligen und regellosen Verhaltens[8]. Négligence wird Rezept. Man kann also nach Regeln und, wenn man kann, nicht nach Regeln verfahren. Die Könner bewahren sich ihre Urteilsfreiheit, die Oberschichten und die Salondamen ihre Selek-

6 Siehe als ein Beispiel für viele: Pietro Andrea Canonhiero, Il perfetto Cortegiano et dell'uficio del prencipe verso 'l cortegiano, Rom 1609, S. 1 ff., 93 ff., oder den Anhang »Necessary Notes for a Courtier« in: Nicholas Breton, The Court and the Country, London 1618.

7 Ch. G. Bessel, Schmiede deß Politischen Glüks, Frankfurt 1673, S. 245 ff.

8 Siehe z. B. John C. Lapp, The Esthetics of Negligence: La Fontaine's Contes, Cambridge 1971.

tionsfreiheit. In der Semantik kann jedoch die Situation nicht derart offen bleiben, hier (wenn nicht sonst) muß man Widersprüche lösen und Abschlußbedürfnisse befriedigen können. Nur sehr begrenzt helfen Unterscheidungen von Situationen und Kommunikationstypen; denn das Problem tritt zu allgemein auf und dringt in jede Situation ein. Es verlangt nach einer Metaregel.

Es dürfte kein Zufall sein, daß die Anleitung zur Wahl zwischen Regelhaftigkeit und Regellosigkeit selbstreferentielle Figuren produziert[9]. Ihre Hauptformen, die sich wechselseitig bedingen, sind der Idealtyp des honnête homme und die Maxime des Gefallens (plaire). Im einen Falle wird personale, im anderen soziale Selbstreferenz in Anspruch genommen. Im einen Falle geht es um Selbstplacierung in einem kommunikativen Kontext und um die Fähigkeit dazu, die unter anderem Selbstbeherrschung, Selbstbescheidung, Selbstachtung, Selbsterhaltung (aber gerade nicht: Individualisierung) involviert[10]. Im anderen Falle geht es um die Ausrichtung eigener Beiträge an dem, was anderen gefällt und damit um Gefallen am Gefallen anderer[11]. Wenn einem, mit anderen Worten, das Gefallen anderer gefällt, kann man sich selbst gefallen als jemand, der anderen gefällt und in dieser Euphorie des sozial gesicherten Gefallens situativ entscheiden, ob man die dafür entwickelten Regeln befolgt oder angesichts ihrer inneren Antinomie überschreitet.

Das nächste Beispiel kann besser als die anderen mit rein wort- und begriffsgeschichtlichen Mitteln vorgeführt werden. Es bezieht sich auf die Semantik von Genießen/Genuß[12]. Auch hier tritt, annähernd gleichzeitig, jene Entkoppelung von Selbstreferenz und binärer Schematisierung auf. Man würde zunächst annehmen: genießen kann man nur Angenehmes, nur etwas, was Lust bereitet. Die Entwicklung führt den Wortsinn jedoch, jedenfalls in der hohen

9 Die funktional äquivalente Alternative ist: Mystifikation, »je ne sais quoi«, Genie. Vgl. auch Erich Köhler, »Je ne sais quoi«: Ein Kapitel aus der Begriffsgeschichte des Unbegreiflichen, in ders., Esprit und arkadische Freiheit, Frankfurt 1966, S. 230-286.

10 »Les vrais honnêtes gens . . . s'y portent de leur propre mouvement«, heißt es bei Saint-Evremond, Conseils à un Exilé, (1674), in Œuvres, Paris 1927, Bd. 1, S. 23-30 (24).

11 Man ist versucht, an den amor amicitiae des Mittelalters zu denken. Aber das war die Erklärung für den Sündenfall.

12 Vgl. zum folgenden Wolfgang Binder, »Genuß« in Dichtung und Philosophie des 17. und 18. Jahrhundert, in: Ders., Aufschlüsse, Zürich 1976, S. 7-33.

Literatur, aus der Identifikation mit dem einen Wert heraus und gibt dem Begriff einen Tiefensinn, der auch mit Unlust, auch mit Schmerz kombiniert werden kann. Offenbar ist ein mitlaufendes Bedeutungsmoment hilfreich, wonach genießen auch heißen kann: sich aneignen, sich zu eigen machen. Die späteren Fassungen betonen das Existentielle im Verhältnis zu sich selbst und können mit Genuß dann formulieren, daß das Leben nicht nur Kognitives bringt, sondern daß auch Freude und Schmerz in das je individuelle Dasein aufgenommen und in Bestandteile des Selbst umgeformt werden können; dies insbesondere, wenn man die Person im Zeitschnitt ihrer Biographie sieht und damit deutlich wird, das Freude und Schmerz nicht konstante Ich-Partikel sind, sondern Erfahrungsqualitäten, an denen die Person auf dem einen oder dem anderen Wege reifen kann. Und auch hier ist der formal wichtigste Ertrag des Bedeutungswandels: ein Freisetzen für Steigerung der Möglichkeiten durch Konditionierung der Selbstreferenz. Man kann in der Aktualisierung des Bezugs auf sich selbst den Gegensatz von Freude und Schmerz transzendieren und beides als Moment der Steigerung der Realität des Ich verwenden.

Schließlich läßt die genau gleiche Entwicklung sich auch am Konzept der Selbstliebe nachzeichnen. Auch hier war der Ausgangspunkt ein dualistisches Konzept, das auf einen (wie immer ambivalenten) Gegensatz von Selbstliebe und Fremdliebe hinauslief, letztere repräsentiert durch die Gottesliebe[13]. Auch in einem ganz allgemeinen Sinne wird die Selbstbeziehung als eine Art Isolierung auf sich selbst begriffen und der Zuwendung zum anderen Menschen gegenübergestellt[14], so als ob eines auf Kosten des anderen gehen müßte. Das Problem liegt, wie immer durch transzendierende religiöse Bezüge vermittelt, noch auf der Ebene einer Unvereinbarkeit von Egoismus und Altruismus. Erst das 17. Jahrhundert zieht mit Prozessen, die im wesentlichen über eine radikale Negativwertung und eine genau dadurch bewirkte Normalisierung der Selbstreferenz laufen, die Selbstreferenz aus dem Begünstigungsschema Egoismus/Altruismus heraus und etabliert sie als Voraus-

13 Vgl. die recht detaillierte Darstellung bei Hans-Jürgen Fuchs, Entfremdung und Narzißmus: Semantische Untersuchungen zur Geschichte der »Selbstbezogenheit« als Vorgeschichte von französisch »amour-propre«, Stuttgart 1977.

14 So in einer entsprechend oberflächlichen Kritik stoischer Theorie z. B. Matteo Peregrini, Difesa del savio in Corte, Macerata 1634, S. 43 ff.

setzung für beides[15]. Auch die Kritik der Selbstliebe hat, so sagt man jetzt, ihr Motiv noch in der Selbstliebe[16]; diese fundiert also beides: sich selbst und die eigene Ablehnung. Ab etwa 1700 kann man eigentlich nur noch so denken. Die Selbstliebe ist nicht länger Blockierung der Selbsterkenntnis[17]; sie bei sich selbst und beim anderen anzuerkennen, wird zur Voraussetzung der Steigerung sozialer Beziehungen, speziell in der Freundschaft. Die Theorie des Sozialen wird so aus der alten Präokkupation mit der Verteilung knapper Güter gelöst und als Problem der Kombination von selbstreferentiell operierenden Personensystemen gesehen.

Wenn dies Konzept sich durchsetzt und das 18. Jahrhundert bestimmt: welche Wirkungsgeschichte können dann Theorien haben, die sich diesem Modell nicht fügen. Sie sterben nicht ohne weiteres ab, wie an der Nachwirkung Fénelons im 18. Jahrhundert abzulesen ist. Aber die Leitfrage für diese noch wenig aufgearbeitete Geschichte wäre nach dem hier skizzierten methodischen Konzept: welche Optionen und welche semantischen Assoziationen offen gehalten werden können für ein Programm, das sich mit Konzept des pur amour den Zeichen der Zeit verweigert und gerade deshalb fasziniert. Es mag dann ein Äquivalent für die konstruktive Beziehung auf Komplexität sein – hier vielleicht eine gewisse Exzentrik –, das den Gedanken eine Weile noch trägt und ihm Sympathisanten zuführt.

Wir haben für den Vorgang, den wir Entkoppelung von Selbstreferenz und binären Schematismen genannt haben, jetzt fünf recht verschiedene Belege vorgeführt. Vielleicht gibt es mehr dieser Art – etwa in der Form eines neuen Sicherheitsinteresses, das sich die

15 Daß bei Hobbes dies schon *gemeint,* aber noch nicht angemessen *formuliert* war mit der Folge zahlreicher Mißverständnisse und fruchtloser Kontroversen, ist die These von Bernard Gert, Hobbes and Psychological Egoism, Journal of the History of Ideas 28 (1967), S. 503–520. Die Analyse zeigt sehr gut den sozusagen pränatalen Zustand einer denkerischen Errungenschaft, die, wenn einmal vorhanden, wegen ihres Komplexitätsbezuges erhalten und ausgebaut werden wird.

16 Vgl. Jean Frédéric Bernard, Reflexions morales, satiriques et comiques, sur les mœurs de notre siecle, 1716, Neuauflage Lüttich 1733, S. 156 f.

17 Was seinerseits bedeutet hatte: Blockierung des direktesten Weges zu Gott. Vgl. grundsätzlich Pierre Nicole, De la connoissance de soy-mesme, in: Essais de morale Bd. III, 3. Aufl. Paris 1682, S. 1-145; oder für eine weniger anspruchsvolle Äußerung de Bourdonné, Le courtisan desabusé, ou les pensées d'un gentilhomme . . ., Paris 1659, zitiert nach der Auflage Paris 1695, S. 195 f.

Differenz von sicher und unsicher unterordnet und mit ihr spielt. Die Darstellung mag genügen. Aber wie ist der Befund zu erklären?

Es wird kaum ein Zufall sein, wenn ein und dieselbe Grundfigur in einem Zeitraum von gut 50 Jahren an so verschiedenen Stellen auftritt und jeweils die Denkmöglichkeiten auf neue Grundlagen stellt mit der Folge, daß die schlichte Identifikation mit der guten oder willkommenen Seite als Praxis und als Belehrung nun nicht mehr geht oder doch als naiv erscheinen muß. Es wird kaum Zufall sein – andererseits reichen aber auch die Erklärungsmittel der Ideengeschichte üblichen Stils, die Annahme eines Einflusses von Autor auf Autor, kaum aus. Dazu sind die Bereiche des Auftretens zu heterogen, dafür ist der Grad theoretischer Prominenz zu unterschiedlich, dazu sind vor allem die Problemstrukturen zu abstrakt und in ihrer Reichweite den Autoren zu wenig bewußt. Es handelt sich so, wie es hier formuliert ist, nicht um tradierbares Gut. Die Veränderung wird an tradierbarem Gut formuliert, und es sieht so aus, als ob, wo immer ein binärer Schematismus zur Identifikation mit dem positiven Wert auffordert, man sich zur Distanzierung aufgerufen fühlt. Der Effekt ist dann: daß Selbstreferenz als Basis für diese Distanzierung in Operation gesetzt werden muß, bevor man innerhalb des Schematismus optiert. Aber wenn dies das Interesse ist, so ist es doch nicht als solches Gegenstand der Diskussion, der Mitteilung, der meinungsbildenden Suggestion, also auch nicht über kulturgeschichtliche Einflüsse zu erklären. Und ganz abgesehen von all dem, bliebe eine solche Erklärung auch rein deskriptiv. Sie würde das Problem nur verschieben in die Frage, warum denn eine bestimmte Problemfigur sich in den komplexen Kanälen des Gedankenaustausches bewährt und durchsetzt.

Das alles stützt die Annahme: es müsse andere, tieferliegende Gründe für einen solchen Phänomenzusammenhang geben. Wir suchen diese Gründe in einem letzten Bezugspunkt: in der Nichtbeliebigkeit der Einstellung eines Systems auf seine eigene Komplexität.

III.

In der Darstellung des vorigen Abschnitts ist der Sachverhalt als ein historischer sichtbar geworden. Das heißt nicht nur, daß er in der

Vergangenheit aufgespürt und als eine vergangene Entwicklung von Ideen, Problemen, Begriffen erzählt werden kann. Historisch ist der Sachverhalt vor allem insofern, als die *Form*, die er gewonnen hat, durch den *Ablauf* bestimmt ist, der zu ihr geführt hat. Die Form ist zwar auch ohne ihre Geschichte verständlich zu machen. Geschichte ist kein hermeneutisches sine qua non. Aber wenn man die Form als Resultat eines historischen Prozesses erkennt, kann man sich fragen, ob die dadurch bestimmte Form die günstigste Fassung für eine Problemlösung ist.

Die hier behandelte Thematik hat ihre historische Form darin, daß sie als *Herausziehen* der Selbstreferenz aus einer dual geordneten Realität (Perfektion/Imperfektion, gut/schlecht, angenehm/unangenehm usw.) entstanden ist. Die weitere Entwicklung hat dann konsequent zum *Wiedereinbau* von binären Schematismen in die frei operierende Selbstreferenz geführt und sich dann dem Problem der dafür, nämlich für die »reine« Vernunft, noch möglichen Kriterien zugewandt. Seit Kant ist die aprioristisch orientierte Selbstkontrolle des Einsatzes binärer Schematismen der Kognition (wahr/unwahr), der Moral (gut/nicht gut) und der Form (dies/nicht dies) eine historisch nicht mehr zurücknehmbare Reflexionsposition. Wenn aber jede Absicherung a priori wiederum aufgelöst oder als unergiebig behandelt wird – was dann?

Die Ansätze zu einer Theorie selbstreferentieller Systeme, die gegenwärtig zur Diskussion gestellt werden, verschieben erneut das Probleminteresse. An die Stelle der Bemühungen um die Einlösung eines Begründungsbedarfs, die durch jenes Distanzieren und Freisetzen der Selbstreferenz ausgelöst worden waren, tritt das Problem der (Enthaltung der) Operationsfähigkeit selbstreferentieller Systeme. In bezug auf binäre Schematismen muß man dann fragen: welche Funktion haben binäre Schematisierungen für den Operationsvollzug in selbstreferentiellen Systemen, das heißt für einen Operationsvollzug, der über seine direkte Intention hinaus immer auch eine Selbstbeziehung mitrealisiert.

Diese Fragestellung läßt sich in verschiedener Weise verdichten – je nachdem, wie das formuliert wird, was als das Problem des Operationsvollzugs unter Mitvollzug von Selbstreferenz angesehen wird. Ein sehr wichtiger Aspekt liegt in der Vermeidung von Kurzschlüssigkeit bzw. in der Sicherstellung von Anschlußfähigkeit. Es muß vermieden werden, daß Operationen sich jeweils nur und immer sofort auf sich selbst zurückbeziehen; oder daß sie Gegenstände bzw. Partner nur in der Intention auf einen Spiegeleffekt auswählen. Es muß dies vermieden werden, weil ein solches System in die Beziehungen zu seiner Umwelt keine Struktur legen und sich der Umwelt gegenüber nicht selektiv verhalten könnte. Es bliebe intern unbestimmbar, nämlich »tautologisch« strukturiert, und müßte deshalb für die Außenbeziehungen Kompatibilität mit jeder beliebigen Umwelt postulieren. Beide Annahmen verfehlen die Bedingungen real möglicher Existenz.

Binäre Schematismen können nun ganz generell in ihrer Funktion für selbstreferentielle Systeme begriffen werden als Formen der Sicherung von Anschlußfähigkeit[18]. Die Selbstreferenz wird einerseits auf die Form des Duals zusammengezogen: Wahrheit verweist auf Unwahrheit und Unwahrheit verweist auf Wahrheit. Andererseits eröffnen beide Werte jeweils unterschiedliche Anschlußoperationen. Um Operationen anschlußfähig machen zu können, muß der Kurzschluß im binären Schematismus unterbrochen werden; es muß also verhindert werden, daß Wahrheit nur als Hinweis auf Unwahrheit benutzt wird und umgekehrt. Bei strengen binären Schematismen wird diese Transformation erleichtert und gerade dadurch bagatellisiert: Es bedarf einer bloßen Negation, und schon sind wahre Sätze unwahr. Eben das macht aber auch deutlich, daß diese Transformation nicht für sich selbst schon genügt. Insofern eröffnet gerade die Erleichterung des Vollzugs der Selbstreferenz für spezifische Operationskreise den Weg zu ihrer Instrumentalisierung; man vollzieht sie nur, wenn angegeben werden kann, was damit erreicht werden soll.

Damit hängt ein zweiter Gesichtspunkt zusammen, den wir schon in der historischen Darstellung auftauchen sahen: Sobald Selbstreferenz aus den binären Schematismen herausgezogen und ihnen gegenüber verselbständigt wird, taucht die Frage auf, wie denn die Option konditioniert wird. Wenn man auch Schmerzen genießen kann; wovon hängt es ab, ob dies der Fall sein kann, wenn doch offensichtlich nicht gemeint ist, daß man ein schmerzfreudiges Leben suchen soll. Die transzendentaltheoretische Philosophie hatte dieses Problem als Frage nach unbedingt geltenden Gründen

18 Siehe für die Interaktionsebene Niklas Luhmann, Schematismen der Interaktion, Kölner Zeitschrift für Soziologie und Sozialpsychologie 31 (1979), S. 237-255.

verstanden und so in die Sackgasse des Apriori geschoben. Die neuere Systemtheorie behandelt dagegen Konditionierungen (ohne nach deren Geltungsgründen zu fragen) als Erfordernis des Aufbaus komplexer selbstreferentieller Systeme[19]. Solche Systeme können ihre internen Relationen nicht »festlegen«, sie müssen es von Bedingungen abhängig machen, ob und wann sie eine ihrer Relationierungsmöglichkeiten benutzen, und diese Bedingungen repräsentieren (mehr oder weniger sachgerecht, immer aber qua Reduktion) Zustände des Systems im übrigen oder Zustände seiner Umwelt.[20] Das gilt auch für Modelle, die ein Beobachter sich vom System macht: Variablen korrelieren nicht schlechthin, sondern nur unter Hinzutreten weiterer Konstellationen, die es wahrscheinlicher machen. Für personale Systeme heißt dies zum Beispiel: daß Selbstkonzepte und Motive auseinandergezogen werden müssen, wenn Motive situationsabhängig gebraucht bzw. nicht gebraucht werden sollen.

In dieser sehr allgemeinen Theorie selbstreferentieller Systeme gewinnt unser Thema der Beziehung von Selbstreferenz und binären Schematismen eine Form, die vom historischen Werdegang unabhängig ist. Das ist durch die Abstraktion der Theorie erreicht, die für Personen und soziale Systeme, für Organismen und Gehirne gleichermaßen zu gelten beansprucht. Zugleich wird mit dieser Theorie auch der Grund der Komplexitätsbewährung deutlich und damit, so vermuten wir, der Grund des evolutionären Erfolgs, der die Möglichkeiten weiterer Plausibilisierung umstrukturiert. Erst die Auflösung der geschichtlich bedingten Form ermöglicht eine geschichtliche Erklärung.

Die ersten Ansätze waren zunächst durch den »Blick zurück« bestimmt, vor allem durch das moralische Problem einer Distanz von den Bewertungen der Moral. Aber dies Problem konnte nicht dadurch gelöst werden, daß die sich selbst liebende Natur oder das sich selbst wollende Ich nun wieder für gut erklärt wird. So wird

19 Vgl. W. Ross Ashby, Principles of Self-Organizing Systems, in: Heinz von Foerster / George Zopf (Hrsg.), Principles of Self-Organization, New York 1962, S. 255–278; neu gedruckt in: Walter Buckley (Hrsg.), Modern Systems Research for the Behavioral Scientist: A Sourcebook, Chicago 1968, S. 108–118 (108 f.).

20 Wolfgang Schluchter, Die Entwicklung des okzidentalen Rationalismus, Tübingen 1979, S. 68 ff., charakterisiert dieses Strukturprinzip als Ethik mit reflexivem Prinzipiengebrauch, setzt aber den Beginn dieser Form sehr spät, nämlich erst bei Kant an.

nur die semantische Errungenschaft sich selbst zum Problem. Erst die Hypothese, daß hier Sachlagen formuliert sind, die zu den Grundvoraussetzungen des Selbstaufbaus komplexer Systeme gehören, deutet auf den Grund der Bewährung in einer komplexer werdenden Gesellschaft hin. Vor dem Hintergrund der einmal gedachten Trennung von Selbstreferenz und binärer Bewertung wird jede schlichte Identifikation des Selbst mit dem Guten, mit dem Angenehmen, mit dem Wahren, dem Aufrichtigen usw. einerseits zur Naivität und andererseits suspekt; suspekt zum Beispiel als Cachierung der eigentlichen Motive oder als Flucht vor der Verantwortung für die negativen Realisierungen. Diese Verdachts-Lage ist von der Sophistik des 19. Jahrhunderts und nicht zuletzt von der Wissensoziologie als Theoriegrundlage benutzt worden[21]. Sie kann sich selbst jedoch nicht zureichend reflektieren. Wir ersetzen sie durch die These der Bewährung von komplexitätsgünstigen semantischen Erfindungen.

Dies ist für sich allein selbstverständlich keine ausreichende Erklärung von historischem Auftreten und Erfolg. Dazu bedarf es einer sehr viel komplexeren Theorie sozio-kultureller Evolution, und selbst die könnte keine Faktenerklärung im Sinne einer nachträglichen Prognose leisten. Das Konzept der Komplexitätsbewährung läßt sich jedoch einer Evolutionstheorie zuordnen, die das Entstehen von komplexeren Systemen und komplexitätsgünstigeren Strukturen wenn nicht als Zielrichtung, so doch als hin und wieder auftretenden Nebeneffekt der Evolution ansieht. In diesem Sinne ist es einerseits Zufall, andererseits aber doch ein durch gesellschaftliche Strukturveränderungen begünstigter und beschleunigter Zufall, wenn Denkfiguren der hier behandelten Art seit der Mitte des 17. Jahrhunderts rasch an Prominenz gewinnen. Die Masse des in Diskussion befindlichen Gedankenguts ist reich und selbstkritisch genug, um solche Variationen zu produzieren – wer immer wen »beeinflußt«. Und die Gesellschaft ist im Übergang zu funktionaler Differenzierung schon komplex genug, um diese Art Erfindungen zu seligieren, auch wenn sie nicht die Form haben, die es ermöglicht, ihre Funktion in bezug auf das Problem der Komplexität zu erkennen.

21 Man denke an Marx, Nietzsche, Freud. Vgl. auch Kenneth Burke, Permanence and Change, New York 1935.

Register

Suhrkamp Verlag GmbH
Torstraße 44, 10119 Berlin
info@suhrkamp.de
www.suhrkamp.de